A LEI DO GÊNERO

Laure Murat

A lei do gênero
Uma história cultural do 'terceiro sexo'

Tradução
Procópio Abreu

Editor
José Nazar

cia. de Freud

TÍTULO ORIGINAL
La loi du genre – Une historie culturelle du "troisième sexe"

EDITORAÇÃO ELETRÔNICA
FA – Editoração Eletrônica

TRADUÇÃO
Procopio Abreu

REVISÃO
Fernanda Rodrigues

EDITOR RESPONSÁVEL
José Nazar

Rio de Janeiro, 2012

CIP-BRASIL. CATALOGAÇÃO-NA-FONTE
SINDICATO NACIONAL DOS EDITORES DE LIVROS, RJ

M947L

Murat, Laure, 1967 -
A lei do gênero : uma história cultural do terceiro sexo / Laure Murat ; tradução Procopio Abreu ; editor José Nazar. – Rio de Janeiro : Companhia de Freud, 2012.

Tradução de: La loi Du genre
ISBN 978-85-7724-037-1

1. Identificação sexual - História. 2. Travestismo - História. I. Título.

07-4073. CDD: 155.3
CDU: 159.922.1

---

cia de Freud
editora

ENDEREÇO PARA CORRESPONDÊNCIA
Rua Rio Pomba 455, Carlos Prates
CEP: 30.720-290
Tel.: (31) 2511-2040 • (31) 99403-2227
Belo Horizonte – Minas Gerais
www.artesaeditora.com.br
e-mail: atendimento@artesaeditora.com.br

"Terceiro sexo: aquele que desonra os outros dois."
Alfred Delvau, *Dicionário da língua crua*, 1866

A Zrinka

Índice

PRÓLOGO

> – *É um romance?*
> – *É.*
> – *Qual é o título?*
> – *Estou em dúvida entre vários:*
> Nem homem nem mulher...
> A luz negra...
> O outro sexo... *O que acha?*
> – *Depende.*
>
> Francis Carco, *A luz negra*, 1934

Homem ou mulher. Há um espaço viável entre essas duas categorias ou fora delas? Qual seria sua natureza, sua definição, sua estrutura? A razão pode ao menos se livrar do masculino e do feminino, da esquerda e da direita, do interior e do exterior, do mesmo e do outro, do direito e do avesso, do binarismo e da simetria, a fim de imaginar o múltiplo, o flutuante, a indefinição? Ao longo da história, uma invenção teórica e poética tentou fornecer uma resposta a essas questões e lhe dar forma: o 'terceiro sexo' é aquele, quimérico e bem real, que desafiaria a lei do gênero. Mas como a segunda natureza, a quinta dimensão, o sexto sentido ou a oitava maravilha do mundo, esse sexo supranumerário justifica sua existência pelos referentes de que gostaria de se diferenciar. Tanto que sua elaboração sempre irá se chocar com este enigma: o que é um homem? o que é uma mulher?

No interior desse círculo, como definir esse sexo 'outro' de que a Criação e a Natureza *a priori* não dariam exemplos? Terceiro, esse sexo sem nome senão aquele atribuído por seu lugar hierárquico, é ele, aliás, de fato um? No sentido morfológico, ele pôde servir para designar, na falta de algo melhor, a dupla genitalidade ou a conformação indecisa dos órgãos, os hermafroditas e os intersexuados, isto é, ao mesmo tempo *estados* e *pessoas*[1]. No sentido de terceiro *gênero*, isto é, como construção política, social e cultural em oposição ao sexo anatômico, ele abarca um *corpus* imenso, do andrógino ao transgênero, dos mitos fundadores das origens humanas à teoria *queer*[2]. *A lei do gênero* coloca-se sob essa segunda insígnia, no interior de um quadro histórico e geográfico dado: o 'terceiro sexo' será aqui apreendido como um *fato de linguagem*, ordenando uma série de *teorias* e *discursos* em torno de *figuras* que devem encarná-los entre 1835 e 1939, principalmente na França, mas também na Alemanha e na Inglaterra. Por quê?

Determinar a presença do 'terceiro sexo' como fato de linguagem impõe, sobretudo, de maneira muito pragmática e literal, traçar uma *expressão*. Quando a fórmula, em uso entre os Antigos, reaparece na época moderna? No século XVIII, responde Yvonne Knibiehler, sem infelizmente dar fontes[3]. Entre os textos que vêm em apoio a essa afirmação figuram uma "Conjuntura sobre um terceiro sexo" de Jacques Vincent Delacroix e o anônimo *Brindes aos fodedores* [*Étrennes aux fouteurs*] *ou Calendário dos três sexos*. O primeiro é um exercício literário. Uma mulher escreve uma carta a um homem,

---

1 Ver, a esse respeito, três obras fundamentais: Delcourt, M. *Hermaphrodite: mythes et rites de la bisexualité dans l'Antiquité classique* [1958], 2 ed. rev. Puf, 1992; Dreger, A.D. *Hermaphrodites and the medical invention of sex*. Cambridge (Mass.), Londres: Harvard University Press, 1998; Fausto-Sterling, A. *Sexing the body, gender politics and the construction of sexuality*. New York: Basic Books, 2000. Vamos nos reportar também ao célebre texto de introdução de Michel Foucault à edição americana das memórias de Herculine Barbin, publicado na revista *Arcadie* (ano 27, n. 323, p. 617-625, novembro de 1980), sob o título "Le vrai sexe" ["O verdadeiro sexo"] e retomado em *Dits et écrits*. Gallimard, 1999. v. IV, p. 115-123. Exceto menção contrária, todas as obras citadas foram publicadas em Paris.

2 A primeira ocorrência repertoriada do 'terceiro sexo' encontra-se em *O banquete*, de Platão, no discurso de Aristófanes sobre os seres primordiais, para designar o andrógino, "um gênero distinto que, tanto para o nome quanto para a forma, fazia a síntese dos dois outros, o macho e a fêmea" (Platon. *Le banquet*. [Apresentação e tradução inédita por Luc Brisson]. Flammarion, 2001. p. 114-115. [Garnier-Flammarion/Philosophe]). Nos dias de hoje, a expressão se afigura um operador sempre eficaz nos estudos sobre o gênero. É encontrada, por exemplo, sob a pena do psicanalista Adam Philips (Philips, A. "Garder les choses en mouvement: l''identification refusée' de Judith Butler". *In*: Butler, J. *La vie psychique du pouvoir*. Léo Scheer, 2002. p. 232).

3 Knibiehler, Y. *La sexualité et l'histoire*. Odile Jacob, 2002. p. 147.

para lhe expor nestes termos seu projeto "novo e original" – que ela não realizará: "Quantos, que se acham os corifeus de seu sexo, ficarão surpresos de se reconhecer nos retratos que farei do *sexo neutro*, quero dizer daquele que não tem nem as virtudes do seu, nem os encantos, nem as amáveis qualidades do meu!"[4]. O segundo é um conjunto de canções licenciosas, em que os sodomitas, "essa seita inimiga" que tem "amores sujos"[5], encarnam o sexo suplementar. Os dois eixos maiores do 'terceiro sexo' são colocados: a elaboração de uma *identidade* desejosa de encontrar uma alternativa ao masculino e ao feminino, e a designação de uma *sexualidade* marginal e estigmatizada. Em 1835, duas referências confirmam a integração na literatura e na história social desses dois eixos: a publicação de *Mademoiselle de Maupin* de Théophile Gautier, história de uma mulher travestida em homem para sair dos limites de sua condição, e o nascimento de uma figura que a gíria chama *tia*, logo assimilada por Balzac a um terceiro sexo[6].

A partir dessa época, o 'terceiro sexo' torna-se um conceito atribuído essencialmente, por um lado, às mulheres desejosas de se emancipar e, por outro, aos 'pederastas' e às 'tríbades, como são então chamadas. Mesmo assim, a história do 'terceiro sexo' não é o outro nome de uma história do feminismo e da homossexualidade. Nessa época em que o sexo, o gênero e a sexualidade estão inextricavelmente ligados, para não dizer confundidos, o conceito de 'terceiro sexo', cuja popularidade parece se dever à sua imprecisão, é um conceito único para uma multidão de sujeitos (a disforia do gênero, as relações de mesmos sexos, o travestismo etc.), englobando tanto personagens quanto *comportamentos* e *identidades*, do homem 'feminino' à mulher 'viril', passando pelos(as) travesti(da)s, os(as) transexuais, as safistas de romances, as sufragistas e as mulheres que abraçavam carreiras liberais...

Assim, o objeto deste estudo é um golfo sem costuras. Dificilmente teria sido analisável se uma teoria, elaborada a partir de 1864 por um jurista alemão, Karl Heinrich Ulrichs, não lhe tivesse dado uma unidade de prin-

---

4 Delacroix, J.V. "Conjecture sur un troisième sexe". *In*: *Peinture des mœurs du siècle ou Lettres et discours sur différents sujets*. Amsterdam, Paris: Lejay, 1777. v. I, p. 342.

5 *Étrennes aux fouteurs ou Calendrier des trois sexes. À Sodome et à Cythère*. Et se trouvent, plus qu'ailleurs, dans la poche de ceux qui le condamnent. s.l.n.d. [1790]. p. 61.

6 Balzac, H. *La comédie humaine*, VI – *Splendeurs et misères des courtisanes*. Gallimard, 1977. p. 840. (Bibliothèque de la Pléiade). Ver *infra*, capítulo I: "A tia e o policial".

cípio graças a uma fórmula simples, indefinidamente retomada e enriquecida até a II Guerra Mundial: o 'terceiro sexo' se definiria como "uma alma de mulher num corpo de homem" ou "uma alma de homem num corpo de mulher"[7]. No espírito de Ulrichs, essa fórmula se aplicava unicamente àqueles e àquelas que, a partir de 1869, serão chamados os(as) homossexuais. Na realidade, ela irá servir de explicação, ou pelo menos de enunciação cômoda, a uma série de comportamentos, sexuais ou sociais, introduzindo um hiato no interior de um modelo heteronormativo supostamente inalienável. No rastro de Ulrichs, Edward Carpenter e Havelock Ellis na Inglaterra, Magnus Hirschfeld, na Alemanha, serão os teóricos incontornáveis desse 'terceiro sexo' que a partir dali englobava as noções de 'inversão' e de 'sexo intermediário'. Num contexto intelectual europeu, o discurso francês se elaborou, em parte, por oposição a essas doutrinas alemãs, que deviam, por conseguinte, ser analisadas, notadamente no meio psiquiátrico, em que a rivalidade entre as escolas de Paris e de Berlim era viva.

Fato de linguagem e objeto teórico, o 'terceiro sexo' assim se construiu por, com ou contra um certo número de *discursos*, notadamente policial, médico e literário, fossem hostis ou militantes. Os arquivos da polícia em Paris, os tratados de medicina legal e de psiquiatria, os romances e os ensaios constituem a base das fontes primárias aqui utilizadas para compreender essa construção palimpséstica[8]. O *corpus* pesado que elas formam impôs só guardar os textos em função de sua pertinência *bem visada* e de sua complementaridade. O critério essencial baseou-se na qualidade de cada fonte em fazer 'câmara de eco' aos diferentes tipos de discursos, daí uma série de colocações em perspectiva – dos arquivos da polícia com o mundo de Balzac em torno da figura da tia, de *Em busca do tempo perdido* com os escritos de Ulrichs, das teorias médicas sobre a homossexualidade com a obra de

---

[7] Cf. Ulrichs, K.H. *The riddle of "man-manly love"* [1864-1879]. [Traduzido por Michel A. Lombardi-Nash]. New York: Prometeus Books, 1994. 2 v. O principal estudo sobre Ulrichs é de Hubert Kennedy: *Ulrichs: the life and works of Karl Heinrich Ulrichs, pioneer of the modern gay movement.* Boston: Alyson Publications, 1988.

[8] Para os arquivos judiciários, ver o livro de Anne-Marie Sohn que a isso se dedica: *Du premier baiser à l'alcôve: la sexualité des Français au quotidien (1850-1950).* Aubier, 1996. (Collection Historique).

Gide, por exemplo. Analisar essas passagens e esses deslizamentos também é procurar entender um problema retórico: como é *exprimido* o 'terceiro sexo' numa época em que os médicos costumam cometer romances, os escritores se apaixonam pela sexologia nascente e os policiais redigem investigações e memórias com toda a eloquência de que são capazes?

Mediante essas confrontações, o voto deste estudo é prioritariamente esboçar a formação, a imbricação e a migração dos discursos, a fim de esclarecer a fabricação de figuras e estratégias da desestabilização das normas do gênero. Como David Halperin diz muito bem ao tomar o exemplo dos problemas metodológicos ligados à história da intimidade masculina, a noção moderna de homossexualidade traz em si os "rastros genéticos" de um certo número de noções e de discursos descontínuos, que lhe dão uma "enganosa unidade"[9]. Só a análise das diferentes "camadas" de que ela resulta permite compreender seu sentido.

Ao combinar diferentes tipos de fontes, e ao traçar a um só tempo a disseminação dos discursos e sua fraternidade subterrânea, a história cultural e a transdisciplinaridade em geral nos ajudam a entender melhor a arqueologia de conceitos, práticas e sistemas de pensamentos. No interior desse *corpus*, a pluralidade das formas de relatos pretende ser uma riqueza a ser explorada. Não que sejam colocados no mesmo plano o relatório de polícia a registrar a gíria da prostituição e a hipótese científica, o panfleto militante e o estudo médico-legal a relatar as confissões de 'doentes', o romance de estação e *O imoralista*. Está claro que esses textos pertencem a registros diferentes, cujas visadas e objetivos às vezes são até contraditórios. O advogado do 'terceiro sexo', o policial, o médico e o escritor não têm os mesmos *projetos*. Juntos, permitem no entanto alimentar a geologia de um campo do saber, ao qual a *História da sexualidade* de Michel Foucault e os estudos sobre o gênero, de Gayle Rubin a Judith Butler, passando por Joan W. Scott, forneceram um quadro teórico a partir dos anos 1970[10].

---

9 Halperin, D. "How to do the history of male homosexuality". *GLQ: A Journal of Lesbian and Gay Studies*, v. 6, n. 1, p. 89-91, 2000.

10 Cf. notadamente: Foucault, M. *Histoire de la sexualité*, I – *La volonté de savoir*. Gallimard, 1976; Butler, J. *Trouble dans le genre. Pour un féminisme de la subversion*. [Traduzido do inglês por Cynthia Kraus]. La Découverte, 2005; *Bodies that matter*. New York, Londres:

Numa famosíssima passagem de *A vontade de saber*, Michel Foucault datava de 1870 a invenção do homossexual moderno, do qual a psiquiatria teria feito um "personagem":

> Não se deve esquecer que a categoria psicológica, psiquiátrica, médica da homossexualidade constituiu-se no dia em que a caracterizaram [...] por uma certa qualidade da sensibilidade sexual, uma certa maneira de intervir em si mesmo o masculino e o feminino. A homossexualidade apareceu como uma das figuras da sexualidade quando foi passada da prática da sodomia para uma espécie de androginia interior, um hermafroditismo da alma. O sodomita era um relapso, o homossexual agora é uma espécie[11].

Sem questionar o essencial dessa asserção, *A lei do gênero* gostaria de tomar essa passagem como ponto de partida de uma demonstração em dois tempos: por um lado, no rastro dos trabalhos de George Chauncey, relativizar a exclusividade do discurso médico ao mostrar a existência de personagens, práticas e estratégias que precederam essa 'criação' psiquiátrica; e, por outro, tornar visível a *continuidade* dos discursos policiais, médicos e literários sobre o 'terceiro sexo'[12].

A esse respeito, os arquivos da polícia em Paris oferecem um material excepcional sobre um dos personagens que preexistiram ao invertido e ao

Routledge, 1993; *Undoing gender*. New York, Londres: Routledge, 2004. Em *Feminism and history* (Oxford, New York: Orford University Press, 1996), coletânea de artigos editados por Joan W. Scott; encontraremos numerosos textos importantes, dentre eles notadamente "The traffic in women: notes on the 'Political Economy' of sex" (1975), do antropólogo Gayle Rubin, que formula o conceito de um "sistema sexo/gênero": "Gender: a useful category of historical analysis" (1986), de Joan W. Scott, e "Does a sex have a history?" (1988), de Denise Riley, primeiro capítulo de seu livro *'Am I that name?'*, interrogação sobre a identificação das mulheres com a categoria "mulheres".

[11] Foucault, M. *Histoire de la sexualité*, I – *La volonté de savoir* [1976]. Gallimard, 2002. p. 59. (Tel).

[12] Cf. em particular Chauncey, G. *Gay New York*, I – *1890-1940*. [Traduzido do inglês por Didier Eribon]. Fayard, 2003 (Histoire de la Pensée); e a obra coletiva: Chauncey, G; Duberman, M.B.; Vicinus, M. (eds.). *Hidden from history: reclaiming the gay and lesbian past*. New York: Penguin Books, 1989.

homossexual: a *tia*[13]. Excepcional, pois essas centenas de páginas datadas dos anos 1840-1850 relatam a um só tempo a vida cotidiana dos prostituídos parisienses e seus clientes, as práticas e o vocabulário, e formulam juízos, sentenças morais e condenações administrativas que dão a medida da repressão sofrida pelas tias, apesar da descriminalização da sodomia a partir da Revolução. Ao dar livre curso à pena, os policiais mostram um aspecto importante da história social, numa época em que se elaboram, por sedimentações, as fórmulas, as descrições e até as hipóteses científicas relativas ao 'terceiro sexo'. Assim, desde 1853, pode-se ler com todas as letras os próprios termos da teoria de Ulrichs lançada em 1864, núcleo da definição da 'inversão sexual' determinada por Arrigo Tamassia em 1878. Trata-se de um alfaiate belga, preso em 13 de junho:

> É um pederasta do gênero exclusivo, desses homens que só têm a forma masculina e que são verdadeiras mulheres no moral; são designados pelo nome de tias fofoqueiras (os outros pederastas os chamam de putas); esses pederastas têm, desde a infância, os mesmos gostos que as mulheres; gostam de se vestir de mulher e na adolescência fogem das relações com estas. Ao se tornarem homens, não conhecem outro amor que aquele contranatureza e a ideia de uma simples aproximação sexual com uma mulher lhes dá enjôo. *O Sr. Backer é a tia dândi, a tia luva amarela, a tia* fashion *e das mais enganchadas*. É uma puta bonita. É verdade que é um homem muito bonito[14].

"Que só têm a forma masculina e que são verdadeiras mulheres no moral": a polícia formulava de outro modo "a alma de mulher num corpo de homem", no próprio cerne do estudo do 'terceiro sexo'; em seu retrato,

---

[13] Sobre a terminologia, vamos nos referir a: Courouve, C. *Vocabulaire de l'homosexualité masculine*. Payot, 1985. E sobre os homossexuais no século XIX na França, a: Hahn, P. *Nos ancêtres les pervers. La vie des homosexuels sous le Second Empire*. Olivier Orban, 1979; Merrick, J.; Sibalis, M. *Homosexuality in French history and culture*. New York, Londres, Oxford: The Haworth Press, 2001; e Peniston, W.A. *Pederast and others. Urban culture and sexual identity in nineteenth-century Paris*. New York, Londres, Oxford: Harrington Park Press, 2004.

[14] Arquivos da polícia de Paris. BB5, fº 293. (Pédés).

ela entretanto insistia na infância e na adolescência, às quais o corpo médico, e a psiquiatria em particular, ia dar toda a sua atenção.

A história do 'terceiro sexo' começa na rua, inventa-se sob a alcova e nos romances, prossegue nos tratados científicos. Sua cultura e suas práticas foram registradas pela polícia, pela medicina legal e pela psiquiatria; sofrem uma série de distorções cujas etapas devem ser filtradas com atenção. Em todos os casos, a informação repousa numa fonte: a confissão, quase sempre extorquida, do 'culpado' ou do 'doente'. Ora, as confissões 'espontâneas', as autobiografias, os diários íntimos, as memórias são raríssimas: Philippe Lejeune, num artigo pioneiro, em 1987, rendeu-se a essa constatação após longa busca[15]. Entre os exemplos que comentava, o relato na primeira pessoa de Charles Double, o invertido parricida, posteriormente estudado por Philippe Artières, encarna um momento pivô na história dos discursos, no quadro conjugado da prisão e da clínica[16].

Esse silêncio relativo dos depoimentos em parte se explica. A descriminalização revolucionária das relações de mesmos sexos, ao fazer da França uma exceção na Europa, produziu nas práticas sociais um duplo efeito cujo paradoxo é só aparente. Por um lado, excitou a repressão e a imaginação da polícia, que se dava por missão *remediar* a lei – situação que nada tinha para animar a autobiografia pública. Por outro, matou no ovo, até mesmo deslegitimou no tempo, quaisquer veleidades de organizações de defesa e de luta pelos direitos do 'terceiro sexo', cujo combate era *juridicamente* tornado sem objeto – contrariamente à Alemanha ou à Inglaterra. Uma das consequências dessa lendária tolerância francesa em matéria de modos, num país que se orgulha de ser a pátria da libertinagem mas que proíbe as obras do marquês de Sade até 1969, aliás será exaltada como outra qualidade nacional: a discrição, isto é, no caso particular dos pederastas e das lésbicas, a dissimulação obrigada de uma orientação que, embora autorizada, se submete em

[15] Lejeune, P. "Autobiographie et homosexualité au XIXe siècle". *Romantisme*, n. 56, p. 79-100, 1987.

[16] Double, C. *État psychologique et mental d'un inverti parricide* [1905]. [Texto editado e apresentado por Philippe Artières]. Lille: GKC, 1995. Philippe Artières retomou esse estudo em *Le livre des vies coupables. Autobiographie de criminels (1896-1909).* Albin Michel, 2000.

permanecer "envergonhada e escondida, fugindo da luz do dia"[17], como com isso se alegrava o policial François Carlier durante o II Império. É *também*, e contra toda expectativa, desse impasse que os psiquiatras, ao inventarem o tema do(a) invertido(a) e do(a) homossexual, contribuirão para fazê-los sair. Dos livros de medicina legal, como o célebre *Estudo sobre os atentados aos costumes* (1857) de Ambroise Tardieu, aos trabalhos científicos sobre a inversão, como os de Charcot e Magnan, Chevalier ou Thoinot na França, Casper, Westphal, Krafft-Ebing, Moll na Alemanha, o 'terceiro sexo' se medicaliza e se *naturaliza* no interior de um debate essencialmente franco-alemão[18].

Na França que tolera, os depoimentos pessoais são raros. Em compensação, na Alemanha que proíbe, assiste-se a uma multiplicação das defesas e ilustrações do 'terceiro sexo'. De Ulrichs a Hirschfeld, o *corpus* militante encontra-se, sem contestação, do outro lado do Reno – o que confirma a reportagem de Pierre Najac sobre o Instituto para a Ciência Sexual de Magnus Hirschfeld, jamais explorado nos estudos contemporâneos sobre a questão[19]. Com o trabalho de Hirschfeld, a história do 'terceiro sexo' dá uma virada capital. Da França, onde ele designa essencialmente os(as) homossexuais, como prova o livro mais conhecido de Willy[20], ele se confunde em Berlim com a teoria dos "escalões sexuais intermediários" que inclui todos os indivíduos que se afastam do tipo 'perfeito' de 'homem' e de 'mulher' – que Hirschfeld explica que não existem. Teoricamente, diria portanto respeito a todos. Nos fatos, além dos(as) invertidos(as), dos(as) homossexuais e dos(as) travesti(da)s[21], uma nova figura se destaca: o(a) transexual. A autobiografia da primeira transexual completa da história, Lili Elbe – também chamada Einar Wegener –, pareceu um documento essencial à análise dessa questão,

---

17 Carlier, F. *La prostitution antiphysique*; precedido de Tardieu, A. *La pédérastie*. [Apresentação de Dominique Fernandez]. Le Sycomore, 1981. p. 204. (La Boîte de Pandore). (Primeira edição, sob o título *Étude de pathologie sociale. Les deux prostitutions*, 1887).

18 Ver o capítulo III: "O mundo ao avesso".

19 Ver o capítulo IV: "O sexo intermediário".

20 Willy. *Le troisième sexe*. Éditions de France, 1927.

21 Sobre os travestis como "terceiro sexo" e o travestismo como "terceiro espaço de possibilidade", reportar-se ao livro de Garber. M. *Vested interests: cross-dressing and cultural anxiety*. New York, Londres: Routledge, 1992.

que ia tomar desenvolvimentos consideráveis após a guerra, com os trabalhos de Harry Benjamin, John Money e Robert Stoller notadamente[22].

De modo alegórico, o transexualismo remete a outro problema metodológico deste estudo, a vários níveis transversais: como tratar juntos, em capítulos comuns, homens e mulheres? Como tratar juntos os *gays* e as lésbicas, dois grupos a um só tempo indissociáveis e opostos que, por amarem o sexo idêntico, estabelecem sua equivalência e fundam sua diferença no mesmo movimento? A história do 'terceiro sexo', no fundo, não colocaria simplesmente os mesmos problemas que aqueles revelados pela história das mulheres, cujo estudo exige a um só tempo especificação e autonomização, sem no entanto poder ser cortado, com toda evidência, do estudo dos 'homens'?

Nesta história dos discursos e das figuras, as noções retidas de inversão (capítulo III), sexo intermediário (capítulo IV), alteridade (capítulo V) e tratamento literário (capítulo VI) aceitavam a mistura. Contudo, certos personagens, entre as ocorrências mais reveladoras do 'terceiro sexo', exigiam ser tratados separadamente, como objeto único de um discurso singular: assim, por exemplo, "A tia e o policial" (capítulo I) e "Satã era uma tríbade" (capítulo II), sobre o lesbianismo em literatura.

A história do 'terceiro sexo' é, sob muitos aspectos, a da *invenção do natural* e da *fabricação do feminino e do masculino*[23]. É também, e talvez sobretudo, uma história política do gênero e das relações de dominação do 'viril' sobre o 'feminino'. Ora, por volta de 1900, o *segundo sexo*, por querer se emancipar – isto é, pretender as prerrogativas do *primeiro* –, torna-se *terceiro*, mediante o personagem emblemático da "mulher de culotes" (capítulo VII). Esse deslocamento conduz a outro debate: o 'terceiro sexo', ao tentar

---

[22] Hoyer, N. (ed.). *Man into woman: an authentic record of a change of sex*. The true story of the miraculous transformation of the Danish Painter Einar Wegener (Adreas Sparre). [Traduzido do alemão por H. J. Stenning]. New York: E. P. Dutton & Co., 1933. Ver igualmente: Money, J. *Love and love sickness: the science of sex, gender difference and pair-bonding*. Londres, Baltimore: Johns Hopkins University Press, 1980; Benjamin, H. *The transsexual phenomenon*. New York: The Julian Press, 1966; Stoller, R. *Masculin ou féminin?*. [Traduzido do inglês por Yvonne Noizet e Colette Chiland]. Puf, 1989.

[23] Para retomar o título do livro de Gardey, D.; Löwy, I. (eds.). *L'Invention du naturel: les sciences et la fabrication du féminin et du masculin*. Éditions des Archives Contemporaines, 2000.

desfazer a lei do gênero, só faria reforçar um sistema hierárquico em que a igualdade entre homens e mulheres permaneceria inimaginável?

O 'terceiro sexo' sempre será o outro, o estranho, o incongruente, e, de 1835 a 1939, o homem 'feminino' e a mulher 'masculina', seja qual for a sexualidade dos dois, permanecem figuras 'deslocadas', em geral provocando mais mal-estar que entusiasmo. Não é por toda parte o caso, inclusive na Europa, como mostram as obras de antropologia sobre as 'virgens juramentadas' dos Balcãs, mas também entre os inuits das terras árticas e subárticas, os berdaches ameríndios, os hijras da Índia, os xanites de Omã[24]. Vasto demais para poder ser integrado, esse *corpus* sobre sistemas sociais e culturais diferentes levantam, no entanto, outras questões: o que significa o apego da cultura ocidental à "diferença dos sexos"[25]? A invenção de um 'terceiro sexo' aporia ou utopia?

---

24 Cf. em particular a excelente obra, cruzando história e antropologia: Herdt, G (ed.). *Third sex, third gender. Beyond sexual dimorphism in culture and history*. New York: Zone Books, 1996. Consultar igualmente os trabalhos de Bernard Saladin d'Anglure sobre os inuits, dentre eles dois artigos recentes: "Le troisième sexe social des Inuit". *Diogène*, n. 208, p. 157-168, outubro-dezembro de 2004; e "Réflexions anthropologiques à propos d'un 'troisième sexe social' chez les Inuit". *Conjonctures*, n. 41-42, p. 177-205, inverno-primavera de 2006.

25 Como ironicamente a ortografa Prokhoris, S. *Le sexe prescrit. La différence sexuelle en question*. Aubier, 2000.

CAPÍTULO I

A TIA E O POLICIAL

Pela lei de 25 de setembro-6 de outubro de 1791, o novo código penal suprimia na França da lista dos delitos as relações entre pessoas de mesmo sexo – compreendidas sob o termo sodomia –, da mesma forma que a blasfêmia, a magia e o sacrilégio, decisão confirmada pelo Código de Napoleão, em 1810. Os filhos de Sodoma e Gomorra, que, ontem ainda, sofriam o "dilúvio de fogo" prometido pelo Gênese queimando na Praça de Grève, tornavam-se os pupilos da Revolução[1].

Não deve espantar o fato de a condenação do terceiro sexo ter chegado ao fim, nos textos de lei pelo menos, com a descriminalização das superstições ligadas ao catolicismo. O sodomita, jogado na fogueira como a feiticeira, partilha com o herético um poder de subversão pela fala (a blasfêmia) ou pelo ato (o sacrilégio), intolerável aos olhos de uma Igreja que, de processos inquisitoriais em excomunhões, com frequência assimilou sexualidade e ocultismo – como mostra, de maneira exemplar, a história dos templários. A imagem prevaleceu durante muito tempo, substituída no século XIX por uma literatura abundante, pronta para estigmatizar o infernal 'sabá' das lésbicas e outras 'missas rosas' dos pederastas.

---

1 Sob o Antigo Regime, a "sodomia" designava todo ato sexual não ligado à procriação (oral, anal, heterossexual, homossexual), incluindo a masturbação, a bestialidade (ou seja, a zoofilia), e até as relações sexuais com judeus ou sarracenos, atos punidos com a pena de morte, geralmente a fogueira. Ver Peniston W.A. *Pederasts and others*, *op. cit.*, p. 91. Sobre a perseguição dos sodomitas da Idade Média no século XVIII – o último foi queimado em Paris em 1783 – ver Lever, M. *Les bûchers de Sodome*. Fayard, 1985.

Pouco importa. Da Revolução ao regime de Vichy – que restabelece em 1942 a criminalização dos atos 'contranatureza' com um menor de mesmo sexo[2] –, a liberdade do comércio amoroso e a ausência de descriminalizações faziam figura, na França, de particularidade nacional invejada pelos estrangeiros. Liberdade na realidade muito relativa, pois por mais descriminalizada que fosse, a pederastia[3] permanecia no espírito do maior número, e da polícia em particular, "a mais ignóbil das paixões" e um distúrbio da ordem pública contra o qual convinha lutar. Como? Invocando os dois únicos delitos passíveis de penas, indo da multa a vários anos de prisão: o ultraje público ao pudor e o incentivo de menores à depravação, aplicando-se indiferentemente a homens e mulheres, qualquer que fosse a sexualidade[4].

Nomeado chefe do Serviço de Segurança na II República, em 1849, Louis Canler, em cruzada contra "o vício mais vergonhoso", é o primeiro a deplorá-lo: "A não ser em flagrante delito e salvo a aplicação, com frequência difícil, de simples regulamentos de polícia, o que fazer? Talvez fosse uma lacuna a ser preenchida em nosso Código, ou talvez o espírito do legislador tivesse recuado diante da delicadeza de tamanha tarefa?"[5]. François Carlier,

---

2 Vichy rompia assim com a tradição republicana de igualdade entre heterossexuais e homossexuais. A descriminalização só será abolida em 1982, com o rebaixamento da maioria sexual para 15 anos para todos os tipos de relações (Código penal, art. 227-25, 27). Ver Leroy-Forgeot, F. *Histoire juridique de l'homosexualité en Europe*. Puf, 1997. p. 108. (Médecine et Société).

3 Precisemos que a palavra "pederastia", surgida na França no fim do século XVI, significava na origem as relações do homem com o rapaz. Em 1835, a sexta edição do *Dicionário da Academia Francesa* dava simplesmente à palavra pederastia o sentido de "vício contranatureza". Por extensão, e em seu uso popular, o termo na realidade designa toda prática homossexual masculina. É nesse sentido que o empregam os policiais do século XIX, sentido que utilizo após eles neste capítulo.

4 O incentivo de menores à depravação é assimilado a uma corrupção, quase sempre à prostituição, de moças e rapazes de menos de 21 anos, isto é, que ainda não atingiram a maioridade legal.

5 *Mémoires de Canler* [1862]. [Edição apresentada e anotada por Jacques Brenner]. Mercure de France, 1986. p. 318 (Le Temps Retrouvé). Tendo entrado no corpo dos inspetores de polícia aos 23 anos, Louis Canler ali fará toda a carreira, efetuando numerosas prisões espetaculares, dentre elas a de Lacenaire. Será prematuramente aposentado em 1851. Edgar Poe, em suas *Histórias extraordinárias*, inspira-se em algumas de suas investigações. (cf. Auboin, M.; Teyssier, A.; Tulard, J. *Histoire et dictionnaire de la police du Moyen Âge à nos jours*. Robert Laffont, 2005. p. 598 [Bouquins]).

chefe do Serviço de Costumes durante o II Império, opta, este, por um tom nitidamente mais categórico, já que, como confessa, "divulgar tais infâmias é chamar a atenção do legislador para um vício que deveria ser um delito"[6]. Não se pode ser mais claro: o que alguns consideram um progresso nas liberdades individuais, aos olhos da polícia é apenas um vazio jurídico, que só uma incansável caça ao homem conseguirá, mais ou menos, preencher. Assim, ele pode se felicitar que, entre 1860 e 1870, graças a muita vigilância e a esforços intensos para fazer cair sob a força da lei aqueles que dela *a priori* estavam ao abrigo, a polícia tivesse prendido 6.342 pederastas, dentre eles 2.049 parisienses, 3.709 franceses do interior e 584 estrangeiros. "Foi graças a essas lutas incessantes que, nos tempos modernos, a pederastia nunca teve na França ares muito livres, partidários muito numerosos, para tomar as proporções de uma notoriedade pública, um vício nacional, uma espécie de praga social; que, ao contrário, ela sempre guardou o caráter de uma paixão vergonhosa e escondida, a fugir da luz do dia."[7]

Constatamos: decerto descriminalizada, a pederastia mesmo assim permanece objeto de repressão intensa, proporcional, é verdade, ao espetacular vigor de seus adeptos, que nem as humilhações sofridas, nem as encarcerações repetidas parecem desanimar. Pois, por repressão, deve-se bem entender vigilância e perseguição sem descanso dos desmiolados que cometem 'o ato imundo' em lugares públicos, prestando-se assim ao flagrante delito de ultraje público ao pudor que os fará cair – quando não agravam o caso fornicando com um menor.

Legal e perseguido, tolerado mas condenado: o terceiro sexo, que estaria para a história jurídica dos costumes como o oximoro está para a retórica, aceitaria a contradição como uma fatalidade? O paradoxo – ou pelo menos a dupla natureza *feminina* e *masculina* – não é, na realidade, seu primeiro traço constitutivo, a marca de fábrica de uma expressão que já pode parecer, em si, um desafio à razão? Esse eco entre contexto e definição não é apenas formal ou poético. Já na origem, o terceiro sexo, como veremos, construiu-se sobre o encontro, a fricção da gramática e do político.

---

[6] Carlier, F. *La prostitution antiphysique*, *op. cit.*, p. 200.
[7] *Ibid.*, p. 203-204.

1. UM PROBLEMA DE GRAMÁTICA

Se a expressão remonta a Platão, é de uso datar a acepção *moderna* de terceiro sexo da época romântica. Em 1834, Balzac introduz um personagem sob muitos aspectos ligado à emergência do conceito. Ele aparece pela primeira vez sob os traços de um burguês em *O pai Goriot*; nesse romance, o mistério de suas inclinações é revelado sem ambiguidades: "Conto-lhe um segredo: ele não gosta de mulheres"[8]. Vautrin, também chamado Jacques Collin, Engana-a-Morte, abade Carlos Herrera, vive então na pensão Vauquer, que Balzac descreve nestes termos bem desconcertantes: "Entra-se nessa alameda por uma espécie de porta, em cima da qual há uma inscrição: CASA VAUQUER, e embaixo: *Pensão burguesa dos dois sexos e outros*"[9]. O que pode, então, significar este "e outros"? Haveria, aos olhos de Balzac, mais de dois sexos? E a que remeteriam esses hipotéticos sexos supranumerários? Certo, essa alusão a uma 'variabilidade sexual' não é a primeira nem a última que encontramos em *A comédia humana*. *A jovem dos olhos de ouro*, *Serafita*, *Beatriz*, as relações de Lucien de Rubempré e Vautrin em *Ilusões perdidas*, a de Schmuck e do primo Pons no romance epônimo, e, é claro, *Sarracena*, a história de um escultor apaixonado por um *castrato*, bastam como exemplos da exploração balzaquiana das problemáticas de sexos e gêneros.

Com *Esplendores e misérias das cortesãs*, Balzac volta a isso e traz uma precisão de valor digna de registro histórico, precisão colocada na boca do diretor da prisão que acompanha em visita o lorde Durham:

> O diretor, depois de mostrar a prisão inteira, os pátios, as oficinas, as celas etc., designou com o dedo um local, fazendo um gesto de nojo:
> – Não levo Sua Senhoria ali – diz ele –, porque é o bairro das *tias*...
> – *Hao*! – disse lorde Durham. – E o que é?
> – É o terceiro sexo, meu lorde[10].

---

[8] Balzac, H. *La comédie humaine*, III – *Le père Goriot*. Gallimard, 1976. p. 192.

[9] *Ibid.*, p. 51.

[10] Balzac, H. *La comédie humaine*, VI – *Splendeurs et misères des courtisanes*, *op. cit.*, p. 840. Uma nota, p. 1.466, precisa que só na sétima prova da obra é que Balzac substitui por "terceiro sexo" o que ele havia na origem inscrito: "o último sexo".

Esta palavra *tias*, oriunda do vocabulário de gíria, vem do mundo do cárcere. Ansiaume, autor de um estudo sobre a "Gíria em uso na colônia penal de Brest, conhecida dos ladrões de todas as províncias francesas", assinala seu sentido em 1821: a *tia* teria sido, primeiro, "a mulher do guardião da prisão, o guardião sendo o *tio*"[11]. Mas, em 1834, a definição tomou outra inclinação, pelo que diz Raspail, que escreve em *O Reformador* de 11 de dezembro: "O celibato fez nascer os templários e os jesuítas; o Código Penal deu nascimento a uma nova raça de homens, às tias da Força"[12]. Dois anos mais tarde, Eugène-François Vidocq, antigo forçado tornado chefe da Segurança e modelo de Vautrin, confirma essa alusão sexual numa obra na qual Balzac foi se inspirar – e cujo prefácio, aliás, se suspeita que ele tenha redigido: *Os ladrões. Fisiologia de seus costumes e linguagem. Obra que revela as espertezas de todos os malandros e destinada a se tornar o* vade-mécum *de todas as pessoas honestas*. No fim da obra, um dicionário de gíria ressalta:

> TIA *s. m.* Homem que tem os gostos das mulheres, a mulher das prisões de homens[13].

Embora não se explique sobre a origem da palavra, Vidocq indica sem equívoco que o termo designa os pederastas ditos *passivos* e *afeminados*, num meio onde uma companhia exclusivamente masculina, como nos quartéis e nos mosteiros, *justificaria* certas aproximações. A pederastia, comenta ele, aliás, no fundo seria apenas "o vício de todas as corporações de homens", soldados, marinheiros, monges ou forçados: "Todas as necessidades da natureza são imperiosas; é preciso enganar os que não podem ser satisfeitos"[14].

---

[11] Citado por Courouve C. *Vocabulaire de l'homosexualité masculine*, *op. cit.*, p. 207-208.

[12] *Ibid.*

[13] Vidocq, E.F. *Mémoires. Les voleurs* [1836]. (Lacassin, F. [org.]). Robert Laffont, 1998. p. 823. (Bouquins). Vodocq retoma aqui palavra por palavra a definição de Raspail, F.V. "Vocabulaire argot-français". *Le Réformateur*, n. 346, 20 de setembro de 1835. Posteriormente, uma tradição vai pretender que, para preservar as aparências, muitos homens acompanhados do jovem amante se tenham feito passar por tio e sobrinho, como precisa Carlier (*La prostitution antiphysique*, *op. cit.*, p. 97), daí o deslizamento provável para "tia".

[14] Vidocq, E.F. *Mémoires. Les voleurs*, *op. cit.*, p. 823.

Em sua definição, Vidocq também deixa passar um detalhe que talvez não seja um, e que a edição comentada de 1998 nem sempre achou útil ressaltar: "tia" seria um "*s. m.*", ou seja, um *substantivo masculino*. Esse erro, em si sem importância, na realidade revela de maneira muito pertinente a dificuldade racional em articular, na língua e no discurso, a própria noção de terceiro sexo. Se excetuarmos termos como *vigia* ou *ordenança*, ou seja, respectivamente um observador e um mensageiro, as palavras do gênero feminino que designam indivíduos de sexo masculino são pouco correntes em francês, a não ser para ter valor de insulto – assim, por exemplo, canalhas, crápulas e outros malandros*. Em compensação, a gíria da pederastia, da bicha à louca desvairada, é cheia desses femininos depreciativos, encarregados de indicar, pela gramática, a incongruência entre a genitalidade e a sexualidade *que a ela deve supostamente corresponder*.

Esses gaguejos da língua não são observados unicamente em tontices significantes como a de Vidocq. O embaraço reivindicado caracteriza assim a prosa de Canler que, em suas *Memórias*, finge hesitar diante da descrição de uma tia "engravatada (*engravatado*, eu queria dizer)" e, dessa maneira, "como *elas* ou *eles* buscam pela pose imitar tanto quanto possível o andar da mulher, da qual esses indivíduos simulam, além disso, todos os gostos e todos os caprichos"[15]. Esse primeiro estudo do meio da pederastia por um ex-chefe da Segurança é destinado a marcar data, pelo fato de revelar ao público a existência daquilo que hoje se chamaria uma subcultura, a riqueza de seus códigos e a espantosa precisão de sua hierarquia. Dois meses apenas após ser colocada à venda, em 1862, a obra é apreendida por ultraje aos bons costumes e violação do segredo profissional[16]. Veterano de Waterloo, Canler escreve ao Imperador, que coloca o dossiê nos assuntos arquivados. O autor morre em 1865 e é só em 1882 que suas filhas reeditam esse texto

* De fato, em francês, as palavras canalha [*une canaille*], crápula [*une fripouille*] e malandro [*une gouape*] são femininas. (N. T.)

15 Canler, L. *Mémoires de Canler*, *op. cit.*, p. 318.

16 A verdadeira razão da apreensão das *Memórias* de Canler na verdade se devia à sua evocação do atentado de Orsini contra Napoleão III em janeiro de 1858 e de certas disfunções policiais nessa época, palavras que suscitaram rancores na Secretaria de Segurança. Agradeço a Dominique Kalifa por essa precisão.

que aborda, num capítulo com frequência retomado posteriormente, o universo das tias sob o título "Os antifisíticos [*sic*] e os chantagistas".

2. UM ASSUNTO DE LÉXICO

Por antifisíticos, Canler entende o que então se chama mais comumente os antifísicos, cujos amores seriam, em outras palavras, "contranatureza". Aqueles "que de hábito são chamados as *tias*"[17], precisa ele, dividem-se em quatro categorias distintas: as *persilleuses*, as envergonhadas, as trabalhadoras e as *rivettes*.

Essa terminologia, por sua vez, vem direto da língua crua aplicada à prostituição feminina. Assim, a primeira categoria, composta de jovens pertencentes à classe operária, "designados sob o nome de *persilleuses**, por analogia às moças que, na via pública, excitam os passantes à libertinagem"[18], é reconhecível pelos cabelos longos e engomados, a barba escanhoada, o andar afetado. "O olhar é suave, langoroso; a voz arrastada, fraca e feminina acrescenta ainda à ilusão."[19]

A *persilleuse* vai para a rua, a *envergonhada*, como o nome indica, se esconde e evita os olhares. Os primeiros exercem um ofício; os segundos pertencem a todas as classes da sociedade, "buscam apenas tranquilizar seus próprios desejos, apenas apagar o fogo impuro que os consome. [...] De resto, como estão vestidos igual a todo mundo, nada poderia traí-los, a não ser a voz feminina"[20].

As *trabalhadoras* formam uma terceira classe, também oriunda do mundo operário, mas que não vive da prostituição. A entonação e o andar, sob a blusa de trabalho e a boina de pano com viseira abaixada, quase sempre os denunciam: "Entre eles como entre as envergonhadas, é uma questão de gosto, só que aqui há, pelo menos, o sentimento da vergonha"[21].

---

[17] *Ibid.*, p. 317

* Que faz seu *persil* [salsa]; que vai para a rua arrumar dinheiro. (N. T.)

[18] *Ibid.*

[19] *Ibid.*, p. 318.

[20] *Ibid.*

[21] *Ibid.*

As *rivettes* fecham o círculo. Esses amantes oriundos de todas as camadas sociais são os mais difíceis de identificar: "Estes nada têm que possa distingui-los dos outros homens, e, para adivinhá-los, o observador deve ter a maior atenção junto ao maior hábito"[22]. A paixão da juventude faz com que costumem cair no golpe dos chantagistas, a mais temível espécie dos antifísicos.

Bem vestidos, o verbo fácil e as maneiras gentis, os *chantagistas** exploram os amantes afortunados que eles perseguem em Paris, com a cumplicidade de um *Jesus*[23], jovem e belo rapaz prostituído e paquerador, encarregado de fisgar o peixe. Uma vez identificado o amante, o Jesus o aborda, inicia a conversa e, no caminho, o arrasta para um lugar isolado alegando querer aliviar uma necessidade premente. É nesse momento que o chantagista, que os seguia discretamente, surge fazendo-se passar por um policial. Ameaça, então, levar o amante à delegacia, por incentivo de menor à depravação, enquanto o Jesus se lamenta e finge chorar. A vítima se indigna, protesta, quer defender a honra. Mas o medo do escândalo sempre acaba vencendo: ele paga, para abafar o caso.

Esse roteiro básico da chantagem comum às vezes pode complicar-se e prolongar-se indefinidamente, levando ao desespero e até ao suicídio os mais resistentes. Sem nomeá-lo, Canler evoca a história de um herdeiro, oriundo de uma grande família aristocrática, vítima de verdadeira perseguição a partir do dia em que foi surpreendido em "conversa antifísica"[24] com um empregado nos Champs Elysées. Ora, a história do infortunado foi consignada nos arquivos da polícia. Segundo o relato parcial de Canler e por cruzamentos com os documentos originais, o personagem pôde dali em diante ser identificado sem hesitação. Trata-se do príncipe de Montmo-

---

22 *Ibid.*, p. 319.

* Em francês, *chanteurs* [lit. cantores]. Ressalte-se que chantagem vem do francês (*faire*) *chanter* = fazer alguém "cantar". (N. T.)

23 Em seu dicionário de gíria, Vidocq precisa: "Jesus *s. m.*, Os ladrões dão esse nome aos rapazes que as TIAS, os CHANTAGISTAS, os *ROUSPANTS* (exploradores de pederastas) [...] prostituem como entendem, e adestram, ao mesmo tempo, ao roubo e à depravação". Vidocq, E.F. *Mémoires. Les voleurs*, *op. cit.*, p. 763-764.

24 Canler, L. *Mémoires de Canler*, *op. cit.*, p. 325.

rency que, em matéria de "conversa antifísica", nos diz o relatório com mais nitidez administrativa, foi preso "no flagrante delito mais vergonhoso de pederastia", ressaltando até, caso a dúvida subsistisse: "(O príncipe estava sendo enrabado)". A engrenagem da chantagem podia começar:

> Primeiro, deu aos chantagistas a tabaqueira de lâminas douradas encimada com a coroa de Montmorency como garantia de uma soma de 3.000 a 4.000 francos que ele pagou. Enfim, como o apetite dos chantagistas era insaciável, fugiu da França e se refugiou na Inglaterra, deixando com seu procurador [...] o cuidado de resolver qualquer negócio que surgisse. Um desses chantagistas, que é Gustave Costain, obteve uma renda vitalícia de 1.200 francos graças ao príncipe de Montmorency. Com a morte deste, a renda foi extinta, e Costain, que estava em Paris em 1849, 1850 e 1851, não obteve mais nada da família[25].

Gustave Costain tinha então a fama de ser "o rei dos chantagistas". Estava em Londres quando encontrou os perseguidores do príncipe, que se vangloriaram do crime. Costain, supondo que a escuridão dos Champs Élysées impedira o príncipe de identificar o homem com o qual ele fornicava, teve a ideia de ir um dia à casa dele fazendo-se passar pelo empregado em questão. Pretextando ter sido preso por sua culpa e perdido o lugar, veio pedir-lhe que reparasse seu ultraje pagando-lhe uma soma para que fizesse frente às necessidades de sua pobre mulher e seus filhos. Já perseguido por seus dois primeiros chantagistas, o príncipe recusou. Costain então ameaçou arruinar sua reputação em Londres, contando o episódio a quem quisesse ouvir. O príncipe de novo teve que se executar. O próprio Canler admite: "A infeliz vítima dos três *chantagistas*, não podendo suportar tal existência, sentiu uma tristeza tão violenta que dela morreu. Só o túmulo podia lhe oferecer um asilo contra a persistência daqueles miseráveis"[26].

---

[25] Arquivos da polícia de Paris. BB4, f° 49. (Pédés).

[26] Canler, L. *Mémoires de Canler*, *op. cit.*, p. 326.

3. A FRANCO-MAÇONARIA DO VÍCIO

Os três registros milagrosamente conservados nos arquivos da polícia, marcados "Pederastas"* e "Pederastas e diversos"[27], enumeram assim milhares de casos que, da Monarquia de Julho à aurora da III República**, oferecem-nos um relato insubstituível das condições de vida das *tias* em Paris e do dispositivo de vigilância que as cerca.

A polícia ficha, recolhe, consigna. Seu trabalho consiste, em filigrana, em delimitar um mundo de leis secretas e em compreender suas redes, até mesmo em estabelecer sua genealogia. Logo, todas as informações merecem ser lançadas nos dossiês, razão pela qual, com certeza, figuram até nos registros das personalidades falecidas... Assim, o marquês de Custine, "autor de várias obras notáveis", que aliás não fazia mistério de suas inclinações: "É um pederasta desenfreado, conhecido de todas as tias e Jesus de Paris. Morto". Dois de seus amantes são mencionados após ele: "De Ste. Barbe: inglês, muito rico" e "Gurowski, Ignace, polonês", outro "pederasta sem-vergonha", cuja paixão se explicaria: "É hereditário em sua família: o pai e o avô eram da mesma religião"[28].

Ao longo das páginas, as reputações se fazem e se desfazem. Existem aqueles que "são" e aqueles "que gostam muito", aqueles de quem "se conta

* Este primeiro, abreviado em francês, isto é, "Pédés". (N. T.)

[27] Estes três registros respectivamente intitulados "Pederastas" (BB4 e BB5) e "Pederastas e diversos" (BB6) fazem parte da série "Mulheres galantes e homossexuais" dos Arquivos da polícia de Paris. Os dois primeiros apresentam-se sob a forma de listas de nomes, remetendo a assuntos mais ou menos longamente comentados (de uma linha a várias páginas). Sendo essencialmente fichas de informações, são difíceis de serem datados com precisão, os redatores só mencionando o registro muito esporadicamente. Digamos que, *grosso modo*, o primeiro (BB4) engloba os anos 1840 e o segundo (BB5) os anos 1850. Quanto ao terceiro, "Pederastas e diversos" (BB6), cujas páginas são divididas em colunas, ele procura registrar o estado civil, os motivos da prisão e as condenações, de 3 de março de 1873 a 1º de março de 1879. Esses três registros são, que eu saiba, inéditos – com exceção do terceiro (BB6), em parte explorado por Peniston, W.A. *Pederasts and others, op. cit.*, e Revenin, R. *Homosexualité et prostitution masculines à Paris (1870-1918)*. L'Harmattan, 2005. O conjunto teria escapado a uma destruição que não teria poupado os dossiês individuais de cada caso enumerado. Assim, às vezes, pode-se ler: "Ver o dossiê nos costumes" ou "Ver o dossiê no P.D.", dossiê, estes que não existem mais.

** Isto é, de 1830 a 1870. (N. T.)

[28] Arquivos da polícia de Paris. BB4, fº 159. (Pédés).

que..." e aqueles traídos pelo "meio", à imagem de um de nossos maiores naturalistas, membro da expedição ao Egito e fundador da embriologia: "Geoffroy St. Hilaire (o autor), perfeitamente conhecido dos Jesus, pois levou um número enorme para casa"[29]. Da poeira dos arquivos escapam nomes célebres ou familiares, do livreiro Dentu ao fabricante de pianos Érard, do marquês de Boufflers, "velho pederasta, oriundo de uma das mais antigas casas da França", ao príncipe de Bauffremont, que vemos "continuamente à caça dos Jesus"[30]. Em que ficamos sabendo que o ex-ministro da Guerra de Carlos X, o tenente-general de Caux, "paga uma pensão a La Magloire" – um dos provedores mais conhecidos da praça de Paris como "La Pepée" –, que arruma para ele "jovens uma ou duas vezes por mês", ou que o secretário de Alexandre Dumas é "uma tia velha, muito embora ande pelos bordéis de raparigas apenas para fofocar"[31].

Em vista na sociedade ou anônimos, foram denunciados por um guardião, um porteiro, um vizinho, caíram por culpa de um chantagista ou foram presos em flagrante delito de masturbação, voyeurismo ou "enrabação", principalmente nos Champs Elysées ou sob as galerias do Palais Royal. Para os outros, vistos na casa de Favié em la Courtille, na de Mayeux na Chaussée du Maine, na de Tonnelier em Montparnasse, outros tantos bailes de tias e travestis que abundavam nas barreiras da capital, foram presos fazendo "*trottoir*" ou "aliciamento" pelas ruas. São cozinheiros, alfaiates, oficiais, rendeiros, relojoeiros, açougueiros, sapateiros, oficiais de justiça, defensores públicos, empregados, garçons, corretores de seguros, abades, sacerdotes, médicos, jornalistas, tabeliães, embaixadores. O meio teatral não fica de fora: o ator Lafont, das Variétés, talvez tenha vivido com "Génie Colon" [*sic*] – para Jenny Colon, é claro, a egéria de Nerval –, mas "não deixa de ser sodomita", enquanto Tenard, ex-ator do Odéon cujas coxias "mil vezes retiniram com o barulho de suas aventuras"[32], com certeza arruinado por sua "vergonhosa paixão", vive hoje graças aos subsídios oferecidos por Mademoiselle Déjazet[33].

[29] *Ibid.*, fº 56.
[30] *Ibid.*, fº 41 e 152.
[31] *Ibid.*, fº 6 e 63.
[32] *Ibid.*, fº 150 e 134.
[33] Virginie Déjazet (1798-1875), atriz célebre que brilhava nos papéis de travestis masculinos.

Muitos são conhecidos apenas pelo apelido: "Henri, a Bela Inglesa, "A alsaciana", "Georgina", "A cantatriz", "A galinha penachuda", "A bailadeira", "A tapeceira" ou, mais metafórico, "A pinceleira", até mesmo francamente explícito como "Conigue, o homem do pau grosso" ou "Rabanete rosa" – o qual, ficamos sabendo, vive em casal com "Rabanete preto". Os policiais, que se indignam com as "cenas ignóbeis" que assistem, também podem cair na indulgência por tal pederasta, "ótimo sujeito no fundo", ou tal tia que são bem obrigados a reconhecer que é "muito engraçada". Mas o que inquieta bem mais os chefes de brigadas é que essa sociedade é tão heterogênea quanto misteriosamente unida; que do operário ao par de França, o terceiro sexo forma uma nação "cosmopolita", uma franco-maçonaria do vício, tendo por toda parte filiados, que se reconhecem entre si sem nunca se terem visto, que se compreendem sem falar a mesma língua"[34]. Esses homens sem pátria, sem ligações outras que sua paixão, subvertem não só as relações de sexos mas, mais grave, as relações de classes. Seus hábitos, que desafiariam "o sentido comum", os tornam incontroláveis.

Quando é preciso, os membros dessa casta ajudam-se entre si de modo eficaz, da diplomacia à economia local operária. Moustapha-Rochild-Pacha, embaixador da Turquia, afigura-se não só um "pederasta desenfreado, mas também todos à sua volta, os empregados, o cozinheiro, até o porteiro"[35]. Provost, conhecido como a Jeanneton, velho coxo e "tia fofoqueira", lava "a roupa dos sodomitas de [seu] conhecimento mais barato que as lavadeiras"[36], lesando assim a corporação. De cima a baixo da escala, a polícia tenta determinar as redes que se formam, interroga-se sobre as situações mais improváveis. Como "Henri", oriundo "de uma boa família do *Faubourg* Saint-Germain[37], pode ter-se tornado o prostituto mais conhecido da capital? Como o visconde Léon de Kersaint pôde ser preso "num arrastão de pederastas operado pelo Serviço de Segurança no 2º distrito na noite de 3 de fevereiro de 1854" quando se sabe que é casado e que, "segundo as informações obtidas sobre ele, seu nome e o de sua família são muito honra-

[34] Carlier, F. *La prostitution antiphysique*, *op. cit.*, p. 94.
[35] Arquivos da polícia de Paris. BB4, fº 50. (Pédés).
[36] *Ibid.*, fº 134.
[37] *Ibid.*, fº 155.

dos"[38]? Um destino que não poupa sequer as famílias reais, das quais certos membros respeitam, não sem ironia, as convenções formais, à imagem do duque de Nassau, ex-rei dos Países Baixos, que contraiu uma aliança muito morganática com a "rainha dos belgas", apelido de um Jesus chamado Toubeau, nascido em Gand, caricatura da "tia jovem França, a leoa, o vício progresso", em suma, "tudo o que há no mundo de mais tiazinha, de mais gritante, de mais enganchado"[39].

Ao transcender as classes e misturar os gêneros, adivinhamos a que ponto o terceiro sexo, ao romper com as leis da sociedade e suas convenções mais bem estabelecidas, desenha-se como um elemento perturbador. Da solidariedade sexual ao complô político, a fronteira aliás seria estreita. Assim, a polícia está de olho no barão de Chaléon, inimigo do regime de Napoleão III, detido em 15 de maio de 1853 "por tentativa de contratação de soldados" de que não se pode saber se era com objetivo político ou por pederastia"[40]. No ano anterior, uma gigantesca operação pente-fino desmantelara uma rede montada por Vivet e Vassore, dois cúmplices que dirigiam um escritório de agiotagem na rua Saint-Martin. Estes contratavam atravessadores encarregados "de recrutar neófitos", organizavam transas e "orgias", implicando notadamente o padre de Saint-Nicolas-des-Champs, o duque de Fezensac, um funcionário do Tribunal de Justiça, um advogado, um antigo diretor da polícia, o filho do porteiro-chefe do Élysée-Napoléon* e um fabricante de corpetes que só empregava "tias que, é verdade, são por natureza tão jeitosas quanto as mulheres nos trabalhos de agulha". O registro precisa: "Em suas operações financeiras, são secundados por hábeis compadres e sujos pederastas, todos associados a seus vergonhosos prazeres como *Jesus* ou a título de *corretores de amor*. Do ponto de vista político, são anarquistas que fizeram oposição ao príncipe Luís Napoleão, presidente da República"[41].

---

[38] Arquivos da polícia de Paris. BB5, f° 394. (Pédés).

[39] Arquivos da polícia de Paris. BB4, f° 161; BB5, f° 304. (Pédés).

[40] Arquivos da polícia de Paris. BB5, f° 286. (Pédés).

* O palácio do imperador Napoleão III. (N. T.)

[41] *Ibid.*, f° 307-317.

A sedição, irmã *natural* da pederastia e da libertinagem? As palavras são familiares aos leitores do marquês de Sade, e às vezes é preciso pouco à polícia para confirmar suas suspeitas e engaiolar um empregado detido na esplanada Monceau em junho de 1851: "Foram apreendidos em seu domicílio dois volumes de uma obra infame: *A nova Justine ou as infelicidades da virtude*. Embora a camisa estivesse manchada de esperma, ele negou o fato e disse que as manchas provinham de um escorrimento venéreo de que sofre"[42].

Aos olhos da polícia, o fato de o empregado conviver com o patrão e de o malandro frequentar os poderosos deste mundo abre naturalmente a via à chantagem. De fato, o exemplo do príncipe de Montmorency está longe de ser o único. Os arquivos estão cheios desses dramas cotidianos que fazem cair muitas cabeças e semeiam a desordem nas famílias. Há os chantagistas do "pula-em-cima", que inspiram terror e despojam a vítima de imediato; os chantagistas "à mecânica", à imagem de "Aperta-colhões", que pega "o homem pelos testículos e segura nessa posição até que o paciente lhe tenha dado dinheiro"[43]. Outros optam pelo prazo mais longo. A oportunidade é, evidentemente, dar com um homem em vista, acumular as provas e explorar o maná até esgotar. As vítimas não têm muita escolha. Alguns, extenuados ou sem dinheiro, vêem-se na obrigação de se queixar ao secretário de Segurança, iniciativa cuja dificuldade podemos imaginar. Será o caso de Villemain, professor de literatura na Sorbonne, deputado, par de França e ministro da Instrução Pública, no momento em que foi pego em flagrante delito na Madeleine, em 1844, "entregando-se a tudo o que há de mais degradante com um rapaz. Eles estavam encolhidos num canto da rua da Arcade. Agarrado pelos chantagistas, Sr. Villemain declinou seu título de ministro e levou os chantagistas à sua mansão onde lhes deu 2.000 francos em notas de 1.000 francos e um saco de 1.000 francos"[44].

---

[42] Arquivos da polícia de Paris. BB4, fº 109. (Pédés).

[43] *Ibid.*, fº 151.

[44] *Ibid.*, fº 151. Abel François Villemain era um personagem muito importante de sua época. Baudelaire vai criticar sem piedade, em "L'Esprit et le style de M. Villemain" ["O espírito e o estilo do Sr. Villemain"], um de seus últimos textos, esse acadêmico que lhe havia recusado

Em vez de acalmar os apetites, essa imprudente generosidade os fez pedir sempre mais e Villemain acabou ameaçando denunciá-los. O doutor Orfila, decano da faculdade de medicina que se entregava "a uma incrível ação de pederastia"[45] sobre os Jesus e os vagabundos que ele levava sem precaução para casa, acabou em situação idêntica.

Outros cedem até não mais poder, como o visconde de Dejean, antigo diretor da polícia do reino, que obteve para seu chantagista um emprego de inspetor dos carros de praça, ou como Lherminier, "o sábio professor que dera aulas no Collège de France", que se teria "aliado ao governo porque policiais o surpreenderam em flagrante delito na posição mais nojenta, e que teria sido arrastado aos tribunais se não se tivesse comprometido a mudar de opinião política"[46].

Por muitos traços, esse mundo é o de Balzac. Por um lado, os homens evocados são os de sua geração, com quem ele pôde cruzar. Basta pegar o índice das *Obras completas* da Pléiade para constatar que a maioria dos nomes citados figura na *Comédia humana*: é, por exemplo, o caso do marquês de Custine, amigo do autor e a quem é dedicado *O albergue vermelho*, evocado nas entrelinhas como "uma das notabilidades da capital"[47] num caso de chantagem das *Ilusões perdidas*; de Geoffroy Saint-Hilaire, a quem é dedicado *O pai Goriot* e personalidade citada em seis dos romances do ciclo; mas também de Érard, Boufflers, Bauffremont, Orfila ou ainda Villemain, citado não menos de dez vezes e descrito em *A moça dos olhos dourados* como um homem "hábil em intrigas, que o rei fez par de França"[48].

---

a entrada sob a Coupole e lhe dissera, a respeito dos *Paraísos artificiais*: "A toxicomania, Senhor, não é a moral". Ver Baudelaire, C. *Écrits sur la littérature*. [Texto editado, apresentado e anotado por Jean-Luc Steinmetz]. Le Livre de Poche, 2006. (Classique).

45 *Ibid.*, fº 162.

46 *Ibid.*, fº 38 e 15.

47 Balzac, H. *La comédie humaine*, V – *Illusions perdues*. Gallimard, 1977. p. 503 e n. 1, p. 1.348. (Bibliothèque de la Pléiade).

48 Balzac, H. *La comédie humaine*, VII – *La fille aux yeux d'or*, *op. cit.*, p. 1.049 e n. 1, p. 1.537.

Por outro lado, esse mundo é, por um estranho retorno da ficção sobre a história, propriamente 'balzaquiano'. E não é preciso ser perito para adivinhar, entre as linhas dos registros, alguns temas maiores do universo imaginário do romancista: o mundo da bandidagem e da chantagem; a ideia de uma franco-maçonaria oculta cujo modelo é encontrado na seita dos Treze, dos Dez Mil (grupo de ladrões que só cometiam crimes acima de 10.000 francos) ou dos Grandes Chapas (camaradas); o uso da gíria, que fascinava Balzac, como provam as numerosas páginas de *Esplendores e misérias das cortesãs*. Enfim, por trás dos personagens anônimos dessas relações administrativas, é possível adivinhar figuras da *Comédia humana*: Corentin, o policial corrupto; Lucien de Rubempré, o "homem metade mulher"[49], que fica sob a dependência de Herrera; e, é claro, Vautrin, a encarnação do fora-da-lei e do chantagista, que virá, com todas as letras, salvar sua "tia"[50] na Conciergerie, a saber Théodor Calvi, o jovem criminoso travesti, apelidado A bela Madeleine.

Sem disso tirar conclusões abusivas, esses cruzamentos levam a uma questão mais geral: a inegável dimensão romanesca das relações de polícia é só formal?

4. FORA-DA-LEI DA NATUREZA OU POR NATUREZA FORA-DA-LEI?

Seita, camarilha, grupos de pressão, complôs imaginários, delinquência e chantagens muito reais filtram da admirável retórica policial tantos fantasmas quanto fatos verdadeiros, o que torna bem delicada a leitura dos arquivos[51], pois do "dizem que" à prova o espectro é amplo. Que crédito dar, por exemplo, aos relatos das práticas sexuais, provavelmente narradas por algum

[49] Balzac, H. *Splendeurs et misères des courtisanes*, *op. cit.*; citado por Berthier, P. "Balzac du côté de Sodome". *Année Balzacienne*, p. 160, 1979.

[50] Balzac, H. *Splendeurs et misères des courtisanes*, *op. cit.*, p. 841.

[51] Sobre essas delicadas relações do fato com a 'verdade histórica' e a ficção, ver o artigo de Kalifa, D. "Usages du faux. Fait divers et roman criminel aux XIXe siècle". *Annales. Histoire, Sciences Sociales*, n. 54-56, p. 1345-1362, novembro-dezembro 1999; retomado no capítulo 6 de seu livro: *Crime et culture au XIXe siècle*. Perrin, 2005. p. 131-156.

dedo-duro, de tal homem afortunado, jamais pego em flagrante delito mas que organizaria em sua casa "cenas báquicas muito complicadas"[52]? Onde estão as provas de que tal joalheiro do Palais Royal "deixa homens cag... na sua na boca" ou ainda que tal outro "é enrabado enquanto chupa uma mulher"[53]? Verdadeiro ou falso? O essencial talvez estivesse em outra parte, na emergência de figuras e projeções que constroem o imaginário social. Pois há nesses detalhes um prazer evidente do policial em entrar na alcova ou em se esgueirar por trás de uma moita, para recensear, com um pavor que deve tudo à fascinação, as variáveis infinitas da sexualidade. Prazer redobrado, desnecessário dizer, quando o pederasta vigiado traz um nome célebre, a exemplo do marechal Gérard, ex-ministro da Guerra no regime de Luís Felipe e senador do II Império: "Ele não é positivamente pederasta, mas tem paixão de ver as raparigas públicas, as chamadas *terrineuses*, que masturbam os homens de noite nos Champs Elysées. No momento em que uma dessas punheteiras segura um homem, o marechal se aproxima para ser masturbado ao mesmo tempo com a outra mão, é a vista da ação da masturbagem que produz efeito sobre seus sentidos. / Ele apalpa, nu, as nádegas da mulher durante a operação"[54].

Aliás, não é sem importância que à pederastia apenas pressentida sejam associadas certas práticas como a coprofilia, da qual o antigo camarista de Napoleão I, o conte de Lariboisière – cuja piedosa esposa fundou o hospital parisiense do mesmo nome –, teria sido fervoroso adepto: "Dizem que ele sai atrás de meninos, mas sua paixão irresistível é ir de noite aos intervalos dos pequenos teatros dos bulevares para ver mulheres mijar ou cagar; tão logo estas se levantam, ele corre pôr o dedo na urina ou no monte e o chupa com volúpia. É rico de milhões"[55]. A celebridade, a fortuna e a lama, ou seja, o horroroso sob o aparato, sempre excitaram as imaginações.

O que revelam esses documentos, infelizmente lacunares, é sobretudo a manutenção de um verdadeiro fichário de informações, encarregado de

[52] Arquivos da polícia de Paris. BB5, fº 251. (Pédés).

[53] Arquivos da polícia de Paris. BB4, fº 157 e 158. (Pédés).

[54] *Ibid.*, fº 88.

[55] *Ibid.*, fº 56.

identificar o maior número de "sodomitas" parisienses, *que tenham ou não cometido delito*. Ao estabelecer *para cima* uma lista de suspeitos, ao consignar depoimentos e denúncias sobre indivíduos que às vezes nunca são processados por falta de provas, a polícia confirma a que ponto – e o que quer que diga o legislador – a pederastia permanece nos espíritos um delito em *si*. Como prova, esses registros especificamente constituídos, em que a caneta policial, no título dos motivos de prisões, quase sempre marca, inspirada por uma preguiça reveladora: "inculpação por pederastia".

Esse atalho guarda um voto do qual François Carlier, chefe do Serviço de Costumes, não se esconde. Cansado de não pode agir contra os travestis autorizados a se vestirem de mulher durante os períodos de carnaval, irritado por estar privado de meios de ação contra as "orgias nos domicílios particulares", funestas consequências do aliciamento na via pública, ele reconhece que costuma recorrer à esperteza para chegar a seus fins:

> A única barreira que a administração possa opor a todas essas sem-vergonhices é a lei de 9 de julho de 1852, que autoriza a expulsão por dois anos da região do Sena de todo indivíduo que ali se encontre sem asilo ou sem meios de existência. Armada dessa lei, ela faz investigações sobre todos os antifísicos que lhe são assinalados e expulsa todos os que caem sob a sua aplicação. É graças a essa lei, *que no entanto nunca visou especialmente aos pederastas*, que a polícia pode cuidar deles, inspirar-lhes um terror salutar e impedir que a pederastia se torne um escândalo público[56].

Consequências: os mais desprovidos vão pagar o tributo mais pesado.

Em *Minhas segundas-feiras na prisão*, Gustave Macé, chefe da Segurança entre 1879 e 1883, faz a mesma constatação, deplorando que nem a pederastia nem o incesto tenham sido previstos pelo legislador. A polícia teria assim ficado "sem forças contra essas infectas criaturas", até a condenação de uma delas, apelidada "a Saqui". Aliciando clientes na via pública, "a Saqui" fora presa, depois solta pelos juízes. Mas o procurador da República, prossegue Macé, recorreu motivando assim:

---

[56] Carlier, F. *La prostitution antiphysique*, *op. cit.*, p. 220. (Grifo meu.)

> É positivo que o senhor Alfred, chamado *a Saqui*, abordava os homens com a persistência e os ares de uma rapariga prostituída; que, ao expor a sua corrupção, ele incitava abertamente ao esquecimento os *princípios e o objetivo da natureza*.
> O pederasta, desta vez, foi condenado, em 21 de novembro de 1872, a dois anos de prisão e a 200 francos de multa.
> Assim, essa nova jurisprudência atinge os homens que se entregam à sodomia, que, publicamente, fazem concorrência às mulheres galantes[57].

Considerado fora-da-lei da natureza, o pederasta não seria antes, aos olhos das autoridades, por natureza fora-da-lei? A questão merece ser colocada, tanto é incômodo distinguir nos textos da época o direito da moral. Macé a isso responde sem titubear: "É do meio dos pederastas que saem os mais hábeis e os mais audaciosos criminosos. Eles praticam indistintamente o abuso de confiança, a escroqueria, o roubo, o assassinato; mas a chantagem é a arma predileta deles; ela lhes assegura a impunidade, pelo próprio erro das vítimas, que, longe de se queixarem, paralisam, ao contrário, os esforços da autoridade"[58]. O que quer que faça, o pederasta é, portanto, culpado. Entretanto, ao enraizar *de facto* a pederastia no meio exclusivo da prostituição e da delinquência, a polícia voluntariamente deixa de lado esses homens que em geral têm profissão e família, pequeno-burgueses na maioria, instalados numa relação amorosa clandestina e mais ou menos pacífica. O amor? Eis precisamente a palavra mais escandalosa, a inimaginável. Ao intitular seu livro *Estudo da patologia social. As duas prostituições*, François Carlier deliberadamente limita seu campo e impõe a parte pelo todo: "As relações contranatureza não procedem, além disso, nem da afeição nem do amor verdadeiro; nascem exclusivamente da avidez dos prazeres sensuais. Essa concupiscência brutal engendra audácias cínicas, paixões de uma violência indizível; aqueles que ela incita são verdadeiros possessos, que nenhuma dificuldade pára, que nenhum perigo assusta"[59]. Ciente.

---

[57] Macé, G. *Mes lundis en prison*. G. Charpentier et Cie., 1889. p. 157.
[58] *Ibid.*, p. 157-158.
[59] Carlier, F. *La prostitution antiphysique*, *op. cit.*, p. 106.

Esse laço tecido desde a origem entre a pederastia e o crime deixa pouca latitude àqueles que decidiram viver sua sexualidade. No entanto, os riscos são elevados e as condenações, pesadas. As prisões cotidianas, motivadas por "ultraje público ao pudor", "aliciamento" ou, mais simplesmente, "pederastia", até mesmo "suspeita de pederastia"[60], em geral acabam em prisão, em média de três meses a um ano, acompanhada de multas. Agarrados nos lugares de paquera, passagens parisienses, mictórios da Bolsa ou cais do Sena, os acusados às vezes apelam, mas a Corte quase que sistematicamente confirma o julgamento. Alguns tomam suas precauções, colocando um dedo-duro que lhes assinalará a presença da polícia. Este às vezes também acaba "em cana", à imagem do rapaz açougueiro libertado num impulso de otimismo "após exame lhe recomendando uma melhor conduta e mudar suas relações"[61].

5. UM MUNDO SUBTERRÂNEO À LUZ DO DIA

Vigiados por policiais à paisana, entre os quais se encontram acessoriamente chantagistas, espreitados pelos chantagistas que se fazem passar por policiais, provocados pelos Jesus que podem precipitá-los na ruína, os pederastas permanecem, evidentemente, mais cercados que aqueles que ainda não são chamados os heterossexuais – que não têm de temer, por exemplo, denúncias de prostitutas ou cortesãs. Mesmo assim, estão *a priori* sujeitos às mesmas leis: "façam o que bem entendem, contanto que fiquem em casa", diz grosseiramente o legislador. Ora, o que impressiona mais por meio de todos esses documentos, nessa perseguição em que tudo lhes comanda a mais vigilante discrição, é a extraordinária *visibilidade* e a ousadia deles, para não dizer a inconsciência de suas práticas. Como uma sociedade subterrânea que viveria à luz do dia, o mundo do terceiro sexo de certo modo se comporia de clandestinos que se exibem.

Presos num movimento contraditório, os pederastas devem simultaneamente se esconder dos policiais e se assinalar aos semelhantes, desconfiar dos

[60] Arquivos da polícia de Paris. BB6. (Pédérastes et divers).

[61] *Ibid.*, f° 39.

chantagistas e saber atrair a atenção de um amante potencial. Têm, assegura a polícia, numerosos códigos para se reconhecer. Um deles consistiria "em pegar o avesso do casaco ou da sobrecasaca com a mão direita, levantá-lo à altura do queixo, e em fazer uma reverência imperceptível"[62]. Outros movimentos seriam mais ostensivos. Certas testemunhas vêm diretamente se queixar na delegacia das solicitações de que seriam vítimas. Assim, um antigo empregado de cartório, um denominado Courtier, que veio depor contra os pederastas que o assediariam nas coxias dos teatros, na rua e nas passagens: "Ele afirma que existem aproximadamente duzentos continuamente nos bulevares que levam os dedos à boca em sinal de reconhecimento", relata um funcionário que se apressa em acrescentar, num atalho impressionante: "Sou levado a crer que o Sr. Courtier é uma tia, pois se não fosse da roseta arrebentaria na hora com o homem que ousasse se aproximar dele com toques obscenos"[63].

Para os mais discretos, o lenço seria ainda um auxiliar precioso: "Na frente da roupa, indica os ativos; e, quando sai dos bolsos de trás, designa os passivos"[64]. Mas, em geral, não são necessários gestos ou acessórios específicos: o andar *afetado*, a maneira de *empinar as nádegas*, a voz *feminina*, a *mania de falar muito* – que lhes valeu o apelido de *linguarudas*[65] – bastam para confundi-los. Vestidos com roupas "cortadas de modo a moldar-lhes as formas", os olhos "aumentados por um traço de lápis" e a figura "coberta de pó-de-arroz", passeiam em casal na rua, ajustando o requebrado, "rindo alto"[66]. Nem sempre se imagina bem a extraordinária liberdade de andar e a audácia desses homens que se expõem às gozações com uma indiferença reivindicada, a exemplo de "La Élie", que perambulava em plena Paris da Monarquia de Julho, "sempre vestido de dominó rosa, com um penteado de pérolas e flores nos cabelos"[67]. Vítimas de zombarias dos passantes, seguidos

---

[62] Vidocq, E.F. *Mémoires. Les voleurs*, *op. cit.*, p. 824.

[63] Arquivos da polícia de Paris. BB4, f° 23. (Pédés).

[64] Macé, G. *Mes lundis en prison*, *op. cit.*, p. 160.

[65] Em gíria, a bicha é sinônimo de tagarela.

[66] Macé, G. *Mes lundis en prison*, *op. cit.*, p. 156. François Carlier dá uma descrição análoga em *La prostitution antiphysique*, *op. cit.*, p. 143.

[67] Arquivos da polícia de Paris. BB4, f° 2. (Pédés).

pela polícia, nem por isso são inquietados. A menos que façam amor nos lugares públicos, prática a serviço da qual o terceiro sexo põe, é verdade, uma energia espetacular.

Há aqui um ponto cego, uma questão da qual de imediato se pode afirmar que não tem resposta. Por que, considerando a legislação – que, repitamos, se aplica a todos e a todas – e o peso das penas previstas contra o ultraje público ao pudor, os pederastas persistem, com uma constância e um vigor propriamente imperturbáveis, em se expor a um risco tão severo? Do rapaz preso por ter posto a mão na calça de um granadeiro e ter-lhe "proposto chupar-lhe o pau"[68] ao rapaz pertencente "à categoria dita dos punheteiros sem valor"[69], que se masturba em pleno dia após ter tocado o membro de um agente de polícia, são a cada dia centenas a literalmente se precipitar à frente da catástrofe. Os registros estão cheios desses flagrantes delitos que acusam certo tapeceiro surpreendido "no momento em que lhe chupavam o pau", certo joalheiro descoberto em agosto de 1850 fazendo "renda" num adolescente ("isto é, colocando-se diante dele e, com as mãos nas costas, apalpando-lhe as partes"), certo empregado preso bem no meio do Jardim das Plantas, diante da gaiola das cobras, com "o membro de fora e rodando na mão de um menino"[70]. Busca do arrepio erótico em sua relação com o perigo? Desafio à ordem pública? Inconsciência? Provocação? Na falta de resposta, a volta ao contexto talvez forneça algumas explicações.

Levar um amante ocasional para casa, quando muitos são casados, ou na intimidade de um quarto de hotel quando o espertinho poderia se aproveitar para limpar a vítima, não é forçosamente fácil nem desejável. É claro que há alguns prostíbulos, quase sempre para uso dos dois sexos, a fim de preservar as aparências, e os bordéis especializados abertos a uma clientela afortunada que exige soldados ou apenas interessada em jovens operários. Esse comércio dos corpos se estende aos estabelecimentos de banhos, mas também às lojas (lavanderias, joalherias etc.) dirigidas por raparigas públicas aposentadas ou algum Jesus reconvertido, que sublocam

---

68 *Ibid.*, fº 58.

69 Arquivos da polícia de Paris. BB5, fº 420. (Pédés).

70 Arquivos da polícia de Paris. BB4, fº 109, 91 e 67-68. (Pédés).

um quarto ao lado por uma hora ou duas. Algumas lojinhas concorrem até em engenhosidade para enganar a polícia, como tal casa de antiguidades que propõe na vitrine alguns objetos rotulados. O apreciador entra, considera a mercadoria, cujos números na realidade correspondem... aos Jesus que estacionam na calçada da frente e que o apreciador pode considerar como quiser graças à transparência da fachada. O homem faz sua escolha, a vendedora então retira o objeto, assinalando assim ao Jesus que ele tem de ir para a parte de trás da loja para satisfazer o cliente. Uma vez concluído o negócio, o apreciador paga a vendedora e vai embora cuidar de outras ocupações[71]... Para aqueles que não desejam necessariamente recorrer ao amor tarifado, a escolha é mais magra. Alguns tentam a sorte em lugares ambulantes, fechados aos olhares, para um inabitual transporte em comum: as carruagens. Mas se o cocheiro entender o significado das cortinas de repente baixadas, ele pára numa praça iluminada, alerta a multidão e põe para fora os imprudentes a chicotadas[72].

A noite será, portanto, o reino dessas intimidades furtivas, em lugares que ao mesmo tempo permitem se esconder e fugir: os quiosques e as moitas dos Champs Elysées, as árvores do Jardim das Tuileries, a escuridão deserta do cais do Sena onde, sob as pontes, trabalham os prostitutos chamados "pedregosas", como as moças das barreiras. Mas há um esconderijo de sucesso lendário – e verificado: as vespasianas*, cujas separações com estreitas "e redondas aberturas" permitem a uns de passar a outros, como diz Macé, "um singular cartão de convite"[73].

Para a polícia do II Império, perseguir esses "dons Juans das latrinas públicas"[74] (aos quais a gíria prefere o nome menos poético de "fungadores") é trabalho em tempo integral. François Carlier relata notadamente, em seu estudo, a fascinante história dos *water-closets* dos Halles, onde mais de duzentas prisões, todas seguidas de condenações, tinham sido operadas

---

71 Carlier, F. *La prostitution antiphysique*, *op. cit.*, p. 190-191.

72 *Ibid.*, p. 126.

* Mictórios públicos instalados em Paris a partir de 1834. O imperador Vespasiano teria criado os primeiros mictórios públicos em Roma. (N. T.)

73 Macé, G. *Mes lundis en prison*, *op. cit.*, p. 161.

74 Carlier, F. *La prostitution antiphysique*, *op. cit.*, p. 123.

em menos de um mês. "As prisões começavam todas as noites às 9 horas, e duravam até meia-noite. À meia-noite, os pederastas eram tão numerosos quanto às 9 horas da noite. Era de desesperar poder um dia livrar o bairro daquela turba repugnante."[75] Assim, os carregadores dos Halles propõem sua ajuda à polícia, põem-se à caça e agridem os recidivistas. Mas não há jeito. Alguns pederastas voltam na noite mesma da libertação, às vezes após seis meses de prisão... Todas as manhãs, pedreiros fecham os buracos; todas as noites, são de novo abertos. Apela-se para o ferramenteiro, que coloca placas de ferro fundido. O tráfico enfim cessa, a polícia retoma coragem. Mas, quinze dias mais tarde, os negócios voltam a todo vapor: as placas tinham sido furadas com broca... Só havia uma coisa a fazer – e que a polícia fará: decretar o fechamento dos ditos *water-closets*.

6. CARA OU COROA

Entre o agente de polícia e a tia, um duelo se iniciou. De longa data. A descriminalização revolucionária, longe de enfraquecer essa queda-de-braço, a intensificou, em cada campo. No fim do II Império, estamos longe da tia de Vidocq e de Balzac, a "mulher das prisões de homens". Da *tiazinha enganchada* ao chantagista, do peão ao professor da Sorbonne, a internacional antifísica atinge toda a sociedade. Para legitimar seu combate, a polícia só tem uma solução: fixar por todos os meios as relações de mesmo sexo no crime e alertar a opinião sobre um comportamento que fatalmente conduzirá seus adeptos, cedo ou tarde e seja quem for, à decadência, ao assassinato ou à ruína. Basta um falso passo – e é a queda.

Carlier, que não cessa de suspirar contra os pederastas, repete com todas as letras que a polícia, "embora com frequência desarmada, por falta de disposições legais, mesmo assim fica em cima deles o máximo que pode"[76]. Perda de tempo se acreditarmos nele mesmo. Os mais provocadores voltam indefinidamente aos lugares de seus crimes; os mais hábeis inventam mil

[75] *Ibid.*, p. 107.
[76] *Ibid.*, p. 150.

espertezas para escapar das autoridades. Nessa luta encarniçada, até os esforços da polícia para traçar um *perfil* dos malfeitores fracassam, pois uma vez fixado o retrato físico e psicológico do pederasta prostituído, uma vez circunscritos os costumes e as práticas desse mundo, o enigma permanece – e até se espessa. Então, o que fazer com esses empregados sem história, esses operários casados, esses fundadores de obras filantrópicas, piedosos católicos e bons pais de família, que mesmo assim pertencem à grande família dos antifísicos? Na realidade, a polícia cai na mesma armadilha lógica que se fechará sobre os psiquiatras: quanto mais a ciência criminal ou médica inventa, repertoria, classifica, precisa, mais a noção de terceiro sexo (ou, mais tarde, de homossexualidade), assim fragmentada, se amplia e se perde; quanto mais as categorias se diversificam, mais a definição se esboroa.

O pederasta exclusivo, se for *afeminado*, objeto de opróbrio para a maioria, presta-se facilmente à diabolização. Aquele que ainda não chamamos bissexual coloca, por sua vez, um problema mais complexo. Quem é esse homem que se entrega aos dois sexos? Um oportunista, responde em substância a polícia, acrescido, é claro, de um celerado. Assim nasce uma nova definição da tia, que formaria uma "classe à parte na corporação", e que dali por diante designaria "um produto híbrido do amor natural e da pederastia". Eles buscam "tanto a aproximação com as mulheres quanto aquela com os homens, com os quais desempenham exclusivamente o papel passivo". O "único amor", o "único objetivo"[77] dessa tia em nova versão é o dinheiro, razão pela qual ela será *de facto* assimilada aos chantagistas da pior espécie.

Assim, Gustave Macé relata a história de um personagem pitoresco, formado em direito, que se introduzira num casal sob o título de visconde. Chamado o "sapateiro do campo" entre os pederastas, esse perigoso chantagista em pouco tempo se tornara "amante da mulher e amante do marido". Essa dupla posição, se podemos dizer, lhe permitia acumular provas e detalhes comprometedores nas duas frentes, que ele pretendia utilizar para fins crapulosos. Mas um arrombamento fracassado cortou em definitivo suas ambições, e ele foi preso. O interrogatório no posto merece a citação, mesmo que apócrifa:

---

77 *Ibid.*, p. 153.

> Detalhe cômico, seu pé direito tinha uma meia soquete e o esquerdo uma meia de seda, soquete e meia de seda cor de carne marcadas com as iniciais dos esposos que viviam de renda. O inspetor principal Monsin, que assistia à operação, levantou-se e, com a mão larga, aplicou um forte tapa na bunda do "sapateiro do campo" e lhe disse: – Com quem tenho a hora de falar, com o visconde ou com a viscondessa?
> O acusado fez uma reverência e respondeu: – Lado cara com o visconde, lado coroa com a viscondessa[78].

Para além do pitoresco, essa anedota sublinha um fato capital: do calabouço à rua, do jardim público ao quarto de hotel, a tia ou o "bissexual" sempre desempenham com os homens o papel *passivo*. Como ainda diz o bem nomeado *Monsieur* Claude, chefe da Segurança no II Império, ao descrever os clientes de um prostíbulo dos Champs Elysées que fornecia raparigas e rapazes à sua opulenta clientela: os apreciadores assim encontravam meio de ser "amantes homens ou mulheres"[79]. Amantes, no plural, nunca designa dois homens juntos.

No entanto, para que haja "enrabado", é bem preciso que haja "enrabador". Onde estão os *ativos*? Mistério. Ou quase. A grande maioria dos casos relatados nos arquivos atesta isso: o culpado, aquele que for preso e complacentemente ridicularizado, sempre é "o homem-moça" aquele que "é penetrado", a "tia tímida", com frequência instalado com uma mulher, mas que vive "apenas de enrabação"[80]. O pederasta 'viril', eis o grande ausente. Inclusive quando dois homens vivem juntos, à imagem do casal descrito num relatório de 1859, composto de "dois pederastas da raça dos súcubos, isto é, daqueles que são comidos. Aliás, a forma como dispõem o apartamento onde moram anuncia a ignóbil profissão. Nota-se que há uma única cama estreita, uma penteadeira enfeitada com cortinas de musselina, nós [*sic*] de fitas, um espelho, flores; sobre a lareira, mais musselina, fitas e flores, nas paredes litografias, representando temas de nudez; enfim, no quarto, odores de perfume como na casa de uma pequena amásia"[81].

---

78 Macé, G. *Mes lundis en prison, op. cit.*, p. 162.
79 *Mémoires de Monsieur Claude*. Jules Rouff, 1881. v. II, p. 53.
80 Arquivos da polícia de Paris. BB5, fº 474, 285 e 336.
81 *Ibid.*, fº 435.

O terceiro sexo, em primeiro lugar, não designaria simplesmente isto: aqueles cujo sexo biológico não preenche a função que supostamente a ele é inerente? Um homem é *necessariamente* ativo, uma mulher *necessariamente* passiva, um dá, o outro recebe; é esta a base intocável do "amor natural" e da "geração". Nos casais do mesmo sexo, o homem penetrado, ou seja, *feminino*, e a mulher penetrante, ou seja, *masculina*, sempre serão os mais severamente incriminados. Estes são os párias, os enviados à justiça, enquanto o pederasta *ativo* permanece, *apesar de tudo*, um 'homem' – que por certo se engana de destinação – e a lésbica *passiva*, uma 'mulher' – quase sempre vítima de uma maluca. Pior que escarnecer do princípio de procriação, o terceiro sexo profana os papéis atribuídos. Essa gente, e em todos os sentidos do termo, não está 'em seu lugar' – a polícia, que busca por todos os meios expulsá-los, nos diz o bastante.

Por assinalar e demonstrar uma possível desestabilização dos valores, o terceiro sexo ideologicamente representa um perigo evidente: se o homem consente em 'fazer a mulher', o patrão pode da mesma forma se ver sob o império do empregado, e, por extensão, todo poder pode ser 'derrubado'. Por isso é que a polícia estará pronta para reafirmar a ordem (política) na desordem (sexual) na hora em que a relação homem-mulher, agente-paciente, sodomizante-sodomizado permanecer indissociável da relação dominante-dominado. Em 1883, um relatório da polícia de costumes na Câmara Municipal de Paris identifica claramente os dois partidos: "Quando um casal é preso, em geral o engraçadinho que se vende – [...] cabeleireiros, jovens empregados sem vaga, aprendizes e outros da mesma laia –, rapaz novo, sujeito passivo, é detido e paga pelo cúmplice, sujeito ativo, personagem de nível honrado"[82]. Este último, admite o autor do relatório, raramente vai ajustar contas com a justiça. Alguns anos mais tarde, um estudo sobre *O vício em Paris* corrobora essas palavras: "Os pederastas em geral se recrutam quase que nas duas classes mais opostas da sociedade: aquela dita do mundo, que fornece a parte ativa, e a última, composta dos indivíduos que

---

[82] Fiaux, L. *Rapports et documents*, n. 26, Conselho Municipal de Paris, 1883.

formam a parte feminina. [...] A classe burguesa costuma ser isenta dessa infecção moral"[83].

É claro que tomar a penetração como único critério pertinente não basta. Por um lado porque a sexualidade, mais engenhosa em seus exercícios, a isso não se reduz; por outro lado porque nada proíbe pensar que os papéis *ativos-passivos* possam ser intercambiáveis. Mas esse esquema geral da inversão da relação de dominação permanece nas mentalidades à base de um escândalo conceitual, moral, que veremos perdurar por muito tempo, inclusive no espírito dos médicos, inicialmente cúmplices depois substitutos dessa primeira elaboração policial do terceiro sexo.

---

[83] Delcourt, P. *Le vice à Paris*. A. Piaget, 1888; citado por Courouve, C. *Vocabulaire de l'homosexualité masculine*, *op. cit.*, p. 42.

CAPÍTULO II

SATÃ ERA UMA TRÍBADE

Em 1864, Alfred Delvau, mercenário das letras e polígrafo erudito, publicava um curioso *Dicionário erótico e moderno por um professor de língua crua*, em que se podia ler: "Terceiro sexo (O): Aquele a que pertencem os pederastas e as sapatas"[1]. Essa associação dos dois sexos na formação de um terceiro, em si, nada tem de surpreendente nem de muito novo. Desde a noite dos tempos, Sodoma e Gomorra, Safo e Sócrates simbolizaram essa relação formal em espelho, que une os "pederastas" às "sapatas", embora os divida sem apelação.

Como partilham um "vício" análogo, esses homens e essas mulheres distinguem-se do resto da humanidade a ponto de juntos constituírem um novo sexo; mas, como o objeto de suas preferências os opõe, eles são condenados a viver em dois campos, íntimos e irreconciliáveis, tão solidários quanto estranhos um ao outro. Em 1839, Alfred de Vigny, ferido porque Marie Dorval a ele preferisse George Sand, retomava assim por sua conta "a cólera de Sansão" e a profecia da Bíblia:

> Breve, retirando-se num odioso reino,
> A Mulher terá Gomorra e o Homem terá Sodoma,

[1] Delvau, A. *Dictionnaire érotique moderne par un professeur de langue verte*. Freetown: Imprimerie de la Bibliomania Society, 1864.

E, lançando-se, de longe, um olhar irritado,
Os dois sexos morrerão cada um de seu lado[2].

Assim, para um único "odioso reino", haveria dois mundos paralelos, talvez comparáveis, mas cujas respectivas singularidades (históricas, culturais, econômicas) na realidade atingem bem mais que os traços comuns. Como explicar, por exemplo, a ausência quase total, nos arquivos da polícia, daquelas que ainda eram chamadas as tríbades até o final do século XIX?

I. DO TRIBADISMO CONSIDERADO EM SUAS RELAÇÕES COM A PROSTITUIÇÃO

Derivada do verbo grego *tribein* ou "roçar", a palavra tríbade aparece no meio do século XVI na França sob a pena dos tradutores dos Antigos e dos comentaristas do *Diálogo das cortesãs* de Lucien de Samosate e dos *Epigramas* de Martial. Brantôme, em *Vida das damas galantes*, será um dos primeiros a evocar essas estranhas práticas oriundas "de *tribo, tribein* que tanto corresponde a dizer *fricare*, *freyer*, ou *friquer*, ou esfregar-se; e tríbades se dizem *fricatrices* [...] ou que fazem a *fricarelle en mestier de donna con donna...*".

No século XVIII, a acepção moderna da palavra é fixada por Diderot que, na *Enciclopédia*, tece o laço com seu par masculino: "Tríbade: mulher que tem paixão por outra mulher; espécie de depravação particular tão inexplicável quanto a que inflama um homem por outro homem"[3]. O termo será empregado como equivalente a safista ou lésbica, utilizados na segunda metade do século XIX, que então redescobre os textos de Safo, poetisa de

---

2 "La colère de Samson" ["A cólera de Sansão"] fora escrito em 1839, mas só será publicado pela primeira vez após a morte de Vigny na *Revue des deux mondes* de 15 de janeiro de 1864. O poema será integrado à coletânea *Les destinées*, publicada por Michel Lévy em 1864. Proust colocará esses versos em epígrafe de *Sodoma e Gomorra*.

3 Citações extraídas do capítulo "Tribade: les raisons d'um choix" ["Tríbade: as razões de uma escolha"]. *In*: Bonnet, M.J. *Les relations amoureuses entre les femmes du XVI au XIXe siècle: essai historique*. Odile Jacob, 1995. p. 48. Segundo Pierre Albertini, Henri Estienne, redescobridor das obras de Safo, é quem teria forjado a palavra "tríbade". Ver o verbete "France" em *Dictionnaire de l'homophobie*. Puf, 2003. p. 177.

Lesbos célebre por seus modos, cuja obra, segundo o erudito Paul Lacroix, seria "essa ode, essa obra-prima da paixão histérica"[4].

Adivinhamos: o tribadismo atinge primeiro as mulheres abandonadas à luxúria e ao comércio carnal. Já em 1836, no primeiro estudo de envergadura sobre *A prostituição em Paris no século* XIX, Alexandre Parent-Duchâtelet havia sublinhado com pavor profético a frequência dessas práticas, que culminava em "nojentos e monstruosos *casamentos*" entre as prostitutas quando estavam presas. Se o autor declarava impossível estabelecer uma quota de tríbades no conjunto das raparigas públicas, em compensação assegurava: "São poucas as prostitutas velhas que não possamos alinhar entre as tríbades; acabam ficando com horror dos homens e associando-se aos ladrões e a tudo o que há de mais abjeto e mais crapuloso". E se espantava que mulheres idosas seduzissem raparigas e conseguissem que estas "a elas se apegassem de maneira verdadeiramente extraordinária", apego que estaria antes mais próximo "do frenesi que do amor"[5].

Ora, se os "Pederastas e diversos" têm seus registros nas delegacias, não há nenhum marcado "Tríbades" ou "Sapatas", e é preciso atravessar centenas de dossiês para encontrar raras alusões a essa "espécie de depravação" cuja exclusividade permanece *a priori* inconcebível[6]. Para inúmeras tias que vivem "apenas de enrabação", não há uma tríbade que possa viver apenas de esfregação, por razões econômicas evidentes: por um lado, a prostituição destinada apenas às tríbades *a priori* não existe; por outro, as mulheres, menores para o código civil, na maioria dependem financeiramente dos homens. Por sua vez, e ao contrário do pederasta precipitado no crime por seu vício, a prostituta, primeira visada, já é uma depravada por profissão.

---

[4] Dufour, P. (pseudônimo de Paul Lacroix). *Histoire de la prostitution chez tous les peuples du monde, depuis l'Antiquité la plus reculée jusqu'à nos jours*. Serré éditeur, 1851. v. I, p. 281. O autor precisa que "se Safo não fosse talvez hermafrodita, era pelo menos tríbade" (*Ibid.*).

[5] Parent-Duchâtelet, A. *La prostitution à Paris au* XIX*e siècle* [1836]. [Texto apresentado e anotado por Alain Corbin]. Seuil, 1981. p. 113-117. (L'Univers Historique).

[6] Precisemos que a ausência de registros não significa que nunca tenha existido ou que os policiais nunca tenham constituído dossiês específicos. Podem ter desaparecido, ter sido queimados, ter passado para outros índices, ou ter mais simplesmente escapado à minha vigilância. O fato é simplesmente notável apenas do ponto de vista dos *inventários* e da ausência de classificação como categoria *em si*.

Ora, uma vez que a prostituição convencional já estava sendo perseguida ou, pelo menos, controlada pela administração, por que a polícia teria constituído dossiês específicos sobre o tribadismo, que não passaria de uma filial sem consequências[7]?

Embora difícil de identificar, o tribadismo nem por isso é invisível. E se a discrição de Gomorra parece inversamente proporcional àquela de Sodoma, os dois reinos, na oportunidade, conseguem se entender bem com as circunstâncias. Por exemplo, a "tia Petit", "sodomista bem conhecido", e sua mulher que, nos diz curiosamente o relatório, "é uma tríbade cujos gostos também são os do marido", ou Thérigny, ator da Porta de Saint-Martin, cuja esposa tem, desta vez de modo mais claro, "os mesmos gostos pelas mulheres quanto ele pelos homens"[8]. Mas não são elas que são vigiadas.

Com o II Império, os policiais apertam o cerco contra as aventureiras do amor, semimundanas, cortesãs, atrizes, modistas sustentadas por algum aristocrata ou banqueiro. Elas conheceram inícios difíceis, as ruas, as casas de encontros; um dia, conseguiram um papel no teatro ou encontraram um "senhor" e vêem-se recebendo a corte e a cidade numa mansão com equipagem; arruínam-se rápido também, desaparecem por um tempo nas Américas ou na Rússia, e logo renascem graças a novo protetor. São as "mulheres galantes", que têm seu registro nos arquivos da polícia, guardando nomes e vidas de romance, de Valtesse de la Bigne, o modelo de Naná*, a Cora Pearl, a amante do príncipe Napoleão.

Mantidas por um ou vários homens, passando da miséria à opulência e da glória à decadência em poucos meses, elas têm existências múltiplas e simultâneas. Algumas conservam um amante de coração. Para muitas, é com uma amante que a vida amorosa e íntima desabrocha. Henriette Lasseny,

---

7 As prostitutas eram então divididas em duas categorias: as moças "encartadas" (fichadas pela polícia, que tolerava o comércio que elas faziam) e as moças "insubmissas" (não registradas pela polícia, que costumava prendê-las). As "mulheres galantes" constituem uma categoria de insubmissas de 'vôo alto' sobre as quais é encontrado um registro nos arquivos da polícia e entre as quais serão encontradas algumas tríbades. Ver igualmente: Corbin, A. *Les filles de noce. Misère sexuelle et prostitution au* XIX*e et* XX*e siècles*. Aubier Montaigne, 1978.

8 Arquivos da polícia de Paris. BB4, fº 6 e 46. (Pédés).

* Do romance *Naná*, de Émile Zola, história de uma prostituta. (N. T.)

ex-atriz, divide assim seu tempo entre seu protetor russo e outro homem, o que não a impede, nota a polícia, "de ter por tríbade Armandine Bissière que ela mantém [e] que está nesse momento no hospital Dubois, onde faz um tratamento para um câncer no seio"[9]. Da mesma forma, Thérésa Valadon mantém sua relação com um médico, embora viva com Joséphine, antiga cortesã, mais conhecida sob o nome de Lucien. Juntas, costumam ir à casa de Constance, modista da rua Lamartine: "Há sempre lá numerosa sociedade de tríbades, e pessoas garantem que lá acontecem cenas da mais revoltante imoralidade"[10].

As maiores cortesãs exploram esses amores clandestinos. Em 1868, uma jovem inglesa é presa pela polícia de costumes. Conta ter sido durante vários meses colocada a serviço da Paiva, célebre aventureira, nascida Esther Lachmann, que diziam ser filha ilegítima de um grão-duque da Rússia e espiã a serviço da Prússia. O relatório nota que a jovem mulher fora obrigada a deixar seu lugar porque a Paiva, "que tomava um banho perfumado todos os dias, queria que ela a masturbasse enquanto estava na banheira". Depois de ter-se submetido várias vezes, recusou, o que lhe valeu ser espancada. Logo foi embora. Esses prazeres exigidos são simples volúpias anexas, sem relações com o tribadismo? Talvez não, a se crer no relatório, que sugere que a Paiva é ligada há muito tempo à sua camareira Pepita, e que adotou a filha desta última, "na intenção de deixar-lhe uma parte de sua fortuna"[11].

O que significa ser tríbade nessa época? Exercer-se a outros "vícios" ou amar de outra maneira? Não há incompatibilidade entre essas duas respostas, e uma infinidade de passagens liga o mundo da libertinagem profissional à esfera íntima. As relações seguem ao longo das páginas: "Alice é tríbade, costuma fazer orgias com a chamada Fiorita [...], a qual é amante do Sr. Exelmans"[12]; Léonide Leblanc, que mantém relações privilegiadas com o duque d'Aumale, "conheceu todas as casas de encontros e, além disso, é sapata"[13]. Em 1862, a polícia examina as atribulações da atriz Suzanne

---

[9] Arquivos da polícia de Paris. BB1, f° 55. (Femmes galantes).
[10] *Ibid.*, f° 327, julho de 1865.
[11] *Ibid.*, f° 100.
[12] *Ibid.*, f° 204.
[13] *Ibid.*, f° 131.

Lagier, da qual é ressaltado: "É excelente música, tem muito espírito, mas seus vícios ultrapassam todas as suas qualidades". Teria assim levado consigo seu amante do momento à casa de uma mulher pública, que recebia 40 francos por prestação: "Enquanto ela era masturbada com a boca, o senhor permanecia espectador"[14]. Espetáculo aliás marginal na atividade da dita Suzanne, que tem relações seguidas e muito mais privadas com numerosas tríbades parisienses, como a dançarina Margueritte Badel, célebre pela habilidade incomparável em "levantar a perna": foi ela quem lançou o cancã. Margueritte, chamada Rigolboche, ainda era chamada 'Marie, a Huguenote', "mas esse apelido, que era pronunciado bem alto, cobria aquele que se dizia baixinho: *Maria, a sapata*"*[15].

Entre os "quadros vivos"[16] de damas entre si exigidos pelos clientes, oferecidos ao voyeurismo masculino, e as paixões privadas ligando as tríbades, as configurações são numerosas e as cumplicidades, variadas. A polícia evoca até possíveis "manobras de proxenetismo"[17] entre mulheres. A literatura e alguns memorialistas do II Império a isso fizeram alusão, à imagem de Horace de Vieil-Castel, que conta notadamente: "A Sra. marquesa de Beaumont, nascida Dupuytren, a mais masculina das nossas Safos modernas, foi surpreendida no ano passado numa casa de raparigas, exercendo-se na *fricarelle* [esfregação]. Esse pecadilho não a prejudica nem um pouco; todos a recebem"[18]. A polícia se interessa, mas de longe. Em 1873, ela nota que a marquesa de Galliffet, esposa do general que tão duramente reprimiu a Comuna, tem "um alojamento no número 5

---

[14] *Ibid.*, f° 371.

* Trocadilho em francês entre La Huguenote e La Gougnotte [sapata]. (N. T.)

[15] *Ibid.*, f° 730.

[16] Harsin, J. *Policing prostitution in nineteenth-century Paris*. Princepton: Princepton University Press, 1985. p. 302. Ver igualmente Fiaux, L. *Les maisons de tolérance: leur fermeture*. Geroges Carré, 1892. O registro BB3 dos arquivos da polícia, intitulado "Pornô", que recenseia os casos de venda e de entregas em domicílio de fotografias obscenas, compreende vários clichês pornográficos nos quais estão representadas cenas tribádicas.

[17] Arquivos da polícia de Paris. BB1, f° 351-352. (Femmes galantes).

[18] Vieil-Castel, H. *Mémoire sur le règne de Napoléon III (1851-1864)*. (Josserand, P. [org.]). Guy Le Prat, 1942. v. I, p. 229; citado por Lucey, M. *The misfit of the family. Balzac and the social forms of sexuality*. Durham, Londres: Duke University Press, 2003. p. 106.

da rua Basse des Remparts, onde recebe tríbades, notadamente as Sras. Alphonse de Rothschild e Walter[?]"[19].

Vício de prostitutas ou privilégio de aristocratas, era como se o tribadismo profissional se organizasse com o advento da III República. Em 1876, segundo Gustave Macé, um processo escandaloso deixa sob as luzes da atualidade um estabelecimento de banhos no IX Distrito, onde "Lesbos e Sodoma marcam encontro"[20]. Mas é só a partir dos anos 1880-90 que um verdadeiro comércio "para mulheres" parece surgir. Em *A corrupção fim-de-século*, Léo Taxil faz um quadro surpreendente de uma Paris-Lesbos, onde as tríbades agora marcam encontro em casas de tolerância especializadas, quando não 'aliciam' na aléia dos Poteaux no bosque de Boulogne. As moças de teatro se roçam com as damas da alta sociedade, as esposas respeitáveis se deitam com as camareiras; quando tal baronesa é surpreendida num fiacre em má postura, o caso será abafado graças ao marido deputado. Em suma, "no presente momento, garante ele, o número de mulheres interessadas por mulheres é incalculável em Paris", uma vez que a capital se tornou o centro "de verdadeiras academias lésbicas, onde as pessoas se entregam em comum a orgias sem nome"[21].

As tríbades profissionais agora passeiam em pares, cabelos curtos para as mais ousadas, com frequência vestidas com a mesma roupa que lhes vale o apelido de "irmãzinhas". Como os pederastas, elas agora formam uma comunidade cujos membros se reconhecem:

> A tríbade, em busca de uma de suas iguais, tem um sinal distintivo: é o magnífico cão de água, frisado, vestido, arrumado, enfitado às vezes, que a acompanha em seus passeios, a pé ou de carro [...]. Uma passante vê a mulher do cão de água e cruza seu olhar com o dela, ao mesmo tempo em que executa um rápido movimento com a língua e os lábios; é o sinal convencional, adotado entre tríbades, para dizer: "Sou para mulher"[22].

[19] Arquivos da polícia de Paris. BB1, f° 159. (Femmes galantes).
[20] Macé, G. *Mes lundis en prison*, *op. cit.*, p. 169.
[21] Taxil, L. *La corruption fin-de-siècle*. H. Noirot, 1891. p. 258-259.
[22] *Ibid.*, p. 263.

Outras preferem o travestismo – usam roupa masculina e ajustam uma barba em ponta na intimidade, como "o belo Ernesto"[23], que fazia furor no momento da Exposição de 1889. Na mesma época, Catulle Mendès conta que "as amigas", após nove meses de ligação, se dão de presente à guisa de filho uma boneca que levam juntas para passear. Parece que a tradição irá perdurar até o entre-guerras, já que Djuna Barnes agirá assim com Thelma Wood[24].

Visíveis, provocantes até, essas mulheres, cujos embates se exercem fora dos lugares públicos, têm toda a liberdade de agir sem ser inquietadas. Seus amores são até cantados com sucesso. Assim, Yvette Guilbert, que cria a famosa canção "Eros esgotado", da qual escapa este verso:

> Elas não são prolíficas
> Minhas uniões evidentemente
> Assisto aos amores sáficos
> Das mulheres que não têm amante[25].

A polícia as poupa, o cabaré as celebra. Em 1900, Charles Virmaître confirma a multiplicação em Paris das "*cervejarias para mulheres;* a *sapata*, a *fanchona*, lá pululam". Quase sempre estão em casal, cada uma em seu papel: "A mulher-homem é morena, tem os cabelos cortados rente, [...] usa uma gravata azul suave ou vermelha conforme a tez, uma rosa ou um buquê de violetas na lapela [...]; vista sentada, diríamos um adolescente; a mulher-mulher é loura; vestida como todo mundo, nada a distingue"[26]. Por mais que essas visões 'causem repugnância' às pessoas honestas, a indulgência ou a indiferença das autoridades parece prevalecer. No entanto, a termo, um

---

[23] *Ibid.*, p. 264.

[24] Sobre essas questões de bonecas, ver Albert, N.G. *Saphisme et décadence fin-de-siècle*. La Martinière, 2005. p. 182; assim como "Les amantes de la nuit" ["Os amantes da noite"]. *In*: *Amour fou*. Marel Sell (a ser publicado).

[25] Citado por Martin Pénet, no libreto do disco: *Chansons interlopes, 1908-1936*. Les Gais Musettes, 1997. p. 6. "Éros vanné" ["Eros esgotado"] fora escrito em 1891 por Maurice Donnay para Yvette Guilbert. Em 1894, Henri de Toulouse-Lautrec vai criar uma litografia célebre para ilustrar a canção, em que se vêem duas mulheres abraçadas.

[26] Virmaître, C. *Paris-Impur*. A. Charles Libraire, 1900. p. 219.

perigo se perfila, que preocuparia ainda mais os moralistas: a independência amorosa e a subversão dos papéis acarretam uma ameaça para a família, e portanto para o equilíbrio da sociedade. Na verdade, a tríbade moderna balança bem mais a ordem estabelecida que a ordem pública, ao mesmo título que toda mulher decidida a sair de sua condição e a romper com as exigências do mundo masculino.

2. A MULHER SEGUNDO PIERRE LAROUSSE

Se a expressão terceiro sexo de fato designa, em primeiro lugar, por meio das tias e das tríbades, *práticas sexuais* com frequência ligadas à prostituição, ela também modela, paralelamente, *figuras* que não são necessariamente olhadas quanto à orientação que têm. É nessa interseção que o estudo comparado dos pederastas e das lésbicas pára a fim de tomar uma bifurcação que poderia bem ser qualificada de política.

A dificuldade, aqui, é tripla. Para esquematizar, haveria, de um lado, o pederasta, sempre depravado, exclusivamente definido por sua depravação 'contranatureza'; do outro, seu 'simétrico', a lésbica, de quem são descritas as "paixões histéricas" e o "frenesi" erótico; aqueles que pertencem e/ou atraem a atenção para uma terceira categoria mais vasta de sujeitos, cuja sexualidade seria de certo modo secundária mas que, pelo comportamento ou os atos, desfazem os preconceitos, os atributos e os limites culturalmente ligados a seu sexo – o que em termo contemporâneo se chamaria o *gênero* em oposição ao sexo anatômico. Pode ser, é claro, o caso do pederasta ou do travesti que, cansado de se conformar a um ideal de virilidade social, entende assumir um papel qualificado de 'feminino'. Mas trocar o ofício de pedreiro pelos trabalhos de agulha, longe de ser fácil, permanece apesar de tudo mais acessível a um homem do que pretender uma mulher tornar-se, por exemplo, soldado ou arquiteto, funções que lhe são *de jure* e *de facto* fechadas. Antes de compreender em que as mulheres desejosas de se emancipar formariam um terceiro sexo, é forçoso voltar ao que é primeiro: o que é uma mulher para o século XIX?

Sem pretender ser a única resposta, o *Grande dicionário universal* de Pierre Larousse oferece uma apaixonante síntese enciclopédica sobre o assunto. Ela abre com esta célebre definição: "Mulher: fêmea do homem, ser humano organizado para conceber e pôr filhos no mundo"[27]. As quinze páginas que compõem a entrada – contra cinco para "Homem", que seria o indivíduo dotado de fala que representa a espécie humana – mostram isso com eloquência: sem poder, sem direitos senão os da herança, sem autonomia política ou econômica, relegada ao papel de esposa, mãe ou musa, 'a' mulher só tem de estatuto aquele concedido por um mundo organizado e legiferado pelos homens. Sujeitos naturalizados, as mulheres *são* o sexo e não têm outras escolhas senão o encarnar; ao homem o universal, a ação, a esfera pública; à mulher o particular, o sensível, a família.

Tudo a separa do homem, que permanece o padrão, se podemos dizer, ao qual ela será sempre medida. A começar pela anatomia: seus cabelos "longos, sedosos, finos e flexivos", a ossatura mais fina, a carne mais "mole", as formas arredondadas, até o crânio – que, no homem, é mais desenvolvido e guarda "uma maior quantidade de cérebro". Por deslizamentos sub-reptícios, Larousse passa sem dor da anatomia à fisiologia, da biologia à psicologia: como sua constituição corporal a aproxima da criança, ela será mais sensível e sujeita à inconstância; em função da influência dos climas, será mais ou menos ardente no amor, ainda que "uma mulher valha, em média, nesse exercício, dois homens e meio", sua propensão a sofrer os assaltos do macho sendo mais elevada que a capacidade de saliências do homem; o celibato seria contrário à sua saúde e provocaria afecções do útero, crises de histeria e cânceres. A análise das mulheres em função das raças e dos povos faz um inventário igualmente vertiginoso, em que se fica sabendo que "quase todas as alemãs e as inglesas são frias", que as "negras" são excisadas pois seu clitóris desmedido seria uma "deformidade incômoda" de que elas poderiam abusar, ou que "a expressão da fisionomia das muçulmanas é inteiramente insignificante; elas aliás estão constantemente veladas".

É com a constituição da família, pivô da organização dos Estados, que se estabelece a condição social das mulheres. Elas puderam aqui e ali, em certas tribos primitivas, conduzir pirogas, fazer a guerra ou participar dos

---

[27] Larousse, P. *Grand dictionnaire universel du XIXe siècle*. Administration du Grand Dictionnaire Universel, 1866-1890. v. VIII, p. 202-217.

conselhos, mas essa "completa independência" ao mesmo tempo as entregava "à mais completa abjeção". Graças ao estabelecimento da célula familiar e ao advento do cristianismo, a mulher abdicou de sua liberdade mas ao mesmo tempo adquiriu "uma dignidade moral que ainda não tivera". Passando rapidamente em revista os direitos das mulheres a partir da Revolução na França, Larousse admite legítimo a ampliação das "ocupações permitidas às mulheres", fenômeno que estaria sobretudo em via de desenvolvimento nos Estados Unidos.

Um dos muitos méritos do dicionário consiste igualmente em dar as linhas de força das quatro grandes filosofias sobre o direito das mulheres então em debate: a doutrina saint-simoniana, centrada num "indivíduo social" constituído pelo casal homem-mulher; a escola positivista de Augusto Comte, muito hostil à emancipação das mulheres, esse "sexo afetivo" chamado à obediência do "sexo ativo" masculino, fadado ao comando; o pensamento de Proudhon, afirmando a inferioridade natural e intelectual da mulher, que ele preferia ver "em reclusão" mais que emancipada; e, enfim, a de Charles Fourier, do qual o mínimo que se pode dizer é que ela contrasta em qualquer ponto de vista com sua época.

Charles Fourier havia elaborado desde os anos 1820 um vasto projeto de reforma social visando à harmonia universal. Violenta crítica da sociedade industrial burguesa e do saint-simonismo, sua visão utopista propunha uma nova organização centrada em torno do falanstério, comunidade de trabalhadores associados. Em quase todas as suas obras, Fourier militava igualmente pela abolição do casamento, símbolo de sujeição, e a plena emancipação das mulheres. Larousse cita abundantemente suas invectivas contra o "sexo forte" que reduz as mulheres à escravidão e lhes retira todo poder, lhes proíbe o cetro para "relegá-las às funções subalternas do casal".

Para o filósofo, desprezados são os argumentos supostamente científicos: só a educação e o papel destinado às mulheres explicam os "vícios" que lhes são atribuídos. Bastaria submeter os homens às mesmas condições de dependências para julgar-lhes a pretensa superioridade moral:

> E vós, sexo opressor, não ultrapassaríeis os defeitos censurados às mulheres, se uma educação servil vos formasse como elas a vos crer autômatos feitos para obedecer aos preconceitos, e para rastejar diante de um mestre que o acaso vos

> daria? Seria preciso, para confundir a tirania dos homens, que existisse, durante um século, um terceiro sexo macho e fêmea, e mais forte que o homem. Esse novo sexo provaria a golpes de vara que os homens são feitos para os prazeres tanto quanto as mulheres; então, ouvir-se-ia reclamar contra a tirania do sexo hermafrodita, e confessar que a força não deve ser a única regra do direito. Ora, esses privilégios, essa independência que eles reclamariam contra o terceiro sexo, por que recusam concedê-los às mulheres?[28]

O voto de Fourier era o de um pioneiro do feminismo e de um dos primeiros filósofos modernos a desfazer o vínculo entre dualidade anatômica e relações sociais de sexo. Ele não reclamava a tirania das mulheres contra a dos homens; sonhava antes com uma instância superior, transcendente, de um sexo árbitro único capaz de restabelecer um princípio de igualdade resultante da justiça social. Assim fazendo, demonstrava a que ponto o terceiro sexo pode se revelar um operador eficaz no questionamento da polaridade dos gêneros e da alienação que ela representa.

Em 1876, quando sai o último volume do *Grande dicionário universal*, o olhar sobre as mulheres não evoluiu muito nas mentalidades. O verbete "Mulher" acaba até em exemplos tirados dos costumes (a cortesã, ruína e desespero das família, e a camareira) e da história com a mulher de barba e a guerreira. Dessa última, Larousse nos diz, sem querer diminuir os méritos de Joana d'Arc ou de Jeanne Hachette: "As virtudes guerreiras assentam mal na mulher; o lar doméstico é seu lugar verdadeiro e seu mais belo epitáfio é sempre este epitáfio de uma matrona de Roma: 'Ela ficou em casa e fiou lã'"[29].

3. SEXOS E GÊNEROS: UMA FICÇÃO DE ROMANCISTAS

Se se desenham pelo menos três figuras do terceiro sexo no século XIX – o pederasta, a lésbica e a mulher emancipada –, as duas últimas, por quere-

[28] Citado por Larousse, P. *Grand dictionnaire universel du XIXe siècle*, *op. cit.*, p. 209.

[29] *Ibid.*, p. 215.

rem se libertar da dominação dos homens, confundem-se e cruzam-se num novelo apertado e com muita frequência inextricável. A história comum, desligada daquela dos pederastas, aliás estava destinada, do romantismo à decadência, a tomar um lugar importante na literatura. Mães de família, solteiras, aventureiras, depravadas, elas oferecem ao romancista a força dramática ideal de um personagem moderno *em devir*, preocupado em sair do binarismo sexual obrigado, hierarquizado, em que as mulheres sempre acabam presas na armadilha no lugar errado.

Clementine, órfã e andrógina (1820), de Pierre Cuisin, *Fragoletta* (1829), "esse ser inexprimível que não tem sexo completo, e no coração do qual lutam a timidez de uma mulher e a energia de um homem"[30], de Henri de Latouche, *Gamiani ou Duas noites de excessos* (1833), de Alfred de Musset inscrevem-se nessa tradição à qual Théophile Gautier ia dar seus mais brilhantes títulos de nobreza com *Mademoiselle de Maupin* (1835).

Lembremos em duas palavras a intriga. Madeleine de Maupin, cansada de seu estado e desejando penetrar os segredos do mundo dos homens, escolhe travestir-se para tornar-se Théodore de Serannes. O cavaleiro d'Albert, que o/a encontra num castelo onde está hospedado com sua amante Rosette, fica então apaixonado... por um homem – que ele muito rápido suspeita ser uma mulher. Rosette, de longa data, conhece Serannes e está igualmente seduzida, sem adivinhar o segredo. Esse duplo *chassé-croisé* (um homem e uma mulher apaixonados por uma mulher-homem e por um homem-mulher) durante muito tempo privilegiou uma leitura homossexual da obra – que duas passagens equívocas entre Rosette e Maupin de fato autorizam –, mas que o fim do romance, deixando o personagem central à sua solidão, desmente. Mademoiselle de Maupin na realidade encarna – como insiste Gautier – o tipo perfeito do fora-de-sexo, a quem ele empresta estas palavras famosas:

> Na verdade, nem um nem outro desses dois sexos é o meu; não tenho nem a submissão imbecil, nem a timidez, nem a pequenez da mulher; não tenho

[30] Honoré de Balzac, citado na contracapa do romance de Latouche, H. *Fragoletta ou Naples et Paris en 1799* [1829]. Desjonquères, 1983.

> os vícios dos homens, a depravação nojenta e os pendores brutais – sou de um terceiro sexo à parte que ainda não tem nome; acima ou abaixo, mais defeituoso ou superior; tenho o corpo e a alma de uma mulher, o espírito e a força de um homem, e tenho demais ou não o bastante de um e do outro para poder me acasalar com um deles[31].

Entre dois, desnivelado, demais ou não o bastante, esse terceiro sexo quimérico e isolado ao menos tem seu lugar na sociedade? Que espaço pode esperar Madeleine Théodore que, ao termo de sua aventura, não pode reintegrar uma identidade de que se desfez pela vontade, nem conceber pertencer totalmente àquela que criou para si? Qual é a saída imaginável, senão recorrer à paródia ou à falsificação do outro sexo que mantém o sujeito numa espécie de limbo de identidade?

A esse respeito, o travestismo desempenha no romance um papel-chave. Por um lado, dá a Madeleine o acesso a um estatuto masculino, isto é, a uma vida de ação à qual ela aspirava. A roupa faz o sexo, parece dizer Gautier num primeiro tempo. Por outro, o assunto se complica seriamente quando os três protagonistas se encontram no castelo e decidem, para se distrair, montar *Como gostais*, a peça de Shakespeare centrada no travestismo, pretexto para infinitos quiproquós apaixonados. Qual será o papel destinado a Théodore, aliás Madeleine? Aquele, é claro, de Rosalinda, jovem que aparece ora sob roupas femininas, ora fantasiada de pastor. Em outras palavras, Madeleine vê-se na posição de *representar a comédia* de sua identidade biológica, tanto quanto de sua identidade escolhida.

Ao introduzir o teatro no romance, e o travestismo no travestismo, Gautier consegue tornar caducos todos os referentes habituais. A que sexo e a que gênero ligar esse personagem que explora todas as combinações, em todos os níveis de leitura: mulher travestida de homem (no romance, para o leitor), homem travestido de mulher (aos olhos dos coadjuvantes da peça) e mulher travestida de homem travestido de mulher (a seus próprios olhos)? Por essa prova de força, Gautier também indica a que ponto as categorias

[31] Gautier, T. *Mademoiselle de Maupin* [1835]. Garnier-Flammarion, 1966. p. 356. (A edição original trazia como título: *Mademoiselle de Maupin, double amour* [*Mademoiselle de Maupin, duplo amor*]).

de sexo e gênero tais como ele as manipula são assuntos de discursos, de imagens e sobretudo de imitações repetidas. Assim fazendo, ele oferece uma espetacular colocação em abismo daquilo que Judith Butler definiu como a "performatividade do gênero". Por atos performativos, escreve a filósofa, "é preciso compreender que a essência ou a identidade que eles devem refletir são *fabricações*, elaboradas e sustentadas por sinais corporais e outros meios discursivos. Dizer que o corpo generado é performativo significa dizer que ele não tem estatuto ontológico independentemente dos diferentes atos que constituem sua realidade"[32]. A ideia de uma "verdadeira" identidade de gênero, "original", é, no caso de Mademoiselle de Maupin, superlativamente derrotada pelas sucessivas imitações paródicas que ela/ele representa na vida e em cena. Estando bem entendido que, ao representar o papel de uma mulher, Théodore/Madeleine imita uma imitação da feminidade.

O que é um homem ou uma mulher?, inquieta-se Gautier. Uma alma submetida à tirania de um corpo ou uma criação do espírito livre para mudar de invólucro? O chantre da arte pela arte responde com prudência. Por um lado, evita o final "feliz" em que tudo voltaria à ordem, a anatomia triunfaria e Madeleine voltaria a ser de novo Madeleine. Por outro, recusa provisoriamente a vida encarnada, apaixonada, a seu personagem central que, por ter chegado a um ponto de não-retorno, tornou- se uma espécie de holandês voador do gênero, sem laços nem limites, e portanto sem existência viável. Homem *e* mulher, *nem* homem *nem* mulher, o terceiro sexo poderia ser o de uma sociedade futura: ele "*ainda* não tem nome".

Cinco anos após Gautier, George Sand faz eco a essas preocupações em sua peça *Gabriel*, história de um príncipe que, para favorecer a descendência do filho favorito, fará passar a neta por neto. Gabriel será portanto criado como menino, na ignorância perfeita de sua "natureza" e no desprezo pelas

---

[32] Butler, J. *Trouble dans le genre*, *op. cit.*, p. 259 e segs. Para um prolongamento dessa teoria do gênero performativo, ver igualmente: Butler, J. *La vie psychique du pouvoir*. [Traduzido do inglês por Brice Mathieussent]. Léo Scheer, 2002. p. 199-222; e *Défaire le genre*. Amsterdam, 2006.

mulheres inculcado, sem sucesso, aliás, por seu preceptor. Quando este se felicita que seja um menino, Gabriel lhe responde uma frase cuja ironia só será saboreada posteriormente: "Talvez eu pudesse ter nascido mulher, e, então, adeus fortuna e amor dos meus pais! Eu teria sido uma criatura maldita, e, na hora atual, expiaria com certeza no fundo de um claustro o crime de meu nascimento. Mas não foi o meu avô quem me deu a graça e a honra de pertencer à raça dos machos"[33]. Precisamente: os privilégios do nascimento de que dependem os da herança são uma ficção que George Sand inverte com prazer. A honra de pertencer à raça dos machos não é, ao contrário de uma ideia preconcebida, dada pela natureza: é uma pura construção política, no cerne da qual o sexo biológico seria um detalhe intercambiável. Daí a irritação do nobre Gabriel para com os misóginos cujos ódios ele ignora: "A mulher! A mulher, não sei a que propósito você sempre me fala da mulher. Quanto a mim, não sinto que a minha alma tenha um sexo, como você costuma tentar me demonstrar"[34]. Mas a ambição de George Sand, infelizmente, muda num minuto.

No dia dos seus 16 anos, a verdade é revelada a Gabriel. Em vez de ficar feliz com a ideia de usufruir dos privilégios decorrentes desse subterfúgio, Gabriel, enojado, decide partilhar sua herança com o primo Astolphe, depravado que ele tira da prisão e de quem quita as dívidas. A vida de companheirismo dos dois vai no entanto chegar a seu termo quando Astolphe, para brincar com os amigos, decidirá "fantasiar" Gabriel de mulher. Encontramos aqui o jogo de *Mademoiselle de Maupin*: uma mulher (anatomicamente falando) representando um homem travestido de mulher. Mas a saída será ao mesmo tempo mais trágica e mais banal: Astolphe descobre o segredo de sua 'prima' por quem está apaixonado. Eles viverão felizes até o dia em que o avô – diante do qual Gabriel sempre se apresenta sob suas aparências masculinas –, temendo que a manobra seja descoberta, manda assassinar Gabriel. O questionamento ideológico por George Sand das discriminações ligadas ao nascimento atinge rápido seus limites: pouco antes de morrer, Gabriel havia reclamado que a fortuna familiar coubesse a Astolphe.

---

33 Sand, G. *Gabriel.* Félix Bonnaire, 1840. "Prólogo", cena III.

34 *Ibid.*

Essa volta à ordem mina as palavras de início, que aos poucos se perdem nas areias de uma narração convencional – a peça, aliás, nunca foi representada. Mas permanece um belo exemplo de uma substituição, e portanto de uma subversão do gênero, exercício no qual vai se arriscar, muitos anos mais tarde, em 1884, uma romancista de 24 anos, Marguerite Eymery, chamada Rachilde, com seu primeiro romance, *Senhor Vênus*.

Esse livro, que conta a aventura de uma jovem aristocrata com um florista, faz de Rachilde aquela pela qual o escândalo chega. Qualificada de "pornógrafa", a obra, publicada na Bélgica, é apreendida pelo ministério público de Bruxelas, a correspondência do editor confiscada, Rachilde condenada a dois anos de prisão (que ela não cumprirá) e a 2.000 francos de multa. Não haverá processo, mas quando o ministério público de Paris ordenar uma investigação em seu domicílio da rua das Écoles, Rachilde pedirá a Jean Moréas para guardar em sua casa os duzentos volumes que ela havia conservado. A lembrança desse episódio mais tarde irá lhe inspirar esta observação: "Quando, passada a tempestade, Jean Moréas os devolveu a mim, fez-me este discurso que me causou grande impressão: 'É idiota!'. Permaneço convencida de que ele queria falar do livro"[35]. Eis que não é tão seguro. Pois *Senhor Vênus*, mesmo pesado com enfeites grosseiramente venenosos, é um romance espantoso em que, pela primeira vez, também se encarna explicitamente a distinção entre o sexo biológico e o gênero como construção social.

A originalidade do livro cabe em poucas palavras: uma jovem mulher impetuosa, Raoule de Vénérande, criada por uma tia piedosa numa mansão em Paris, toma Jacques Silvert, um florista, como "amásia". Ela será então chamada "Senhor de Vénérande", falará de si mesma no masculino, vestirá roupas de homem na oportunidade e se dirigirá a Jacques, do qual ela exige submissão e a quem oferece penhoares equívocos, dizendo "minha mulher". Repugnando lançar sua heroína numa banal aventura, Rachilde decide inverter os papéis, operando um quiasma, que assegura, por exemplo, que

[35] Extraído de *La Vie*, 18 de maio de 1912, retomado em *Mercure de France*, v. 97, n. 360, 16 de junho de 1912; citado por Dauphiné, C. *Rachilde, femme de lettres 1900*. Périgueux: Pierre Fanlac, 1985. p. 31.

Raoule se sente "mulher até no prazer" e "*honesto homem*"[36], ao passo que Jacques "não é sequer um hermafrodita, sequer um impotente; é um belo macho de 21 anos, cuja alma de instintos femininos enganou-se de invólucro"[37]. Aquilo que Rachilde descreve, no fundo, seria o que os sexólogos interpretariam como a *relação heterossexual de dois invertidos*... que uma fórmula matemática poderia resumir em: – + – = + .

Pois a homossexualidade não é o propósito de Rachilde. Pela via de Raoule, ela toma suas distâncias com esta observação cortante: "Ser Safo seria ser todo mundo! Minha educação me proíbe o crime dos pensionistas e os defeitos da prostituta"[38]. O que a preocupa é bem mais a troca dos denominadores comuns sexo/gênero, embora conservando a integridade convencional ligada aos papéis masculinos e femininos: o homem é necessariamente "forte" – ainda que fosse biologicamente uma mulher –; a mulher necessariamente "fraca e submissa" – ainda que fosse biologicamente um homem. É o que vem reforçar o jogo do dinheiro e da classe social: Raoule, *graças* à sua fortuna e a seu nível, pode autorizar-se a fazer o papel dos homens; Jacques, *por causa* de sua condição de operário sem recursos, é rejeitado ao nível do "submisso" que "achava uma necessidade natural os hábitos degradantes que ela lhe dava"[39].

À medida que o jogo prossegue, os amantes juntos decidem, por divertimento, tramar um estratagema que, no entanto, acabará agarrando-os: "Eles riam os dois, mas se uniam cada vez mais num pensamento comum:

---

36 Rachilde. *Monsieur Vénus* [1884]. Flammarion, 1977. p. 71 e 70.

37 *Ibid.*, p. 89-90.

38 *Ibid.*, p. 85-86.

39 *Ibid.*, p. 107. Em 1871, Zola, em *La curée* [*O regabofe*], já havia descrito uma situação análoga por meio das relações incestuosas ligando Renée Saccart e o enteado, o jovem Maxime, esse "rapaz-moça" a quem ela, de brincadeira, dá o apelido de "senhorita". Na hora em que se unem, a relação de dominação num sistema sexo/gênero invertido subsiste: "Eles tiveram uma noite de amor louco. Renée era o homem, a vontade apaixonada e atuante. Maxime era passivo. Esse ser neutro, louro e bonito, marcado desde a infância em sua virilidade, tornava-se, nos braços curiosos da jovem mulher, uma menina grande, com seus membros depilados, suas magrezas graciosas de efebo romano. [...] Renée usufruía de suas dominações, dobrava sob sua paixão essa criatura na qual o sexo sempre hesitava" (Zola, E. *Les Rougon-Macquart*. Gallimard, 1960. v. I, p. 485-486 [Bibliothèque de la Pléiade]).

a destruição do sexo dos dois"[40]. Pois o que obseda Rachilde é bem isto: transcender uma sexuação 'natural' na qual o corpo está fechado e com a qual ele deve se conformar com uma autoridade insuportável. Para falar a verdade, Rachilde, que os pais tinham querido casar à força aos 14 anos e que então tentara se suicidar, odeia os homens, considerados brutos ou impotentes, bem como as mulheres, cujos ridículos essa "antifeminista" notória critica sem cessar[41]. Se só um terceiro sexo autoriza essa busca "de um amor estranho não tendo sexo e proporcionando todas as volúpias"[42], o terceiro sexo ideal, ela o mede, não existe nesta terra, onde seu único campo de ação continua a ser a perversão mais ou menos refinada da decadência e da ficção.

Perversão que tem seus limites, ali onde começa a realidade crua das coisas. O fim se anuncia na página 154; Raoule decidiu ir ao extremo de sua ambição, quebrando todos os tabus sociais, como indica este anúncio em fanfarra: "Sta. Silvert casa-se com o Sr. Raoule de Vénérande". Raoule aparece no dia do casamento com os cabelos curtos, "uma moda recente [que ela] adota definitivamente"[43]. Na efusão da noite de núpcias, Jacques se diverte representando o papel de moça virgem e pede a Raoule para deflorá-lo; este exclama entusiasta: "E que importa à nossa paixão delirante o sexo de suas carícias? Que importam as provas de apego que os nossos corpos podem trocar? [...] Você é bela... Eu sou homem, adoro você e você me ama!"[44]. Mas, no auge do prazer, Jacques de repente se dá conta de que Raoule não *pode* ser um homem: "Uma única vez os dois tinham, com sinceridade, representado a comédia, tinham pecado contra o amor deles, que, para

---

40 Rachilde. *Monsieur Vénus, op. cit.*, p. 110.

41 A título de exemplo, citemos esta passagem: "As mulheres são os irmãos inferiores do homem, simplesmente porque têm misérias físicas que as afastam da sequência nas ideias que todos os homens em geral podem conceber, até os menos inteligentes". E Rachilde acrescenta: "Deve-se notar que foi declarado de gênero masculino, nos dicionários, o amor no singular, ao passo que se torna de gênero feminino tão logo se pluraliza... o que significaria que... a volúpia é apenas fêmea! Peço desculpas às mulheres, a inferioridade do sexo delas está toda ali" (Rachilde. *Pourquoi je ne suis pas féministe*. Éditions de France, 1928. p. 10). [Amor, em francês, no singular é masculino e, no plural, feminino. (N. T.)].

42 Rachilde. *Monsieur Vénus, op. cit.*, p. 77.

43 *Ibid.*, p. 186.

44 *Ibid.*, p. 197.

viver, precisava olhar a verdade de frente, sem deixar de combatê-la por sua própria força"[45]. O que vem depois se adivinha, evidentemente sinistro: Jacques, provocado em duelo, morre de uma estocada de Raittolbe, aquele ao qual Raoule estava destinada. Raoule, inconsolável, virá adorar todas as noites um manequim de cera com a efígie de Jacques.

Entende-se melhor, seguindo esse itinerário escabroso, por que o livro fez a tal ponto sensação. Se muitos fecharam a porta a Rachilde após sua publicação, outros a incentivaram sem reserva: "Ah! minha criança querida, se você tivesse inventado um vício a mais, seria um benfeitor da humanidade!"[46], lhe teria dito Verlaine. Quanto a Maurice Barrès, fascinado por esse "Sr. Vênus, absolutamente dessexuado de caráter"[47], ele aceitou escrever o prefácio, para assegurar que o romance assinalaria "na mulher uma das formas mais interessantes" da "doença do século", aquela que se nutre "de amores complicados". "Complicação de grande consequência!", acrescentava. "O nojo pela mulher! O ódio pela força do macho! Eis que certos cérebros sonham com um ser assexuado. Essas imaginações cheiram à morte"[48]. A 'fim de século' responde em eco 'fim de sexo', expressão corrente para designar uma raça que murcha e que, soltando as amarras do dimorfismo, precipita a sociedade em sua queda. Rachilde para isso contribui alegremente ao explorar o filão que lhe valeu a glória. A eloquência dos títulos de seus romances seguintes por si só indica isso: *A marquesa de Sade* (1887), *Madame Adonis* (1888), *A animal* (1893), *Os fora-da-natureza* (1897), *A hora sexual* (1898), até *Refazer o amor* (1928).

Progressivamente, 'o amor complicado' se complica ainda mais: *Madame Adonis* põe em cena um personagem de sexo indeterminado que se apresenta como Marcel para seduzir Louise... e Marcelle para conquistar seu esposo Louis; em *Os fora-da-natureza*, são as relações equívocas entre dois irmãos, Paul e Reutler Fertzen, que são analisadas. O incesto, a incidência de gêmeos, o tema do duplo consanguíneo multiplicam com facilidade as combinações. A voga dos bailes a fantasia (como o baile Bullier), mas tam-

---

[45] *Ibid.*, p. 199.

[46] Citado por Dauphiné, C. *Rachilde, femme de lettres 1900*, *op. cit.*, p. 32.

[47] Barrès, M. "Prefácio". *In*: *Monsieur Vénus*, *op. cit.*, p. 15.

[48] *Ibid.*, p. 18-19.

bém o mundo do circo pertencem a esses lugares de predileção literária em que o travestismo predispõe facilmente à confusão dos gêneros. Em *Jogos de artifícios* (1932), Rachilde narra a paixão de uma cantora lírica por um acrobata travesti, depois de, em *A contrapelo*, Huysman ter descrito um dos Esseintes seduzido por Miss Urania, artista de circo americana "de corpo bem construído, pernas nervosas, músculos de aço, braços de ferro" que, "depois de ter hesitado, depois de ter beirado a androginia, [...] parecia resolver-se, precisar-se, tornar-se por completo um homem"[49]. Onde fixar a fronteira? Os romancistas, com toda evidência, recusam decidir.

4. INFERNO E DANAÇÃO

Gabriel ou *Senhor Vênus* nos dão um exemplo entre muitos outros: a morte costuma sancionar os imprudentes que jogam com as questões de gênero, *a fortiori* quando estão ligadas a sexualidades ditas desviantes. Será entre outras a sorte de Paquita Valdès, *A moça dos olhos de ouro* (1835), de Balzac, que é de uso considerar um dos primeiros personagens de lésbicas do romance do século XIX. Vítima da marquesa de San Réal, Paquita vive enclausurada numa mansão parisiense. Henri de Marsay, que a avista um dia e se apaixona, irá no entanto conseguir vencer todos os obstáculos para encontrá-la. As poucas cenas entre os dois amantes devagar revelam a verdade: Paquita, que pede a Marsay para vestir um vestido de veludo vermelho para agradá-la e chama-o de "Marquita" nos momentos de volúpia, embora seja virgem, como assinala Balzac, não é inocente. Louca de ciúme, a marquesa irá matar o objeto de sua paixão e se retirar para um convento, longe de Paris e de Henri de Marsay, que era além disso seu meio-irmão... Paquita, no fundo, estava apaixonada pela mesma pessoa, da qual a marquesa encarnava a vertente feminina, e Henri, a vertente masculina.

No lançamento do livro, as reações brotaram de todas as partes. Um jornalista de *La Revue de Paris* indignou-se: "Quando a palavra do enigma enfim se revelou, pensei que teria sido melhor se o dia jamais tivesse se levan-

---

[49] Huysmans, J.K. *À rebours* [1884]. Garnier-Flammarion, 1977. p. 145.

tado nesse tenebroso apocalipse. [...] Existem coisas que não se deve saber, de que se pode muito bem falar num almoço de rapazes, após o champanhe, mas que é inteiramente inútil contar e ensinar às senhoras"[50]. Meses mais tarde, a Sra. Sophie C. segue seu passo no *Petit courrier des dames*: "Só recomendamos a leitura desse monstruoso drama àquelas de nossas leitoras cujos nervos não forem delicados demais, e além disso não seria melhor abster-se, apesar de todos os encantos de Paquita, de descobrir com ela, e sobretudo com o Sr. Henri e sua terrível irmã, que não pode passar, de acordo com o sentido que damos a essa palavra, por uma mulher de Balzac?"[51]. Prestemos homenagem à intuição da Sra. Sophie C.: a lésbica – que a decência lhe proíbe nomear – talvez não pertença mais à categoria "mulher" segundo Balzac, segundo Larousse ou segundo quem quer que seja. Ela decorreria de outra categoria, até mesmo de outro regime. Por enquanto, "infernal gênio", a marquesa de San Réal pertenceria muito mais a essas heroínas que urdem intrigas cuja "perfeição, diz em outra parte Balzac, fariam crer que têm um terceiro sexo na cabeça"[52].

Esse terceiro sexo terá bela posteridade. Das mulheres danadas de Baudelaire[53] aos anjos decaídos de Renée Vivien, e de torpezas em orgias romanescas, a lésbica, que, desde *A religiosa* de Diderot, precede de muito o pederasta em literatura, pertence definitivamente ao inferno[54]. Inferno de uma sociedade em decomposição, a do II Império depois da Decadência, em que a dissolução dos modos rivaliza com o lixo como atestam, entre outros, *As parisienses de Paris*, de Banville (1867), *A Condessa de Chalis ou Os modos do dia* (1867), de Feydeau, *Mademoiselle Giraud, minha mulher*

[50] Guéroult, A. *La Revue de Paris*, agosto de 1835.

[51] *Petit courrier des dames*, 30 de novembro de 1835; citado por Guise, R. "Balzac et la presse de son temps". *Année Balzacienne*, p. 99, 1982.

[52] Balzac, H. *Petites misères de la vie conjugale*. Furne-Houssiaux, 1853. p. 112.

[53] Notemos que Baudelaire, que pensara em intitular sua coletânea *As lésbicas* em vez de *As flores do mal*, não emprega uma só vez a palavra, não mais que tríbade, aliás.

[54] Escrito por volta de 1760, *La religieuse* [*A religiosa*] só será publicado em 1796. É de uso considerar o livro de Joseph Méry, *Monsieur Auguste* (1859), a primeira obra especificamente dedicado à homossexualidade masculina, tal como confirma a página de apresentação de uma edição ulterior (Michel Lévy, 1867): a literatura explorou "todas as individualidades perversas, odiosas, excêntricas ou fatais que podem lançar a perturbação nas famílias; talvez restasse uma lacuna, e esse livro tenta preenchê-la".

(1870) e *Mélinite* (1888), de Belot, *O regabofe* (1871), de Zola, *O fim de Lucie Pellegrin* (1880), de Paul Alexis, *As duas amigas* (1885), de Maizeroy, *Madame Adonis* (1888), de Rachilde. Heroínas negras, as lésbicas doravante vão formar um casal equilibrado. Tríbade agressiva, devoradora, sanguinária, manipuladora e, bem entendido, cocainômana (é a morena), safista fraca, dominada, mais 'feminina', precipitada em sua queda por falta de ocupação e iniciação ao vício (é a loura): em geral é este o roteiro de numerosos romances com que a literatura popular irá depois se fartar.

Mulheres do mundo ou prostitutas, é como se o safismo atingisse apenas duas classes sociais, à imagem do casal patrão-empregado entre os pederastas. Vejam a célebre *Nana*. "Animal" entregue à prostituição, a heroína de Zola poderia ter sido a de um relatório da polícia de costumes. Aliás, é sabido, graças aos dossiês preparatórios conservados na Biblioteca Nacional, com que escrúpulos o criador de *Les Rougon-Macquart* se documentou para seu romance. Assim, suas investigações o conduziram a descrever uma mesa de hóspedes da rua dos Martyrs, na casa de Laure, onde todas as lésbicas de Paris se encontram, "mulheres chiques, bem vestidas, com seus diamantes" vindas jantar ali por 3 francos com "pobres moças emporcalhadas"[55].

Primeiro enojada com o espetáculo, depois intrigada, Naná vai rapidamente gostar do jogo e até com paixão por outra prostituta, Satin – cuja homofonia relativa com Satã não deve ser um acaso. A Naná brutal, que arruína os homens e os joga fora sem sequer olhar, obcecada pelo objeto de seu novo amor, torna-se, por conseguinte, insiste Zola, "trágica em seus furores de mulher enganada"[56]. No entanto, quando o conde Muffat, que a mantém, lhe suplica que lhe diga a verdade sobre a natureza de suas relações como Satin, ela reconhece sem dificuldade, com a mesma negligência, seja dito *en passant*, que Odette, no dia em que confessará a Swann suas aventuras femininas: "Mas de que vale mentir a ele sobre coisa sem consequência? E ela repetia sua frase: 'Afinal, que mal isso pode te fazer?'"[57]. Como uma paixão pode ser simultaneamente devoradora e sem consequência? O paradoxo se

---

[55] Zola, E. *Nana* [1880]. Gallimard, 2002. p. 262. (Folio Classique).

[56] *Ibid.*, p. 330.

[57] *Ibid.*, p. 331.

concebe, se quisermos entender que o amor entre mulheres pertence a um dispositivo perfeitamente estranho ao circuito e às normas *econômicas e políticas* das relações heterossexuais. Seja o contrato de casamento, a gravidez, a família, o respeito pelos códigos 'homem-mulher', tudo o torna, de um ponto de vista jurídico e cultural, propriamente incomparável. Sem consequências, com efeito, em sua vida de cortesã profissional, essa paixão livre e "fora-de-campo" ocupa um lugar sem equivalente no romance. Enquanto no fim do livro Satin agoniza no hospital, Naná terá simplesmente estas palavras, de duplo entendimento: "Ninguém me amou como ela"[58] – isto é, tanto quanto ela e, sobretudo, daquela maneira.

A literatura que toma o lesbianismo como objeto é dotada de uma característica que a distingue dos outros discursos sobre a homossexualidade: até o fim do século XIX – e mesmo depois, com Pierre Louÿs e Marcel Proust notadamente –, são primeiro os homens que a elaboram.

As escritoras ainda são pouco numerosas, e mais raras ainda aquelas que tratam do assunto, antes da tomada de posição de poetisas e romancistas como Renée Vivien, Natalie Clifford Barney e Colette. Em 1883, no entanto, é publicada uma *curiosa – O romance de Violeta –*, que seria a "obra póstuma de uma celebridade mascarada". Antedatado de 1870 para poder ser atribuído a Alexandre Dumas, morto nesse ano, a obra na realidade foi concebida pela marquesa de Mannoury d'Ectot, chamada a Viscondessa de Cœur-Brûlant*, autora de três romances eróticos clandestinos.

Relato de iniciação na tradição libertina, o romance põe em cena Violette, jovem lavadeira de 15 anos, cuja educação Christian, um fidalgo, começou a fazer. Depois de tê-la instruído, ele lhe confia a leitura de *Mademoiselle de Maupin* e lhe propõe fazer amor com uma mulher. Assim, o malandro organiza o encontro com uma condessa que "jurou ódio eterno aos homens" e se mostra muito sensível aos encantos de Violette. Mas no momento fatídico da cunilíngua, Christian, escondido feito Polônio por trás da cortina, troca discretamente de lugar com Violette e nota que o

---

[58] *Ibid.*, p. 456.

* "Coração ardente" [*Cœur-Brûlant*]. (N. T.)

clitóris é "mais alongado na condessa que nas mulheres em geral, como se fosse o botão de um seio virgem endurecido pela sucção"[59]. Apostamos que Christian era leitor de Pierre Larousse, cujo verbete "Tríbade" precisava: "Mulher cujo clitóris assumiu um desenvolvimento exagerado e que abusa de seu sexo"[60].

Essa observação é apenas um detalhe entre as numerosas particularidades anatômicas de que as lésbicas, por vício ou por natureza, seriam acusadas. Assim, a condessa não tem os cabelos da mesma cor que os pêlos, pois, como gosta mais das mulheres que dos homens, ela seria "um composto de contrastes"[61] – fisicamente exemplificado. Florence, uma atriz reputada tríbade, tem o torso inteiramente peludo, enfeite de que muito se orgulha. Este último personagem, aliás, concentra sozinho muitos traços da lésbica de caricatura: mulher de opinião, independente, na realidade é apenas uma Safo exaltada, onanista e sempre virgem. Se suas fantasias se endereçam às mulheres, é por horror pela dominação: Florence concebe só ter domínio sobre si mesma. "É o gosto de Madame", observa sua camareira com compunção. "Não é o meu gosto, Mariette, é a minha filosofia"[62], ela a corrige doutamente – sublinhando por aí que as preferências sexuais resultam da ideologia mais que do desejo ou da prática, que disso são apenas consequências. Florence aliás sucumbirá à condessa, que ela penetrará com uma banana [*sic*], antes de ser ela mesma deflorada pelos dedos hábeis de sua iniciadora, depois por consoladores gigantes providos de um mecanismo que, com a ajuda de um pistom, envia um líquido (leite, água) para imitar a ejaculação...

Essa versão teratológica, e para tudo dizer mais que maluca, dos prazeres tribádicos tem o mérito do gênero pornográfico, ou seja, oferecer descrições explícitas do amor físico entre mulheres[63]. Romances, relatos e

---

59 *Le roman de Violette*. Obra póstuma de uma celebridade mascarada [1870]. La Musardine, 1999. p. 106.

60 Larousse, P. "Tribade". *Grand dictionnaire universel du* XIX*e siècle*, *op. cit.*

61 *Le roman de Violette*, *op. cit.*, p. 99.

62 *Ibid.*, p. 128.

63 Citemos igualmente a obra (inacabada e recentemente editada) de Pierre Louÿs e Louis Loviot, *Farizade ou Les vœux innocents* [*Farizade ou Os votos inocentes*], conto moral das Sras. Anaïs Ségalas e Zénaïde Fleuriot, Bagdá, 1984. Desta vez, é um livro atribuído a mulheres,

estudos em geral se contentam com alusões veladas, carregadas de metáforas anfigúricas sobre essa medíocre falsificação do amor heterossexual. O gozo entre mulheres, aliás, parece altamente improvável. Seria apenas uma depravação *excedente* em relação ao único prazer imaginável, aquele proporcionado pelo falo, e constituiria uma prática *para compensar*, um paliativo à ausência dos machos ou uma desforra e um refúgio contra a violência deles. Seu valor seria de contraponto, de prelúdio ou de epílogo ao essencial.

Em *As mulheres do Império*, publicado na mesma época, o misterioso Abade C***, que se apresenta como um eclesiástico que abandonou a batina em 1871, tenta assim mostrar aos leitores "como a decadência veio pela corrupção" no reino de Napoleão III – o subtítulo do livro nos dá alguns indícios sobre os responsáveis a serem incriminados: "Grandes senhoras, atrizes, cortesãs, prelados de corte, o terceiro sexo...". Nele figura notadamente a história da Sra. Solignac, odiosa Messalina que atrai os homens à sua casa para uma única noite misteriosa. Mas, na realidade, afirma o autor: "A Sra. Solignac é uma Safo que se exalta injustamente com suas duas camareiras; chega a ter crises de histeria e os amores de Lesbos tornam-se insuficientes; então, ela chama um amante"[64]. Costuma ser o recurso a que cedem inúmeros romancistas: sempre irá faltar 'alguma coisa' aos amores femininos.

Em *A ginandria* (1891), Joséphin Péladan insiste nessa "miragem" que Lesbos seria, essa "invenção de jornalistas" de um reino impaciente "que um desejo masculino chicoteie seu prazer": "Lesbos, meu caro, um tira-gosto... ou uma sobremesa. Lesbos, o *five o'clock tea*... nada de mais... Lesbos só vale para amor de fim de tarde; não é uma meia-noite"[65].

No fim do século, aquelas que se contentam com isso só podem ser doentes, desequilibradas roídas pela fatalidade de uma tara hereditária, da qual um personagem vai encarnar a perfeição: *Méphistophéla*. Sob esse título

mas escrito por homens, em que os autores imaginam uma fada lésbica dando à heroína Farizade um cinto guarnecido de consoladores e um anel que pode dotá-la de um falo em qualquer lugar do corpo. Ver Albert, N.G. *Saphisme et décadence dans Paris fin-de-siècle, op. cit.*, p. 154.

64 Abade C***. *Les femmes de l'Empire*. Administração das Publicações Republicanas Ilustradas, 1880. p. 88.

65 Péladan, J.*La décadence latine*, IX – *La Gynandre* [1891]. Genebra: Slatkine, 1977. p. 73.

a um só tempo "misterioso" e "explosivo", como agradava a Baudelaire, Catulle Mendès se propõe revistar o espectro inteiro do lesbianismo, desde a infância inocente de Sophie d'Hermelinge, tornada infernal e morfinômana Sophor, "a satã fêmea de um sabá sem homens"[66], até sua queda lamentável. O interesse desse romance "urticante e cruel"[67], segundo as palavras de Jean Lorrain, reside nessa análise muito ampla que toma um personagem em sua infância e o segue até a sua decadência. Ora, segundo os episódios, Catulle Mendès mostra-se a um só tempo complacente e impiedoso com sua heroína.

Ele olha com ternura as amizades apaixonadas de Sophie e sua amiga de infância Emmeline, "doces carinhos, incertos, leves, de asa não pousada, afagos simplesmente [...], as cabeças escondidas nas rendas", até que uma mão procede "em descidas para o imprevisto de uma anca"[68] acabadas sem remorsos... Ele sorri dos jogos que elas fazem de "maridinho e mulher", protegidos pela inocência e o frescor da juventude. Também fica indignado com a brutalidade animal, criminosa dos homens quando Sophie, por não poder se casar com Emmeline, casa-se com seu irmão, o barão Jean, e sofre um verdadeiro estupro na noite de núpcias. Mas a roda gira quando Sophie, deixando o leito conjugal após a prova, vai na ponta dos pés até o quarto de Emmeline adormecida e, olhando-a, compreende tudo o que seu amor por ela contém de apetite físico. Tão logo a sensualidade esparsa da adolescência se move numa conscientização do desejo sensual, erótico, irreprimível, o mal está consumado: "Ela a cobiçava com uma loucura de bicho que tem fome. O monstro que, desde sempre, nela esteve, dela queria sair e se satisfazer"[69]. Qual é, pois, esse monstro repentinamente exumado? O autor do *Buscador de tara* (1898) sublinha isso sem parar ao longo do romance: é o mal hereditário. Sophie é, sem saber, o fruto de uma mãe aventureira e de um enfermo russo de riso sardônico, o rebento de uma linhagem de

---

[66] Mendès, C. *Méphistophéla* [1890]. Séguier, 1993. p. 407. (Bibliothèque Décadente).
[67] Citado por Palacio, J. "Prefácio". *In*: *Méphistophéla*, *op. cit.*
[68] *Ibid.*, p. 30.
[69] *Ibid.*, p. 155.

desequilibrados, de uma "raça abominável" que traz em si "como um fardo de lixo, os antigos pecados"[70].

Apresentado pelos comentadores como o grande romance do safismo e da droga – o que ele é também –, *Méphistophéla* é sobretudo o grande livro das teorias da hereditariedade e da transmissão congênita. A continuação do romance pode ser lida como a consequência desse momento fatídico em que se conjugam, como num precipitado químico, conscientização individual e sobressalto da genética. Sophie é responsável? Suas inclinações doentias têm a ver com o sangue ou com o vício? Sujeita a convulsões e misteriosas crises, Sophie vai descer um a um os degraus do inferno. Sua fuga com Emmeline acaba em fracasso: enquanto Sophie conhece o divino transporte nos braços da amiga enfim possuída, esta está longe de sentir a mesma embriaguez. Falta-lhe "algo". Desesperada, abandonada, Sophie vai para Paris onde sua carreira de moderna Safo logo se tornará frenesi devorador. Rebatizada Sophor, multiplica as conquistas, rompe casamentos, semeia a infelicidade. Seu orgulho de dominação a assimila a um homem: o mal, como o macho, está nela.

A morte da mãe deixa-a indiferente; o casamento a traumatizou; a gravidez, provocada por uma única noite desastrosa, encheu-a de horror, a ponto de confiar a criança (uma filha) a uma ama na Touraine. "Nem filha, nem esposa, nem mãe, o que, então?", exclama Mendès, já que nesses três estados se define a 'mulher'. Méphistophéla seria "a doadora da embriaguez proibida pela lei imbecil dos sexos"[71]. Na verdade, o autor hesita: zomba da vida estúpida e monótona dos burgueses do interior, sugere que aquelas que transgridem as normas talvez sejam as "preferidas do poder criador"[72]; mas essa nova espécie sem coração só comete crimes, arrastada numa espiral megalomaníaca e sem frutos. O círculo será fechado quando Sophor enfim decidir rever a filha, Carola, agora com 16 anos de idade. E aí, "supremo crime! Infâmia sobre-humana!"[73], a mãe se põe a olhar a adolescente com olhos de amante! Safismo, droga, incesto: chegou-se ao fundo. Num último

[70] *Ibid.*, p. 103.
[71] *Ibid.*, p. 311.
[72] *Ibid.*, p. 397.
[73] *Ibid.*, p. 545.

sobressalto, Sophor envia Carola para a casa do pai e volta sozinha para Paris, onde acabará, "exemplar lamentável da Neurose e da Possessão", sua vida deliquescente "para o perfeito cumprimento de uma atávica fatalidade ou para o triunfo da demônia tentadora"[74].

Passemos rápido sobre o lado de horror extremo do livro e escutemos antes Mendès ainda quando exclama: "A mulher que se viriliza [...] se desumaniza"[75]. Logo, o terceiro sexo não pertenceria ao gênero humano – imaginávamos. Pois, como demonstram os escritores, não basta estar ligado anatomicamente a um sexo – feminino ou masculino – para dele merecer de direito a atribuição. Além disso, é preciso responder, em seus atos, práticas e desejos, à ideologia da qual as palavras 'homem' e 'mulher' são os vetores autoritários. "Tiazinhas enganchadas", "tríbades", heroínas literárias de dicionários e romances: a tribo dos fora-de-gêneros forma, no fim do século XIX, uma população cada vez mais visível. E cada vez mais controlada por um discurso médico que também contribuiu para reinscrever na grande ordem da Natureza aqueles que talvez dela esperassem se desprender.

---

74 *Ibid.*, p. 558.
75 *Ibid.*, p. 35-36.

CAPÍTULO III

O MUNDO AO AVESSO

Ao mesmo tempo que pela primeira vez descriminalizava as relações de mesmo sexo, o código de 1791 lançava as bases de uma corporação logo encarregada de medicalizar os desvios no contexto judiciário: a medicina legal[1]. Da mesma forma que a Revolução havia livrado o louco de suas correntes e inventado, no mesmo movimento, o discurso psiquiátrico e a mecânica asilar, mal o antigo sodomita era libertado, o médico-legista, primeiro a fazer do pederasta um objeto científico, fazia seu aparecimento.

Em 1829 é publicado o primeiro número dos *Anais de Higiene Pública e de Medicina Legal*, em que se pode ler: "A medicina não tem apenas por objeto estudar e curar as doenças; ela tem relações com a organização social"[2]. Os médicos legistas, colaborando com a polícia, autopsiam os mortos e tentam avaliar o estado mental de assassinos e ladrões; vasculham os corpos mas também as almas. Assim, a título de delinquente, estuprador, prostituído ou vítima de um atentado, o pederasta se vê com regularidade sob a lupa dos legistas.

É precisamente a um especialista de medicina legal, o doutor Claude-François Michéa, que cabe o mérito de ter publicado, em 1849, um dos pri-

---

1 Sobre essa questão, ver dois livros de referência: Renneville, M. *La médecine du crime. Essai sur l'émergence d'un regard médical sur la criminalité en France (1785-1885)*. [Tese de doutorado]. Université Paris VII, 1996. 2 v.; e, mais particularmente, Diderot, D., v. I, p. 61-72; e Chauvaud, F. *Les experts du crime. La médecine légale en France au XIXe siècle*. Aubier, 2000. p. 11-12. (Collection Historique).

2 Citado por Goubert, J.P. *La médicalisation de la société française, 1770-1830*. Waterloo, Ontário: Historical Reflections Press, 1982. p. 8.

meiros artigos na França sobre o que mais tarde vão se chamar as perversões sob o título *Dos desvios doentios do apetite venéreo*[3]. Será por ter estudado de perto demais a questão que o médico, que com certeza teria ficado muito surpreso com isso, vê-se mencionado por um golpe de sorte nos registros da polícia, na data de 18 de setembro de 1852: "Michéa, médico, rua da Michodière número 6, é assinalado como pederasta"[4]? O essencial não está aí. Se o artigo de Michéa marca data, é que ele pela primeira vez classifica os desvios sexuais em quatro tipos, dos mais correntes aos mais raros: o amor grego ou o amor de um indivíduo por uma pessoa de seu sexo, a bestialidade, a atração por um objeto inanimado e, enfim, a atração por cadáveres humanos. Ao colocar "o amor grego" no início de sua classificação, Michéa não reconhecia apenas sua frequência; ele a registrava oficialmente a título de doença, interrogando-se até sobre a existência de um "útero masculino" que poderia ser a causa disso... Mas esse deslizamento do estatuto do pederasta, de sujeito criminoso a objeto de ciência de que a patologia teria uma origem biológica, levará longos anos antes de ser confirmado.

Por enquanto, o que interessa aos médicos especializados, mais que as causas anatômicas ou psicológicas, são os estigmas que marcam as tias encarceradas no depósito ou os cadáveres encontrados em Paris, à imagem de Antoine Milon, 59 anos, encontrado morto em 27 de maio de 1850, às 5 horas da manhã sob a ponte dos Saint-Pères. O homem, diz o relatório de polícia, era "um pederasta classificado na categoria daqueles que são enrabados". O médico-legista, na autópsia, "reconheceu que a prega do ânus tinha desaparecido por inteiro e que o orifício era de uma largura a ali enfiar o punho"[5]. Esses detalhes, muito correntes nos estudos médico-legais, costumam vir acompanhados de uma descrição fisionômica. Assim, na data de 1854, pode-se ainda ler a respeito de um certo Baryschnikoff, de origem russa, 25 anos – um retrato que deve tudo ao vocabulário da patologia: "Uma aparência raquítica, uma tez pálida, traços alterados anunciam nesse

---

3 Michéa, C.F. "Des déviations maladives de l'appétit vénérien". *Union Médicale*, 17 de julho de 1849. Ver igualmente Davidson, A.I. *L'Émergence de la sexualité*. Albin Michel, 2005. p. 31-36.

4 Arquivos da polícia de Paris. BB5, f° 362. (Pédés).

5 *Ibid.*, f° 417.

homem vergonhosas paixões"[6]. O pederasta está literalmente *marcado por seu vício* – que este resulte indiferentemente da delinquência ou da doença. No físico, seu rosto tornou-se um retrato-robô superposto a uma prancha de anatomia. No moral, esse homem malsão para a sociedade o é igualmente para si mesmo. Uma obra, destinada a influenciar várias gerações, explicará essa articulação entre discurso policial e discurso médico, e sua espetacular continuidade: o *Estudo médico-legal sobre os atentados aos costumes*, de Ambroise Tardieu.

I. UMA BOCA ATRAVESSADA E UM PÊNIS FEITO CLAVA

Ao publicar seu estudo em 1857, o professor Tardieu, suplente de medicina legal na faculdade de Paris, médico no hospital Lariboisière e membro do comitê consultor de higiene pública, é um homem estabelecido. Sua bibliografia, já abundante, mostra a variedade de seus interesses. Suas pesquisas sobre as gravidezes falsas ou simuladas (1845-1846), os serviços urbanos e cemitérios (1852), a *Tatuagem considerada sinal de identidade* (1855), os problemas de higiene ligados à profissão de moldador em cobre (1855) ou a fabricação e o emprego dos fósforos químicos (1856), a morte por sufocação (1855) ou o envenenamento pela estricnina (1856), o aborto (1856) e o infanticídio (1857) fizeram com que fosse notado por seus pares. Em 1854, seu *Dicionário de higiene pública e de salubridade* em três volumes foi coroado pelo Institut de France.

Ao se voltar contra o "quadro repelente da pederastia", que se teria tornado "um procedimento particular de roubo" e serviria de "pretexto, e, de certo modo, de início ao assassinato", Tardieu, colocando de imediato seu assunto no meio do crime, também justifica sua posição de médico-legista levado a tratar um número crescente de casos revelados pela "vigilância mais ativa da autoridade" e uma "repressão mais frequente e mais severa"[7] – confirmadas,

---

[6] *Ibid.*, f° 424. Para a anedota, mencionemos a sequência esclarecedora do relatório: "Uma prova ainda mais evidente de que é uma tia é que ele costuma receber para jantar 4 ou 5 pessoas entre as quais se pode notar um oficial e dois soldados".

[7] Tardieu, A. *Étude médico-légale sur les attentats aux mœurs*. J.B. Baillière et fils, 1857. p. 113. Notemos, entre parênteses, que, segundo o catálogo da Biblioteca Nacional, a edição original

com efeito, pelos registros de polícia dos anos 1840-1850. Entretanto, ao dar à pederastia "desenvolvimentos que nenhum autor até aqui lhe deu, seja na França, seja no exterior", o médico tem bem consciência de sua audácia. De fato, seu estudo é o primeiro de envergadura sobre a questão. Mas na França apenas, pois, em Berlim, o doutor Johann Ludwig Casper publicou suas pesquisas sobre o estupro e a pederastia já em 1852. E é precisamente para refutar as teses de seu confrade de além-Reno que Tardieu sai em cruzada. O ponto de choque entre os dois homens pode se resumir numa frase: para Tardieu, os hábitos de pederastia são reconhecíveis em certos sinais físicos, ao passo que Casper, que os negligenciaria, recusa-se a validar cientificamente essas pretensas "provas". Ora, que provas são essas?

Antes de chegar a isso, é preciso primeiro passar pelos sinais exteriores, cujo detalhe a polícia já por várias vezes registrou, da "tez maquiada" ao "colarinho descoberto", passando pelos "dedos, as orelhas, o peito carregados de jóias", compondo "a fisionomia estranha, repugnante e, com todo direito, suspeita, que trai os pederastas"[8]. Em seu impulso, Tardieu resiste mal em citar um diário judiciário que descreve um rapaz de 21 anos, conhecido sob o nome de "a rainha da Inglaterra" – e reconheçamos que é bem difícil a isso resistir, tanto o estilo do texto e a frase de abertura resumem a questão incansavelmente colocada pelo terceiro sexo:

> Será de fato um homem? Seus cabelos, separados no meio da cabeça, caem em cachos sobre seu rosto como os de uma jovem coquete. [...] Ele tem um olhar langoroso, a boca em coração, requebra os quadris como um dançarino espanhol, e, quando o prenderam, tinha no bolso um pote de vermelhão. Ele junta as mãos com um ar hipócrita e faz caras que seriam risíveis, se não fossem revoltantes[9].

---

de 1857 dessa obra capital não está disponível em nenhuma biblioteca francesa. O único exemplar disponível assinalado encontra-se na New York Academy of Medicine Library. A edição de 1858, microfichada na BNF [Biblioteca Nacional Francesa], no entanto, reproduz fielmente a primeira edição. Em 1995, uma reedição da terceira edição (1859), apresentada por Georges Vigarello, foi publicada por Jérôme Million, em Grenoble.

8 *Ibid.*, p. 130.

9 *Ibid.*, p. 131.

Fatalmente, os hábitos de pederastia, prossegue Tardieu sem precisões, alteram a saúde, empobrecem a constituição e dão às prostitutas "uma palidez doentia" – de que o infortunado Baryschnikoff supracitado já fornecia o exemplo. Mas tudo isso seria quantidade desprezível se comparada com "as desordens materiais produzidas pelas aproximações contranatureza"[10], a saber as famosas provas, ou marcas de hábitos passivos e ativos, que dividem Casper e Tardieu.

Para dar a sua demonstração, Tardieu passou em revista 206 casos, dentre os quais 171 traziam sinais de hábitos passivos, ou seja, principalmente: o desenvolvimento excessivo das nádegas ("largas, salientes, às vezes enormes, e de uma forma totalmente feminina"), a deformação afunilada do ânus, o relaxamento do esfíncter, o apagamento das dobras, a dilatação extrema do orifício anal[11]. Mas essas diversas alterações, que certos médicos já notaram e que Tardieu declara sistematicamente identificáveis, não constituem a descoberta essencial de seu estudo. A prova de força é, bem entendido, a revelação dos sinais de pederastia ativa.

Como o próprio médico-legista admite: "Chego aqui à parte mais delicada de minha tarefa". E invoca, para assentar suas palavras, a seriedade de suas numerosas observações "controladas pelas declarações dos policiais" e "pelas confissões de um certo número de acusados". Para falar a verdade, os sinais de pederastia ativa se reduzem a dois: a forma e as dimensões do pênis. "Muito finas ou muito volumosas", as dimensões do pênis são "excessivas num sentido ou no outro"; nos dois casos, a glande vai diminuindo

---

[10] *Ibid.*, p. 132.

[11] *Ibid.*, p. 134-139. Em 1819, o doutor Pierre Reydellet já notava a respeito da pederastia: "Encarado sob a relação médica, esse vício não oferece considerações muito importantes. O hábito de ver esses infelizes deu a M. Cullerier uma grande facilidade para reconhecê-los imediatamente, por isso ele raramente se engana a esse respeito: a mais forte prova que dá disso é a disposição da abertura do reto, que apresenta a forma de um funil. Esse sinal é quase certo, e podemos ter a quase convicção de que aqueles que o apresentam estão manchados desse vício; por isso, na medicina legal, se deveria a isso prestar a mais séria atenção" (Artigo "Pederastia". *Dictionnaire des sciences médicales* de Panckouke, 1819. t. XL, p. 45). Esse "estigma" deveria até entrar em poesia com Lautréamont: "Ó pederastas incompreensíveis, não sou eu quem vai lançar injúrias à vossa grande degradação; não sou eu quem viria atirar o desprezo sobre vosso ânus afunilado" (Lautréamont. *Chants de Maldoror* [1869]. Garnier-Flammarion, 1990. p. 264).

e "se alonga algumas vezes de modo desmedido, de maneira a dar a ideia do focinho de certos animais" – ela lembraria muito a do cachorro entre os pederastas afligidos por um pênis pequeno. Essas deformações aliás se explicariam sem dificuldade: elas "respondem muito exatamente à disposição afunilada do ânus sobre o qual elas de certa forma se moldam".

A masturbação e a felação também teriam consequências prejudiciais sobre a anatomia: os onanistas, cuja "glande é alargada e um pouco achatada", teriam "o pênis em clava"; quanto àqueles que se entregam "às mais abjetas complacências", Tardieu notou "uma boca atravessada, dentes muitos curtos, lábios espessos, caídos, deformados", em suma, aí ainda, como o pênis moldado em seu refúgio, "completamente em relação com o uso infame a que serviam"[12].

As descobertas *sensacionais* de Ambroise Tardieu, muito embora refutadas por muitos de seus confrades ao longo do tempo, eram destinadas a marcar de modo bem durável médicos, legisladores e escritores populares, prontos a se referir a ele, a citá-lo sem discuti-lo – ou mais simplesmente a copiá-lo. Em 1886, sete anos após a morte de Tardieu, o *Tratado de medicina legal* de Legrand du Saulle, Berryer e Pouchet ainda vibrava de elogios por suas observações de um "interesse impressionante sobre a deformação do pênis entre aqueles que se entregam à pederastia ativa"[13] – todavia, plagiando uma parte de suas descrições dos prostitutos afeminados. Mesmo eco nas obras de vulgarização dos Drs. Hayès ou Riolan[14] e de muitos outros ainda, até o início do século XX. O fato merece ser sublinhado: como, em 1909, ainda é possível basear-se em relatos de atentados aos costumes dos primeiros anos do II Império? Pode-se imaginar em 2006 um ensaio sobre a prostituição em Paris que tomaria como fontes de base documentos datando dos anos 1950?

---

[12] *Ibid.*, p. 143-147.

[13] Legrand du Saulle; Berryer, G.; Pouchet, G. *Traité de médecine légale, de jurisprudence médicale et de toxicologie*. Delahaye, A.; Lecrosnier, E. (eds.), 1886. p. 378.

[14] Dr. Hayès. *La pédérastie: historique, conséquences funestes de ce vice honteux*. Librairie des Publications Modernes, 1891. (Bibliothèque d'Hygiène des Deux Sexes); Dr. Riolan. *Pédérastie et homosexualité*. Librairie Artistique et Médicale, 1909.

Esse sucesso em parte se explica. O impacto de Tardieu residia na intricação perfeita de um requisitório moral e de uma ciência *verificável*. Pela primeira vez, no rastro dos sábios que glosavam sobre as consequências desastrosas do onanismo, um médico, fortalecido por sua longa experiência, mostrava *anatomicamente* os efeitos da sodomia, tecendo, enfim, um laço entre uma depravação desenfreada e um corpo degradado, entre um vício e suas consequências na carne. Ora, é sabido a que ponto o demônio da localização obceca os espíritos em geral e a medicina em particular. Tardieu, com seu catálogo teratológico, oferecia imagens, marcas, identificadores que, para além da descrição literária de uma silhueta e um andar, pretendiam trazer uma caução científica aos rastros deixados pelos excessos sensuais. Desconfiem – parece dizer Tardieu nas entrelinhas –; agora posso descobrir qualquer sodomita. O pederasta hipócrita, mentiroso, quase sempre denegando suas preferências para evitar a prisão, doravante seria denunciado sem apelação pelo corpo.

Entre 1857 e 1878, nada menos de sete edições verão o *Estudo médico-legal sobre os atentados aos costumes* passar de 176 a 304 páginas... E haveria um estudo a ser feito, longo demais para figurar aqui, sobre as sucessivas adições introduzidas por Tardieu, tanto são reveladoras da evolução do pensamento científico sobre a questão. Em 1862, por exemplo, por ocasião da quarta edição, dois elementos, até então levemente mencionados, se revelam: o safismo, que assumiria proporções inquietantes, e a sodomia exercida sobre as mulheres pelo marido – Tardieu até reconhecendo de imediato: "Coisa singular! Foi principalmente nas relações conjugais que aconteceram semelhantes fatos"[15]. Se essas mudanças substanciais não afetam o essencial de sua tese, o que ele desde a origem chamava "uma perversão doentia das faculdades morais"[16], tendem cada vez mais a ser consideradas uma espécie de loucura, o efeito da alteração da razão, o que explicaria a extensão social do flagelo. Pois bem mais que as consequências materiais, são as causas mentais desses atos contranatureza que preocupam a psiquiatria, a qual, assumindo a vez da medicina legal, está em vias de fazer da tia fadada ao mal um paciente a ser tratado.

---

[15] Tardieu, A. *Étude médico-légale sur les attentats aux mœurs*, 4 ed. J.B. Baillière et fils, 1862. p. 151.

[16] *Ibid.*, p. 126.

A briga iniciada entre Tardieu e Casper, matriz de um longo e complexo debate franco-alemão, ia tomar um novo aspecto com a edição do *Tratado prático de medicina legal* em dois volumes de Casper, publicada em 1857-1858 em Berlim, e desde 1862 na França. Desde a abertura, o capítulo sobre as "Relações contranatureza" dedica às pretensas descobertas do francês uma nota circunstanciada em forma de crua explicação:

> O Sr. Tardieu baseou seu diagnóstico da pederastia uma vez na existência de uma fístula no ânus, outra vez na presença de figos e até no simples fato de um pênis mais fino! Penso que, diante de tais fatos, a crítica não pode se calar e ainda menos quando vê o Sr. Tardieu [...] não hesitar em mencionar a conformação particular que ele diz ter observado na boca de dois indivíduos do número daqueles que descem às mais abjetas complacências. [...] Tal descrição pode deixar arrepiados os cabelos dos profanos, mas os homens de ciência saberão com o que estão lidando[17].

O reconhecimento das "provas" de pederastia, para falar a verdade, não interessa a Casper, que lhe refuta a cientificidade: ele as reconhece na oportunidade entre os passivos; sem no entanto poder sistematizar suas observações, afirma impossível descobri-las nos ativos. Não longe disso que Casper "defenda" os pederastas, dos quais descreve, numa língua comparável àquela de Tardieu, o "comércio odioso [...] cada vez mais assustador à medida que penetramos em suas trevas". Mas se o médico costuma falar de "vício" é para introduzir um debate científico prometido a considerável tamanho: "Entre a maioria daqueles que a isso se entregam, é de nascença e constitui, por assim dizer, um hermafroditismo moral"[18]. Alguns anos após a sugestão por Michéa de uma origem biológica do "amor grego" num hipotético "útero masculino", Casper, em algumas palavras, colocava duas hipóteses fundamentais: o caráter inato da pederastia, insinuando a descriminalização de seus adeptos, vítimas de uma "natureza" mais viciada na base que viciosa,

[17] Casper, J.L. *Traité pratique de médecine légale*; redigido de acordo com observações pessoais. [Traduzido do alemão sob os olhos do autor por Gustave Germer Baillièr]. Librairie Médicale Germer Baillière, 1862. 2 v., t. I, p. 117.

[18] *Ibid*., p. 118.

e a ideia de um "hermafroditismo *moral*", metáfora a deslocar implicitamente a sede do mal dos órgãos para uma irregularidade mental.

Até o início do século XX, a batalha do inato e do adquirido bem como a ideia de uma dupla natureza feminina e masculina serão os dois conceitos inevitáveis de todo discurso, seja ele científico ou amador, maldizente ou favorável, sobre a homossexualidade. Os dois termos vão até estar no fundamento de uma renovação da ideia de "terceiro sexo" que, de expressão popular e literária, torna-se uma teoria por inteiro, sob o impulso de um jurista alemão, Karl Heinrich Ulrichs, hoje considerado com justiça o avô do movimento de liberação *gay*.

2. KARL HEINRICH ULRICHS, OU O TERCEIRO SEXO EM TEORIA

Bem cedo, Karl Heinrich Ulrichs (1825-1894) tomou consciência de sua preferência pelos homens, à qual ele atribuía um caráter inato. Em 1862, ele escreve à família para expor suas vistas sobre os uranianos (*Urnings*), termo forjado a partir da Afrodite Urânia descrita em *O banquete* de Platão, e caracterizando o desejo pelos homens, que ele opõe aos dionianos (*Dionings*), cujo desejo é voltado para as mulheres[19]. A hostilidade da família, muito oposta a uma publicação, o convence a tomar um pseudônimo (Numa Numantius), mas não o desanima. "Justificar-me, e fazê-lo completamente, daqui por diante é nada menos que a obra da minha vida"[20], escreve ele a um tio em dezembro do mesmo ano. Manterá a palavra. Em 1863, o primeiro libreto

---

[19] Pausânias distingue dois Eros: um ligando-se à Afrodite celeste, filha de Uranos, e o outro à Afrodite vulgar, filha de Zeus e de Dione. A propósito da Afrodite celeste, ele precisa: "Esta, primeiro ponto, participa não da fêmea, mas apenas do macho, o que faz com que ela se volte para os rapazes; segundo ponto, é a mais antiga das duas, o que faz que a insolência não seja a sua sorte. Daí vem que se voltam para o sexo macho aqueles que um tal Eros inspira, gostando mais do sexo que tem naturalmente mais vigor e mais inteligência" (Platon. *Le banquet*, *op. cit.*, p. 102). *Urning* será igualmente traduzido em francês por *uraniste* [uranista], tradução que acabará se impondo.

[20] Citado por Kennedy, H. *Ulrichs: the life and works of Karl Heinrich Ulrichs, pioneer of the modern gay movement*. Boston: Alyson Publications, 1988. p. 53.

de suas *Forschungen über das Rätsel der mannmännlichen Lieben* (*Pesquisas sobre o enigma do amor entre homens*) é acabado, e publicado às suas custas no ano seguinte. Doze volumes ao todo virão a público até 1879, os seis últimos sob seu verdadeiro nome. Ele envia suas primeiras publicações ao Hochstift de Frankfurt (fundação para a ciência, a arte e a cultura), de que é membro há vários anos, afirmando a existência de um "terceiro sexo" ao qual diz pertencer. A fundação, pelo motivo de recusar reconhecer esse sexo supranumerário, disso se aproveita para expulsar seu único representante em 1865.

"Por natureza diferentes"

Para construir sua teoria, Ulrichs baseia-se num elemento essencial: como os uranianos *nasceram* com "uma alma de mulher num corpo de homem"[21], seus desejos *naturalmente* se voltam para os homens e não podem ser condenados. Criaturas de Deus ao mesmo título que os dionianos, eles merecem os mesmos direitos e o pleno reconhecimento por sua orientação. É claro que poderão objetar que esse "terceiro sexo", ao retomar por sua conta o binarismo masculino-feminino, reforça no mesmo movimento os estereótipos dos dois primeiros. Ulrichs, no início de suas pesquisas pelo menos, concebe com muita dificuldade que dois homens de mesmo 'gênero' possam se atrair. Os "femininos" (*Weiblings*) procuram os "viris" (*Mannlings*) e vice-versa, justificando assim o princípio de complementaridade e de atração dos contrários. Há para isso pelo menos duas razões de desigual importância. Por um lado, Ulrichs baseia-se, como Freud mais tarde, em sua própria experiência e procede por autodescrição: ele próprio se considera feminino e sempre foi atraído por homens viris, os soldados em particular. Por outro, a urgência de seu combate consiste, em primeiro lugar, em demonstrar a *normalidade* dos uranianos a fim de lhes outorgar direito de cidade: insistir

[21] Ulrichs, K.H. *The riddle of "man-manly" love, op. cit.*, p. 419. (Edição original: *Forschungen über das Rätsel der mannmännlichen Lieben*. Leipzig, 1864-1879). Essa tradução reúne os doze livros de Ulrichs. A fim de não tornar pesadas as notas, vou simplesmente assinalar o título e a data de cada um quando a eles fizer referência.

numa analogia da heterossexualidade e do uranismo como que partindo do *mesmo princípio* e estabelecer uma *equivalência de valores* entre dionianos e uranianos tornavam seu argumento bem mais eficaz que uma denúncia dos amores convencionais, nitidamente mais arriscada.

Entretanto, como ser diferentes embora sendo idênticos? Reivindicar formar um grupo autônomo e aspirar abertamente a integração? Já em seu primeiro libreto, Ulrichs tenta responder a isso, ao retomar sem saber as categorias de Casper:

> Nós, uranianos, que somos uma espécie sexual à parte, somos *similares aos hermafroditas*. Enquanto *terceiro sexo*, estamos no mesmo nível que o sexo masculino ou feminino, mas somos independentes do sexo masculino ou feminino, plenamente separados dos dois. Não somos plenamente homens ou mulheres, mas por natureza diferentes. No entanto, é verdade que somos similares aos homens porque assumimos o papel masculino na sociedade e porque nossa capacidade no trabalho é a mesma[22].

Do mesmo modo, prossegue ele, que não se pode comparar o linguado à enguia ou a galinha ao pato, "da mesma forma, nessa matéria, os senhores devem julgar os uranianos apenas conforme nossos próprios modelos, não conforme os modelos dos dionianos, cujos desejo sexual se voltam para as mulheres"[23].

O ideal que anima Ulrichs, revoltado contra a sorte reservada aos uranianos banidos da sociedade por causa de seus amores, é primeiro de justiça. Militante da amizade entre os povos, da reconciliação entre germânicos e eslavos, o jurista por sua vez teme (com razão) a vontade hegemônica da Prússia que, em 1867, anexa o reino de Hanôver e impõe, contra o código napoleônico até ali em vigor, o código prussiano, que pune com vários anos de prisão as relações entre homens: é o famoso § 143, mais tarde chamado § 152 depois § 175, que motivará um século de luta na Alemanha[24]. Ulrichs

---

[22] *Ibid.*, p. 36. Livro I, *Vindex*, 1864.

[23] *Ibid.*, p. 37.

[24] O § 143 do código de 1851 torna-se o § 152 em 1869, depois § 175 em 1871. Este último estipulava: "Os atos sexuais contranatureza que são perpetrados, seja entre pessoas de sexo masculino ou entre homens e animais, são passíveis de prisão; também pode ser pronunciada

protesta contra a invasão do reino e é preso. A polícia confisca, então, a maior parte de seus arquivos, que ele nunca mais encontrará. Mal é libertado, sobe à tribuna do congresso de juristas em Munique, em 29 de agosto de 1867, para reclamar diante de quinhentas pessoas o reconhecimento dos direitos dos uranianos. Mas, vaiado pela sala, não pode terminar o discurso, que no entanto permanecerá a primeira declaração pública na história da militância *gay*.

Ao longo de suas publicações e da inflação de sua correspondência, Ulrichs refina sua teoria, que aos poucos admite graus intermediários entre *Weiblings* e *Mannlings* e se enriquece de novas combinações: aqueles que gostam de jovens, os velhos, os passivos, os ativos, os mistos etc. As tríbades, que não são a prioridade do magistrado, também fazem sua incursão. Contra toda expectativa, elas formariam um... "quarto sexo correspondendo com o terceiro": "Tais mulheres são muito menos numerosas que os uranianos"[25], acredita ele num primeiro tempo, antes de reconhecer-lhes a frequência e de integrá-las de modo mais moderado ao terceiro sexo, uma vez que as uranianas têm, em espelho e em toda lógica, "uma alma de homem num corpo de mulher"[26]. Só os bissexuais, improváveis *Uranodionings*, resistem à margem: eles não se enquadram, com toda evidência, no princípio elementar de sua teoria.

Adversários e aliados

O nome de Ulrichs rapidamente se difundiu na Alemanha, e são muitos a citá-lo, em público e em privado. Em 1869, Friedrich Engels, em resposta a Karl Marx que lhe enviou as publicações de Ulrichs, escreve-lhe este comentário inquieto:

> Os pederastas estão começando a fazer barulho e descobrem que constituem um poder no Estado. Tudo o que lhes falta é uma organização, ainda que já pareça existir secretamente. E uma vez que podem contar com o apoio

a perda dos direitos cívicos". Ele será modificado em 1969, data a partir da qual as relações entre adultos de mais de 21 anos não serão mais punidas. A idade será abaixada para 18 anos em 1973. O § 175 só será definitivamente revogado em 1994, após a reunificação alemã.

25 Ulrichs, K.H., *op. cit.*, p. 81. Livro II, *Inclusa*, 1864.

26 *Ibid.*, p. 365. Livro VII, *Memnon*, 1868.

> de numerosas personalidades, nos antigos como nos novos partidos, [...] a vitória lhes parece assegurada. 'Guerra às vulvas, paz aos cus', dirão daqui por diante. Por sorte, somos velhos demais para assistir à vitória da causa deles e para pagar o preço em nossa própria carne. Mas a jovem geração! Seja dito *en passant*, só na Alemanha é que um sujeito como esse [Ulrichs] pode se manifestar, transformar a sujeira em teoria e depois lançar: Juntem-se etc.

Engels conclui: "Nós outros, pobres sujeitos do dianteiro, pueris amantes de mulheres, teremos um mau momento a passar"[27]. É dizer bem o alcance político desse combate solitário, artesanal, e a ameaça que de imediato representa essa primeira tomada de posição pública, ainda que proferida por um único homem, sem nenhum apoio institucional. Aliás, muitos nisso não se enganam e vêem nele um pioneiro e uma referência, à imagem de von Zastrow, oficial preso em 1869 por pederastia, que escrevia do fundo da prisão, saudando os "magníficos escritos" de Ulrichs: "Existem três sexos, não dois; pertenço ao terceiro. [...] Ele é igualmente justificado pela natureza. A legislação não deveria nunca se meter nisso"[28].

Diante da multiplicação de processos e perseguições contra os uranianos, a urgência de Ulrichs vira obsessão: fazer reconhecer oficialmente o caráter inato do terceiro sexo, única via imaginável à descriminalização. Ele apela para a história, para sua experiência cotidiana, para os testemunhos que recebe e busca legitimar sua teoria voltando aos grandes textos, de Platão ao suíço Hössli, autor de *Os gregos e o amor entre homens* (1836-1838).

Mas é a Schopenhauer que ele dá mais atenção, já que esse filósofo foi o primeiro a se voltar contra esse "paradoxo inaudito", em *O mundo como representação e vontade*: como uma tendência "contranatureza' pode proceder dessa própria natureza? Para Schopenhauer, o amor só se justifica pela reprodução da espécie e o instinto de conservação, sendo a procriação o único objetivo do homem. Logo, a pederastia é contranatureza. Entretanto,

---

27 Carta de Friedrich Engels a Karl Marx, datada de 22 de junho de 1869. *In*: *The Marx-Engels correspondence: the personal letters, 1844-1877*. [Seleção editada por Fritz J. Raddatz]. [Traduzido do alemão por Ewald Osers]. Londres: Weidenfeld & Nicolson, 1981. p. 141-152. (Tradução minha.)

28 Ulrichs, K.H., *op. cit.*, p. 527. Livro IX, *Argonautics*, 1869.

os homens jovens demais ou velhos demais produzem seres imperfeitos. Ora, a pederastia, assegura ele, quase sempre se constata nessas duas idades da vida. Logo, resulta que, "na aparência contrária aos fins da natureza, e isso no que ela tem de mais importante e de mais caro, o vício em questão na realidade deve servir esses mesmos fins, embora de maneira apenas indireta, como meio preventivo contra males maiores. Com efeito, ele é o resultado de uma faculdade genital sobre seu declínio ou ainda muito pouco formada, que, nos dois casos, é um perigo para a espécie"[29]. Em outros termos, a homossexualidade pertenceria à natureza a título de regulador dos nascimentos.

Embora considerando a hipótese discutível, Ulrichs estará pronto para citar essa referência prestigiosa e respeitada, cuja seriedade o ajuda a dar crédito às suas opiniões, pois Ulrichs precisa de aliados de renome em sua cruzada. Leva adiante seu trabalho com pouquíssimos meios, no isolamento social inevitavelmente acarretado pelo objeto de sua luta. Quem, em sua época, melhor que os médicos, podia trazer uma caução científica a seu postulado sobre o caráter inato do terceiro sexo? Primeiramente irritado por sua retórica moralizadora, Ulrichs irá posteriormente colocar muita esperança nas pesquisas médicas sobre "o instinto genético".

Assim, Casper é, num primeiro tempo, vivamente criticado por tratar os uranianos como "infortunados": "Só somos infortunados pelo fato de que a perseguição e o desprezo de vocês nos tornam infelizes", responde-lhe Ulrichs em seu quarto libreto. "Façam-nos apenas justiça; não precisamos mais das lágrimas de crocodilo da piedade de vocês"[30]. Anos mais tarde, Ulrichs aprofundou seus conhecimentos das teorias de Casper e aprendeu a apreciar sua prudência em numerosos casos jurídicos, notadamente quando o médico recusava-se a afirmar que o uranismo seria ruim para a saúde ou um sinal patente de loucura. Ulrichs vai posteriormente se dizer muito próximo dele, feliz demais por ser apoiado, a título póstumo, por aquele

---

[29] Schopenhaeur, A. *Le monde comme représentation et comme volonté* [1819]. [Traduzido em francês por A. Burdeau]. [Edição revista e corrigida por Richard Ross]. Puf, 2003. p. 1.326. (Quadridge).

[30] Ulrichs, K.H., *op. cit.*, p. 160. Livro IV, *Formatrix*, 1865.

que se tornou sob sua pena "o célebre médico-legista (infelizmente morto prematuramente, em 1864)"[31].

Ao inverso, a história de suas relações com os psiquiatras Richard von Krafft-Ebbing (1840-1902) e Carl Westphal (1833-1890) será marcada por uma cruel desilusão. Ele primeiro acredita ver um aliado no primeiro, lendo um de seus artigos, que exortava o legislador a reportar-se à ciência antes de julgar certos atos, e logo lhe envia todas as suas publicações. Em 19 de janeiro de 1879, Krafft-Ebing reconhece sua dívida para com Ulrichs: "Só a descoberta dos seus escritos é que me iniciou no estudo desse campo de grande importância"[32]. Mas à medida que são publicados os trabalhos de Krafft-Ebing nos *Arquivos de Medicina Legal*, em Berlim, Ulrichs constata que os dois têm pontos de vista incompatíveis – e que talvez tenha cometido um erro ao iniciá-lo nesse domínio: para a psiquiatria, se a homossexualidade vai buscar a sua origem na natureza, é a título de doença do instinto sexual, classificada entre as mais graves perversões. Ao situá-la entre a necrofilia e a bestialidade em sua celebérrima *Psychopathia sexualis*, publicada em 1886, Krafft-Ebing confirma com eloquência os temores de Ulrichs[33].

Como Krafft-Ebing, Westphal tomara posição pela revogação do § 175. Em 1869, ele publicara nos *Arquivos de Psiquiatria*, em Berlim, um artigo destinado a marcar data sobre o que ele nomeava "*die conträre Sexualempfindung*", ou instinto sexual contrário[34]. Nele analisava notadamente o caso de Fraulein N., atraída por mulheres desde a mais nova idade e praticando o tribadismo e o onanismo. Sua infância de menino frustrado, seu gosto pelo travestismo e sua indiferença pelos homens faziam dela um exemplo desse

---

31 *Ibid.*, p. 486. Livro IX, *Argonauticus*, 1869.

32 Citado por Kennedy, H. *Ulrichs...*, *op. cit.*, p. 71. Ulrichs cita essa carta, datando-a de 29 de janeiro, em seu Livro XII, *Flèches critiques*, 1879. p. 695.

33 *Psychopathia sexualis*, publicado em 1886, em Stuttgart, será traduzido pela primeira vez em francês em 1895. Não menos de doze edições serão publicadas com o autor vivo. O sucesso inesperado dessa obra obrigou Krafft-Ebing a traduzir certas passagens em latim para a segunda edição, a fim de reservar-lhe a leitura apenas aos especialistas, aos quais seus trabalhos na origem estavam destinados.

34 Westphal, C. "Die Conträre Sexualempfindung". *Archiv für Psychiatrie und Nervenkrankheiten* v. 2, n. 1, p. 73-108, 1869. Também é possível consultar sobre essas questões: Schwarz, G. "'L'Invention' de la lesbienne par les psychiatres allemands". *In*: *Stratégies de femmes*. Tierce, 1984. p. 312-328. E também Albert, N.G. *op. cit.*, p. 90-91.

"terceiro sexo" ou de "alma de homem num corpo de mulher" elaborado por Ulrichs. Westphal, que aliás cita as teorias do jurista, reconhecia sem meias palavras o caráter inato do instinto genético de sua paciente.

Para Ulrichs, esse reconhecimento de seus trabalhos por uma autoridade médica vira rápido uma vitória de Pirro. Na hora em que acaba sua obra, em 1879, de criminoso o uraniano decerto tornou-se um paciente, menos culpado de seus modos que vítima de uma loucura talvez hereditária, mas o pederasta e a tríbade doravante são considerados tarados, degenerados. Passar do banco dos réus à cela de um hospício e reintegrar a natureza a título de anomalia não ajudava a revalorizar a imagem deles. Quanto ao § 175, ele continua em vigor. Em seu último livro, Ulrichs designará os psiquiatras que internam os uranianos – dentre eles Krafft-Ebing e Westphal, nomeadamente citados – como seus principais inimigos.

Uraniano, homossexual ou invertido?

Ulrichs também faz êmulos. Em 1875, um certo Heinrich Marx publica em Leipzig *Urningsliebe* (*O amor uraniano*), verdadeiro projeto de reforma jurídica inspirada pelos trabalhos de Ulrichs, em que o autor pede não só a revogação do § 175, "mas o reconhecimento legal de um terceiro gênero: *o gênero Urniano* [*sic*], e, como consequência, a instituição do casamento legal do *Urniano* com o homem macho de sua escolha", tal como precisa François Carlier, chefe da Segurança em Paris, que resume o documento:

> Ele quer que a lei, depois de ter criado o gênero Urniano, garanta ao *Urning* um estado social equivalente àquele da moça e da mulher. Impõe aos pais e tutores, tão logo tiverem constatado em seus filhos ou pupilos gostos afeminados, o que ele chama a manifestação da natureza urniana, a obrigação de declará-la imediatamente à autoridade competente, que será obrigada, depois de ter mandado verificar a exatidão dessa declaração, a modificar o ato de nascimento no cartório de registro civil e a inscrever essa criança na conta do sexo urniano, com um nome de mulher, o único que lhe pertenceria dali por diante. A contar desse dia, essa criança vestiria apenas roupas de mulher; a lei a protegeria em seus castos amores [...]. Seu casamento legal

com o homem macho de sua escolha produziria todos os efeitos legais dos casamentos comuns. Por essa união tão *santa*, tão *natural*, o *Urning* tomaria lugar na classe recomendável da sociedade[35].

Carlier, cujo objetivo é sobretudo mostrar que Paris não tem o monopólio dos "estragos" do uranismo, tem razão de afirmar: "É toda uma revolução social que o Sr. Marx propõe". Ela tinha pouca chance de dar certo. Dela vamos no entanto guardar o radicalismo espetacular para a época: Heinrich Marx, que milita como Ulrichs pelo casamento entre homens, ao pedir a identificação precoce dos uranianos e a oficialização de seu estatuto cívico, leva a lógica do caráter inato e da legitimidade até seu último limite – alguns diriam até o absurdo.

A introdução da noção de "terceiro gênero"[36], no entanto, merece uma menção particular: mais exata que a de terceiro sexo, excessivamente ligada à anatomia, ela traduz melhor o sentimento de pertencimento aos caracteres masculinos e femininos, aqui só em jogo. Não é anódino, a esse respeito, que Heinrich Marx cite em outra parte a Albânia e os Balcãs a título de exemplos: desde o início do século XIX, uma tradição lá se instaurara, autorizando as famílias sem herdeiros machos a dar a uma filha, virgem, o papel do menino – que mudará de prenome e dali por diante se comportará, em todas as tarefas da vida, como o homem que ela se tornou[37]. É para essa maneira flexível de encarar o sexo e o gênero que também apelam os militantes e os utopistas alemães.

Os êmulos de Ulrichs também podem se tornar seus rivais. Desde a publicação de seus primeiros volumes, o teórico do terceiro sexo entra em correspondência com um escritor húngaro, Károly Mária Kertbeny (1824-

---

[35] Carlier, F. *Étude de pathologie sociale. Les deux prostitutions*, *op. cit.*, p. 211-212. Ele faz referência a: Marx, H. *Urningsliebe. Die sittliche Hebung des Urningthums und die Streichung des § 175 des deutschen Strafgesetzbuchs*. Leipzig, 1875.

[36] Como a brochura de Heinrich Marx não é encontrável, fica difícil afirmar que essa tradução no relato de Carlier é fiel ao original alemão. Mesmo assim é notável que o próprio Carlier empregue essa expressão.

[37] Ver a esse respeito: Grémaux, R. "Woman becomes man in the Balkans". *In*: Herdt, G. (ed.). *Third sex, third gender. Beyond sexual dimorphism in culture and history*. New York: Zone Books, 1996. p. 241-281.

1882) – Benkert de seu nome de escritor –, a quem ele remete, em 1865, uma carta para um movimento uraniano permanecida em estado de esboço, espantoso documento visando fundar uma organização encarregada de reivindicar direitos, divulgar jornais e apoiar a literatura uraniana[38]. Kertbeny, em 1868, por sua vez lhe teria confiado, segundo o rascunho de uma carta encontrada nos arquivos da Biblioteca Nacional Húngara, sua intenção de editar um manuscrito dividido em quatro seções: Monossexual [onanista], Homossexual, Heterossexual, Heterogenista [zoófilo]. O primeiro uso público do termo homossexual, composto do radical grego "homo" (mesmo) e da palavra latina "sexus" (sexo), aparecerá no ano seguinte, em 1869, num panfleto sem nome de autor intitulado: *O § 143 do código penal prussiano de 14 de abril de 1851 e sua manutenção como § 152 no rascunho do código penal da Confederação Alemã do Norte*. Kertbeny, que não deixava de afirmar pertencer à *Normal-sexualität*, prefere tratar essas questões no anonimato ou sob pseudônimo – ao ponto que, só em 1884, Ulrichs compreenderá que Kertbeny e Benkert eram um só... Quanto à palavra "heterossexual", ela só ressurgirá em 1880, num livro do zoólogo Gustav Jäger, *A descoberta da alma*. Os dois termos levarão tempo para se impor: Krafft-Ebing é o primeiro a retomá-los em 1884, antes que infiltrem o vocabulário médico internacional, depois os dicionários e o uso corrente no início do século XX[39].

No intervalo, outra palavra conhecerá um sucesso muito durável: a inversão sexual, fixada em 1878, num artigo do médico italiano Arrigo Tamassia[40]. Tratava-se aí de dar outro nome ao que Ulrichs havia teorizado – Ulrichs, que aliás fala de invertidos ou de orientação invertida várias vezes, desde os anos 1864-65. Só a palavra uraniano (ou uranista), obscura demais ou erudita, mas também limitada em sua definição, estava fadada

---

38 Ulrichs fundará um jornal em 1870, *Uranus*, que só terá um número.

39 Sobre toda essa questão, ver Kennedy, H. *Ulrichs...*, *op. cit.*, p. 152-153; Katz, J.N. *L'Invention de l'hétérosexualité*. EPEL, 2001. p. 55-58; Herzer, M. "Kertbeny and the nameless love". *Journal of Homosexuality*, n. 12, p. 1-26, 1985; assim como o verbete "Homosexualité" de David Halperin em *Dictionnaire des cultures gay et lesbiennes* [Eribon, D. (org.)]. Larousse, 2003.

40 Tamassia, A. "Sull'inversione dell'istinto sessuale". *Rivista Sperimentale di Freniatria e di Medicina Legale*, v. 4, p. 97-117, 1878.

ao desaparecimento, a despeito dos trabalhos de Marc-André Raffalovich, que publica *Uranismo e unissexualidade* em 1896, e apesar do uso que dela faz André Gide, em Corydon e em seu Diário.

A posteridade durante muito tempo vai desprezar o nome de Ulrichs antes de seu papel ser redescoberto. O próprio homem retira-se da cena pública em 1880 para Nápoles, depois Aquila na Itália, onde permanecerá até a morte em 1895. Preceptor de latim, grego, francês, alemão e inglês, ele logo se dedica à sua nova obra: impor o latim como novo esperanto. Funda *Alaudae*, jornal inteiramente redigido de sua mão, em latim. John Addington Symonds, futuro autor de *Sexual inversion* com Havelock Ellis, vem visitá-lo em 1891 e descobre um velho homem digno, vivendo em grande pobreza, mais preocupado com a língua de Cícero do que com as questões sexuais. A menos que Ulrichs, no fundo, sempre tivesse se preocupado com a mesma coisa: a utopia de uma linguagem universal.

3. LOUCURA LÚCIDA E TARA CONGÊNTICA

Em seu último libreto, Ulrichs, pouco a pouco seduzido pela causa de "estados intermediários", descrevia todas as combinações transitórias entre um uraniano feminino e um uraniano viril. Mas era ao primeiro, sobretudo, que ele ainda dava prioridade:

> Quem deseja estudar a natureza do uranismo deve começar pela natureza dos "Weiblings". Os "Weiblings" são uma mistura completa de masculino e feminino, um verdadeiro ser organizado à maneira de um hermafrodita no qual o elemento feminino é até predominante. Apesar de terem órgãos sexuais masculinos, são mais mulher que homem. São mulheres com órgãos sexuais masculinos. Não são de sexo algum. São o neutro. São os hermafroditas dos antigos[41].

Hermafrodita e neutro: este é o verdadeiro terceiro sexo, do qual o

[41] Ulrichs, K.H., *op. cit.*, p. 687-688. Livro XII, *Flèches critiques*, 1879.

sexo anatômico (masculino) e o gênero (feminino) se anulam na disposição em cruz do quiasma "uma alma de mulher num corpo de homem" – e vice-versa. Desse esquema geral decorrem todas as pesquisas ulteriores da psiquiatria sobre a inversão sexual, dominadas – esmagadas, poder-se-ia quase dizer – pela binaridade e pelo dualismo, o modelo do casal e dos contrários: a androginia e o ginandrismo, o inato e o adquirido, a tara (congênita) e o vício (por corrupção), a psique e os órgãos, o masculino e o feminino, o direito e o avesso. Mas ali onde Ulrichs via o nascimento de um terceiro sexo oriundo dos dois primeiros, a medicina associará o direito e o avesso à oposição entre o normal e o patológico. O invertido, precisamente, em quem se constata "uma inversão da ordem regular" (*Littré médical*, 1886), será aquele que faz tudo "no sentido contrário das pessoas sensatas"[42] e cujo universo constitui na sociedade "um mundo à parte – acrescentemos: e ao avesso –, fechado, inacessível ao profano"[43].

Ora, desde o século XVII o avesso é sinônimo de distúrbio da razão. Ter o cérebro ao avesso, a mente derrubada, virada, é ser um pouco louco – um pouco apenas. Uma categoria nosográfica exprime idealmente o estado mental dos invertidos dos dois sexos, fundada neste paradoxo: são "loucos lúcidos", conceito forjado em 1861 por Ulysse Trélat para designar a mania sem delírio, dita ainda mania raciocinadora[44]. Aplicada primeiro aos excêntricos, essa loucura moral misteriosamente escondida por trás de um discurso coerente daqui por diante engloba os indivíduos "degenerados" vítimas de *Inversão do sentido genital e outras perversões sexuais*, para retomar o título do célebre artigo de 1882, devidos a Charcot e Magnan, pioneiro na matéria na França[45]. Dois anos antes, Paul Moreau de Tours

---

42 Tardieu, A. *Étude médico-légale sur la folie*, *op. cit.*, p. 144.

43 Chevalier, J. *Une maladie de la personnalité: l'inversion sexuelle*. Lyon: A. Storck / Paris: Masson, 1893. p. 176.

44 Ver Trélat, U. *La folie lucide étudiée et considérée au point de vue de la famille et de la société*. A. Delahaye, 1861.

45 Magnan, V.; Charcot, J.M. *Inversion du sens génital et autres perversions sexuelles* [1882]. Éditions Frénésia, 1987. Nesse artigo fundador, Charcot e Magnan insistiam notadamente no exame atento a que era preciso proceder antes de qualquer julgamento: "Esse exame deve ser feito com ainda mais cuidado porquanto os alienados, levados a tais atos, são habitualmente loucos lúcidos [...]", p. 16. A expressão "loucos lúcidos", aplicada aos homossexuais, é no-

tinha aberto a via ao incluí-los no número das "inteligências anormais", assim definidas:

> Existe uma classe de indivíduos que não se pode e que não se deve confundir nem com os homens, que gozam da plenitude de suas faculdades intelectuais, nem com os alienados propriamente ditos.
> É uma classe intermediária, uma classe mista que constitui um verdadeiro traço de união entre a razão e a loucura, cuja natureza e existência quase sempre só podem ser explicadas por esta única palavra: a hereditariedade[46].

Anômalas – e não anormais –, ou seja, que se afastam da regra. Degenerados hereditários, ou seja, vítimas de uma tara congênita e, portanto, a isentar de toda perseguição. Loucos, mas lúcidos. Sob a violência indiscutível das palavras, também é preciso medir o desejo da medicina de subtrair os invertidos à justiça, e até, em certa medida, à camisa-de-força. O caso analisado por Charcot e Magnan, decerto fiel à ordinária retórica moralizadora, também é o primeiro a decidir quanto à produção habitual. Pela primeira vez, um estudo visa explicitamente estabelecer a irresponsabilidade do paciente, um professor de faculdade de aspecto "marcial", de quem os médicos contudo sublinham "a lucidez e o grau elevado da inteligência"[47].

Esse homem, descrito como um histérico tomado por uma pulsão fixada no sexo masculino, sem encontro genital, e que gosta de se travestir de mulher, será diagnosticado como um degenerado, vítima de distúrbios neurológicos. Seguirá um tratamento moral e hidroterapêutico, acompanhado de uma me-

---

tadamente empregada por Tardieu, A. *Étude médico-légale sur la folie*, *op. cit.*, p. 145-146; Garnier, P. *Hygiène de la génération. Anomalies sexuelles apparentes et cachées*. Garnier-Frères, 1889. p. 490; e Schwartz, L. *Contribution à l'étude de l'inversion sexuelle*. Montpellier, Serre e Roumégous, 1896, em que se pode ler, à página 36: "O invertido congênito ou adquirido deve ser considerado um louco lúcido. [...] Como semiologia, é um estado bem grave, apesar de seus aspectos mais benignos. Esses hermafroditas morais costumam ser incuráveis". Notemos igualmente que, entre os escritores, Zola é aquele que dá mais desenvolvimentos à loucura lúcida, descrita (e também ridicularizada) como aquela dos depravados, notadamente em *La curée* [*O regabofe*] (1871) e *La conquête de Plassans* [*A conquista de Plassans*] (1874). Ver Zola, E. *Les Rougon-Macquart*, *op. cit.*, v. I, p. 434 e p. 1225-1226.

46 Moreau de Tours, P. *Des aberrations du sens génésique*. Asselin et Cie., 1880. p. 150.

47 Magnan, V.; Charcot, J.M. *Inversions du sens génital et autres perversions sexuelles*, *op. cit.*, p. 6.

dicação polibromurada, que produzirá algumas "melhoras" sensíveis, já que, "após numerosos esforços, M. X. conseguiu não só trocar, por momentos, a imagem da mulher pela do homem, mas suas noites foram atravessadas por sonhos voluptuosos, tendo a mulher por objeto, e, várias vezes, ele pôde tentar com sucesso aproximações sexuais"[48]. Apesar desses resultados, o contexto permanece frágil. Charcot e Magnan, que temiam a recaída e suas consequências, pretendem sobretudo desculpar o doente, que nada, a priori, distingue de um homem são de espírito – eles insistem nisso –, mas que poderia, preso num caso de costumes, sofrer a ira da polícia e da justiça:

> Certamente não seria correto dizer aos ouvintes que o professor distinto do qual eles admiram diariamente a eloquência, a lógica, o juízo, não passa de um doente cujo cérebro é torturado pelas ideias mais estranhas; que, de uma hora para outra, sem querer, embora se esforce, pode ser levado à mais vergonhosa promiscuidade. Hoje está melhor, está mais seguro de si; mas não pode ainda acontecer um agravamento sem que nada fora venha trair essa perturbação interior?[49]

Proteger o doente em vez de denunciar o criminoso: parece ser esta a virada iniciada. "Onde nossos predecessores viam culpados, vemos doentes, onde o filósofo de antigamente descobria um erro, nós diagnosticamos a tara ou o acidente nervoso"[50], resumirá numa frase o doutor Laupts em 1896. Essa busca da "tara" não invade apenas a psiquiatria mas todo o corpo médico. Ela toma a sua origem nas teorias da hereditariedade e da degenerescência,

---

[48] *Ibid.*, p. 14.

[49] *Ibid.*, p. 17.

[50] Dr. Laupts (pseudônimo do doutor Georges Saint-Paul). *Perversion et perversité sexuelles.* Georges Carré, 1896. p. 280. (Tares & Poisons). Anos mais tarde, o professor Tarnowsky reinterpretava essa proposta de maneira interessante ao operar desta vez uma distinção entre o médico e o médico-legista: "O médico-legista vê a depravação, a saciedade do desejo, o vício inveterado e a perversidade, ali onde o clínico com certeza reconhece os sintomas de um estado mórbido com sua evolução típica e seu resultado. Ali onde o primeiro queria atingir o vício, o segundo inicia uma defesa para demonstrar a necessidade de uma terapêutica racional". Tarnowsky, B. (da Academia Imperial de Medicina de São Petersburgo). *L'Instinct sexuel et ses manifestations morbides, au double point de vue de la jurisprudence et de la psychiatrie.* Charles Carrington, 1904. p. 2-3.

cujas bases Bénédict-Augustin Morel – que também foi um pioneiro da medicina legal – havia lançado em seu Tratado das degenerescências (1857) e seu Tratado das doenças mentais (1858). Nessas obras, Morel propunha uma classificação das doenças mentais menos ligadas aos sintomas que às causas (o clima, o solo, a higiene dos pais, os hábitos alimentares) aptas a criar nas crianças uma modificação do organismo, transmissível até "a expiração da raça"[51]. É conhecida a fortuna dessas hipóteses, de que Zola deu uma espetacular ilustração em Les Rougon-Macquart, saga de famílias que se desfazem sob o efeito da miséria social conjugada com um empobrecimento orgânico hereditário. Valentin Magnan vai igualmente beber nessa fonte para elaborar seu conceito de loucura dos degenerados, apanágio dos hereditários-degenerados, grupo que, ao lado dos idiotas e dos imbecis, comporta os degenerados superiores. Muitos homossexuais 'brilhantes', 'artistas', 'intelectuais' cairão nessa última categoria.

Que busquem a origem do mal na história familiar ou em hipotéticas lesões do encéfalo; os psiquiatras prometem circunscrever os fenômenos de inversão com o máximo de objetividade possível: "Importa estudá-los ao mesmo título que o jogo regular ou as doenças dos aparelhos digestivo, respiratório, circulatório. [...] Estaríamos em situação favorável demais em patologia ordinária, se bastasse invectivar e estigmatizar a paixão estomacal, o vício pulmonar, a torpeza cardíaca"[52], assegura o doutor Julien Chevalier, no prefácio de seu livro Uma doença da personalidade: a inversão sexual.

A demonstração de Chevalier se apóia na lembrança de uma "evidência": o dimorfismo e a diferença dos sexos, a atração dos contrários e o primado da reprodução. Longuíssimas páginas são assim dedicadas à fisiologia do homem e da mulher, de que bastará citar esta passagem:

> O homem fixa sem dificuldade a sua atenção, observa durante muito tempo, sabe conduzir uma experiência, reflete sem esforço, possui um sentido crítico agudo, extrai as leis dos fatos, conclui quase sempre; a mulher deixa-se facilmente distrair, repugna à longa labuta da observação, nada entende da experimentação, cansa-se pela reflexão prolongada, tem falta total de

---

51 Morel, P. *Dictionnaire biographique de la psychiatrie*. Synthélabo, 1996. p. 181-182.

52 Chevalier, J. *Une maladie de la personnalité: l'inversion sexuelle*, *op. cit.*, p. XII-XIII.

> espírito crítico, não sabe pôr em prática os materiais de que dispõe, conclui raramente e sempre de maneira apressada; suas faculdades silogísticas são rudimentares. [...] Um encontra, inventa, cria, porque considera os fatos de cima; a outra, improdutiva, nunca é igualada no entendimento da nuança, na observação dos pequenos lados, dos detalhes, dos ridículos. Daí o caráter imitativo tão acusado de que ela dá prova ao mesmo tempo que de uma grande necessidade de aprovação. Numa palavra, o espírito do homem possui faculdades essencialmente ejetivas, o da mulher qualidades receptivas. [...] Um é revolucionário e o outro antes reacionário[53].

Faculdade ejetivas, qualidades receptivas: entenderemos que, para o médico, o paralelo entre os órgãos e a psicologia, o sexo e o gênero está claramente estabelecido, a ponto de ele não hesitar em afirmar "sob uma forma paradoxal – alguns acrescentarão: muito brutal – que o testículo e o ovário são espécies de cérebros"[54]. Nesse contexto, a definição da inversão adaptada ao vocabulário médico (um ser morfologicamente macho e psiquicamente mulher ou um ser morfologicamente fêmea e psiquicamente homem) assume todo o seu sentido, já que haveria inversão patológica entre o sexo e o cérebro: enquanto a sexualidade "normal" é determinada pelo órgão – "ela vem de baixo", precisa ele –, a sexualidade desviante, esta "vem de cima"[55], do centro cerebral, cuja ação é tão vigorosa que pode às vezes modificar as formas exteriores do indivíduo e dar-lhe os ares do sexo oposto. Os invertidos e as invertidas, colocados de imediato como 'contranatureza' (ou, antes, contra aquela natureza), serão vítimas de uma "aberração fisiológica", traduzida por um "masculinismo" ou um "feminismo" mais ou menos acentuados, que farão deles "seres híbridos [...] uma espécie de terceiro tipo"[56]. Esse "hermafroditismo imaterial" destrói a unidade do "eu": "dois sexos em um. Para falar a verdade, um terceiro sexo nasceu"[57].

Colocados esses princípios, a inversão pode assumir várias formas:

[53] *Ibid.*, p. 17-19.

[54] *Ibid.*, p. 33.

[55] *Ibid.*, p. 39.

[56] *Ibid.*, p. 29-30.

[57] *Ibid.*, p. 40.

será inata ou adquirida, absoluta ou relativa. Mas a inversão "propriamente dita", esta é congênita e estaria ligada a um distúrbio do desenvolvimento no momento que o embrião deve lutar contra o hermafroditismo orgânico original e escolher entre masculino e feminino. As marcas dessa luta mal vencida caracterizaria a homossexualidade – hipótese que valerá a Chevalier ser retomado por Freud em seus *Três ensaios sobre a teoria sexual*. Essa inversão congênita é a dos degenerados, vítimas de uma pesada hereditariedade, a dos alienados incuráveis, que deve ser descriminalizada. Resta a inversão adquirida, por "gosto" ou por "cálculo", por paixão pela depravação ou por medo das doenças venéreas, devida à promiscuidade (nos conventos, nas prisões, nos barcos etc.) ou à continência, resultado da luxúria e da depravação. Ao longo de sua obra, o médico insiste nessa separação, no homossexual "inocente", nascido com uma anomalia, e no homossexual "culpado", aquele que apresenta "os caracteres da paixão pura, do vício sem aliança. Em suma, nada de patológico; deve-se portanto prevenir, pode-se portanto reprimir"[58].

Num livro publicado no mesmo ano, 1893, o doutor Albert Moll, introdutor de Krafft-Ebing na França, analisa o problema num tom muito mais medido e em bases mais complexas, devidas, com certeza, a seu melhor conhecimento das pesquisas internacionais. Aliás, não é inútil constatar que, contrariamente a Chevalier que não foi inquietado quando sua obra foi publicada, Moll por pouco nunca viu a sua sair na França. Em 1882, com efeito, em decorrência de um caso de divulgação em Paris, uma lei fora votada para proibir toda difusão pública de obras licenciosas. Ao ser distribuído anunciando a publicação do livro de Moll, o prospecto foi de imediato assimilado à pornografia e julgado ainda mais suspeito, uma vez que o autor era alemão. Numerosíssimos protestos, emanando da Sociedade Central de proteção contra a licença das ruas, ergueram-se contra um livro "infame" – que ninguém lera –, até provocar um processo contra o editor Georges Carré – cujo catálogo também compreendia o Kama-sutra, como as ligas de virtude lembravam sem parar. Como o prospecto não fora colocado em circulação na via pública mas enviado pelo correio, o editor, por sua vez

[58] *Ibid.*, p. 269.

vigorosamente apoiado por numerosos alienistas franceses, será finalmente absolvido. A anedota esclarece um fato importante: um livro 'moral' sobre a homossexualidade pode ser publicado sem dificuldades, enquanto um estudo mais aberto e científico ainda pede coragem e tenacidade para se impor.

A audácia de Moll, menos categórico que alguns de seus confrades, é, com efeito, acampar mais numa posição de dúvida que de certeza. É verdade que vamos encontrar em seu livro os preconceitos correntes que caracterizam o homossexual, as roupas, o andar requebrado, os movimentos quebrados do punho, a mania de tagarelar ou o hábito de mentir que em geral faz dele, como nota, um excelente ator. Moll até leva a pesquisa ao interior e às mobílias "que parecem muito com as de uma mulher. [...] Parecem gostar, de maneira bem particular, da estátua de Apolo do Belvedere. [...] Diz-se ainda que os pervertidos sexuais não fumam muito; mas sei, entretanto, que os uranistas se esforçam, deliberadamente, para se tornar grandes fumantes, a fim de não se traírem"[59]. Em compensação, ele se opõe a Ulrichs, que alegava que, como as mulheres, os homossexuais não sabiam assobiar. Porém, mais importante talvez, Moll afirma que, como médico, "nada pode achar de vicioso nos pendores homossexuais"[60], pendores que têm mais a ver com uma fatalidade que com uma escolha.

Com efeito, Moll considera que a homossexualidade, "essa atração pelos indivíduos do mesmo sexo [...], em oposição ao termo heterossexualidade que designa a atração normal de um sexo pelo outro", é uma "perversão" no sentido em que Krafft-Ebing o definiu, a saber, "toda manifestação do instinto sexual que não concorda com o objetivo designado pela natureza, isto é, que não concorre para a reprodução"[61]. Além disso, é preciso distinguir a perversão ("pendor independente da vontade") e a perversidade ("colocada na conta do indivíduo"). Certos casos devem ser postos na conta de um "hermafroditismo psicossexual", termo empregado para definir a bissexualidade, considerada uma inversão relativa. Seja como

[59] Moll, A. *Les perversions de l'instinct génital. Étude sur l'inversion sexuelle*, 3 ed. [Prefácio do Dr. R. V. Krafft-Ebing]. [Traduzido do alemão pelos Drs. Pactet e Romme]. Georges Carré, 1893. p. 91-92.

[60] *Ibid.*, p. 95.

[61] *Ibid.*, p. 16.

for, todos os uranistas, congenitais ou não, revelam "uma hereditariedade muito carregada"[62]. Por isso é que ele propõe a revogação – pelo menos a modificação do § 175.

Esse ponto de vista se acompanha de uma análise interessante das causas da homossexualidade, que ele passa em revista desde a anomalia no trajeto anatômico dos nervos, como propunha o doutor Mantegazza na Itália, a essa sugestão de um uranista que ele relata por escrúpulo: "Se durante a gravidez a mulher estiver muito excitada e buscar apaixonadamente o homem, sobretudo no momento em que no feto se formam os órgãos genitais, pode acontecer de o menino, ao vir ao mundo, ter conservado esse gosto por homem"[63]. Mas a questão essencial permanece: doença nervosa ou afecção mental? O médico desiste de decidir. Para Moll, que constata que os órgãos genitais dos homossexuais são regularmente conformados e funcionam normalmente, a causa deveria ser buscada na psique mais que no encéfalo, onde Magnan tentava descobrir características do sexo oposto que as autópsias nunca conseguiram isolar. Na verdade, Moll confessa: "Nada sabemos de preciso sobre a sede anatômica da inversão sexual"[64], que seria tão difícil de localizar quanto a do instinto heterossexual. A explicação residiria no fato de que "o instinto genital" é "uma função psíquica"[65].

Nessas condições, como "curar" os invertidos? Pois, vítima de uma tara hereditária ou de um desvio do instinto sexual, o terceiro sexo faz a unanimidade num ponto no corpo médico: pede para ser tratado, corrigido, num objetivo humanitário e social. O mundo pede para ser recolocado no lugar. E as propostas são inúmeras. Em suas famosas Lições sobre as deformações vulvares e anais produzidas pela masturbação, o safismo, a defloração e a sodomia publicadas em 1884, o doutor Martineau recomendava aos médicos que primeiro usassem sua ascendência moral – tratamento clássico da psiquiatria institucional, fundada numa teoria da intimidação. Mas como a persuasão atingia rápido seus limites, ele preconizava de maneira mais radical o recurso aos meios cirúrgicos, notadamente para as safistas: "Assim

---

62 *Ibid.*, p. 201.
63 *Ibid.*, p. 223.
64 *Ibid.*, p. 227.
65 *Ibid.*, p. 234.

é que podemos recorrer ou à ablação, ou à excisão, ou à cauterização do clitóris"[66]. Para os homens, os médicos se declaram mais reservados quanto à castração e preferem voltar-se para o foco erógeno anormal: o ânus, que o doutor Garnier insensibiliza em seus pacientes com a ajuda de supositórios de cocaína[67].

De maneira geral, é o onanismo ou "autofilia", considerada a prefiguração da homossexualidade, que é preciso combater primeiro, começando por acalmar os temperamentos fogosos demais: a água fria sob todas as formas (banhos sentados, duchas), mas também o brometo de potássio e a cânfora, administrados em poções ou em lavagens. O doutor Hayès recomenda ainda aos mais ardentes evitar "as estadas na cama, sobretudo se se tratar de uma cama macia"[68], e proíbe as roupas quentes e apertadas demais.

Já em 1893, Albert Moll no entanto se pergunta "se não se arrisca fazer mais mal que bem ao uranista tratando-o", opinião à qual fará eco o doutor Féré, para quem todo tratamento, exceto a castidade, culmina antes "na perversão do invertido"[69] que em sua cura. O incentivo, até mesmo a injunção ao casamento, "o pior dos remédios"[70] para Raffalovich, muito corrente na época, não dá resultados – a não ser levar às vezes ao suicídio ou a situações familiares dramáticas. Ainda mais que, suspeitos de transmitir sua tara, os homossexuais se expõem assim a fazer proliferar o vício por meio dos filhos. De modo bem clássico, os psiquiatras recomendam que os invertidos se entreguem ao trabalho e à atividade, que mudem de meio, que convivam com o sexo oposto, que evitem as grandes cidades, segundo

---

66 Martineau, L. *Leçons sur les déformations vulvaires et anales produites par la masturbation, le saphisme, la défloration et la sodomie*. [Recolhidas por M. Lormand, Adrien Delahaye e Émile Lecrosnier éditeurs], 1884. p. 55.

67 Garnier, P. *Hygiène de la generation. Anomalies sexuelles, apparentes et cachées*, *op. cit.*, p. 519.

68 Dr. Hayès. *La pédérastie...*, *op. cit.*, p. 116.

69 Moll, A. *Les perversions de l'instinct génital...*, *op. cit.*, p. 257; e Fere, C. "Contribution à l'étude de la descendance des invertis". *Archives de Neurologie*, ano 2, v. 5, n. 28, p. 276, abril de 1898. Numa obra publicada no ano seguinte, o doutor Féré propunha, no entanto, a "esterilização cirúrgica de que seriam beneficiados os pervertidos sexuais" (*L'Instinct sexuel, évolution et dissolution*. Alcan, 1899. p. 53).

70 Raffalovich, M.A. *Uranisme et unisexualité. Étude sur différentes manifestations de l'instinct sexuel*. Lyon: A. Storck / Paris: Masson, 1896. p. 39.

um princípio de base do tratamento moral dos alienados: desviar a atenção do doente para fixá-la em outros objetos, como distraímos as crianças que cismam de perseguir uma má ação convidando-as a outros jogos.

Deixando bem rápido de lado o escapelo, os médicos, conscientes do enigma psíquico representado primeiro pela inversão, voltam-se facilmente para a hipnose. Krafft-Ebing afirma ter assim curado um invertido congênito de 34 anos em oito sessões. Em 1891, o bem chamado doutor Ladame*, médico em Genebra, publica os resultados de uma experiência feita com um homem de 33 anos, vítima de pesada hereditariedade – seus pais são "alienados", o pai sofrendo "de distúrbios sexuais ligados ao onanismo"[71]. Classificado na categoria dos degenerados débeis e dos invertidos congênitos, M. B. primeiro tentou, aconselhado pelos médicos, conviver com mulheres, sem sucesso: "Ele acaba renunciando por completo a tentativas de que saía envergonhado e deprimido"[72]. É então que Ladame lhe propõe a hipnose, à qual ele se submete de má vontade e que o deixa cada vez mais irritável, como mostra seu terapeuta: "Além disso, ele me declara categoricamente que não quer ficar livre de suas 'ideias fixas' e que todos os meus esforços para isso serão impotentes". Apesar dessa resistência, obstáculo maior de toda cura, o médico está decidido a insistir.

Durante o sono hipnótico, Ladame o persuade de "que suas ideias e suas obsessões genitais agora são para ele absolutamente indiferentes e que ele não se preocupa mais nem um pouco com elas". Após vinte e cinco sessões, o doente se sente "melhor": "'As ideias estão sempre aí, elas não me deixaram, mas me tranquilizam e não me atormentam mais.' A frequência do onanismo da mesma forma diminuiu sensivelmente". Breve, M. B., livre de suas ideias sombrias e de seu desespero, "volta a se interessar por suas ocupações: fez, com prazer, passeios na montanha, mas está sempre propenso à solidão e evita tanto quanto possível a sociedade das senhoras"[73].

* Literalmente, "A senhora" [*Ladame*]. (N. T.)

[71] Ladame, P.L. *Inversion sexuelle chez un dégénéré traité avantageusement par la suggestion hypnotique.* Extraído do Compêndio do Congresso de Medicina Mental realizado em Paris de 5 a 10 de agosto de 1889. Melun: Imprimerie Administrative, 1891. p. 6.

[72] *Ibid.*, p. 8.

[73] *Ibid.*, p. 9.

A vontade do paciente em manter seu livre arbítrio leva o médico à prudência quanto às chances de cura completa; ele se contenta em observar uma melhora digna de interesse.

Quase quarenta anos mais tarde, a psiquiatria parece continuar desmunida. Em 1931, o doutor Pierre Janet escreve um prefácio à Psychopathia sexualis de Krafft-Ebing, numa edição reformulada por Albert Moll: ausência de malformações dos órgãos, hermafroditismo moral – os termos envelhecidos continuam a caracterizar na França a homossexualidade, que Janet é bem obrigado a reconhecer, em desespero de causa, "que se trata de distúrbios psicológicos difíceis de explicar"[74]. Razão pela qual, talvez, tantos médicos e escritores, no intervalo, se apaixonaram por esse enigma, a psicologia dos invertidos, "pois nada é mais singular e mais interessante que o estudo do estado mental dos 'indivíduos do terceiro sexo', como os chama Balzac"[75].

4. A PALAVRA ESTÁ COM O DOENTE

Retórica da confissão

No cerne do tratamento moral elaborado pelos psiquiatras, a confissão ocupa um lugar central. Ela é a condição prévia a qualquer cura, a etapa exigida pelo médico a fim de levar a cabo sua cura moral. Um doente que não reconhece seu desvio, que se recusa a admitir a morbidez de seu estado cairá mais rapidamente na categoria dos "incuráveis" ou entre aqueles que ainda são chamados, nos registros médicos, os(as) "insubmissos(as)" – como se diz na polícia das prostitutas que recusam ser registradas.

Muitas vezes, Michel Foucault voltou ao papel dessa retórica da confissão, peça principal do dispositivo psiquiátrico[76]. Dizer a loucura é dela se livrar. Mas cumprir esse ato, entre confissão religiosa e expectoração de

---

[74] Janet, P. "Prefácio" [1931]. *In*: Krafft-Ebing, R. *Psychopathia sexualis*. Étude médico-légale à l'usage des médecins et des juristes. [Edição reformulada pelo Dr. Albert Moll]. [Traduzido do alemão por René Lobstein]. Pocket, 1999. 3 v. p. 11.

[75] Chevalier, J. *Une maladie de la personnalité*, *op. cit.*, p. 190.

[76] Ver notadamente: *Histoire de la folie à l'âge classique*, Gallimard, 1972; *Histoire de la sexualité*, I – *La volonté de savoir*. Gallimard, 1976; e *Le pouvoir psychiatrique* (Cours au Collège de France), 1973-1974. Hautes Études/Gallimard/Seuil, 2003.

um humor doentio, também é assentar a autoridade do médico e legitimar a sua posição. Ora, enquanto o paciente se colocar fora desse contrato não só sua fala não pode ser validada, mas nenhuma esperança de "cura" – ou de saída – é permitida. Nessas condições, entenderemos que é difícil, entre as confissões de pacientes que lotam os manuais especializados, considerar a confissão extorquida, incentivada ou espontânea.

Nos anos 1880, o invertido tornou-se aquele personagem de quem os médicos consignam o passado, a infância, a psicologia, o caráter, os hábitos, medem a morfologia e interrogam a hereditariedade. Ontem objeto anônimo de discurso, o 'terceiro sexo' daqui por diante seria solicitado para construir seu próprio romance, embora ainda não se saiba se colabora de boa vontade com a ciência, se entra à força na imagem que lhe designam ou se prefere usar de complacência para tirar melhor o corpo fora. Uma coisa é certa: a confissão é uma necessidade tanto terapêutica quanto teórica para a psiquiatria.

Como o louco deve dizer 'eu sou louco' para começar a não ser mais, o(a) invertido(a) deve ter "consciência", como indica Westphal em seu artigo fundador de 1869, "do caráter patológico"[77] de sua inversão congênita. Em outras palavras, o médico reconhece o caráter inato do mal numa série de sintomas, dentre os quais o reconhecimento pelo paciente da morbidade de seu estado. Só os verdadeiros invertidos (de nascimento) sabem que são doentes, como o corcunda sabe que é disforme. Essa condição pesa bastante nas confissões, sobretudo quando se sabe que é em troca dessa 'colaboração' entre médicos-legistas e invertidos(as) envolvidos em assuntos jurídicos que podem ser pronunciadas absolvições ou reduções de penas – os pacientes preferindo ser julgados doentes e irresponsáveis que criminosos sem desculpas.

Entretanto, essa injunção à confissão, cujas engrenagens Foucault desmontou, não deve ocultar outra dimensão, que não é contraditória: o desejo de confissão, a avidez até em confiar 'o inconfessável'. A inflação dos testemunhos recebidos por Krafft-Ebing após a publicação de sua Psychopathia sexualis – título passado de 110 a 454 páginas em nove edições

[77] Westphal, C. "Die conträre Sexualempfindung", art. cit., p. 73.

– deve-se, em grande parte, a essa sede sentida por muitos(as) invertidos(as) que vivem num isolamento que os tratados médicos vinham quebrar pela primeira vez: sede de identificar-se pela leitura de histórias semelhantes à sua, sem ter de informar-se a descoberto, sede de testemunhar ao fazer seu relato, que o anonimato e o secreto profissional deviam cobrir. Nunca se deve esquecer que os médicos eram, então, os únicos a fazer da homossexualidade um assunto sério, documentado, digno de atenção e talvez também de compaixão. Esse interesse público da faculdade provocará uma espécie de emulação na confissão: os correspondentes de Krafft-Ebing, em sua maioria, lhe escrevem para manifestar seu espanto por não verem suas práticas íntimas figurarem na nomenclatura do autor ou para insistir num traço original de suas personalidades que o tratado deveria analisar.

Um documento excepcional, encontrado por Philippe Lejeune, mostra essa ambivalência fim-de-século diante da confissão, a um só tempo armadilha institucional e libertação pessoal. Trata-se de uma carta de Georges Hérelle, filósofo e tradutor, amigo de André Gide, em resposta ao questionário estabelecido pelo doutor Laupts, autor de um monumental Perversão e perversidade sexuais, do qual a maior parte era dedicada à inversão, considerada uma doença que se desenvolvia num terreno fisiológico minado. Com tanta sobriedade quanto elegância, Hérelle agradece a Laupts por seu livro, apesar do abismo que os separa, pois esse leitor interessado, que não acredita nem na profilaxia nem no tratamento propostos pelo médico, recusa até a considerar-se um doente. Por que esse reconhecimento? Porque Hérelle encontrou nesse livro alguém que falava dele, de seu segredo mais grave e mais íntimo, de uma vida interior de hábito dissimulada, condenada ao silêncio.

Ora, essa necessidade de ler caminha junta com a urgência de dizer: "Nós todos temos uma vontade louca de nos confessar, prossegue Hérelle, de gritar o nosso amor; em certas horas, nós o contaríamos aos passantes, se nossa boca não estivesse selada pela dupla apreensão de nos chocarmos com uma indiferença desdenhosa ou de nos expormos a todas as espécies de inconvenientes sociais"[78]. A se crer nele, o peso desse silêncio obrigado empurraria os invertidos até o confessional, movidos pela mera necessidade de falar e de se entregar (e de se libertar). O próprio Hérelle pensou nisso com frequência, mas acabou sempre desistindo. "O que me reteve não foi o temor de cometer um sacrilégio; foi simplesmente a convicção de que o sacerdote não compreenderia ou fingiria não compreender e responderia ao grito de nosso coração com banalidades de sacristia."[79] Na verdade, Hérelle não coloca mais esperança ou mais confiança nos médicos. Nunca enviará sua carta exutória, com certeza por temor de vê-la recuperada, reinterpretada, desviada de um sentido cujo domínio ele pretendia manter.

Hérelle tinha boas razões para desconfiar. Na mesma obra do doutor Laupts figurava uma longa confissão de um italiano anônimo que havia enviado seu manuscrito a Émile Zola, a fim de que o grande autor naturalista escrevesse o "Romance de um invertido" que faltava a seu ciclo. Mas Zola, atacado de todas as partes nessa época e acusado de sempre procurar escândalo, preferiu renunciar e confiar esse precioso material a seu amigo o doutor Laupts. O texto se torna, então, "O Romance de um invertido-nato"; as passagens licenciosas são traduzidas em latim; tudo estando enquadrado observações científicas sobre "o invertido-nato feminiforme", o "tipo clássico do malformado, do doente"[80]. Hérelle terá preferido evitar expor-se a um tal desvio.

Em sua correspondência a Zola, o anônimo italiano ressalta que está lhe escrevendo "como [se ele se] confessasse a um médico"[81]. O que é exigido pelo psiquiatra seria, portanto, o que o "doente" está todo inclinado a lhe dar? Em todo caso, a psiquiatria saberá explorar essa necessidade dos(as) invertidos(as) em se expandir no único ouvido que supostamente

---

[78] Hérelle, G. "Lettre-préface pour une réponse au questionnaire du docteur Laupts", 30 de abril de 1897; citado por Lejeune, P. "Autobiographie et homosexualité en France au XIXe siècle". *Romantisme*, n. 56, p. 90, 1987.

[79] *Ibid.*, p. 91.

[80] Dr. Laupts. "Valeur de l'observation au point de vue scientifique". *In*: Anonyme. *Le roman d'un inverti-né*. Lyon: À Rebours, 2005. p. 144. Quando Zola confiou o manuscrito ao doutor Laupts, este primeiro publicou trechos nos *Archives d'Anthropologie Criminelle*, depois em sua obra, *Perversion et perversité sexuelles*.

[81] *Le roman d'un inverti-né*, *op. cit.*, p. 99.

pode compreendê-los. Hérelle entendeu o risco que estava em jogo: o desapossamento de seu discurso e o efeito bumerangue, pois falar é tornar-se vulnerável. Em 1889, em Anomalias sexuais aparentes e escondidas, obra comparável àquela de Laupts, o doutor Paul Garnier resumia numa frase um julgamento muito difundido nos manuais especializados da época: "Os mais ousados e abertos, explicando-se sem meias palavras, costumam ser os mais viciosos"[82]. Calar-se é dissimular e recusar curar; dizer é expor o vício e agravar o diagnóstico. Entre a dissimulação e a arrogância, a vergonha e o orgulho inconveniente, a fala tem aqui um espaço viável?

Na massa dos documentos publicados, o 'eu' [je] do doente que se conta deve portanto ser tomado com uma infinita circunspecção, ainda mais que esses relatos pertencem a uma rede narrativa às vezes difícil de destrinçar: onde pára o testemunho?; onde começa a interpretação?; quem, do doente ou do médico, orienta a entrevista, sabendo que a este último sempre cabe, em última instância, a prerrogativa de editar o texto?[83] Há, no diálogo que se inicia, um conflito que não deixa de lembrar o da tia e do policial que negociam uma verdade, um segredo, cujo caráter ilegal (ou anormal) deve ser demonstrado. Nos casos mais complexos, a família, as pessoas à volta, as testemunhas são convocadas, tanto que é um relato polifônico que o médico-narrador toma a liberdade de ordenar, como na história extraordinária de Sandor/Sarolta Vay.

---

[82] Garnier, P. *Hygiène de la génération...*, *op. cit.*, p. 7. Esse volume de 537p. fazia parte de uma série de enormes obras que o doutor Garnier havia dedicado à "Higiene da geração". Entre os outros títulos de sucesso dessa coleção: *Le mariage*; *Impuissance physique et morale*; *L'Onanisme seul ou à deux*; *La génération universelle*; *La stérilité humaine*; e *Célibat et célibataires*.

[83] Um dos primeiros exemplos de confissões de invertidos, o de Arthur X, chamado a Condessa, chamada a Laure, ilustra bem essa ambiguidade. O doutor Legludic havia recolhido essas memórias de um prostituído travestido nos anos 1860. Elas traziam, então, o título *La comtesse, Paris (1850-1861)* [*A condessa, Paris*]. Mas o médico preferiu o de *Confessions et aveux d'um parisien* [*Confissões de um parisiense*], texto do qual ele só publicou "trechos" trinta anos mais tarde, em *Attentats aux mœurs* [*Atentados aos costumes*] (Masson, 1896). As liberdades tomadas por Legludic com o texto original, desbatizado, truncado e publicado conforme tudo leva a crer após a morte de seu autor, estenderam-se ao conteúdo? Como o manuscrito estava perdido, eis que é impossível dizer. O texto foi recentemente objeto de uma reedição: Legludic, H. *Arthur X. Mémoires d'un travesti, prostitué, homosexuel.* L'Harmattan, 2000. (Psychanalyse e Civilisations).

A condessa em roupas de homem

Em 4 de novembro de 1889, o conde Sandor Vay, súdito húngaro de 22 anos, é preso por queixa de seu sogro, "E.", por uma tripla fraude: a extorsão de 800 florins, a falsificação de letras e a mentira quanto à sua identidade, já que estava doravante estabelecido que Sandor na realidade era uma mulher "que se vestia com roupas de homem"[84], que atendia pelo nome de Sarolta [Charlotte] Vay. A cerimônia, celebrada por um "pseudo-sacerdote", que o havia unido na primavera com Marie E., era portanto considerada fictícia. Uma instrução judiciária foi aberta por escroqueria e falsificação. Desde o primeiro interrogatório, Sandor/Sarolta Vay reconheceu ser solteira, nascida em 6 de dezembro de 1866, de culto católico e sexo feminino.

A primeira tarefa dos médicos foi vasculhar as origens da nobre família Vay. Do lado materno, uma tia-avó histérica e sonâmbula, duas outras obsessivas, uma mãe nervosa alérgica ao luar compunham uma primeira genealogia inquietante. O lado paterno, com dois suicidados e um pai excêntrico atormentado por uma prodigalidade excessiva, nada tinha para tranquilizar. Uma das originalidades do pai era, entre outras, ter vestido Sarolta desde a primeira infância como menino, tê-lo chamado Sandor, ter-lhe ensinado equitação e ter vestido e educado o segundo filho como menina – "farsa", dizem os médicos, que cessou no dia em que fez 15 anos, quando ele entrou num educandário.

Em Budapeste, onde Sandor Vay multiplicava as conquistas femininas, ninguém, no dizer do advogado da família, caía nesse comportamento jul-

[84] Birnbacher, C. "Ein Fall von konträren Sexualempfindung vor dem Stafgericht". *Frieddreichblätter für gerichtliche Medizin*, v. 42, n. 1, p. 2-42, 1891. Sandor/Sarolta foi examinado por dois médicos, Birnbacher e Josch, tendo o primeiro redigido o relatório de perícia. Foi a partir desse documento que o caso de Sandor/Sarolta foi conhecido e depois retomado por Krafft-Ebing, R. *op. cit.*, v. II, p. 303-311; Thoinot, L.H. *Attentats aux mœurs et perversion du sens génital.* O. Douin, 1898. p. 333-336; Ellis, H. *Studies in the psychology of sex*, I – *Sexual inversion.* Londres: The University Press, 1900. p. 94.; e até Beauvoir, S. *Le deuxième sexe* [1949]. Gallimard, 1997. p. 203-206. (Folio). A redescoberta recente do documento original dessa perícia médica por Geerte Mak constitui uma fonte maior ao estudo desse assunto: Mak, G. "Sandor/Sarolta Vay: from passing woman to sexual invert". *Journal of Women's History*, v. 16, n. 1, p. 54-77, 2004.

gado, com todo conhecimento de causa, ridículo. Mas na estação balneária onde Vay se apaixonou por Marie E., sua futura mulher, a ilusão teria sido completa: Sandor/Sarolta passava por um homem, inclusive aos olhos de sua noiva que confirmou nunca ter suspeitado que seu marido fosse uma mulher, até o dia de sua prisão. Alguns meses após o casamento, ela até confiava numa carta toda a alegria que sentiria de ter um filho de seu "Sandi". A camareira, por sua vez, havia descoberto o segredo, após ter visto marcas de regras nos lençóis (que Sandor justificava por hemorróidas) e tê-lo olhado lavar-se pelo buraco da fechadura.

Segundo o sogro interrogado, a ingenuidade de sua filha, devida a uma educação severa, não está só em causa. Sandor "enganava" as pessoas à sua volta simulando urinar atrás das árvores e usando um pênis postiço – que passou até um dia aos olhos do sogro por um membro em ereção. Segundo outras testemunhas, Marie sabia: o comandante da cidade de Budapeste a havia até prevenido, confiando-lhe que Vay era um "hermafrodita", ao que ela respondera querer ficar com ele mesmo que fosse na qualidade de empregada.

Por sua vez, Sandor/Sarolta pretendia proteger Marie e, durante o primeiro interrogatório, acusou a educação viril dada por seu pai, responsável por suas "inclinações excêntricas". Vay "admitiu" ter posto uma luva ou um lenço nas calças, "num certo lugar considerado apropriado", e usado um suspensório, "mas com que objetivo ela não quer dizer por enquanto, por causa de Marie; nem se houve relação sexual entre elas e de que espécie". Segundo Vay, "uma garota de fazenda húngara já teria compreendido na idade de 12 anos. Marie era tão casta que pode ter-se enganado"[85]. Depois disso, Vay não quis dizer mais nada sobre esse ponto.

No relatório, os próprios médicos lá perdem seu latim, usando alternativamente o pronome "ele" (quando está em questão assuntos financeiros) ou "ela" (quando Vay se serve de acessórios para maquilar seu sexo). A legenda do retrato fotográfico a ilustrar o relatório resume de maneira ideal essa confusão: "Condessa Sandor Vay". Contudo, os médicos reconhecem de bom grado estar mais à vontade com Sandor que com Sarolta. Descre-

---

[85] Birnbacher, C., art. cit., p. 6; citado por Mak, G., art. cit., p. 59.

vem suas relações com a condessa como "difíceis", apesar de suas roupas femininas, ao passo que o contato com "Sandor homem" era muito mais jovial, "natural [sic] e de aparência mais correto"[86]. Esse ponto particular, escorado por outras observações (sua escrita "viril", seus ares "de rapaz"), os persuade de estarem lidando com um caso de "masculinidade inata" que breve vão transformar num caso prototípico de inversão sexual. Será essa conversão teórica que devolverá a liberdade a Sandor/Sarolta.

Todas as partes de seu corpo, de seus órgãos genitais a seu crânio, serão descritos e medidos, todas as suas "anomalias psíquicas" analisadas (entre as quais seus dons brilhantes para a música e a poesia) a fim de estabelecer uma correspondência entre seu "eu [moi] interior" (subentendido masculino) e sua orientação sexual. A confissão constitui um ponto-chave dessa estratégia: Sandor/Sarolta acabará por reconhecer "a contragosto, com um sentimento visível de vergonha", só ter buscado a satisfação sexual com mulheres e ter-se servido na oportunidade de uma meia cheia de estopa como priapo; "ela lamenta profundamente ter feito Marie infeliz por sua paixão; acha perversas suas sensações sexuais e considera tal amor de uma mulher por outra moralmente abjeto nas pessoas sãs"; pensa, entretanto, que foi Deus quem pôs o amor em seu coração e assim a criou. Veredicto: "a condessa em roupa de homem", convencida "de inversão mórbida congênita da sensação sexual", será absolvida e voltará a Budapeste onde continuará a viver sob o nome de Sandor. "Sua única tristeza é a destruição de sua felicidade com Marie, que ela amava ardentemente."[87]

---

86 Birnbacher, C., art. cit., p. 21; citado por Mak, G., art. cit., p. 61.

87 Krafft-Ebind, R. *Psychopathia sexualis*, *op. cit.*, v. II. p. 309-311. Não fossem suas indelicadezas financeiras, Sandor talvez tivesse podido viver relativamente em paz, como muitas mulheres travestidas no século XIX, à imagem de Murray Hall, nascida Mary Anderson, que viveu trinta anos vestida de homem, primeiro como operário em Edimburgo, depois desempenhou um papel político importante nos Estados Unidos. Ela se casou duas vezes. A imprensa relata que ela "bebia enormemente, falava palavrões, fumava e mascava fumo, cantava canções obscenas". Seu segredo só foi descoberto na sua morte, em 1901, e provocou o espanto geral, inclusive de sua filha adotiva. Outras têm menos sorte, e um acidente, seguido de uma visita médica, basta para confundi-las. Para muitas delas, são as exigências econômicas ou a atração por uma vida de aventuras que as levam a mudar de papel. Quando Harry Gorman, empregada na New York Central Railway, foi descoberta na virada do século após uma hospitalização, ela indicou que conhecia pelo menos dez outras mulheres empregadas como ela. Os historia-

Exemplar, o caso de Sandor/Sarolta o é a mais de um título. A começar pela estratégia discursiva dos médicos que, por amálgamas sucessivos, conseguem patologizar uma situação (o travestismo) com a qual todas as partes até ali pareciam se acomodar: Vay, sua família, às pessoas à volta e sua mulher – acrescentemos: os próprios médicos que, cúmulo da ironia, reconheceram preto no branco ter tido um contato mais "natural" com Sandor que com Sarolta. Ao ligarem o travestismo à falsificação – a fraude da identidade caminhando junto com a malversação financeira –, depois o travestismo à inversão, os médicos assim transformam um caso jurídico em problema moral, e o problema moral em demonstração etiológica.

Para ter sucesso nessa prova de força, eles se apóiam em descrições teóricas (as de Krafft-Ebing, em particular) que visam adaptar o caso a uma série de sintomas, e em testemunhos em que todos, notemos, têm algo a defender ou a esconder: Sandor quer proteger "a inocência" de sua mulher bem amada e vai facilmente se acusar de todos os crimes; Marie E., por sua vez, quer ela conheça ou não o 'verdadeiro' sexo de seu marido, com certeza não tem vontade de servir, por sua vez, de pasto à ciência; "E.", seu pai, quer preservar a honra da filha e recuperar seu dinheiro. O relatório mostra igualmente como, conversa vai conversa vem, a resistência de Vay se esgarça até a auto-acusação de perversão, e como seu orgulho logo cede sob o peso da vergonha. Aliás, após essa confissão, sua voz se perde no relatório para dar lugar às conclusões médicas.

Nesse sentido, a história de Sandor/Sarolta ilustra a situação de milhares de invertidos(as) que a psiquiatria cada vez mais ostracizou com o tempo, exigindo contrapartidas à descriminalização: o reconhecimento da doença, o sentimento de indignidade, o ato de contrição – isto é, o convite

---

dores estimam, por exemplo, que teria havido pelo menos quatrocentas mulheres travestidas que participaram da guerra civil na América. (Ver Ellis, H. *Études de psychologie sexuelle,* I. – *L'Inversion sexuelle.* [Edição crítica publicada sob a coordenação do professor Hesardf]. Tchou, 2003. p. 453; Faderman, L. *Odd girls and twilight lovers. A history of lesbian life in twentieth-century America.* New York: Penguin Books, 1992. p. 41-45; Katz, J.N. "Passing women, 1782-1920". *In*: *Gay American History.* New York: Avon, 1978. p. 317-423; assim como o número "Femmes travesties: un mauvais genre". *Clio,* n. 10, 1999).

para legitimar, na primeira pessoa, o julgamento do acusador. Método temivelmente eficaz, o qual, não se deve esquecer, foi elaborado, afinal, por especialistas da perversidade. Mas a perverso, perverso e meio. O invertido tornou-se um 'assunto', livre para explorar e inverter, em último recurso, as armas de uma ciência que poderia evitar-lhe até a pena de morte, como no caso do parricida Charles Double.

"Minha pobre cabeça de mulher"

A mania dos jogos de palavras pode ser irritante. No caso de Charles Double, nascido em Troyes em 1869, o destino onomástico parece ter cedo o marcado, sobretudo se considerarmos que seu amante, causa indireta de seu processo no tribunal pelo assassinato de sua mãe, Sra. Chaste, chamava-se Courtgibet*.

Órfão de pai aos 2 anos, Charles Double, empregado de comércio, era conhecido em sua cidade e dos mais próximos por ter pendores sexuais pouco ortodoxos. Em 1892, uma crise mística o faz entrar nos capuchinhos de Le Mans, depois nos cartuxos de Montreuil-sur-mer. Mas, a cada vez, é expulso por razões de costumes. Constantemente inquietado por causa de seu comportamento, Double acaba se exilando em Genebra, onde ocupa um lugar de escriturário no banco Crédit Lyonnais, do qual é demitido em 1902, desta vez por causa de indolência. Na vida ociosa que leva desde aí, ele encontra um rapaz de 17 anos pelo qual fica perdidamente apaixonado, Courtgibet, que toma o mau hábito de desertar tão logo os subsídios vêm a faltar. Assim, regularmente Double pressiona a mãe, a Sra. Chaste, para que lhe dê dinheiro. Até o dia em que, irritado por suas resistências, ele a ameaça com um revólver – que fora descarregado sem que ele soubesse. A mãe cai aterrorizada. Ele então se atira sobre ela e, após uma luta violenta, acaba por matá-la e foge com suas economias. Vive do botim por alguns meses, viajando com Courtgibet. Mas de novo sem recursos, perseguido

* Os três sobrenomes têm duplo sentido: *Double* [duplo], *Chaste* [casta] e *Courtgibet* [curta forca ou corre para a forca]. (N. T.)

e sem esperança de salvação, decide finalmente entregar-se à polícia, em novembro de 1903.

A história de Charles Double poderia ter sido apenas uma história policial a ser colocada na conta em suma muito banal da paixão e da cupidez. Mas o assassino é um invertido, o que torna o crime a um só tempo mais monstruoso e mais explicável. O condenado está consciente disso, como provam suas Memórias escritas na cela, em intenção apenas dos médicos. Charles Double vai assim construir seu caso na primeira pessoa, empurrando a ciência até para suas mais absurdas trincheiras. A medicina fez do invertido um doente, cabe portanto a ela proteger a sociedade contra esses seres anormais, diz em substância Charles Double em sua defesa, acusando sua "pobre cabeça de mulher" num corpo de homem de ser a causa de todas as suas desordens.

Pois Double se sente duplo. Existem dois seres nele, repete, "um instintivo e natural, o outro razoável e religioso", em conflito permanente, à imagem do demônio e do anjo que soprariam alternativamente o quente e o frio. O primeiro, que lhe ordenou matar a mãe, é, sem surpresa, "profundamente, essencialmente feminino":

> Tenho todos os defeitos, todas as qualidades dos corações femininos; não só os reproduzo, mas os exagero e os acentuo naturalmente: para a fineza, a esperteza, o orgulho, a vaidade, o ciúme, o amor pelo luxo, o rancor, a zombaria, a teimosia, a ternura de coração para os machos, a necessidade de amar e de ser amado; para a cólera, a arrogância, o desdém, a impressionabilidade, a sensibilidade refinada e doentia, para tudo isso (e esqueço) supero muitas mulheres e sou mais mulher que elas[88].

Essa reivindicação se acompanha de severas censuras aos médicos:

> Eles não vasculharam suficientemente o invertido para compreender que suas formas masculinas são como uma máscara enganadora, como um anúncio

[88] Double, C. *État psychologique et mental d'un inverti parricide* [1905]. [Texto editado e apresentado por Philippe Artières], *op. cit.*, p. 21.

> mentiroso, como uma ironia gozadora, um desafio ultrajante, colocados sobre a realidade tão nitidamente feminina de sua estrutura psíquica[89].

Charles Double não tem palavras duras o bastante para caracterizar sua natureza de "mulher-monstro", num relato que poderia passar pela caricatura de um relatório de medicina legal, pois Double conhece seu assunto. Ele até cita Johann Ludwig Casper, para saudar sua feliz expressão de "hermafrodita mental" – prova perfeita da difusão do vocabulário especializado nessa época e da familiaridade dos invertidos com as obras médicas.

Ao reivindicar o caráter inato de seu estado, e ao censurar a sociedade por rejeitar os invertidos "sem mesmo examiná-los", Charles Double desvela sem escrúpulos sua intenção:

> Do ponto de vista jurídico, minha inversão sexual permanecerá o monumento inatacável da minha defesa; a todos aqueles que buscarão me acusar, poder-se-á responder: era um invertido, um ser fraco, doente, anormal que, por não encontrar seu lugar na sociedade, viu-se forçado a uma situação desesperada[90].

Num outro texto, intitulado "Impressão de um condenado", ele insiste nisso: "Minha inversão sexual, meu feminismo psíquico desempenharam um papel capital na execução do meu crime; os invertidos não são homens, eles formam uma espécie de terceiro sexo [...]"[91], insurgindo-se em outra parte contra todas as relações sexuais que não teriam a reprodução por único objetivo...

Até para a imprensa local, a dúvida é permitida. Se o assassinato de Double parece sem desculpas, resta saber, segundo o Courrier de l'Ain, "se suas taras mentais e psicológicas não são uma atenuação leve de sua culpa"[92].

---

[89] *Ibid.*, p. 22.
[90] *Ibid.*, p. 30.
[91] *Ibid.*, p. 42.
[92] "Editorial" do *Courrier de l'Ain*, 30 de outubro de 1904; citado por Double, C. *État psychologique et mental d'un inverti parricide*, *op. cit.*, p. 5.

A graça presidencial que seguiu imediatamente sua condenação à morte permitirá a esse "doente" acabar seus dias em Caiena*.

Medimos no caso de Charles Double o trajeto percorrido, da tia perseguida pelo policial por causa de seu vício ao assassino crapuloso que salva a cabeça graças à sua inversão. Esse caso edificante evidentemente não tem força de lei, e muitos contra-exemplos poderiam derrubar uma tese um pouco simples demais, segundo a qual bastaria declarar-se louco ou invertido para pretender escapar às sanções penais[93]. Ela indica, no entanto, a instabilidade dos usos ideológicos da confissão, numa rede complexa de mutações sucessivas dos discursos. Pois a tia, a bicha, a tríbade, o uranista, o(a) invertido(a), a lésbica, o(a) homossexual, como um cubo cujo olhar nunca pode abraçar todos os lados ao mesmo tempo, não seriam as múltiplas facetas de um mesmo objeto, manipulado, 'colonizado' poder-se-ia dizer, pela terminologia: o 'terceiro sexo', nascido de uma subcultura popular registrada pela administração, interpretada pela literatura, defendida pelos militantes, descrita pela medicina legal e analisada pela psiquiatria?

Desde os primeiros anos do II Império, a polícia já descrevia com todas as letras esses homens "que têm apenas a forma masculina e que são verdadeiras mulheres na moral"[94], evocava a infância que tiveram, a adolescência, o gosto pelo travestismo, a psicologia. A definição da inversão sexual estava em ação, tomando por base os crimes cotidianos. Em parte construiu-se sobre a fala dos interessados, durante interrogatórios na delegacia, os depoimentos no tribunal e as confissões no hospital. Fala que, na virada do século XX, o 'terceiro sexo' pretende recuperar plenamente e defender, embora, até a libertação a estrada ainda seja longa.

---

* Penitenciária para os condenados a trabalhos forçados. (N. T.)

93 O caso Renard, que indignou Gide, história de um empregado doméstico homossexual acusado do assassinato de seu patrão, é uma eloquente ilustração disso. Apesar do recurso impetrado e da ausência total de provas, Renard foi enviado a trabalhos forçados em 1909. A interrogação de um jornalista de *Le Matin* demonstra a que ponto a homossexualidade de Renard estava no cerne da condenação: "Por quê? Porque foi provado que Renard, *mesmo admitindo que não teria matado*, era um monstro odioso e repugnante. Porque havia na multidão essa impressão de que Renard, *mesmo inocente do assassinato de M. Remi*, não estragaria a coleção de indivíduos que a sociedade rejeita de seu seio para enviá-los a apodrecer na Guiana". *Le Matin*, 7 de agosto de 1909; citado por Gide, A. *Corydon* [1924]. Gallimard, 1991. p. 123. (Folio). É Gide quem sublinha.

94 Arquivos da polícia de Paris. BB5, fº293. (Pédés). Sobre essa definição antecipada da inversão sexual, ver Prólogo.

CAPÍTULO IV

O SEXO INTERMEDIÁRIO

A bela vantagem da expressão 'terceiro sexo' se confunde com seu mais severo inconveniente: sua elasticidade. "Maneira de ver original, mas com a qual a clínica não pode se acomodar"[1], segundo as palavras de Magnan, ela no entanto foi associada, durante décadas, ao termo médico "inversão sexual" cujo mesmo defeito ela partilhava: vago, confuso demais, o terceiro sexo, como a inversão sexual, englobava a um só tempo travestismo e homossexualidade, inversão dos gêneros e escolhas sexuais, afeminação ou masculinização e desejo de objeto, subversão dos papéis e sexualidade marginal[2]. O aparecimento e a difusão progressiva da palavra "homossexuais", delimitando um grupo de indivíduos definidos por suas preferências sexuais, muito lentamente recolocaria tudo isso em boa ordem: o invertido não é o homossexual, o gênero não é o sexo. Um homem pode gostar de se travestir, uma mulher de "usar calças", sem serem de modo algum atraídos pelo próprio sexo[3]. Da mesma forma, dois homens ou duas mulheres podem

[1] Magnan, V. *Bulletin de l'Académie de médecine*, sessão de 21 de outubro de 1913; citado por Courouve, C. *Vocabulaire de l'homosexualité*, *op. cit.*, p. 215.

[2] Em seu artigo pioneiro sobre "Die conträre Sexualempfindung", Westphal aliás associava sob o mesmo vocábulo dois casos que nada tinham a ver um com o outro: a história de um travesti e a de uma lésbica. Entretanto, o inventor do termo "inversão sexual", Arrigo Tamassia, era o primeiro a reconhecer a imprecisão do conceito (Cf. Rosario, V.A. *L'Irrésistible ascension du pervers, entre littérature et psychiatrie*. [Traduzido do inglês por Guy Le Gaufey]. EPEL, 2000. p. 84).

[3] Essa evidência, ainda hoje, penetrou totalmente as mentalidades? Disso podemos duvidar se lermos a definição de "homossexual", no [dicionário] *Petit Robert* (2002), em que, entre os exemplos, "homossexual vestido de mulher" remete a "travesti".

ser atraídos(as) um pelo outro sem que haja necessariamente inversão dos papéis convencionais em um ou outro dos parceiros.

O terceiro sexo, decerto mais facilmente associado à inversão – tanto que, na realidade, seria preciso substituí-lo por 'terceiro gênero' – nem por isso deixará de prosseguir sua bela carreira de elemento de confusão, já que, longe de limitar seu propósito, tenderá a ampliá-lo, acolhendo em sua órbita, como vimos, os(as) travestis, os(as) invertidos(as), os(as) homossexuais, mas também, como veremos, os transexuais e as mulheres que trabalham, em suma, todas aquelas e todos aqueles que desestabilizam as normas do gênero e da sexualidade – entendemos melhor a inflação dos candidatos. Na verdade, mais que qualquer outro vocábulo, o terceiro sexo simboliza e designa aquilo que Eve Kosofsky Sedgwick chamou, a respeito da homossexualidade, "a coexistência não racionalizada de diferentes modelos"[4]. Sonhadora, estranha, indecisa, maleável infinitamente, a expressão terceiro sexo é, intelectualmente – e é preciso decidir bem isso – uma expressão pelo menos oblativa.

I. EDWARD CARPENTER OU O ELOGIO DA TRANSIÇÃO

Homem e mulher, masculino e feminino: a ideia de terceiro sexo pode, no entanto, extrair-se desse binarismo de base que ela se propõe a quebrar, talvez até a substituir? Mas substituir pelo quê? Na virada do século XX, o modelo demasiado sistemático da inversão tende a dar lugar a uma ideia que ganha terreno: a gradação entre masculino e feminino. O terceiro sexo, sexo mediano? Uma forma de ideal dorme nesse projeto de um sexo reconciliador e, de certo modo, mais equilibrado. Aliás, é a um utopista que devemos a popularidade do termo "sexo intermediário": Edward Carpenter.

Socialista e feminista britânico, Edward Carpenter (1844-1929), nascido numa família abastada, começa ensinando em Cambridge onde fizera seus estudos, antes de ir para a University Extension Mouvement, visando ampliar a educação superior às mulheres e aos operários. Em 1883, publica

[4] Sedgwick, E.K. *Epistemology of the closet*, *op. cit.*, p. 47 ("The unrationalized coexistence of different models").

um manifesto, *Towards democracy* (*Rumo à democracia*), seguido de outras obras de inspiração socialista, na corrente de William Morris. Mas é em 1896 que conhece o sucesso com *Love's coming of age* (*O advento do amor*), do qual um capítulo será objeto de um volume independente e aumentado em 1908: *The intermediate sex* (*O sexo intermediário*).

A originalidade de Carpenter está em reinterpretar a noção de terceiro sexo em função da situação política moderna, e notadamente dos progressos do feminismo. A marcha rumo à igualdade dos homens e das mulheres aproximou dois grupos ontem isolados, hoje fundidos numa única e mesma "raça humana". O sexo intermediário, ou seja, o homem com sensibilidade feminina e a mulher com sensibilidade masculina, seria o reflexo dessas mudanças sociais, mas também, entre as linhas, o tipo ideal do mundo contemporâneo[5].

Inspirando-se diretamente em Ulrichs, várias vezes citado, Carpenter adapta o vocabulário à sociedade de seu tempo (a terceiro sexo, ele prefere sexo intermediário; a natureza uraniana, natureza homogênica[6]) e o livra, tanto quanto possível, de seu caráter sexual, limitando-se a temperamentos, mentalidades, emoções, amizades, apegos – os quais ele assegura que são, na maioria, platônicos –, mais que a relações ou a atos.

Nesse contexto, a teoria da inversão constitui o ponto de partida que Carpenter pretende diversificar ao analisar os dois grupos da "raça intermediária[7]": os espécimes extremos e os tipos normais, talvez até perfeitos.

---

[5] Carpenter considerava o andrógino, outro "intermediário", "um tipo superior da humanidade" (citado por Rowbotham, S. *In*: Rowbotham, R.; Weeks, J. *Socialism and the new life: the personal and sexual politics of Edward Carpenter and Havelock Ellis*. Londres: Pluto Press, 1977. p. 111).

[6] Questão linguística: "homogênico" apresentando a vantagem de ser formado de duas raízes gregas ("homo" e "genos", "mesmo" e "sexo") ao contrário de "homossexual", composto de uma raiz grega ("homo") e de uma palavra latina ("sexus").

[7] Carpenter, E. *The intermediate sex: a study of some transitional types of men and women*. Londres, Sonnenschein, Manchester: Clarke, 1908. p. 29. A integralidade desse texto, com sua paginação, encontra-se no *site*: http://www.fordham.edu/halsall/pwh/carpenter-is.html. (Todas traduções minhas.) Para uma versão francesa parcial, reportar-se a: Edward Carpenter, *L'Avènement de l'amour* [*O advento do amor*], série de artigos tratando das relações dos sexos. [Tradução de A. Marsen]. Librairie de l'Art Indépendant, 1917. O sétimo capítulo é dedicado ao sexo intermediário.

Os primeiros, adivinhamos, são raros: são os homens afeminados, imberbes, afetados, os travestis, as mulheres masculinizadas, agressivas, de voz grave, incontroláveis. Os segundos reúnem todas as qualidades supostas do homem (força do corpo e do espírito, coragem e inventividade) e da mulher (emoção, ternura, sensibilidade, graça) numa única pessoa. A dualidade da natureza deles lhes dá "um enorme poder sobre a vida em todas as suas fases, e algum saber de iniciados sobre os segredos dos dois sexos que poderia efetivamente favorecer a função que têm de reconciliadores e intérpretes"[8]. O temperamento "especial" os predispõe às artes sob todas as formas (Safo, Leonardo, Miquelângelo, Gœthe, Tchaïkovski); apesar dos horrores da guerra, podem se afigurar hábeis generais (Alexandre, César, Frederico II da Prússia); por dominarem melhor os dois pólos da alma humana, serão soberanos de talento (Eduardo II, James I, Cristina da Suécia).

Carpenter, que vivia abertamente desde 1898 com o jovem George Merill, é um militante. É também um professor e um reformador, que se preocupa com a situação das escolas inglesas. Ali preconiza a informação sobre as questões sexuais, preferível ao silêncio de rigor que reprime insidiosamente a curiosidade natural dos adolescentes. Ali incentiva as ligações entre mais velhos e mais jovens, fonte de emulação na instrução, embora sublinhe a responsabilidade dos mais velhos, encarregados de manter seu "*self-control*" e de relegar a afeição a "limites razoáveis"[9]. Claramente, sob pena de passar por corruptor da juventude, recomenda a todos a continência e a pureza.

Esses laços homogênicos, cuja progressão contudo ele observa nas mulheres desde o nascimento dos movimentos de emancipação, Carpenter os coloca no centro de sua visão política do mundo e da "democracia": eles quebram as fronteiras de classes, unem por uma terna afeição os indivíduos de todos os meios sociais sem distinção – o que a polícia francesa do século XIX considerava um perigo. O ideal de Carpenter no fundo se resumiria à reconciliação dessas duas fontes citadas como modelos, cuja dimensão sexual, por razões evidentes, ele edulcora: o modelo da pederastia grega e a democracia dos camaradas de Walt Whitman.

---

[8] *Ibid.*, p. 38.

[9] *Ibid.*, p. 101.

O retrato positivo que Carpenter pretende com toda força traçar do sexo intermediário implica uma contrapartida, recorrente entre os militantes de sua geração: a rejeição dos uranianos "vistosos" demais, os excessivos, os sensuais, em proveito de "intermediários" dignos, decentes, respeitáveis. Esse racismo de segundo grau, de que André Gide, chantre do amor grego e crítico dos invertidos "anormais", também será vítima, deve ser substituído no contexto: na hora em que Carpenter escreve, a prioridade está na correção da imagem popular dos invertidos, com excessiva frequência reduzidos à 'tia' ou à 'virago' caricaturais, deixando pouco espaço a um terceiro sexo que, cansado de ser estigmatizado, aspira a uma vida 'normal'. Suas acrobacias para nos apresentar um sexo intermediário correto sob todos os aspectos podem hoje fazer sorrir. Em 1908, o gesto é radical – e estratégico. Ainda mais que Carpenter não estava em sua primeira "defesa e ilustração" do assunto: em 1894, seu panfleto, "Homogenic love", publicado a título privado, lhe valera críticas e inquietudes, em particular por parte de alguns de seus amigos socialistas.

Em seu estudo sobre *O sexo intermediário*, Carpenter inevitavelmente aborda a literatura médica para sublinhar com otimismo sua evolução positiva, notadamente graças aos trabalhos do britânico Havelock Ellis (1859-1939). Sua primeira obra, *Sexual inversion*, fora editada em 1897 sob os dois nomes de Ellis e de John Addington Symonds, historiador de arte e helenista com quem ele iniciara uma correspondência sobre o assunto e decidira a isso dedicar um livro[10]. Mas a morte de Symonds, em 1893, interrompe o projeto, que Ellis conduziu sozinho. Quando o livro está a ponto de ser publicado, a família de Symonds, tomada de pânico, manda apreender todos os volumes para que sejam destruídos. Em 1898, é publicada uma nova edição em que desapareceram todas as referências a Symonds, ao passo que o editor é processado e condenado por "obscenidade". Ellis decide, então, publicar todos os seus livros nos Estados Unidos.

A contribuição de Ellis é dupla. A primeira está em refutar alguns pontos das teorias anteriores (como o princípio de degenerescência elabo-

[10] Ellis, H.; Symonds, J.A. *Sexual inversion*. Londres: Wilson & Macmillan, 1897. [Edição reimpressa por Arno Press, New York, 1975].

rado por Krafft-Ebing ou o "vício" denunciado por Chevalier, autor que ele considera ultrapassado); a segunda em considerar a inversão uma variação biológica – subentendida: outra. Contudo, ele é o primeiro a dedicar um verdadeiro estudo à homossexualidade feminina, de hábito rejeitada em fim de volume num capítulo à parte. Ele prosseguira suas pesquisas no quadro de uma obra monumental, *Studies in the psychology of sex*, cujos sete volumes constituem uma referência inesgotável. A iniciativa de Havelock Ellis – heterossexual cuja primeira mulher, Edith Lees, era uma lésbica militante – visava não só a descriminalização, mas a desculpabilização, o que lhe valeu a inimizade de muitos(as) homossexuais.

Na hora em que Ellis e Carpenter chamam a atenção do mundo anglo-saxão para essas questões, é para a Alemanha que todos os olhares se voltam com prioridade. Em 1902, a edição americana de *O advento do amor* de Carpenter lá vendera 40 mil exemplares... Berlim tem os mais reputados especialistas da inversão, os mais enérgicos ativistas também, num país onde as relações de mesmo sexo são severamente punidas pela lei. Um homem, médico e militante, distingue-se entre todos os outros: Magnus Hirschfeld.

2. MAGNUS HIRSCHFELD OU A TROCA

No século XIX, Karl Heinrich Ulrichs foi, na prática, o único porta-bandeiras, o único homem público a serviço de uma causa que muitos preferiam defender, na melhor das hipóteses, anonimamente. Em 1896, um jovem médico alemão, nascido na Pomerânia numa família judia, transtornado pelo suicídio de um de seus pacientes oficiais na véspera de seu casamento, decide publicar sob o pseudônimo de Ramien, Sappho und Socrates. *Wie erklärt sich die Liebe der Männer und Frauen zu Personen des eigenen Geschlechts* (Safo e Sócrates. Como explicar o amor dos homens e das mulheres por indivíduos do próprio sexo)[11]. Essa obra é o primeiro gesto daquele que ia se tornar o maior militante

[11] Ramien. *Sappho und Socrates. Wie erklärt sich die Liebe der Männer und Frauen zu Personen des eigenen Geschlechts*. Leipzig: Spohr, 1896.

em favor do terceiro sexo após Ulrichs. Em 14 de maio de 1897, ele funda o *Wissenschaftlich-humanitäres Komitee* (Comitê Científico Humanitário), primeira organização mundial pela defesa da homossexualidade, dirigido sob seu verdadeiro nome: Magnus Hirschfeld[12]. No mesmo ano, lança uma petição reclamando a abolição do § 175, assinada por milhares de pessoas dentre as quais Krafft-Ebing, Thomas Mann, Rainer Maria Rilke, Émile Zola e Albert Einstein. Ele dedicou a vida a essa causa.

Variações sobre um tema

Magnus Hirschfeld (1868-1935) sonhava ser escritor. Durante quase quarenta anos, escreveu o romance verdadeiro da sexualidade por meio das dezenas de obras, artigos científicos, panfletos e manifestos, sem contar as centenas de conferências que fez ao redor do mundo. Desde seu primeiro livro, *Safo e Sócrates*, ele colocara a hipótese de "escalões sexuais intermediários" ou de "escalões intersexuais", hipótese que ele consolidou e difundiu graças aos *Jahrbuch für sexuelle Zwischenstufen* (*Anais para os intermediários sexuais*), primeira revista profissional dedicada a essa questão, publicada de 1899 a 1923. O que Hirschfeld propõe demonstrar é a existência de um número infinito de tipos sexuais identificáveis entre os conceitos de "homem absoluto" e de "mulher absoluta", olhados como puras "construções teóricas". "Pois é preciso repetir sem parar: esses tipos fundamentais são apenas ficções: O ser humano não é homem ou mulher, mas homem e mulher, e isso já em virtude das leis da hereditariedade."[13] Palavras de biólogo convicto:

---

[12] Além das obras de Hirschfeld, em parte traduzidas em inglês ou em francês, as duas principais obras sobre sua vida e sua obra são as de Herzer, M. *Magnus Hirschfeld, Leben und Werk eines jüdischen, schwulen und sozialistischen Sexologen*. Francfort-sur-le-Main, New York: Campus, 1992; e de Wolff, C. *Magnus Hirschfeld: a portrait of a pioneer in sexology*. Londres: Quartet, 1986. Consultaremos igualmente com proveito a obra de Tamagne, F. *Histoire de l'homosexualité en Europe. Berlin, Londres, Paris, 1919-1939*. Seuil, 2000 (L'Univers Historique), assim como as entradas "Magnus Hirschfeld" de que ela é autora, no *Dictionnaire des cultures gays et lesbiennes*, *op. cit.*, e o *Dictionnaire de l'homophobie*, *op. cit.*

[13] Hirschfeld, M. *Le sexe inconnu*. [Traduzido e adaptado do alemão por W. R. Fürst]. Éditions Montaigne, 1936. p. 23. (Collections des Études Sexologiques).

Hirschfeld não fala do gênero enquanto construção cultural mas bem de órgãos, de gônadas e de aparelhos genitais, da mesma forma que afirma, em referência à constituição em espelho dos dois sexos (pênis e clitóris, testículos e ovários etc.), que "tudo o que a mulher possui, o homem possui igualmente, ainda que sob forma de vestígios minúsculos, e, vice-versa, todas as qualidades do homem encontram-se na mulher pelo menos sob forma de rudimentos"[14]. Os três estádios da evolução natural do embrião (o estádio latente, o estádio de não-diferenciação e o estádio de diferenciação) não seriam os mesmos para todo mundo. Razão pela qual existiria uma multidão de graus e combinações, que a ideia de terceiro sexo resumiria idealmente, como ele explica muito bem em *Die Homosexualität des Mannes und des Weibes* (*A homossexualidade do homem e da mulher*):

> Para mim, o conceito de "terceiro sexo" designa tanto os estados sexuais intermediários ou transitórios, da mesma forma que, em inglês, "intersexos"; nele alinho todas as formas intermediárias que mais se afastam do tipo sexual absoluto, formas que classifico em quatro grupos principais: hermafroditas, andróginos, homossexuais e transvestistas, cada um segundo a maneira como seu desvio está em relação com seus órgãos sexuais, as características físicas sexuais conservadas, seu instinto sexual, e quaisquer outras diferenças psicossexuais[15].

Alinhar sob a expressão "terceiro sexo" todas essas manifestações não significa confundi-las; longe disso. Hirschfeld insiste, ao contrário, em suas diferenças, erguendo-se, por exemplo, contra Krafft-Ebing quando este pretendia que a ginandria, a androginia, tanto quanto a afeminação ou a viraginidade seriam "estados do desenvolvimento da sensação homossexual congênita"[16].

---

[14] *Ibid.*, p. 11.

[15] Hirschfeld, M. *The homosexuality of men and women* [1913]. [Traduzido por Michael A. Lombardi-Nash]. Amherst, New York: Prometheus Books, 2000. p. 61. É a Magnus Hirschfeld que devemos a palavra, aliás mais exata, de *transvestitismo* (ou transvestismo), difundida após a publicação de seu livro: *Die Transvestiten* [*Os transvestistas*]. Berlim: A. Pulvermacher, 1910. Como utilizei a palavra pederasta ou invertido nos capítulos precedentes para me conformar ao vocabulário policial ou médico, utilizarei aqui a palavra transvestistas.

[16] *Ibid.*

Erro grosseiro, segundo Hirschfeld, os andróginos não sendo necessariamente homossexuais, as lésbicas podendo ser femininas ou as mulheres viris ser atraídas por homens afeminados. Da mesma forma, o transvestismo, definido pela necessidade de se apresentar e de se conduzir nas roupas do sexo oposto ao sexo biológico, afirma ele, atinge tanto homossexuais quanto heterossexuais, e se acompanha – ou não – de um desejo de mudar de sexo. Ou ainda: todo indivíduo que tem relações homossexuais não é forçosamente homossexual – mas pode ser classificado, em certos casos, na família dos pseudo-homossexuais ocasionais. O único ponto que têm em comum é o caráter inato de seu estado. Acompanhado ou não de distúrbios nervosos e/ou hereditários, de patologias, a questão não está aí: o fenômeno é natural e de nascimento. Tanto que Hirschfeld afirma, entre outros, que a homossexualidade latente pode ser detectada desde a pequena infância, por volta de 4 anos de idade, e até se arrisca nesta hipótese: "Não parece impossível [...] que um dia sejamos capazes de determinar no nascimento os membros do terceiro sexo como o fazemos para aqueles dos dois outros"[17]. Entretanto, nesse "escalão intermediário" da homossexualidade que o ocupa bem particularmente, corresponderia uma personalidade, um psiquismo, um "ser" profundo, sobre o qual seria inútil querer intervir:

> Com toda evidência, é preciso constatar, os homens e as mulheres homossexuais, dotados de inteligência e de certa força de vontade, fracassaram em suas tentativas de alterar, de transformar numa mutação o curso e a orientação de seu impulso sexual. Em razão de sua natureza, a homossexualidade penetra, como numa fusão interna, a personalidade inteira. Os homossexuais dos dois sexos distinguem-se dos indivíduos heterossexuais não só na orientação de seu impulso sexual, mas também por uma espécie de tomada de posse, *uma individualidade distinta e característica*. Essa constatação é válida não só para os homossexuais afeminados e as lésbicas viris, mas também para os homossexuais dos dois sexos que possuem os caracteres-tipo de seu próprio sexo. A homossexualidade parece fusionar intimamente com uma estrutura muito

[17] *Ibid.*, p. 150.

particular da individualidade que se poderia estigmatizar como "intersexual", porque não é nem realmente feminina, nem realmente masculina, e que a intersexualidade, em seu conjunto, está sempre associada a uma predisposição nevropática[18].

Paralelamente aos *Anais para os intermediários sexuais* em que são publicados artigos de fundo, Hirschfeld divulga em várias dezenas de milhares de exemplares uma brochura destinada a alertar a opinião pública sobre a injustiça do § 175 e a informar os homossexuais sobre seus direitos: *Was soll das Volk vom dritten Geschlecht wissen. Eine Aufklärungsschrift über gleichgeschlechtich (homossexual) empfindende Menschen* ("O que o povo deveria saber sobre o terceiro sexo. Literatura educativa sobre aqueles que são atraídos pelo próprio sexo [homossexuais]"). Essa associação da expressão "terceiro sexo" apenas com a homossexualidade deve ser entendida a título de sinédoque – já que designa, como se viu, um número infinitamente mais variado de "tipos". O sucesso dessa publicação, seguida, em 1908, de uma obra dedicada à cena homossexual berlinense, intitulada *Das dritte Geschlecht* (*O terceiro sexo*) e destinada ao grande público, contribuiu, da mesma forma, para reduzir e limitar a significação original da expressão. Mais popular, mais adaptada à opinião, ela também assinala o assunto de preocupação central de Hirschfeld e suas visadas militantes. Certo, ele preferiria utilizar a palavra "uraniano" em homenagem a Ulrichs, termo apesar de tudo conotado demais, que ele substitui, portanto, por "terceiro sexo", como se justifica no preâmbulo: "Esta expressão, já em uso na Roma antiga, não me parece precisamente feliz, mas, em todo caso, melhor que o termo já tão empregado de homossexual (similissexual), pois este último pode fortificar a concepção muito difundida segundo a qual, quando vários homossexuais acham-se reunidos em algum lugar, atos sexuais devem ocorrer ou pelo menos estar em projeto, o que os fatos não confirmam de maneira alguma"[19].

---

[18] Hirschfeld, M. *Anomalies et perversions sexuelles.* [Traduzido do alemão por Anne-Catherine Stier]. Corrêa, 1957. p. 194.

[19] Hirschfeld, M. *Le troisième sexe. Les homosexuels de Berlin* [1908]. Lille: GKC, 2001. p. 30. Em outras obras, Hirschfeld se explica sobre esse uso do termo "terceiro sexo" na Roma antiga. Segundo ele, é assim que Alexandre Severus teria falado de Heliogabalo ("tertium

Pois Hirschfeld também cuida de polir a imagem da homossexualidade que, sob sua pena, assume mais o aspecto de uma fatalidade que de uma escolha – não esqueçamos que é inata –, fadando seus adeptos, ostracizados, a uma vida dominada pela solidão e a tristeza. A prudência de Hirschfeld, seus esforços e suas precauções para sublinhar o caráter 'íntegro' da homossexualidade – ele 'deixa', por exemplo, de reproduzir as passagens relativas à penetração em sua reedição da obra de Ulrichs –, duplicada de um gosto pronunciado pela mediatização, puderam irritar seus contemporâneos: aqui, sua militância desacredita seu trabalho científico; ali, sua vontade de atiçar a compaixão sobre 'vítimas' ou 'doentes', rejeitados pela sociedade e pela família, isolados no dia de Natal, irrita os mais orgulhosos, à imagem de Adolf Brand, fundador da *Gemeinschaft der Eigenen* (Comunidade dos Especiais), que defende uma pederastia viril. Precisamente: um dos traços mais salientes e mais distintivos da obra de Hirschfeld não é aceitar, em sua acolhedora escala dos intermediários, todos os tipos sexuais, todos os temperamentos, todos os 'desviantes', seja qual for a aparência que tenham? É o que revela, entre outras, a história do grande projeto desse humanista.

O Instituto para a Ciência Sexual

Em 1919, Hirschfeld funda em Berlim o *Institut für Sexualwissenschaft* (Instituto para a Ciência Sexual), centro de pesquisa e de documentação científica e lugar de acolhimento para todos aqueles que experimentam dificuldades na vida psicossexual. Hermafroditas (intersexos), andromastas, ginecomastos, transvestistas, onanistas, homossexuais, pedófilos, gerontófilos, triolistas, zoófilos, impotentes, frígidas, sádicos, masoquistas, necrófilos, fetichistas,

genus hominum") e que os primeiros cristãos teriam sido apelidados ("tertium genus"). Hirschfeld parece aqui confundir o termo grego (*genos*: sexo) e o termo latino (*genus*: raça, espécie) – Heliogabalo e os primeiros cristãos teriam assim feito parte de uma "terceira raça" humana. Essa confusão com certeza é devida a uma aproximação inconsciente com o alemão, em que "Geschlecht" usa a um só tempo para sexo, raça, gênero, linhagem, espécie. Ver notadamente: Hirschfeld, M. *The homosexuality of men and women*, *op. cit.*, p. 61 e 70.

exibicionistas, escopófilos...: o médico prodigaliza a todos e sem distinções conselhos e cuidados, fornece receitas e certificados, ajuda as mulheres que desejam recorrer à contracepção.

Biblioteca enciclopédica, museu e clínica, o Instituto é um lugar único no mundo cujo renome será crescente, atraindo numerosos convidados célebres, ou em via de se tornar, como o jovem Christopher Isherwood, então residente em Berlim. Isherwood lá ficara amigo de Karl Giese, o protegido de Hirschfeld a quem ele chamava "papai" e que compôs um pequeno guia em intenção dos visitantes. Em *Christopher and his Kind* (*Christopher e seu mundo*), o jovem escritor britânico conta, divertido, como foi de imediato submetido ao diagnóstico e à classificação do diretor:

> Karl, quando chegou a hora, lhe declarou que Hirschfeld o havia classificado entre os "infantis". Christopher não levantou objeção; ele traduzia isso por "pueril"*. [...] Era muito mais interessante ser pueril que afeminado, pensava. Ele nunca poderia fazer parte dos amigos de Karl, e jogar o jogo do terceiro sexo como-é-preciso, pois recusava categoricamente considerar-se uma tia. Wystan [Auden], a esse respeito, manifestava muito mais maturidade que Christopher. Não tinha medo de rótulos[20].

É dizer o quanto, em 1929, o terceiro sexo ainda se coloca como equivalente da tia, nascida quase um século mais cedo.

René Crevel, Édouard Bourdet, André Gide, entre outros, também vão se dirigir ao Instituto ao longo dos anos 1920. *O amor na Alemanha*, para retomar um título publicado em 1930, interessa aos autores franceses[21]. Assim, em 1931, uma grande reportagem é publicada sobre o Instituto num volume dedicado a *Vênus e Mercúrio*. O jornalista, Pierre Najac, lá seguiu as experiências dos médicos durante mais de um ano e trouxe de lá um fascinante documento, provido de numerosas ilustrações, matriz

---

* O francês distingue *infantil* [relativo à infância, comparável a uma criança] de *enfantin* [próprio da criança, pueril, elementar]. (N. T.)

20 Isherwood, C. *Christopher et son monde, 1929-1939* [1976]. [Traduzido por Léo Dilé, Hachette]. P.O.L., 1981. p. 37-38. (Bibliothèque Anglaise).

21 Royer, L.C. *L'Amour en Allemagne*. Éditions de France, 1930.

de um livro (*Os anormais sexuais, sua tipologia e seu grafismo*) permanecido em estado de projeto[22].

Num tom moderado para a época, o autor nos guia pelo museu do Instituto e seus milhares de objetos, ressaltando sem transição o inventário anatômico e a história do erotismo: fotografias de todo indivíduo identificado que se afastasse do tipo "homem absoluto" ou "mulher absoluta" por seus caracteres sexuais primários ou secundários, reproduções em cera de hermafroditas ou de aparelhos genitais mistos, fetos conservados no formol, mas também instrumentos de prazer – botinas de fetichistas, consoladores, "pinturas e desenhos sadistas", corda com nó para uso dos masoquistas, gravuras orientais sugestivas, cabides em forma de pênis, piteiras representando órgãos genitais, produtos farmacêuticos anticoncepcionais e até um "jogo completo de camisinhas", umas "terminadas por pequenas ampolas, outras por pequenas mãos ou pequenos pés diversamente coloridos". Sem esquecer os falsos seios e as vaginas artificiais fabricadas com estômagos de vaca, "que serviram a homens vestidos de mulher". "As 'cocotes masculinas' que fizeram uso desses órgãos, precisa o repórter, fixaram-nos sobre elas por meio de cordões ou cintos. Assim munidas, elas se apresentaram a seus clientes, de costas, de quatro. Como a iluminação do quarto era das mais discretas, o ato de despir era recusado e o tempo das efusões muito limitado, a ilusão pôde ser completa."[23]

Além do museu e da biblioteca, há, é claro, o centro nervoso do Instituto: o centro de acolhimento. O que aqui estudam Hirschfeld e sua equipe são os comportamentos e a biologia das quatro grandes famílias que compõem o terceiro sexo: hermafroditas (caracteres sexuais primários mistos), andróginos (caracteres sexuais secundários mistos), homossexuais e transvestistas. Todos os pacientes são submetidos a um questionário confidencial de 127 questões relativas à hereditariedade, à infância e à juventude, às características corporais, psíquicas, intelectuais e afetivas, e às "tendências

[22] Najac, P. "L'Institut de la Science Sexuelle à Berlin". *In*: Merlet, J. (org.). *Vénus et Mercure*. Éditions de la Vie Moderne, 1931. p. 165-192. Nem *Les anormaux sexuels* [*Os anormais sexuais*], nem o nome de Pierre Najac figuram no catálogo da BNF [Biblioteca Nacional Francesa], não mais que naqueles de numerosas outras bibliotecas.

[23] Najac, P., art. cit. p. 172.

sexuais". De "você sabe assobiar?" a "você frequenta prostitutos(as)?", tudo ali passou pelo crivo, as descrições físicas detalhadas, as práticas, a cultura, as fantasias, como indicam esses poucos exemplos, cujo tamanho desculparemos, proporcional, parece-me, ao interesse que eles apresentam:

> Questão 35: Você se entrega à ipsação, isto é, à satisfação de você mesmo pelo onanismo? Quando começou a se masturbar? Como contraiu esse hábito? A isso foi levado por pessoas da sua idade ou de uma idade diferente da sua, por pessoas do mesmo sexo que você ou de sexo diferente? Até que idade, em que intervalos, com que representações mentais, de que maneira você se masturbou? Se você é mulher, é por toques exteriores, ou pela introdução em você de corpos estranhos? Você lutou contra esse pendor? Se afirmativo, por que meios? Por votos, preces etc.?
>
> Questão 99: Em que impressões se baseia a atração exercida sobre você por certas pessoas pertencentes ao sexo que você prefere?
> a) sobre impressões visuais: Qual é a parte do rosto ou do corpo que você acha a mais bela? O que o(a) excita mais: os corpos nus, vestidos ou semi-escondidos?
> b) sobre impressões auditivas: A voz da pessoa que o(a) agrada tem ação especial sobre você?
> c) sobre impressões táteis: Peles macias e inchadas exercem sobre você uma atração particular? A elas você prefere uma musculatura dura e rugosa?
> d) sobre impressões olfativas: Você fica excitado ou se sente repelido pelo cheiro particular que exala o corpo de certas pessoas? A transpiração de certas partes do corpo humano exerce um papel para você?
> e) sobre impressões exclusivamente espirituais: Por exemplo sobre qualidades de caráter, de inteligência e de vontade?
>
> Questão 113: Qual é a maneira de fazer amor que melhor atende aos seus gostos? Existe uma posição que o(a) agrade mais que as outras? Durante o ato sexual, a sua conduta é antes masculina e ativa, ou feminina e passiva? Você prefere ficar por baixo (súcubo) ou por cima (íncubo)?
>
> Questão 122: Você experimenta uma paixão preponderante por certas partes do corpo humano (cabelos, mãos, pés, pintas, sardas etc.) – ou por certas

partes da roupa (roupas íntimas, sapatos, luvas, uniforme etc.) – ou por certas matérias (peles, veludos, seda, couro, verniz etc.)? [...] Que parte do corpo ou que objetos você prefere?[24]

A lista é longa, e impressionante. Pois não há dúvida de que o mais limitado e o menos imaginativo dos "normossexuais"[25], homem ou mulher, que preenchesse esse questionário, cairia inevitavelmente numa categoria desviante mais ou menos grave. O que, em certa medida, é tranquilizante, ou pelo menos lógico, e prova, se fosse necessário, os escolhos aos quais nos expomos ao impor para cima um quadro normativo à sexualidade. Além disso, heteronormativo, heteronormatividade de que se ressentem fortemente certas passagens, presas no impasse binário convencional ("masculino e ativo" *versus* "feminino e passivo", as "peles macias e inchadas" *versus* as "musculaturas duras e rugosas", ou a precisão "se você é mulher" quando se trata da "introdução de corpos estranhos".) Estranha carreira, decididamente, a do terceiro sexo, sempre alcançado pela vertigem da classificação que ele, *a priori*, se propõe a desconstruir.

No Instituto, o terceiro sexo é inicialmente considerado um objeto de estudos científicos. Como analisá-lo, explicá-lo, compreendê-lo, numa palavra, identificá-lo, sem passar pela prova da investigação detalhada? O doutor Hirschfeld acumula as informações, constitui dossiês, decifra os comportamentos, lança hipóteses, inventa uma nova terminologia. Mas, sobretudo, acolhe, escuta, abre-se a seus pacientes, com uma benevolência que deve muito à empatia, num lugar convivial onde os preços permanecem bem abordáveis[26]. A clientela vem de todos os horizontes: os(as) criminosos(as) sexuais lá cruzam com os(as) prostitutos(as), os(as) homossexuais e os(as) transvestistas.

---

[24] *Ibid.*, p. 174-178. O questionário completo, com as respostas de uma paciente do Instituto (Agnes W., 18 anos, estudante de música), figura em Hirschfeld, M. *The homosexuality of men and women*, *op. cit.*, p. 290-315. A numeração das questões é sensivelmente diferente. Lembremos, contudo, que a questão "Você sabe assobiar?" é inspirada por Ulrichs, que afirmava, baseando-se em sua experiência pessoal, que os uranianos não sabiam assobiar.

[25] Como Hirschfeld em geral prefere chamar os heterossexuais.

[26] Segundo Pierre Najac, os preços variam de 50 a 75 francos por dia para o tratamento, a moradia, a comida e o serviço, ou seja, aproximadamente, de 26 a 39 euros atuais, conformes as tabelas de conversão do poder de compra do INSEE.

Na época, Hirschfeld e seus colaboradores estimam em 1 milhão o número de homossexuais na Alemanha, ou seja, aproximadamente, 3% da população, e não menos de 20 mil os casais de mulheres em Berlim – Berlim que é certamente a cidade da Europa onde os cabarés, as boates e as tabernas dedicados ao terceiro sexo são os mais florescentes: *Violetta, Maly und Igel, Chez ma belle-sœur* são os lugares de encontros favoritos das lésbicas, enquanto seus "irmãos", por sua vez, se encontram no *Eldorado*, no *Mikado*, e até na *Zauberflöte* (a *Flauta Encantada*). Jornais especializados viram o dia, como *Das Freundschaftsblatt* (*A Folha da Amizade*) para os homens, *Die Freundin* (*A Amiga*) para as mulheres e... *Das 3 Geschlecht* (*O Terceiro Sexo*) para os transvestistas.

Para Hirschfeld, como vimos, os transvestistas formam um dos elos de sua corrente de intermediários. Em teoria, seriam vítimas de metatropismo[27]. Como as plantas heliotrópicas voltam-se para o sol, os metatrópicos são atraídos pelo papel inverso daquele que eles supostamente têm: o homem passivo, a mulher ativa, seja qual for sua sexualidade, são os mais representativos. Adotam as roupas do outro sexo, com o qual se identificam a ponto, às vezes, de querer trocar – tanto que por transvestistas também se deve entender transexuais. Em 1923, Hirschfeld no entanto havia inventado, o que se sabe pouco, o termo "*seelischen Transsexualismus*"[28], ou seja, "transexualismo espiritual", mas não o empregava, ainda, senão para designar uma forma de inversão. Será preciso esperar 1949 para ver aparecer a palavra tal como a utilizamos hoje, sob a pena do psiquiatra David O. Cauldwell, cujo artigo de referência se intitula, em forma de homenagem implícita a Krafft-Ebing: *Psychopathia transexualis*[29].

O transvestitismo, o metatropismo, o transexualismo, outros nomes para a inversão, misturando sexo, gênero e orientação sexual? Essa posição será discutida por Havelock Ellis, que ressaltava que os homens e as mulheres que usam roupas do outro sexo desejariam, na realidade, ficar bem próximos

---

[27] O metatropismo é formado por duas raízes gregas: "meta", que ultrapassa, engloba, e "tropos", figura pela qual uma palavra ou uma expressão são desviadas de seu sentido próprio.

[28] Hirschfeld, M. "Die Intersexuelle Konstitution". *Jahrbuch für sexuelle Zwischenstufen*, 23, 1923, p. 15.

[29] Cauldwell, D.O. "Psychopathia transexualis". *Sexology*, dezembro de 1949.

da pessoa que amam, a ponto de entrar na pele dela – o que ele chamará o sintoma heterossexual de assimilação e de imitação[30].

Seja como for, os transvestistas são numerosos a vir consultar Hirschfeld, que lhes confere um certificado médico atestando que a angústia de que sofrem "pode ser grandemente diminuída por uma mudança de prenomes e pelo porte, em público, das roupas do outro sexo"[31]. A polícia leva isso em conta ao expedir, por sua vez, uma carteira de identidade que menciona a autorização de se transvestir que os premune contra as prisões. Para alguns, é necessidade profissional, como para Hansi Sturm, "sólido sujeito de 1m80 – casado e pai de dois filhos", precisa Najac, que o ouviu "cantar, com uma deliciosa voz de mulher, a grande ária de *Sansão e Dalila*"[32]. Para outros, como esse diretor de escola pública, "casado e pai de duas moças grandes", o Instituto representa o pouso, o porto onde eles vêm passar dez dias, por exemplo, para se transvestir sem problemas, o que a profissão lhes proíbe. "Fato particular", espanta-se o repórter, esse diretor de escola, de "pescoço de touro" e "voz forte", ter um caráter "tão difícil e tão rabugento quando está vestido de homem, que a mulher e as filhas com frequência o incitam a se fantasiar, na intimidade, a fim de terem paz... Pois, então, esse homem fica doce e totalmente encantador"[33]. Há também essas mulheres de cabelos curtos, vestindo um três peças, à imagem da Srta. G. B. justificando-se junto ao jornalista: "Um dos meus ovários é incompleto, [...] o outro é muito grosso e há dúvida se não é uma espécie de testículo"[34].

Como para muitos, o Instituto representa para a Srta. G. B. um bolsão de liberdade, mas também um centro médico e cirúrgico experimental. Não é, longe disso, a menor das dimensões do trabalho de Hirschfeld, obstetra

---

[30] Ellis, H. *Études de psychologie sexuelle*, VIII. *L'Éonisme ou l'inversion esthético-sexuelle* [1908]. (Cercle du Livre Précieux). [Edição crítica publicada sob a coordenação do professor Hesnard]. [Traduzido por A. Van Gennep], 1965.

[31] Najac, P. "L'Institut de la Science Sexuelle à Berlin". *In*: *Vénus et Mercure*, *op. cit.*, p. 168. Em 1919, o advogado Walter Niemann entra no Instituto a título de conselheiro jurídico. Vai negociar com o Ministério da Justiça a fim de que os transvestistas possam escolher prenomes sexualmente "neutros" como Toni, Alex ou Gert.

[32] *Ibid.*, p. 188.

[33] *Ibid.*, p. 182.

[34] *Ibid.*, p. 180.

de formação. Lá se pratica a ooforectomia, quando se faz necessário, mas também a castração (ablação dos testículos) nos pedófilos ou nos maníacos que expressamente formulam o pedido. Lá também se participa de uma revolução, cujo tamanho e consequências requerem um estudo em si: a mudança de sexo biológico.

3. DE UM SEXO A OUTRO

"Ex-GI becomes blond beauty"[35]. Foi sob esse título sensacional que o público americano descobria, em 1º de dezembro de 1952, uma '*première*' mundial: a metamorfose de George W. Jorgensen tornado, por reatribuição cirúrgica, Christine Jorgensen, primeira transexual da história a reclamar o número de cobaia 0000. Na verdade, a história do transexualismo, à qual Christine Jorgensen imprimiu uma virada capital, remonta bem mais longe, e tem todo o seu lugar, apesar de uma incongruência aparente, num estudo sobre o terceiro sexo enquanto "sexo intermediário".

Por uma arqueologia do transexualismo

Na opinião dos historiadores da psiquiatria, os primeiros casos de transexualidade foram descritos em 1838 por Jean-Étienne-Dominique Esquirol, em seu tratado *Das doenças mentais*. O alienista os alinhava num capítulo dedicado à demonomania, delírio que persuadia os pacientes de que um sortilégio fora lançado sobre eles: um acha que tem a cabeça de vidro, uma que tem o corpo de manteiga etc. Alguns estariam, "da mesma forma", convencidos de ser do sexo oposto, o que Esquirol liga à "doença das Citias", relatada por Hipócrates. Com efeito, o médico grego tinha observado, em seu *Tratado dos ares, das águas e dos lugares*, que, entre os bárbaros nômades das estepes da Citia (atual Rússia do sul), certos homens ficavam impoten-

---

[35] "Ex-GI becomes blonde beauty" ["Um ex-GI torna-se uma beleza loura"], *Daily News*. New York, v. 34, n. 136, p. 1, 1º de dezembro de 1952.

tes, punham-se a falar com uma voz mais aguda e adotavam a maneira de viver das mulheres, série de transformações que ele atribuía entre outras ao clima.

Esquirol teve assim de tratar dois casos. O primeiro é o de uma viúva arruinada que, após uma tentativa de suicídio, chega à Salpêtrière, onde ela assegura que não é mulher mas homem.

> Se alguém, conversando com ela, a chamasse de senhora, logo M. ficava mais agitada, dizia injúrias ou entregava-se a atos de violência. O Sr. Pussin, então vigia da direção das mulheres alienadas do hospício, entendeu-se com o Sr. Pinel para arrumar roupas de homem para essa mulher; essas roupas foram vestidas com transportes de alegria, e M. passeou entre todas as companheiras com uma espécie de ostentação; ficou mais calma, mais tranquila e falou muito menos, mas agitava-se furiosa se não a chamassem de senhor ou se a chamassem de senhora[36].

A história de M. deve ser recolocada no contexto da época. Pois não é sem importância que seja a Philippe Pinel, fundador da psiquiatria institucional nos anos 1790, que devamos por ter libertado os alienados das correntes – gesto, aliás, devido a seu assistente, o vigia Pussin, e cuja dimensão mítica foi objeto de uma análise célebre por Michel Foucault em sua *História da loucura na idade clássica*. Foucault mostra, notadamente, que o trabalho filantrópico de Pinel correspondia, na realidade, a uma nova etapa, decisiva, do "grande trancamento" implantado desde o século XVII. Aos olhos do filósofo, a Revolução só trazia uma redenção ilusória, já que a loucura, livre de suas correntes, caía sob o golpe de um aprisionamento mais grave ainda: sua redução ao silêncio. Sem questionar o essencial dessa tese, uma análise e uma pesquisa sobre o exemplo de M., "libertada" pelos *mesmos* protagonistas graças a essa autorização de usar as roupas e de viver o gênero de sua escolha, contribuiriam para relativizar um debate com frequência retomado. Certo, os muros do hospício erguem-se em torno de M. Mas sua fala é por isso emparedada e seu comportamento refreado?

---

[36] Esquirol, J.E.D. *Des maladies mentales* [1838]. Frénésia Éditions, 1989. v. I, p. 257-258.

Tentou-se recorrer à intimidação, à dissuasão, e dobrá-la a atitudes mais de acordo com seu 'sexo'? É como se, ao contrário, o hospício, no sentido de refúgio, tivesse precisamente representado o espaço onde seu discurso podia desabrochar, quando, fora, o esperavam gozações e violências sociais. É claro, os médicos falam de "delírio", de "demonomania". É claro, eles criam patologias, classificam, ordenam. Mas também respeitam, às vezes, e melhor que outros talvez, o livre arbítrio do paciente em fazer a experiência de sua "loucura" no interior do recinto defensivo do hospital. M. morrerá aos 68 anos na enfermaria, "conservando o mesmo delírio até os últimos dias de sua vida"[37].

O segundo caso é o de um jovem de 26 anos que "gostava de usar roupas de mulher":

> Admitido na alta sociedade, se lá se representasse a comédia, ele sempre escolhia os papéis de mulheres; enfim, após uma pequena contrariedade, ficou persuadido de que era mulher e buscou convencer todos disso, até os membros da família; várias vezes lhe aconteceu ficar nu em casa, pentear-se e vestir-se de ninfa, nessas roupas queria sair pelas ruas. Entregue aos meus cuidados, com exceção desse desvio da mente, M. não desvairava nem um pouco, mas passava o dia inteiro ocupado enrolando os cabelos, olhando-se num espelho, e com seus roupões, fazia todos os esforços para deixar sua roupa tão semelhante quanto possível à de uma mulher; imitava-lhes o andar ao passear. Um dia, passeando com ele num jardim, levantei a aba de seu sobretudo que ele havia arrumado da melhor forma possível, logo M. deu um passo atrás e me xingou de impertinente e impudico. Nenhum raciocínio, nenhum cuidado, nenhum regime puderam devolver a razão a esse infeliz[38].

Esse segundo exemplo, todavia, cria outros problemas: aparentemente, esse rapaz, embora livre para empregar seu tempo a frisar os cabelos,

---

[37] *Ibid.*, p. 258. Ver igualmente: Foucault, M. *Histoire de la folie à l'âge classique* [1976]. Gallimard, 1996. p. 483-530. (Tel).

[38] Esquirol, J.E.D. *Des maladies mentales*, *op. cit.*, p. 258.

não estava autorizado a usar os trajes de sua escolha, e devia limitar-se a alguns "arranjos" de roupas. Devemos essa restrição ao fato de que Esquirol, e não Pinel, era seu médico? Ou ao fato de que um homem "em roupas de mulher" constituía um escândalo mais chocante, menos aceitável que o inverso? A questão permanece aberta – ainda que um não impeça o outro. O que é menos duvidoso é a utilização da retórica psiquiátrica: esse rapaz "que não desvairava nem um pouco" devia sua presença no hospício a um desvio que o alienista, sem temer a contradição, no entanto atribuía a uma forma de loucura, já que lhe foi impossível, nos diz ele em conclusão, devolvê-lo à "razão". Como conciliar o fato de não desvairar e de ter perdido a razão? O próprio Esquirol, com a "mania sem delírio", participará, como pioneiro, da nosografia desses distúrbios do comportamento, cujo conceito de "loucura lúcida" de Ulysse Trélat, com tanta frequência aplicado à grande família dos invertidos, representará um ponto culminante.

Em 1838, evidentemente não está em questão submeter a uma cirurgia aquelas e aqueles que desejassem mudar de sexo. Tanto que é preciso arriscar-se a esse anacronismo, e falar de transexualidade como desejo melhor que de transexualismo como reatribuição cirúrgica, então inimaginável. Para quem quer mudar de gênero, o transvestismo pode ser um meio, temporário ou permanente. Para quem sempre sentiu pertencer ao gênero oposto e sonha com um restabelecimento do sexo *original* contradito pelo *original* anatômico, a via está no momento sem saída: a medicina os ignora, a psiquiatria os tranca.

Entre os milhares de casos de "inversão sexual" estudados ao longo do século XIX, hoje é muito aleatório estabelecer *a posteriori* uma divisão nítida entre homossexualidade, transvestismo e transexualidade. Nem todos têm a nitidez dos exemplos de Esquirol. E é bem difícil, para não dizer sem fundamentos, diagnosticar que tal ou tal desejaria viver uma sexualidade diferente, mudar de gênero e/ou de sexo. O exemplo de Arthur X., prostituto travesti cujo depoimento o doutor Henri Legludic recolheu nos anos 1860, ilustra bem essa confusão. Descrevendo-se como uma *boneca tarifada*, sexualmente mal conformado, ele se assimilava a um só tempo aos invertidos, aos hermafroditas, aos afeminados que buscam "prazeres contranatureza", mas também acrescentava: "Eu, que desejei tanto ser menina, havia forçado a natureza a recalcar seus direitos"[39].

Magnus Hirschfeld, que classificava essas categorias sob a mesma bandeira dos intermediários sexuais, foi certamente um dos primeiros a reconhecer o desejo concreto de mudança de sexo, a respeitá-lo e, sobretudo, a lhe dar uma realidade. Em 1912, ele teria procedido no Instituto, a pedido de uma paciente que desejava uma reatribuição sexual, a uma mastectomia e a uma histerectomia, seguidas em 1921 de uma ooforectomia, série de operações de que não resta nenhum registro científico preciso[40]. Em 1917, nos Estados Unidos, Alberta Lucille Hart persuade o psiquiatra Joshua A. Gilbert a lhe fazer uma prescrição em vista de uma histerectomia, inicialmente justificada por regras dolorosas. Mas desde sua mais jovem infância, Hart tem consciência de ser um menino. Seus seios "atrofiados", suas amenorreias, a seu ver seriam indícios disso. Sua atração por mulheres, muito mal vivida e julgada conforme suas palavras uma "inversão anormal"[41], também participa ativamente de seu desejo transexual. Gilbert hesita por muito tempo, antes de convir que a desordem misteriosa de que sofre Hart merece ser ouvida: é, pois, com todo conhecimento de causa, que ele preconiza a ablação de um útero são no ano seguinte.

Muitas mulheres sofrem histerectomias por razões médicas, embora nem por isso mudem de sexo. Essa prescrição, e é o que lhe dá seu caráter excepcional, *avalizava* pela primeira vez o desejo de reatribuição sexual. Após a operação, Allan Hart conseguiu mudar de estado civil; casou-se duas vezes – seu segundo casamento, em 1925, com Edna Ruddick, durará quase

---

[39] Legludic, H. *Arthur X, Mémoires d'un travesti, prostitué, homosexuel, op. cit.*, p. 61.

[40] Hirschfeld, M. *Sexuelle Zeischenstufen, Sexualpathologie*. Bonn: Teil, Marcus & Webers, 1918. v. II. Um precedente a essa "*première*" acontecera em Nova York em 1902, data em que Eral Lind, um "invertido autoproclamado", consegue convencer um médico a castrá-lo. Vivendo como homem, mas identificando-se com uma mulher, Eral Lind, sofrendo de "obsessão sexual" e de espermatorreia, não queria tanto mudar de sexo quanto suprimir pelo menos uma de suas características masculinas que ele odiava, o que torna discutível seu apego à história do transexualismo. Ver Meyerowitz, J. *How sex changed: a history of transsexuality in the United States*. Cambridge (Mass.), Londres: Harvard University Press, 2002. p. 17. Poderemos igualmente nos reportar a: Lind, E. "Autobiography of an androgyne". *New York Medico-Legal Journal*, 1918.

[41] Meyerowitz, J. *How sex changed, op. cit.*, p. 18.

trinta e sete anos. Ele prosseguirá uma carreira feliz de médico e escritor, antes de morrer de uma crise cardíaca em 1962, na idade de 72 anos.

Essas etapas pioneiras do transexualismo devem muito à compreensão dos médicos, e à audácia deles. A endocrinologia está em seus primórdios – os hormônios sintéticos só serão descobertos no fim dos anos 1930 –, e as consequências operatórias ainda são mal conhecidas. No início dos anos 1910, Magnus Hirschfeld acompanhara com paixão as experiências do professor Steinach em Viena com ratos, cujos machos tinham sido "feminizados" por enxertos de ovários e as fêmeas "virilizadas" por enxertos de testículos. Ele próprio praticará injeções hormonais em seus (suas) pacientes, à imagem de Dora, nascida Rudolf Richter.

Desde a idade de 6 anos, Rudolf exprimira seu nojo por suas partes genitais ao tentar arrancar o pênis com uma corda. Em 1922, ele obtém dos médicos fazer-se castrar e passa então a se chamar Dora, ou Dorchen (Dorinha), como gosta de apelidá-la Hirschfeld, que a contratou como empregada no Instituto. O fato não é raro. Segundo o depoimento de Ludwig Levy-Lenz, cirurgião que vai trabalhar no centro em 1925:

> [Continuava a ser] muito difícil para os transvestistas encontrar trabalho. [...] Como sabíamos disso [...], fazíamos tudo o que podíamos para encontrar para eles um lugar no Instituto. Por exemplo, tínhamos cinco empregadas – todas transvestistas machos, e nunca esquecerei essa imagem, um dia em que cheguei na cozinha do Instituto após o trabalho: elas estavam ali, sentadas juntas, bem perto uma da outra, as cinco 'moças', tricotando tranquilamente, costurando e cantando velhas canções populares. Eram, cada uma, as mais trabalhadoras e as mais conscienciosas domésticas que jamais tivemos. Nenhum visitante estranho jamais notou nada...[42]

A castração tivera por efeito o desenvolvimento dos seios de Dora, a diminuição de sua pilosidade e a "feminização" de suas formas e de seus tecidos.

[42] Testemunho do doutor Levy-Lentz (tradução minha), reproduzido no *site* oficial do Instituto para a Ciência Sexual: http://www.hirschfeld.in-berlin.de/v_institut_en.html. Para encontrar o testemunho do médico e a história de Dora, clicar em "On-line exhibition", "Personnel", "Alphabetical", "Dorchen/Rudolph R.".

Em 1931, na idade de 40 anos, Dora obtém do doutor Levy-Lentz a ablação do pênis. "Por essa operação [...], atingi o contentamento de minha vida de alma. Minha castração realizou todos os sonhos do meu coração de criança", confia ela ao repórter Pierre Najac que a encontrou durante sua investigação, e que retoma: "Todos os seus sonhos, não. Pois essa Dora acaba de mandar talhar em plena carne, pelo [...] professor Gohrbandt, *uma vagina artificial*"[43]. Privilégio excepcional, deixaram o jornalista assistir a essa última operação que, em 22 de maio de 1931, no Urban Krakenhaus de Berlim, ia completar e finalizar a primeira reatribuição sexual completa da história. Seu relatório, muito fiel à descrição clínica publicada no mesmo ano pelo doutor Felix Abraham, um dos diretores do Instituto igualmente presente, conta simplesmente os fatos: incisão entre a uretra e o reto de 11 cm cauterizada por uma gaze, retirada de pele nas coxas da operada enroladas num cilindro, depois, "o professor Gohrbandt retirou do buraco que havia feito no corpo de Dora a gaze que lá havia colocado e substituiu essa gaze pelo dito cilindro. Esse transplante deu perfeitamente certo. A pele das coxas [...] recobre agora a cavidade [...] e impede suas paredes de se colarem"[44].

Os progressos da vaginoplastia foram mais rápidos que os da faloplastia, no entanto tentada já em 1916 nos mutilados de guerra. Em 1936, o médico russo Nikolai A. Bogoraz tem êxito na primeira faloplastia reparadora

[43] Najac, P. "L'Institut de la Science Sexuelle à Berlin". *In*: *Vénus et Mercure*, *op. cit.*, p. 184.

[44] *Ibid.*, p. 185. Ver igualmente Abraham, F. "Genitalumwandlungen an zwei männlichen Transvestiten". *Zeitschrift für Sexualwissenschaft und Sexualpolitik*, n. 18, p. 223-226, 1931. Esse artigo científico ilustrado de fotografias foi reproduzido por *The International Journal of Trangenderism*, v. 2, n. 1, janeiro-março de 1998. Está disponível no *site*: http://www.symposion.com, sob o título "Historic Papers". Segundo o doutor Abraham, a operação teria acontecido em junho, e não em maio. Magnus Hirschfeld acompanhara as operações de perto. Dois anos mais tarde, ele confiará a um semanário popular francês, tendo o cuidado de não melindrar os leitores: "No início, eu me opunha fortemente a esses métodos que eu julgava por um lado perigosos para a saúde e, por outro, inúteis. Mas à medida que eu aprendia a conhecer mais de perto esses indivíduos, constatei que alguns deles estavam prestes a se suicidar caso seus desejos de mandar transformar seus atributos mais evidentes não fossem satisfeitos... Eu pensava, então, que era preciso rejeitar toda hesitação a respeito deles" (Hirschfeld, M. "L'Amour et la science". *Voilà*, l'hebdomadaire du reportage. p. 6, 1º de julho de 1933). Na realidade, Magnus Hirschfeld pratica as reatribuições sexuais há quase vinte anos.

(com um tubo e enxertos de pele retirados do abdome), num homem cuja mulher, por ciúme, lhe cortara o pênis. Alguns meses após a operação, esta se declarava muito satisfeita com a vida sexual reencontrada com o marido[45]. Mas é só em 1948, na Inglaterra, que o primeiro transexual poderá se beneficiar de suas descobertas[46].

A imagem no quadro: Lili Elbe, também chamada Einar Wegener

Enquanto a história de Dora devia permanecer relativamente confidencial, a de Lili Elbe, na mesma época, era chamada a ser amplamente mais difundida. Pela imprensa, por um lado, mas por outro pela publicação de uma autobiografia, publicada na Dinamarca em 1931 sob o título *Fra mand til kvinde* (*De um homem a uma mulher*)[47] e rapidamente traduzido em alemão, depois em inglês.

Nascido em 1882, Einar Wegener admite ter tido uma infância feliz na sua Dinamarca natal. Terminada a escolaridade, ele se inscreve na Academia de Belas Artes de Copenhague, onde encontra Gerda Gottlieb. É amor à primeira vista, o casamento logo é celebrado, em 1904. O jovem casal obtém algum sucesso – Gerda sobretudo –, ganha prêmios que lhe permitem viajar. Em 1912, param em Paris por alguns dias: ali permanecerão

45 Ver Schultheiss, D. "The pioneering phalloplasty and penile implant surgery of Nikolai A. Bogoraz". *ESSM Today* (European Society for Sexual Medicine), n. 3, p. 14-15, agosto de 2004.

46 Ver Meyerowitz, J. *How sex changed*, *op. cit.*, p. 151. A operação fora praticada por Sir Harold Gillies, que inaugurava a técnica dita do "tubo no tubo". No conjunto, a faloplastia é muito mais complexa, pesada e onerosa que a vaginoplastia. Um fraco número de FTM (*Female to Male*) a ela recorrem. Da mesma forma, só raramente o fechamento da vagina é pedido.

47 Elbe, L. *Fra mand til kvinde*. Copenhague: Hage & Clausen, 1931. Vou basear-me, neste capítulo, na edição em inglês: Hoyere, N. (ed.). *Man into woman*, *op. cit.*, p. 288. Em matéria de autobiografia, a obra, publicada após a morte de Lili Elbe, é uma compilação organizada por um de seus amigos, Niels Hoyer (Ernst Ludwig Hathorn Jacobson de seu verdadeiro nome), a partir das lembranças de Lili, dos textos tomados sob seu ditado, sua correspondência e seu diário íntimo. O cirurgião que operou Lili teria relido o manuscrito para verificar a exatidão dos dados clínicos. (Todas as traduções das citações que se seguem são minhas. Para algumas expressões idiomáticas difíceis de traduzir, é dada igualmente a versão inglesa.)

por dezenove anos. Eles agora são três: Lili, no intervalo, se fez carne. Gerda pintava, então, o retrato de uma célebre atriz que, certo dia, impedida, teve de retardar uma sessão de pose e propôs que Einar, que tinha pernas e pés particularmente finos, a substituísse para a parte inferior do corpo. Gerda insiste, Einar é convencido a entrar no jogo até o fim, a ser coberto por uma peruca, a ser maquilado e a usar vestido e sapatos altos. Contra toda expectativa, ele sente muito prazer nesse "disfarce", e mais tarde até dirá dessas roupas femininas: "Instantaneamente, ali me senti em casa"[48]. Os meses seguintes, ricos de bailes em que Lili, com a cumplicidade de Gerda, obtém um sucesso estupeficante, o confirmam: dois seres doravante coabitam em um.

Em casa, Lili existe por inteira. Einar e Gerda falam dela na terceira pessoa, perguntando-se a cada oportunidade o que Lili teria pensado, o que Lili teria dito etc. Fora dali, ninguém sabe e todos ali se enganam: os homens que são instantaneamente atraídos por Lili, as mulheres entre as quais Lili se sente sempre a mais "feminina"[49]. Alguns raros íntimos foram colocados a par do segredo, entre os quais um francês, evocado no livro sob o pseudônimo de "Claude Lejeune"*, que se apaixona por Lili com todo conhecimento de causa. Para os outros, Einar passa pelo irmão de Lili.

Lili, sobretudo, tornou-se o modelo favorito de Gerda, cujo sucesso vai aumentando a ponto de Einar passar a ser o agente de suas obras. Dos *marchands* aos jornalistas, Einar encarregava-se de tudo, conforme as lembranças de uma amiga dinamarquesa, que evoca um homem "extremamente prestativo, gentil e engraçado" e "nem um pouco afeminado": "Era Gerda Wegener quem estava em primeiro plano. Ele estava por trás e a ajudava"[50]. Einar está por trás, mas onde se encontra Lili? O que começara como farsa

---

[48] Hoyer, N. (ed.). *Man into woman: an authentic record of a change of sex*, *op. cit.*, p. 64. "I felt at home in them from the first moment."

[49] *Ibid.*, p. 76.

* "O jovem" [*Lejeune*]. (N. T.)

[50] "La danseuse étoile Ulla Poulsen Skou parle de Gerda Wegener", retirado de uma entrevista de Ulla Poulsen Skou para um documentário de Nordisk Film e TV A/S sobre Gerda Wegener, novembro de 1998, publicado em *Gerda Wegener, portraitiste du Paris des années 20*, catálogo de exposição na Casa da Dinamarca em Paris, 4 de fevereiro – 5 de março de 2000, p. 30-32.

tornou-se um hábito, um rito sem o qual nenhum dos dois consegue mais ficar. Einar, pintor de paisagem, na maior parte do tempo esboça os fundos de quadros de sua mulher, onde o rosto de Lili se multiplica. Tanto que Gerda acaba confessando: "Acontece, às vezes [...], quando ela [Lili] posa para mim, um estranho sentimento me invade, que é *ela* que eu crio e forma mais que a moça que represento na tela"[51]. Quem molda quem, nessa variante do mito de Pigmalião e do *Retrato de Dorian Gray*? Será o quadro ou o artista que instrumentaliza o modelo? Será o modelo quem absorve a imagem e anima uma obra cujo campo ele criou, de que ele é o agente e o "paciente", na falta de ser o autor? Lili "enquadra" a produção do quadro ou a imagem querida por Gerda sai fora da moldura? Nessa história singular em que os protagonistas jogam com todas as dimensões da representação e da projeção, uma certeza permanece: o desejo transexual, *em ação* no quadro, resulta de uma prática estética a três – pelo menos.

Pouco a pouco, o jogo do início, insensivelmente, ganha corpo. Einar torna-se melancólico; com Gerda, eles se sentem dominados por algo mais forte que eles; insidiosa, a depressão se instala. Ainda mais que Einar vive mal uma série de "sintomas": todos os meses, hemorragias, em geral do nariz, interpretadas como regras, o indispõem; seu caráter se transforma – de imperioso, ele se vê atormentado pela "resignação, a obediência, a submissão incondicional a outra vontade [que] nele tomara lugar"[52]; Gerda observa até uma transformação de seu corpo, como que feminizado. Ele próprio admite. E ao ensaiar, para um espetáculo amador, o papel masculino que lhe atribuíram, ele reconhece: "Eu parecia uma mulher usurpando a identidade de um homem"[53].

A literatura médica será seu primeiro recurso, o único disponível, na época, para aquelas e aqueles que querem identificar seus "distúrbios sexuais". Ele disso conclui que é "um homem e uma mulher *num* único corpo". Os numerosos médicos franceses que ele consulta fazem outro diagnóstico: Einar é "histérico" ou "louco"[54]. Gerda, esta o apóia. Eles buscam juntos

---

[51] Hoyer, N. (ed.). *Man into woman: an authentic record of a change of sex*, *op. cit.*, p. 93.

[52] *Ibid.*, p. 97.

[53] *Ibid.*, p. 99. "I had looked like a woman impersonating a man." Em inglês, "female impersonator" em geral se traduz por travesti.

[54] *Ibid.*, p. 100.

um médico que "o separe de Lili"[55]. Será um radiologista, que nele aplica um misterioso tratamento, de que só se conhecerá o desfecho, previsível: sua ineficácia. Para os outros médicos, Einar é perfeitamente constituído fisicamente: é homem, de verdade. Um deles sugere que ele talvez fosse homossexual. Essa suposição "quase faz com que perca o sangue-frio"[56] – por pouco, ele teria brigado. Desesperado, ele se refugia na música e na leitura, *O banquete* de Platão sobretudo. Seu sentimento evolui: há, em seu "corpo doente", dois seres "separados um do outro, sem relação um com o outro, hostis um ao outro, ainda que tenham compaixão um pelo outro, já que sabiam que esse corpo só tinha lugar para um deles". No fim dos anos 1920, sua convicção está formada: "um dos dois deve desaparecer, ou os dois perecer"[57]. Um homem vai dar uma realidade ao primeiro desses dois imperativos: o doutor Warnekros, diretor da clínica de mulheres de Dresden.

A partir do momento em que Lili encontra Warnekros, de passagem por Paris, tudo acontece espantosamente rápido. Lili primeiro vai a Berlim, onde o doutor "Gebhard" (com certeza Gohrbandt) teria constatado que "o" paciente tinha uma "conformação feminina"[58]. Einar Wegener tinha "ovários"[59] dormentes, como ele afirma? E a que realidade corresponde essa afirmação de que seus testes sanguíneos teriam assinalado "80% a 100% de características femininas"[60]? A questão científica, sujeita à caução, não importa tanto quanto este traço: no espírito de Lili, a Natureza, onde jaz sozinha a Verdade, deve ratificar seus desejos. Os corpos, o sangue, os órgãos: eis os argumentos irrefutáveis, probatórios, que não só explicam, isentam de culpa, mas legitimam uma escolha. Assim, graças a essas *provas*,

[55] *Ibid.*, p. 104.

[56] *Ibid.*, p. 110.

[57] *Ibid.*, p. 113.

[58] *Ibid.*, p. 117. Todos os personagens da autobiografia de Lili Elbe aparecem no livro sob pseudônimo exceto, precisamente, Lili Elbe. Restabeleci por toda parte a identidade real de cada um deles no texto corrente.

[59] *Ibid.*, p. 25.

[60] *Ibid.*, p. 55. As primeiras presunções de diferenças cromossômicas XX/XY datam de 1921. Sempre é possível que Einar Wegener tenha sido portador do cariótipo de cromossomo XXY (síndrome de Klinefelter), que só será descoberto em 1942. Atualmente, calcula-se em 1/1.000 as crianças de sexo masculino que nascem com essa síndrome.

a colocação em conformidade do sexo e do gênero não corresponde mais a uma *reatribuição* de sexo, mas a seu *restabelecimento* na *anatomia* de origem. Em outras palavras, a medicina, longe de ceder a uma exigência pessoal ou de provocar como demiurgo a natureza, corrige-lhe os desregramentos no mais estrito e mais fiel respeito por suas leis. Há, na época, outros meios para justificar, sem ser taxado de demente, essa "metamorfose impensável"[61]? Com certeza não.

Esses primeiros exames "encorajadores" serão seguidos da visita de Lili ao Instituto para a Ciência Sexual – substituída, no livro, pelo Instituto para a Psiquiatria, Hirschfeld aparecendo sob o nome de Hardenfeld. Rude prova, a se crer no relato de Lili, apavorada por se ver no meio "de anormais", "de mulheres vestidas de homens" e de homens "que se tem dificuldade de acreditar que o são". As maneiras, as conversas deles a "enojam", chegam a lhe dar "náuseas". Esse ódio, cuja violência não deixa de surpreender, é o ódio de Lili em relação a Einar? Ou o de Lili, 'caso clínico' tranquilizado pela ciência, apressada em romper com seu passado e em não ser confundida com 'perversos', rejeitados num campo de ilegítimos? Sua reação, quando um médico francês sugerira tempos antes que Einar pudesse ser homossexual, já indicava: Einar/Lili rejeitava toda assimilação, numa época em que as questões de identidades de gênero e de orientação sexual ainda estavam muito imbricadas. Dizer de Lili, que vivia como mulher, que ela era homossexual, teria correspondido a dizer, por exemplo, ao inverso e com a mesma desenvoltura, que as lésbicas são homens.

O encontro com Hirschfeld, que Lili interessava enquanto 'artista' capaz, pensava ele, de analisar seus sentimentos, nada terá para incentivá-la a melhores disposições. Após ter mandado fotografar Lili, o diretor do Instituto, apelidado "o inquisidor", a faz passar, "pregada no pelourinho",

[61] Essa expressão, adaptada no fim dos anos 1920, na hora em que os(as) transexuais se contavam nos dedos de uma das mãos, forneceu o título de um livro recente de Castel, P.H. *La métamorphose impensable. Essai sur le transsexualisme et l'identité personnelle*. Gallimard, 2003. A título de indicação, só nos Estados Unidos, os(as) transexuais seriam no mínimo 25 mil, mais ou menos divididos igualmente entre FTM (*Female To Male*) e MTF (*Male To Female*). Fonte: Meyerowitz, J. *How sex changed*, *op. cit.*, p. 9.

horas de entrevistas das mais "impiedosas", assimiladas a uma verdadeira "tortura"[62].

A libertação será a primeira operação, a castração, em Berlim, da qual Lili sai com voz de soprano. Mas "o dia de seu verdadeiro nascimento"[63] a prende em Dresden, na clínica do doutor Warnekros, após sua penectomia, durante a qual o médico teria descoberto o rastro de ovários rudimentares, "substituídos" pelo enxerto de ovários de uma mulher de 27 anos. Após uma terceira operação não especificada "no abdome"[64], seguida de uma nova intervenção provavelmente devida a uma rejeição do enxerto de ovários, o doutor Warnekros obtém do rei da Dinamarca a anulação do casamento de Einar e de Gerda Wegener, e da embaixada um novo passaporte em nome de Lili Elbe, patronímico escolhido por ela em homenagem ao rio que alimenta a cidade de seu verdadeiro nascimento, o Elba.

Esses poucos meses do ano de 1930 são dominados por atrozes sofrimentos físicos e psíquicos. A morfina mal consegue acalmar suas dores. O apoio indefectível de Gerda, que a acompanha e vela por ela, é para ela, nesse período, seu maior socorro. Apesar da alegria intensa por ter dado nascimento a Lili, o assassinato simbólico de Einar, o artista, o pintor de paisagem, atira-a na angústia. Lili poderá pintar? São os olhos de Einar ou os de Lili que olham as paisagens? Quem é Lili? Uma mulher aliviada por ser enfim uma mulher qualquer, "como as outras", isto é, "superficial", "coquete e com a cabeça cheia de absurdos"[65], fraca, submissa, inconsequente... Suas congêneres apreciam menos esses julgamentos: uma delas, doutora em medicina, reivindicando pertencer às mulheres modernas do entre-guerras, considera Lili o espécime de uma idade passada, a quem ela lança: "Mulheres como você são mais adaptadas a um harém"[66]. Einar era sagaz e vivo, Lili é uma boboca. Suas declarações se encadeiam:

---

62 Hoyer, N. (ed.). *Man into woman: an authentic record of a change of sex, op. cit.*, p. 51.

63 *Ibid.*, p. 179.

64 *Ibid.*, p. 204.

65 *Ibid.*, p. 195.

66 *Ibid.*, p. 195.

"Não quero ser artista, mas mulher"[67] – estranha confusão dos estatutos, dos quais não se sabia que eram incompatíveis. Ou ainda: "Sinto-me tão mudada que poderiam dizer que o senhor não operou o meu corpo, mas o meu cérebro"[68], como ela confia a Warnekros, seu "criador". Criador que, seja dito *en passant* e sempre segundo o relato de Lili, parece muito pouco falar com sua paciente, "poupando-lhe" o objeto preciso das operações que ele pratica nela, ocupando mais o lugar de um mago poderoso e misterioso que de um interlocutor.

No início do ano de 1931, uma exposição dedicada a Einar Wegener acontece em Copenhague. Lili pensa por um momento em assisti-la transvestida de Einar, mas acaba desistindo. De volta à sua cidade, os rumores vão em bom ritmo. Lili consente, então, em contar sua história à imprensa, que se apossa do assunto. Apesar das publicações ilustradas e das manchetes, ninguém reconhece a heroína do dia na rua. Não tanto "impensável", sua transformação não é identificável. Lili ganhou sua aposta.

Na capital dinamarquesa, Lili também encontra "Claude Lejeune", o francês apaixonado por ela desde o início. Os sentimentos dele não mudaram, muito pelo contrário. Segundo ele, Lili teria agora necessidade de um "protetor": ele se oferece para esse papel e propõe casar-lhe com ela. Gerda casou-se de novo com um italiano, Lili está livre. Transtornada, ela prefere, antes de se comprometer definitivamente, ir pedir conselho a Warnekros. Mas ao chegar a Dresden, seu pedido evoluiu. Ela roga ao médico que faça um último milagre: dar-lhe a possibilidade de ter filhos. Em junho de 1931, uma quinta operação, com certeza para tentar implantar-lhe um útero, mergulha-a num "abismo de sofrimento"[69], do qual ela não se erguerá. Em 12 de setembro de 1931, Lili Elbe morre em Dresden, onde será enterrada conforme seu desejo.

---

[67] *Ibid.*, p. 279. Essa declaração não deixa de ecoar, por motivos decerto bem diferentes, numa frase de Berenice Abbott, fotógrafa ativa no mesmo período que Lili Elbe, e que escrevia no fim da vida numa carta: "Sou fotógrafa, não lésbica". Carta de Berenice Abbott a Kaucyila Brooke, datada de 3 de junho de 1985. Ver Brooke, K. "Roundabout". *In*: Bright, D. (ed.). *The passionate camera: photography and bodies.* Londres, New York: Routledge, 1998. p. 130-131.

[68] Hoyer, N. (ed). *Man into woman: an authentic record of a change of sex, op. cit.*, p. 244.

[69] *Ibid.*, p. 286.

Em que Lili Elbe pertence ao terceiro sexo? Em teoria, primeiro, ela responde à definição dada por Hirschfeld. O médico britânico Norman Haire, prefaciador da edição americana de *Man into woman*, confirma isso sem meias palavras: "O caso cai no âmbito da patologia sexual, e entra na categoria dos intermediários sexuais"[70]. Entretanto, o médico considera Lili transexual no sentido em que o entendemos hoje? Nada é menos seguro. Para ele, a série de operações que acaba provocando a morte de Lili era prematura em relação ao estado dos conhecimentos sobre a fisiologia sexual de então. Um tratamento psicológico a seu ver teria sido preferível para tratar o que ele prefere identificar, literalmente, como uma "duplicação de personalidade"[71].

Que Lili tenha sido uma transexual primária ou secundária[72], que tenha sido "legítimo" operá-la, é evidente que não cabe a ninguém julgar isso hoje. O texto de Norman Haire, livre da censura explícita que ele contém, tem no entanto o mérito de atrair a atenção para outra questão: a dimensão programadora desse desejo de mudança de sexo. Com efeito, Norman Haire não diz "desdobramento" – ou seja, a separação de duas personalidades contidas numa só –, mas de fato "duplicação", ou seja, a ação de dobrar. Esse detalhe diz bem suas dúvidas quanto ao caráter inato do estado de Einar/Lili e sua inclinação a pensar que Lili foi uma criação tardia, imaginária. Seja. Mas a duplicação é contraditória com o desdobramento? Não é razoável pensar que Lili tenha entrado em Einar a ponto de ser a ele consubstancial? Nessa interseção, Einar/Lili, cujas duas personalidades durante muito tempo conviveram, dá ao terceiro sexo outra variante: ser homem e mulher alternativamente, antes de operar a transição. A luta que se iniciará vai finalmente virar duelo, no desdobramento, do qual Lili sairá vitoriosa.

---

[70] *Ibid.*, p. viii.

[71] *Ibid.*, p. xii. "Duplication of personality". "Dual" ou "split personality" teria correspondido a desdobramento da personalidade.

[72] É a Robert Stoller que se deve a distinção, no fim dos anos 1960, sobre as transexuais primárias e secundárias. As transexuais primárias machos (TPM) são os meninos que, sem anomalia anatômica, foram femininos desde o primeiro ou segundo ano de vida. As transexuais secundárias machos (TSM) são os homens que pedem uma mudança de sexo, mas cuja história é diferente das TPM no sentido em que o sentimento de pertencer ao outro sexo apareceu mais tardiamente. Ver Stoller, R. *Masculin ou féminin?*. Puf, 1986. p. 39 e 44-45. (Fil Rouge).

Esse processo, como vimos, passou por uma etapa inicial e essencial: a pintura e a criação de *imagens*, ainda mais de imagens a dois, com a colaboração de Gerda. Como, olhando hoje esses quadros, não evocar a dimensão especular que têm? Einar não fez, o que poderia ter feito, seu auto-retrato em Lili. É à sua mulher que ele confiava o cuidado de lhe remeter seu rosto e seu corpo femininos, de lhe dar uma segunda vida. A que ponto Gerda fez, de certo modo, o auto-retrato de Lili como Gertrude Stein, em 1933, escreverá *A autobiografia de Alice B. Toklas*, sua companheira? E que consequências podiam ter essa duplicação confiada a uma outra, que lhe retirava a glória? A resposta de Einar é pelo menos ambígua: "Ele sentia o sucesso de sua mulher como o dele, por cavalheirismo para com sua mulher, como para com todas as mulheres"[73]. O cavalheirismo, *a priori*, antes consistiu em lhe deixar o mérito. As observações penosas de Lili sobre "o eterno feminino", dividido entre caprichos, besteiras e lavagem cerebral, talvez sugiram outra coisa: ao confiar ao doutor Warnekros, venerado como seu "criador", o cuidado de lhe dar "nascimento", Lili transferia a um homem o poder até ali guardado por sua mulher; sem contar que, ao animar a evanescente boneca *art-déco* saída dos pincéis do artista, Lili, ao mesmo tempo, privava Gerda do modelo mais sintomático de seu talento "criador".

Seu vigor em se distinguir dos(as) homossexuais poderia eventualmente ser incorporado no mesmo dossiê? A reputação de Gerda devia muito a seus dons de ilustradora. Ora, as cenas de que gostava mais representavam casais lésbicos, como nos *Descansos de Eros* (1917), série de doze pranchas eróticas difundidas clandestinamente, das quais sete são dedicadas aos prazeres sáficos, em que do cunilíngua à sodomia entre mulheres nenhuma fantasia escapa a seu lápis. E poderíamos ainda ficar falando durante muito tempo de um desenho famoso, publicado em *Fantasio*, que retrata os lugares de encontros lésbicos em Paris, intitulado "Os bares paralelos" e que tem por belo subtítulo: "Sexos autônomos"[74].

---

[73] Hoyer, N. (ed.). *Man into woman: an authentic record of a change of sex*, *op. cit.*, p. 38.

[74] Wegener, G. "Les bars parallèles". *Fantasio*, n. 467, 15 de julho de 1925. Gerda Wegener igualmente ilustrou o livro de Einar Wegener e Charles Guyot, *Le livre des Vikings d'après les anciennes sagas* (H. Piazza, 1924), que não contou menos de onze edições.

A menos que, como *A imagem no tapete*, de Henry James, essa figura indecifrável que o narrador acredita por um tempo ser o segredo reservado de um marido e uma mulher supremamente unidos, a imagem no quadro de Einar e Gerda Wegener seja, simplesmente, o nó de uma vã interpretação.

A diabólica invenção do professor Tornada

Durante quase vinte anos, Einar, Gerda e Lili participaram da vida parisiense, de seus bailes transvestistas, dos encontros artísticos e literários nos cafés da capital. Poderiam ter, em 1922, lido uma obra publicada em "As obras livres", coletânea literária famosa da casa Fayard: *O andrógino*, de André Couvreur[75]. Como seu título não indica, esse romance desconhecido é o primeiro na França a tratar, diretamente, do transexualismo[76]. O autor, filho de médico e médico ele mesmo, não estava em sua primeira tentativa. De sua pena já tinham saído dois personagens de sábios loucos: o repugnante Caresco, cirurgião sem escrúpulos (*O mal necessário*, 1899, e *Caresco, super-homem ou a viagem em Eucrásia*, 1905) e o não menos imundo Tornada, inventor de micróbios superdimensionados, soltos por vingança em Paris e nos subúrbios (*Uma invasão de macróbios*, 1909). É a este último que ele confiará o poder diabólico de permutar o sexo de um homem e de uma mulher em *O andrógino*.

---

[75] Couvreur, A. *L'Androgyne*. Fayard, 1922. p. 160-284. (Les Œuvres Livres: recueil littéraire mensuel, 7). "Les Œuvres Livres" era uma coleção popular que só publicava inéditos. No n. 7, *L'Androgyne* figura, entre outros, ao lado de um texto de Henri Béraud, *Le martyre de l'obése* [*O martírio do obeso*], que obterá o prêmio Goncourt no mesmo ano. O n. 6 da mesma revista, publicado em 1921, continha *Ces petits messieurs* [*Esses pequenos senhores*], de Francis de Miomandre, que tratava da homossexualidade masculina, que tivera um grande sucesso. E é no n. 60 dessa mesma coleção, em 1926, que Édouard Bourdet escolherá publicar em *avant-première* sua peça, objeto de um imenso escândalo, *La prisonnière* [*A prisioneira*], história de uma jovem apaixonada por uma mulher casada que nunca é vista em cena. A Paris chique logo batizou a peça: *L'Arlesbienne* [*A arlésbica*].

[76] Por vezes se atribuiu esse lugar a um romance de Maurice Rostand, *La femme qui était em lui* [*A mulher que estava nele*], história de um invertido, 'separado' por uma misteriosa operação de sua parte feminina ("a mulher que estava nele"), reencarnada numa jovem. Esse romance, menos explícito que *L'Androgyne* [*O andrógino*] de André Couvreur, só foi publicado em 1933, pela editora Flammarion.

A intriga cabe em poucas frases. O professor Tornada, sem prevenir as cobaias de seus projetos, sequestra de um lado Georges, um artista pintor, e, do outro, Robertine, uma jovem dos subúrbios, para proceder a uma troca do sexo anatômico dos dois. A operação tem perfeito sucesso, e Georgette e Robert, resignados com o novo estado, reintegram suas vidas respectivas, sem suspeitar a existência um do outro. Georgette, o personagem principal, doravante se fará passar pela irmã de Georges, de repente evaporado nas Índias, notadamente junto à sua antiga amante, Rolande. E aproveita a nova identidade para sondar os mistérios do eterno feminino – e o coração de sua amante –, pretextos para numerosas digressões sobre o mundo brutal dos homens, a ternura ou a perfídia femininas e as delícias proibidas do lesbianismo. Sempre atraído por Rolande, mas misteriosamente submetido a seu "criador", Georgette aceita de Tornada ficar noiva de um desconhecido: Robert de Lieuplane, que não é outro senão Robertine. Ao projetar casar os co-operados, Tornada buscava "constatar como se comportariam seus neo-sexuados na grande obra da criação"[77]. Mas sua ambição não vai se realizar. Denunciado, Tornada, que consegue no último momento restituir Georges e Robertine no sexo de origem para apagar os rastros de seus crimes, será preso pela polícia. Moral da história: Georges aprendeu muito com sua experiência, mas dos homens, confessa, ele não devia mais vangloriar-se "de pertencer à espécie deles"[78].

Se rápido compreendemos por que essa obra feita às pressas caiu no esquecimento, ela mesmo assim permanece rica de ensinamentos para a história cultural contemporânea. André Couvreur, apresentado como um epígono de Júlio Verne, decerto fez aqui obra de 'ficção científica'. Entretanto, podia ele ignorar, enquanto médico, as primeiras experiências transexuais alemãs e americanas? Seu romance 'de antecipação', uma vez livre de seus absurdos, parece antes bem recolher e concentrar as preocupações de uma sociedade e de uma época, o entre-guerras, em que os 'distúrbios sexuais' apaixonavam o público. *O andrógino* não se superpõe à história de Lili Elbe, posterior, não mais que não a inspirou. Mas o romance retrata,

[77] Couvreur, A. *L'Androgyne*, *op. cit.*, p. 270.
[78] *Ibid.*, p. 284.

de maneira impressionante, o contexto e o cenário de uma história das mentalidades sobre o fundo da qual evoluiu, em Paris, exatamente naqueles anos, Einar/Lili. Recapitulemos.

Primeiro ponto: Georges, o herói, bem como Einar, apresenta-se como um pintor, heterossexual, um mesmo paralelo ligando Georgette e Lili, cada uma irmã improvisada do artista. Se Tornada fixou sua escolha sobre ele, é que ao longo de um jantar em que a conversa girava em torno do "destino da transmutação"[79] cujo segredo o professor afirmava deter, Georges se mostrara mais aberto ao fantasma de atravessar a vida "mimada, adulada, festejada"[80], privilégio do destino das mulheres, pensava ele. Sua reação, quando fica sabendo, ao acordar na clínica, que Tornada o "colocou no feminino"[81], aliás não é tanto a revolta quanto a curiosidade diante dessa metamorfose psíquica, que faz estranhamente eco às palavras de Lili: "[...] sem poder defini-lo exatamente [...] eu recebia um vago aviso de que a minha personalidade moral não era mais a mesma [...] como se eu tivesse me tornado mais fraco em meu caráter, e dotado, entretanto, de uma sensibilidade aguçada"[82]. Mais adiante, espantado com a delicadeza nova de seus sentimentos, ele chegará até a pensar: "Logo, era que o enxerto de Tornada levava suas raízes até o cérebro?...". Um elemento, em compensação, difere radicalmente. Georges se inquieta, em intervalos regulares, em saber onde seu precioso apêndice pôde aterrizar, como mostra este vôo lírico, recaindo numa queda mais prosaica: "Ó meu enxerto, em que cepa me continuavas? Ó meu bem sempre respeitado, sob que influências persistias, e não te profanavam em terríveis companhias? [...] Vamos! Eis que passei ao estado de moça!..."[83].

Segundo ponto: as observações sobre o feminismo, o transvestismo e a homossexualidade que correm ao longo do romance mostram um a um os clichês difundidos nos Anos Loucos, dos quais alguns personagens como Blanche Férette, "feminista e no entanto bem bonita", e sobretudo a

[79] *Ibid.*, p. 170.
[80] *Ibid.*, p. 165.
[81] *Ibid.*, p. 172.
[82] *Ibid.*, p. 173.
[83] *Ibid.*, p. 236.

baronesa Nirvâne des Illeuls, encarnam os alvos favoritos. Caricatura, como denunciava Lili no Instituto de Hirschfeld e mesmo em Dresden, Nirvâne, virago de fraque, reivindica-se mulher e lésbica moderna. Em sua arrogância, ela é a primeira a duvidar dos poderes de Tornada:

> – Mudar de sexo à vontade, mas, você está brincando!
> – Não estou brincando, senhora. Por acaso brincou no dia em que quis, a senhora, dar a ilusão de que o seu estava mudado?
> – Eu... eu, a modificação só está, infelizmente!, na roupa... é só a falsificação... retrucou a baronesa, com uma gargalhada que propulsou ondas adiposas fora de seu colarinho reto[84].

André Couvreur, entretanto, é bem obrigado a abordar o lesbianismo sob outro ângulo, pelo fato de que Georgette, aliás Georges, está apaixonada por Rolande. A clássica distinção entre amizade pura, desencarnada e luxúria de malucas cai na p. 274, quando Georgette declara à sua bem-amada: "Não é preciso ser de um sexo diferente para se amar! [...] O amor entre amantes, veja você, sempre tem um fim desconcertante, diminuidor. [...] Ao passo que, entre mulheres, para quem o instinto é letra morta... ah! não falo das loucas, não falo das doentes... pois bem, entre mulheres, é um eterno éden para o coração!... o éden onde eu gostaria que você entrasse comigo, minha Rolande[85]...". Éden no entanto rico em tentações: é no momento em que Georgette e Rolande se dispõem a fazer amor que Tornada, inquietado pela polícia, surge para sequestrar Georges uma segunda vez, privando assim o leitor de uma cena promissora.

Os machos, cínicos, infiéis, também ficam arranhados. Mas guardam, apesar de tudo, um poder literalmente orgânico: como, na mente de Lili, o instinto de pintar cabia a Einar, é ao resíduo de Georges que Georgette atribui sua "febre de trabalho, como [lhe] acontecia em [seus] tempos viris"[86].

---

84 *Ibid.*, p. 162.

85 *Ibid.*, p. 274.

86 *Ibid.*, p. 215. Mas, contrariamente a Lili, essa febre dará a Georgette a energia de fazer seu auto-retrato como mulher, além disso em seu mais simples aparelho, nu que obterá um vivo sucesso no salão onde será exposto...

E da mesma forma que Lili saudava em Warnekros seu "criador", Georgette obedece cegamente a Tornada, do qual ela se considera "a obra-prima"[87].

Último ponto, enfim, é preciso devolver a André Couvreur o que pertence a Hirschfeld: a invenção, aproximativa em sua forma mas apropriada em sua definição, de uma palavra, que só descobrimos no final, no momento em que Tornada, perseguido, fica enraivecido por ter de interromper suas experiências com "vinte *transexuados*!... todos bem-sucedidos!... perfeitos!..."[88]. Com efeito, Tornada teve êxito ali onde Warnekros fracassou: Georgette é uma mulher "completa", que tem suas regras – cuja descrição, seja dito *en passant*, acaba nos convencendo que se trata de um livro de ficção científica – e que teria sido capaz de ter filhos. Entendemos melhor por que Georgette, no início do livro, ao empregar uma palavra também destinada a fazer fortuna, dizia: "Sim, eu podia, eu devia ter confiança num gênio que nos escamoteava o *gênero* com tanta facilidade e segurança"[89].

A história comparada de Lili e de Georgette deve realmente surpreender? Não, se considerarmos, razoavelmente, que seus traços comuns são os marcadores de uma época, de mitos eternos e de lugares comuns. O tema do irmão e da irmã num único corpo, por exemplo, é um clássico explorado desde sempre pela literatura, de *Madame Adonis* (1888), de Rachilde, colocando em cena Marcel e Marcelle, em *O anjo e o perverso* (1930), de Lucie Delarue-Mardrus, em que Mario se fará passar por Marion e inversamente. Quanto à figura do "criador" genial, sábio louco como Tornada ou pioneiro como Warnekros, ela deve muito à figura do médico, mago e confessor tudo junto, moldada nas mentalidades de longa data e reforçada desde a revolução industrial. Tampouco voltaremos às canções misóginas ou homófobas, que

---

87 *Ibid.*, p. 182.

88 *Ibid.*, p. 274. Grifo meu. Lembremos que Hirschfeld inventou a palavra "transexuais" em 1923 e que *L'Androgyne* [*O andrógino*] é publicado no ano precedente.

89 *Ibid.*, p. 176. Grifo meu. A primeira utilização da palavra 'gênero' em oposição a 'sexo' num contexto científico remontava a 1915, sob a pena de um médico britânico (Bell, W.B. "Hermaphrodism". *Illustrated Medico-Chirurgical Journal*, n. 35, p. 292, 1915), como mostrou Alice Domurat Dreger em seu livro *Hermaphrodites and the medical invention of sex*. Cambridge (Mass.), Londres: Harvard University Press, 1998. p. 166.

ostentam desde a noite dos tempos uma saúde insolente. Dessas grandes linhas, o terceiro sexo sempre é a inevitável câmara de eco.

Em compensação, a precocidade das preocupações sobre o transexualismo e a disforia do gênero tem com o que alimentar arqueólogos e paleontólogos do movimento *queer*. Pois de *transexuados a gênero*, parece que faltou pouco para que os médicos e os escritores dos anos 1920 inventassem juntos algum *transgênero*. Sem queimar as etapas, é em todo caso patente que o entre-guerras implantou e pôs em circulação, do tratado científico ao romance, um vocabulário, experiências e hipóteses que o século XX terminante problematizará pelos estudos sobre o gênero e a teoria *queer*. Um dos elos da cadeia, aliás, poderia ser reconstituído sem esforços. Em 1926, Harry Benjamin, pioneiro do transexualismo e futuro cirurgião de Christine Jorgensen em 1952, visitava o Instituto para a Ciência Sexual em Berlim. Dois anos mais tarde, tornava-se um dos membros mais ativos da Liga para a Reforma Sexual, fundada por Magnus Hirschfeld e Norman Haire[90].

4. LAIOS CONTRA ÉDIPO?

Na hora em que Magnus Hirschfeld fundava seu Comitê Científico Humanitário e lançava seus *Anais para os intermediários sexuais*, Sigmund Freud publicava *A interpretação dos sonhos*. O "momento 1900" consagrava juntas a sexologia moderna em Berlim e a psicanálise em Viena. Entre Hirschfeld e Freud, a corrente podia passar? No Instituto, os diretores dizem recorrer à psicanálise para tratar alguns de seus pacientes. O próprio Hirschfeld saudou a descoberta dos atos falhos e dos princípios de uma cura pela fala que "libera o neuropata das cadeias da sexualidade"[91]. Mas resolutamente organicista, Hirschfeld deplora a resistência dos psicanalistas a suas teorias do caráter inato e os acusa de nada saber da constituição biológica e sexual de seus sujeitos.

---

[90] Ver Pfaefflin, F. "Sex reassignment, Harry Benjamin, and some European roots". *The International Journal of Transgenderism*, v. 1, n. 2, outubro-dezembro de 1997. O texto está disponível no *site*: http://www.symposion.com/ijt/ijtc0202.htm.

[91] Hirschfeld, M. *L'Âme et l'amour: psychologie sexologique*. Gallimard, 1935. p. 189.

O ceticismo de Ferenczi

Para os historiadores da psicanálise como para os da liberação gay, Sandor Ferenczi é sempre apresentado como aquele que, antes do encontro com o mestre em 1908, teria feito os gestos mais significativos em favor da homossexualidade. Uma leitura atenta de seus trabalhos de juventude, reunidos sob o título *Os escritos de Budapeste*, inclina a relativizar um pouco essas palavras, bem como, aliás, a legitimidade das censuras de Hirschfeld. Pois o que mostram bem os primeiros escritos de Ferenczi, neurologista e psiquiatra húngaro, seria antes suas reservas ideológicas para com um terceiro sexo reivindicador, do qual ele seria, por sua vez, inclinado a reconhecer o caráter inato.

Como a maioria dos médicos de sua geração, Ferenczi não demorou a subscrever os princípios de degenerescência defendidos por Krafft-Ebing. O primeiro estudo que ele publica sobre um caso de homossexualidade feminina, em 1902, parece com uma lição bem aprendida: a paciente é vítima de um "pendor doentio" por mulheres; embora sem anomalia congênita, sua má dentição e seu rosto desgracioso a assimilam a uma degenerada ("tal feiúra é um sinal de degenerescência"); entretanto, a "perversão homossexual" tal como se apresenta nesse caso, seria "vantajosa para a sociedade" já que impediria degenerados de engendrar uma descendência – ou seja, o famoso "princípio regulador automático"[92]. Essa mulher obtivera a autorização da polícia para usar roupas masculinas. Vestida 'de mulher', era tomada por um transvestista – ilusão muito corrente que encontramos de modo ininterrupto no *corpus* do terceiro sexo, desde a história de Mademoiselle de Maupin, que declarava no fim do romance epônimo: "Se por acaso eu desejar ir buscar minhas saias [...] em vez de mulher disfarçada de homem, parecerei um homem disfarçado de mulher"[93]. Ou como o terceiro sexo torna-se uma segunda natureza, da qual a polícia autoriza a liberdade de movimento, mas que a psiquiatria tranca: a paciente de Ferenczi acabará no hospício.

---

[92] Ferenczi, S. *Les écrits de Budapest.* [Traduzido do húngaro por Györgyi Kurcz e Claude Lorin]. EPEL, 1994. p. 151-156. Esse artigo fora publicado originalmente sob o título "Homosexualitas feminina", no n. 2 da revista *Gyogyaszat*, em 1902.

[93] Gautier, T. *Mademoiselle de Maupin*, *op. cit.*, p. 356.

Em 1905, sempre sob a pena de Ferenczi, é publicado um texto de título promissor, referência explícita aos trabalhos de Magnus Hirschfeld: "Estados sexuais intermediários". O psiquiatra ali resume os princípios de base: o hermafroditismo do embrião, os caracteres sexuais primários e secundários dos homens e das mulheres. Quanto à sua descrição do "caráter terciário" ou "psicológico", ela lembra as melhores páginas do doutor Chevalier sobre a inversão como doença da personalidade: o tipo feminino é receptivo, o masculino, produtivo; o homem tende a fazer abstrações, é agressivo, a mulher tem o sentido da família, é terna; em suma, "o espírito masculino de certo modo é 'hipermetrope', e o da mulher antes 'míope'"[94]. No entanto, existiriam tipos intermediários, ou seja, homens femininos e mulheres masculinas, estados que poderiam fornecer uma explicação ao enigma da homossexualidade. Disposto a subscrever à teoria de Ulrichs, explicitamente citado, e ao caráter inato do uranismo, Ferenczi, no entanto, emite reservas em relação a Hirschfeld que isolaria "os uranianos como os representantes de um verdadeiro terceiro sexo, de certo modo 'intermediário', nem um pouco destinado à reprodução da espécie, mas ao trabalho e ao progresso da evolução humana". Aqui, o médico é nitidamente mais cético. Embora assine a petição de Hirschfeld pela abolição do § 175 e reconheça, com certa coragem para a época, que "a homossexualidade não prejudica a sociedade", ele afirma: "Atualmente, não faço minha essa apologia da homossexualidade"[95]. Ferenczi não é o primeiro nem o último a formular essa censura de proselitismo contra Hirschfeld.

A revolução freudiana

No mesmo ano de 1905, Sigmund Freud publica um livro destinado a marcar uma virada decisiva: *Três ensaios sobre a teoria sexual*. O primeiro capítulo, relativo às aberrações sexuais, dedica uma ampla parte à inversão.

---

[94] Ferenczi, S. *Les écrits de Budapest*, *op. cit.*, p. 247. Esse artigo fora publicado originalmente sob o título "États sexuels intermédiaires", no n. 19 da revista *Gyogyaszat*, em 1905.

[95] *Ibid.*, p. 253.

Freud ali refuta dois pontos essenciais: a associação da inversão com o princípio de degenerescência, e a alternativa "inato-adquirido" – que, diz ele, não explicaria nada. O recurso à bissexualidade (anatômica ou psíquica) lhe parece, da mesma forma, insuficiente, e isto desde a elaboração de um hermafroditismo mental por Ulrichs, evocado sem ser citado: "A teoria da bissexualidade foi enunciada sob sua forma mais crua por um porta-voz da inversão masculina: um cérebro de mulher num corpo de homem. Infelizmente, ignoramos as características de um 'cérebro feminino'. A troca do problema anatômico pelo problema psicológico é tão inútil quanto injustificada"[96]. Assim, Freud rompe com todos, dos psiquiatras tradicionais aos teóricos militantes. E é muito impressionante constatar, um século mais tarde, a que ponto essa ruptura "se entende" nesse contexto que se separa, sob todos os aspectos, da produção da época.

Freud varre com um revés de mão as teorias anteriores, mas o que propõe em troca? Segundo ele, o mecanismo psíquico da gênese da inversão deveria ser buscado do lado da infância, nos primeiros anos do menino – a menina ainda não é mencionada –, que viveria uma fase decisiva de fixação na mãe. Uma vez superada a fase, os invertidos "se identificam com a mulher e se tomam eles mesmos como objetos sexuais" e "buscam rapazes semelhantes à sua própria pessoa, que eles querem amar como a mãe os amou"[97]. Em outros termos, a homossexualidade corresponderia a uma parada do desenvolvimento e pertenceria à grande família dos neuróticos, espécies de "negativos" da perversão. Todavia – e é aí uma contribuição teórica considerável –, Freud não recusa apenas fazer dos homossexuais um "grupo particularizado"; ele inclui até uma relação de equivalência entre heterossexualidade e homossexualidade: "Do ponto de vista da psicanálise, [...] o interesse exclusivo do homem pela mulher também é um problema que requer uma explicação e não algo que é evidente e que conviria atribuir a uma atração química em seu fundamento"[98]. Logo, não haveria sexualidade 'normal' *versus* uma sexualidade 'anormal' ou desviante. Somos todos neuróticos.

---

96 Freud, S. *Trois essais sur la théorie sexuelle* [1905]. [Traduzido do alemão por Philippe Koepel]. Gallimard, 2003. p. 47-48. (Folio Essais).

97 *Ibid.*, p. 50, nota acrescentada em 1910.

98 *Ibid.*, p. 51, nota acrescentada em 1915.

Com essas primeiras hipóteses, que ele ainda julga insatisfatórias, Freud deslocou completamente o debate. Seus estudos ulteriores só farão aprofundar esse sulco. Em *Uma lembrança de infância de Leonardo da Vinci* (1910), ele confirmará sua recusa de encarar os homossexuais (palavra doravante preferida àquela de invertido) como "uma variedade sexual distinta desde o início, como graus sexuais intermediários, como um 'terceiro sexo'". Se de longe apóia as reivindicações dos homossexuais "por consideração de humanidade", ele vai sempre se irritar que as teorias dos militantes (isto é, de Hirschfeld, explicitamente visado) tenham sido "estabelecidas sem levar em conta a gênese psíquica da homossexualidade"[99]. Ele a isso volta ainda numa nota acrescentada em 1919, para espantar-se que a fixação na mãe e o recalque da homossexualidade em todo homem "normal" não tenham sido avalizadas. "Essas duas constatações põem fim tanto à pretensão dos homossexuais de serem reconhecidos como um 'terceiro sexo', quanto à distinção considerada importante entre homossexualidade inata e homossexualidade adquirida. [...] Só podemos lamentar que os defensores dos homossexuais no terreno da ciência nada tenham sabido compreender nas descobertas confirmadas pela psicanálise."[100]

"Constatações", "descobertas confirmadas": Freud passou da hipótese à teoria adquirida. Em 1920, ele insiste com força em "Da psicogênese de um caso de homossexualidade feminina", história de uma jovem vienense apaixonada por uma mulher dez anos mais velha: "Se levarmos em conta esses achados [a fixação na mãe e o recalque da homossexualidade], com toda certeza está morta a hipótese de um 'terceiro sexo' criado pela natureza num momento de humor particular"[101]. Entre humor amargo e firmeza, Freud, manifestamente, se irrita com a indiferença ou com a negligência de certos especialistas, que ele acusa de ignorar seus avanços e de corromper o grande público ao propagar ideiass nebulosas mas acessíveis. Já em 1913,

[99] Freud, S. *Un souvenir d'enfance de Léonard de Vinci* [1910]. [Traduzido do alemão por André Bourguignon]. Gallimard, 1987. p. 116-117. (Connaissance de l'Inconscient).

[100] *Ibid.*, p. 118.

[101] Freud, S. "De la psychogénèse d'un cas d'homosexualité féminine" [1920]. *In*: *Œuvres complètes, 1916-1920*. [Traduzido do alemão por Janine Altounian, André Bourguignon, Pierre Cotet et al.]. Puf, 2002. v. XV, p. 261.

no entanto, Hirschfeld havia longamente discutido o argumento freudiano do apego à mãe, cujo princípio ele admitia, mas para lê-lo, é verdade, como bom organicista, como um *efeito* e não como uma *causa* da homossexualidade (inata, não esqueçamos), arruinando, assim, todo o arcabouço teórico do pai da psicanálise[102].

O pivô das descobertas de Freud é, evidentemente, o complexo de Édipo, cuja inspiração, tirada de Sófocles, convém lembrar em algumas palavras. Édipo, filho de Jocasta e Laios, rei de Tebas, foi abandonado pelo pai a um guerreiro encarregado de matá-lo, a fim de que a predição do oráculo não se realizasse: o filho matará o pai e se casará com a mãe. Mas, pendurado pelos pés na floresta, Édipo (que significa pé inchado) sobrevive e é adotado por Polibos, rei de Corinto. Ao crescer, Édipo, que ficou sabendo da maldição do oráculo, foge para evitar a qualquer preço que se realize a profecia. Mas ele permanece na ignorância de suas 'verdadeiras' origens. Na estrada, briga com um homem e o mata: era Laios, seu pai biológico. Ao chegar a Tebas, vence pela primeira vez a Esfinge, que fazia reinar o terror, ao responder a seus enigmas. Como prova de reconhecimento, Édipo é proclamado rei de Tebas. Casa-se com Jocasta, que ele não sabe que é sua mãe. A predição do oráculo está realizada. Quando a verdade aparece, Jocasta se enforca e Édipo fura os olhos. Expulso pelos filhos, será conduzido pela filha Antígona até Colona, onde morrerá.

É a partir desse mito que Freud, em sua *Contribuição à psicologia da vida amorosa* (1910), inventará o complexo de Édipo, baseado no apego da criança à mãe e em sua rivalidade com o pai. Três estádios, a partir da idade de 3 anos, caracterizam o complexo de Édipo: a fase fálica, em que a criança toma consciência da vida sexual dos pais; a fase de castração, temor de uma sanção imaginária acompanhada de recalques; e, enfim, a resolução, na saída da adolescência, em que a criança renuncia à fixação sexual num dos pais, o que lhe permite sair do complexo de Édipo e construir-se plenamente. É essa última etapa que os homossexuais, parados em seu desenvolvimento, não conseguiriam ultrapassar.

[102] Hirschfeld, M. *The homosexuality of men and women*, *op. cit.*, p. 397-404.

Entre as numerosas críticas ao complexo de Édipo, o fato de que os meninos *e* as meninas sejam desde a origem apegados ao mesmo pai (a mãe nutridora) cria, é claro, dissimetrias teóricas difíceis de resolver. Um menino que superou seu complexo de Édipo será atraído pelas mulheres. Mas, e a menina? Por que, tendo tido a mesma fixação de origem, seria ela atraída pelos homens? No caso da jovem vienense analisada por Freud, seria a decepção em relação ao pai – do qual ela inconscientemente desejara um filho – e a fixação infantil na mãe tornada escolha de objeto exclusivo que a teriam conduzido a amar uma mulher mais velha, da qual ela teria feito uma mãe de substituição.

A leitura do mito de Édipo por Freud também compreende brancos. Em nenhum momento, por exemplo, ele evoca a história de Laios, o pai biológico de Édipo, a quem deveríamos a invenção da pederastia[103]. Um assunto sobre o qual Magnus Hirschfeld, em compensação, se demora de bom grado.

Laios, rei de Tebas refugiado na corte de Pélope, concebera uma paixão pelo filho deste, o belo Crisipo, que ele sequestrara. Esse episódio vai estar na origem da maldição dos labdacídios. Hera, protetora do casamento, escandalizada, enviou então a Esfinge aos tebanos para puni-los por terem sido tolerantes. Segundo Hirschfeld – sempre preocupado em tranquilizar –, essa primeira menção hostil à pederastia na literatura antiga grega explicar-se-ia pelo fato de que o sequestro fora perpetrado "contra a vontade dos pais, o que teria provocado a cólera dos deuses em qualquer caso"[104]. Hirschfeld nem por isso inventou um complexo de Laios, cujo papel mereceria ser reavaliado no interior de uma teoria familista das mais controversas. Laios vivendo conforme seus desejos, tendo um filho apesar da maldição, expondo-o em seguida à morte, depois provocando-o sem conhecê-lo (quando eles se encontram na estrada, é Laios quem agride primeiro o adolescente com um bastão), de fato é o modelo do fora-da-lei cuja presença Freud deliberadamente apagou[105].

---

[103] Roudinesco, E.; Plon, M. *Dictionnaire de la psychanalyse*. Edição ampliada. Fayard, 2000. (Histoire de la Pensée). [verbete "Homosexualité"].

[104] Hirschfeld, M. *The homosexuality of men and women*, *op. cit.*, p. 853.

[105] Sobre essa questão, poderemos nos reportar ao livro do filósofo Michel Juffé: *La tragédie en héritage: de Sophocle à Freud*. Genebra: Eshel, 1999. (Remise en Question). O autor aí

A história de Édipo e Laios, a título de símbolo ou de metáfora, ilustraria a distância irredutível entre Freud e Hirschfeld? Na verdade, tudo separa os dois homens, a começar pela concepção política que tinham do mundo. Ou seja, para esquematizar, de um lado Freud, o universalista, que encara *teoricamente* a homossexualidade e a heterossexualidade num pé de igualdade, mas não cumpre sua promessa de analisar em que esta última *também* seria problemática. E, do outro, Hirschfeld, o comunitarista, que particulariza cientificamente um grupo discriminado cujos direitos ele defende, ao risco de apresentá-lo como patológico. Aqui, o intelectual que concebe toda a sexualidade humana, alinhado à opinião de Napoleão para quem "a anatomia é o destino"[106]; ali, o biólogo convicto, convivendo com o eugenismo, e pioneiro do transexualismo. Duas formas de subversão, em suma, que deviam continuar sendo incompatíveis.

Groddeck ou Como é possível ser heterossexual?

Na "horda selvagem"[107] dos primeiros psicanalistas, Georg Groddeck deve ter sido um dos mais marginais. Pai da medicina psicossomática que ele exerce numa clínica de Baden-Baden, Groddeck é daqueles que recusam a divisão do corpo e da mente, persuadido de que nós todos fabricamos as nossas doenças. Seu livro mais célebre, *O livro d'isso*, põe em cena sua relação com Freud, sob a forma de um romance por cartas, endereçadas pelo narrador a

analisa a vontade de Freud de afastar cada vez mais o papel dos pais em proveito de uma culpabilização da criança, notadamente no momento em que elabora o complexo de Édipo. Sua correspondência com Fliess nessa época (que não foi integralmente traduzida em francês) revela que Freud estava consciente de ter tido um pai "perverso" que teria tornado seu irmão e suas jovens irmãs "histéricas". Recuando diante da ideia de acusar o pai por meio de Laios, Freud teria preferido deixar o peso sobre Édipo, contra-senso histórico segundo o helenista Jean-Pierre Vernant, que considera que Édipo, por ignorar seus atos, não teria cometido nem parricídio, nem incesto. ("Œdipe sans complexe". *In*: Vernant, J.P.; Vidal-Naquet, P. *Œdipe et seus mythes*. Bruxelas: Complexe, 1988. p. 1-22).

[106] Freud, S. "La disparition du complexe d' Œdipe" [1923]. *In*: *La vie sexuelle*. [Traduzido do alemão por Denise Berger e Jean Laplanche]. Puf, 1969. p. 121. (Bibliothèque de la Psychanalyse).

[107] Segundo a expressão do próprio Freud, designando o grupo dos primeiros psicanalistas.

uma amiga. Uma das últimas refere-se à homossexualidade; não é a menos curiosa. Groddeck ataca muito forte:

> Sim, estou persuadido de que todos os seres humanos são homossexuais; sou tanto dessa opinião que para mim é difícil compreender que se possa ser de outra. O ser humano gosta primeiro de si mesmo; ele se ama com todas as eventualidades da paixão, busca saciar todos os seus apetites conforme a sua natureza, e como ele mesmo é homem ou mulher, ele de imediato é submetido à paixão por seu próprio sexo. [...] Por conseguinte, a questão não é: a homossexualidade é uma exceção, será uma perversão? Nada disso; seria antes: por que é tão difícil considerar, julgar, discutir sem *parti pris* esse fenômeno da paixão pelo mesmo sexo? E, em seguida, como se explica que, a despeito de suas predisposições para a homossexualidade, o ser humano consiga sentir uma inclinação pelo sexo oposto?[108]

Segundo Groddeck, a resposta a essas questões reside em grande parte na ocultação sorrateiramente imposta pela sociedade sobre um vício vergonhoso. À maneira de uma criança que não vê a gravidez da mãe, "nós não *devemos* ver o que salta aos olhos"[109]. A homossexualidade seria uma pulsão reprimida em *todas* as pessoas, inclusive no narrador que declara ter feito esforços sobre-humanos para sufocá-la – pois o que o homem "detesta, despreza, censura é o fundo original de sua própria natureza".

Entretanto, seria imprudente ler essa carta como uma moderna apologia das relações de mesmo sexo. A ideia de que "a fonte da homossexualidade" seria "o narcisismo, o amor de si, a auto-satisfação" é um refrão muito antigo, cantado por uma medicina psiquiátrica obcecada pelo onanismo. Refrão que a psicanálise contribuirá para prolongar, ao reservar aos(às) homossexuais, por sucessivos desvios, a exclusividade de uma paixão mórbida pelo *Mesmo* e de uma denegação da relação com o *Outro*. O fato de Groddeck não ligar nenhum *a priori* negativo à masturbação e de querer abordar a questão da

---

[108] Groddeck, G. *Le livre du ça* [1923]. [Traduzido do alemão por L. Jumel]. Gallimard, 1996. p. 251. (Tel).

[109] *Ibid.*, p. 252.

auto-satisfação "sem preconceito"[110], no entanto, merece ser sublinhado. Mas sua proposta logo muda: ela fica sem resposta.

Uma das outras originalidades dessa carta, e não das menores, é abordar a sensualidade feminina, que a época, segundo Groddeck, negligenciou, até mesmo ignorou. Os tempos mudariam?

> Parece-me que de novo percebemos a existência dos seios, de vaginas e de clitóris e que nos permitimos até pensar que há um traseiro feminino, com tudo o que isso comporta de oportunidades de cocô, peidos e volúpia. [...] Mal notamos que o amor entre mulheres é banal e costuma acontecer aos olhos de todos. O fato é que uma mulher pode, sem o menor constrangimento, e seja qual for a sua idade, beijar e acariciar outra mulher. Não é "homossexual", não mais que a masturbação feminina não é "masturbação". Isso nem existe[111].

Essas observações salutares são acompanhadas de uma maneira de ver as coisas muito particular ao autor: embora siga o exemplo de Freud, Groddeck sempre acha um meio de subverter o pensamento do mestre. Sim, o ser humano é bissexual, mas ele assim permanece a vida inteira, o que recoloca em questão a etapa da escolha na puberdade; sim, a homossexualidade feminina encontraria sua fonte na relação mãe-filha, mas é precisamente o que faz fracassar a teoria do complexo de Édipo. Em suma, o verdadeiro enigma permanece indiscutivelmente a heterossexualidade.

O encontro do terceiro sexo e da psicanálise não devia acontecer. Ferenczi e Freud o confirmam: o terceiro sexo é um assunto de ativistas, uma série de teorias enviesadas. Quanto a Groddeck, suas provocações podiam atingir Hirschfeld? Este nunca fez questão de questionar a "normossexualidade", cujas vantagens ele até exaltava em relação ao isolamento social que provocavam as sexualidades desviantes. Seu objetivo era mais procurar aplicar o lema de seu Instituto: "*per scientiam ad justiciam*" (chegar à justiça pela ciência).

---

110 *Ibid.*, p. 253.

111 *Ibid.*, p. 254.

Mas seu sonho desaba em 6 de maio de 1933: de manhã, uma tropa de estudantes nazistas entra à força no Instituto, saqueia tudo de passagem e leva milhares de livros; de tarde, um comando de SA procede a revistas mais metódicas, provavelmente para recuperar dossiês de dignitários nazistas que Hirschfeld tomara a precaução de enviar ao exterior, desde as primeiras ameaças de Hitler contra a sexologia 'enjudeuzada'. Dias mais tarde, um imenso auto-de-fé leva consigo a obra de uma vida na Praça da Ópera em Berlim. Nas chamas, ao lado do busto de Magnus Hirschfeld, vê-se queimar um retrato de Sigmund Freud[112].

Em Paris, nessa época, Hirschfeld fica sabendo da destruição de seu Instituto por acaso no cinema, ao assistir às atualidades. Sob seus olhos, 20 mil volumes, 35 mil imagens, milhares de documentos e objetos partem em fumaça. Ele pensa em retomar sua obra na França, a partir de Nice, onde se instala. Mas abatido, morre no dia em que completa 67 anos, em 1935. É nessa época que perdemos o rastro do doutor Félix Abraham, que participara das primeiras reatribuições sexuais com o doutor Levy-Lentz. Este último, destituído de sua cidadania em 1939, vai se exilar no Cairo onde prosseguirá sua carreira. Quanto ao professor Erwin Gohrbandt, outro pioneiro do transexualismo, colaborador ocasional do Instituto, ele se tornará conselheiro médico da Luftwaffe e participará em Dachau de experiências mortais de hipotermia.

A perda dos arquivos do Instituto, irreparável, mesmo assim não foi completa. Documentos subsistem, imagens foram salvas, hoje conservadas pelo Magnus-Hirschfeld Institut em Berlim. Outros fundos encontram-se nos Estados Unidos, coletados por um homem que, bem rápido, buscou recuperar o máximo da obra dispersada de Hirschfeld: Alfred Kinsey, cuja célebre "escala" também pode ser lida como uma herança dos trabalhos sobre o sexo intermediário na Europa, e seu Institute for Sex Research, fundado em 1947, como a continuação do grande projeto de Magnus Hirschfeld.

[112] O episódio é contado por Christopher Isherwood, em *Christopher et son monde*, *op. cit.*, p. 137. Nesse clima de terror, no dia do auto-de-fé, o autor confessa: "Christopher, presente no meio da multidão, diz: 'É uma vergonha!'; mas com uma voz moderada."

O terceiro sexo

Ilustração de Jean-Louis Forain publicada em *Le Courrier Français* de 14 de outubro de 1888, a respeito de *Sodoma*, romance de Henri d'Argis, prefaciado por Verlaine.

Cametard, ar boêmio, e Pinguet, como favorito de Henrique III, dois "pederastas em fuga" procurados pela polícia nos anos 1870.

Entre as "tiazinhas enganchadas" procuradas pelos policiais figuram muitos travestis como Cannetier, 20 anos, vulgo "Pépette" ("Franjinha") ou "Ervilha-de-cheiro".

Gonnat, 22 anos, aqui fotografado como 'mulher' e como 'homem', será preso pela sexta vez em 1872.

Chapéu-melão, sobrecasaca, botas de montaria: Alice Balanahi, 22 anos, registrada entre as "mulheres galantes" vigiadas pela polícia, exibe a roupa clássica da tríbade em 1875.

As tríbades

"O ciúme, entre as moças dadas ao vício do safismo, costuma ocasionar querelas, e às vezes verdadeiros duelos, nos quais a arma mais corrente é o pente de coque." Trecho e ilustração de *A prostituição contemporânea*, de Léo Taxil, publicado em 1884.

Dançarina de sucesso do II Império, célebre por ter lançado o cancã, Marguerite Badel era mais conhecida pelo nome de Rigolboche. Chamavam-na ainda Marie la Huguenote, mas, segundo a polícia, "esse apelido, que era pronunciado bem alto, cobria aquele que era dito bem baixo: Marie la Gougnotte" [Sapata].

Amiga de Flaubert e de Maupassant, a atriz Suzanne Lagier era reputada por sua excentricidades e sua verve rabelaisiana. Segundo a polícia, ela tem "relações contranatureza" com numerosas tríbades, dentre elas Rigolboche.

Karl Heinrich Ulrichs.

Magnus Hirschfeld.

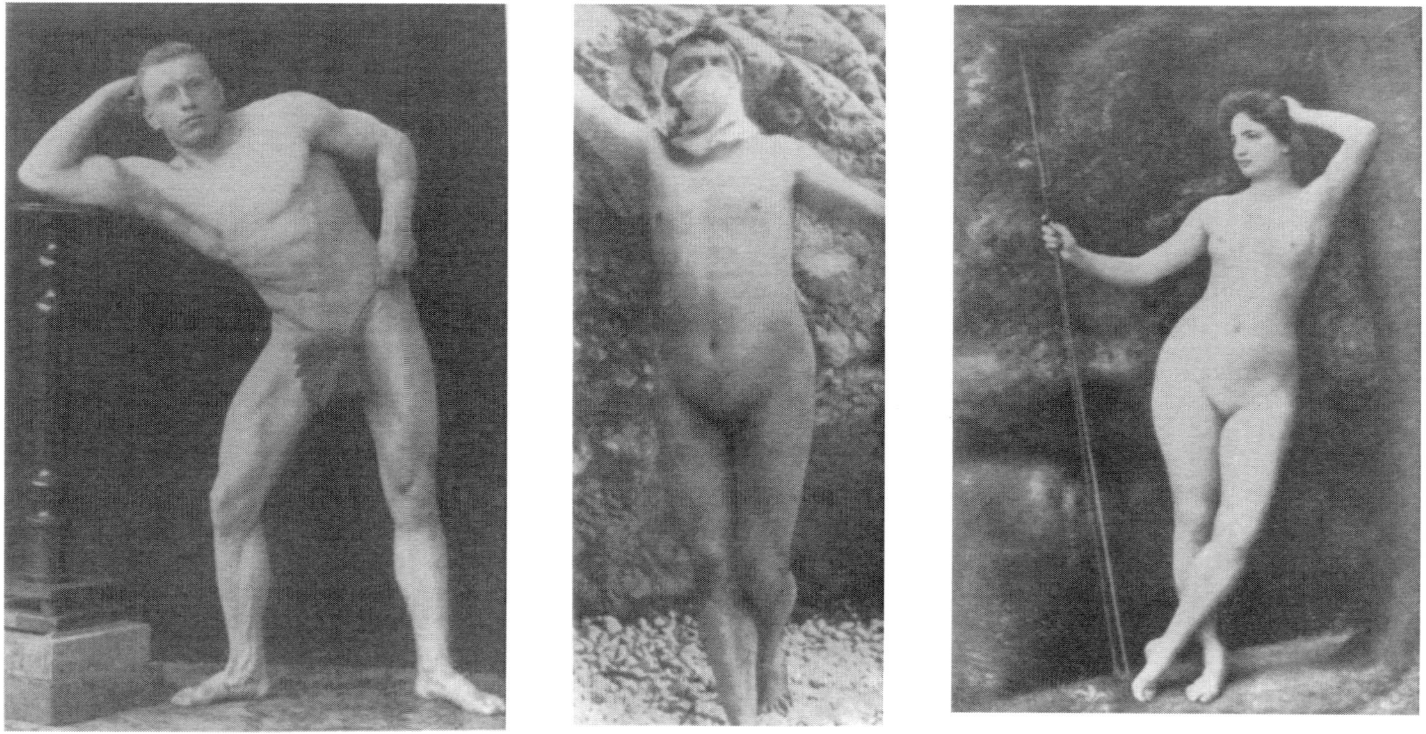

Os três 'tipos' humanos: masculino, uraniano e feminino. Em 1903, Magnus Hirschfeld imagina esta encenação para ilustrar sua classificação dos homossexuais como um 'terceiro sexo' natural e intermediário, situado entre o homem e a mulher.

"Casal casado, feliz juntos. 'Ela' é um homem. 'Ele' é uma mulher."

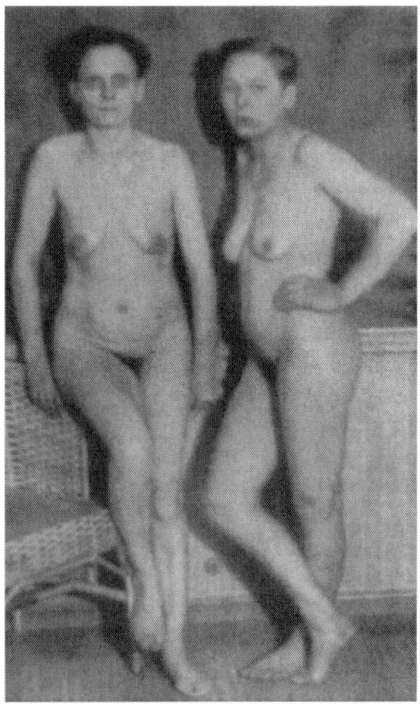

Outro exemplo de transvestistas em Berlim nos anos 1930, estudado por Hirschfeld: "Tia e sobrinha vivendo como homens".

HANSI STURM, CASADO E PAI DE DOIS FILHOS, SÓ APARECE AOS OLHOS DOS HABITUÉS DO CÉLEBRE CABARÉ DO ELDORADO EM BERLIM SOB ESSE ASPECTO "ENCANTADOR".

PODE-SE JULGAR POR ESTAS FOTOGRAFIAS QUE HANSI STURM NADA IGNORA DAS AFETAÇÕES DA GRAÇA FEMININA.

Extraído da reportagem de Pierre Najac, em Berlim, em 1930.

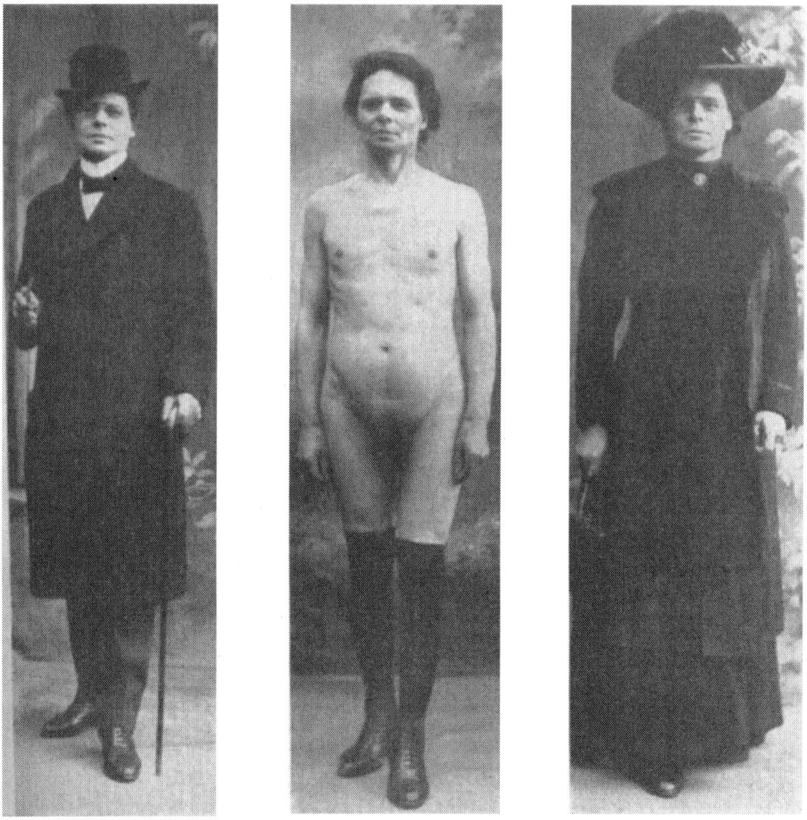

Em 1910, Magnus Hirschfeld imagina um monumental muro fotográfico destinado a ilustrar sua teoria do sexo intermediário, em quatro seções: as transições genitais, físicas, do instinto sexual e psicológicos. "Fredericke Schmidt, pseudo-hermafrodita masculino", figurava no fim do primeiro grupo.

Einar Wegener de perfil, por Gerda Gottlieb, sua futura esposa.

Lili, primeiras transições.

Lili Elbe, após a operação na clínica de Dresden, no início dos anos 1930.

Lili, modelo de uma *Jovem parisiense no carnaval*, por Gerda Wegener, 1928.

Rudolf Richter, vulgo Dorchen, empregado no Instituto de Magnus Hirschfeld, conhecerá uma das primeiras reatribuições sexuais completas da história, em 1931.

Nino Cesarini e seu protetor, o barão Jacques d'Adelswärd-Fersen.

Charles Double.

Oscar Wilde, no papel-título de sua peça, *Salomé*.

A célebre boate lésbica, Le Monocle.

No baile de Magic-City, por Brassaï.

Notre-Dame de Lesbos,
de Charles-Étienne, 1919.

O terceiro sexo, de
Willy, 1927.

Questão de circunstância

Dr. Magnus Hirschfeld, a Hermann le Chérusque:
"Há muito tempo, meu bravo, que você está aí de pé, sem nenhuma sociedade feminina. Você por acaso não seria homossexual?"

(*Kladderadatsch*, de Berlim, 3 de novembro)

O alemão no Folies-Bergères

– Diga-me, querido! Você, pelo menos, é fêmeo-sexual?

Caricatura de Saunier (*L'Indiscret*, 4 de dezembro)

O caso Eulenburg

Depois disso, o primeiro dançarino, Maximilien Harden, convida o conde de Moltke, e a primeira dança de roda começa.

(*Kladderadatsch*, de Berlim, 7 de novembro)

– Não sei, agora, isso não me pareceria mais tão engraçado, os homens de saia!

O terceiro sexo moderno:
a mulher-bicicleta,
que usa culotes.

Peter, uma jovem inglesa, por Romaine Brooks, 1923-1924.

CAPÍTULO V

ESSE MAL QUE VEM DE OUTRO LUGAR

O terceiro sexo vem da lua. É Platão quem diz isso. O macho seria "um rebento do sol; o gênero feminino, da terra; aquele, enfim, que participa dos dois, um rebento da lua, visto que a lua também participa dos dois outros astros"[1]. Poética nacionalidade esse pertencimento lunar, excessivo, talvez, para poder permanecer.

O terceiro sexo vem de longe. Classicamente, ele remonta à Grécia, a pátria de Sócrates, ou à Roma antiga, que viu nascer Virgílio. Segundo Johann Ludwig Casper, ele seria de "origem asiática", isto é, oriundo de um Oriente próximo e extremo, langoroso e lascivo, que se estende do Egito ao Japão, misturando as vertigens das *Mil e uma noites* aos ritos hindus perpetrados por alguns idólatras do linga, ainda mais ameaçador porquanto é vago e desconhecido. Para os franceses, o "vício italiano" foi importado por Catarina de Médicis e sua corte em Paris, de onde se propagou. O que permitirá aos alemães daí deduzir o trajeto da contaminação: uma vez instalado na França, o "vício francês" cruzou as fronteiras para introduzir com o rococó em Potsdam, capital da Prússia nascente, outras figuras de estilo mais licenciosas ainda e menos bem-vindas na nação de Lutero – que doravante adota a expressão: *Ele se deixou postdamizar*. A partir de sua ilha, a pérfida

1 Platon. *Le banquet* [Traduzido do grego antigo por Luc Brisson]. Flammarion, 1999. p. 115. (Garnier-Flammarion/Philosophe). A referência encontra-se no "Discours d'Aristophane", 190 b.

Albion zomba assim do "vício alemão" e finge ignorar os estudos sobre a "unissexualidade inglesa", de que se diz que seria tão legendária quanto sua "hipocrisia" e a reputação suspeita de seus colegas.

Ao sabor das guerras e das invasões, o terceiro sexo será "teutão" ou "ianque"; serão denunciados os "amores hirschféldicos" (Willy) e a perversidade do "feminismo americano". Qualificado de "protestante" pelos católicos e de "maometano" pelo conjunto dos ocidentais, ele será com frequência suspeito de estar sob influência "judia". Uma coisa é segura: com sua cara de meteco, o terceiro sexo *sempre* vem de outro lugar. Só haveria a Suíça para ser neutra – e poupada – nesse debate. E mais: Heinrich Hössli, um dos primeiros pensadores modernos do amor entre homens, admirado por Ulrichs, era um cidadão helvético[2]. A vida não é tão simples.

Como a objetividade científica exige, é claro que os especialistas estão todos de acordo quanto a um mesmo ponto em seus tratados cultos, abrindo-se invariavelmente para uma história-geografia do sujeito: o mal é de todos os tempos e de todas as latitudes. Mas, à imagem dos animais de Orwell, todos iguais mas sendo alguns deles mais que outros, certos períodos – em geral os finisseculares – e certos países – contanto que isso não seja a pátria do locutor – seriam mais marcados que outros. Universal e vernacular, atemporal e próprio às épocas decadentes, o terceiro sexo não é muito de renunciar à sua carreira de oximoro.

---

[2] Essa rápida vista das diversas nacionalidades supostas do terceiro sexo condensa várias dezenas de tratados que se repetem ou se copiam e de romances que deles se inspiram ou os plagiam. Nessa massa, citaremos principalmente: Casper, J.L. *Traité de médecine légale*, *op. cit.*, p. 118; Dr. Luiz. *Les fellatores. Mœurs de la décadenc*. Union des Bibliophiles, 1888. p. 93; Chevalier, J. *Une maladie de la personnalité: l'inversion sexuelle*, *op. cit.*, p. 100-135; Dr. Hayès. *La pédérastie...*, *op. cit.*, p. 45-50; Raffalovich, M.A. *Uranisme et unisexualité*, *op. cit.*, que dedica um capítulo a "Unisexualité anglaise, hypocrisie"; Fazy, E. *La nouvelle Sodome*. Ambert et Cie., s. d. [1907]; Grand-Carteret, J. *Derrière "Lui". L'Allemagne et la caricature européenne en 1907*, [1908]; seguido de Steakley, J.D. *Iconographie d'un scandale*. Lille: GKC, 1992. p. 12-17; Willy. *Le troisième sexe*. Paris-Édition, 1927. p. 39-81. E, para as fontes secundárias: Mosse, G.L. *L'Image de l'homme. L'Invention de la virilité moderne*. [Traduzido do inglês por Michèle Hechter]. Abbeville, 1997. p. 74. (Tempo); Mayer, H. *Les marginaux: femmes, juifs et homosexuels dans la littérature européenne*. [Traduzido do alemão por Laurent Muhleisen, Maurice Jacob e Pierre Franchini]. Albin Michel, 1994. p. 220-235; Tamagne, F. *Histoire de l'homosexualité en Europe*, *op. cit.*, p. 354-358; Chauncey, G. *Gay New York*, I – *1890-1940*. [Traduzido do inglês por Didier Eribon]. Fayard, 2003. p. 190. (Histoire de la Pensée).

Como o jogo dito da batata quente, o terceiro sexo deve imperativamente eleger domicílio no vizinho sob pena de eliminação no concurso dos orgulhos nacionais. Em 1880, o doutor Moreau de Tours já se desculpava por expedir em poucas linhas sodomitas e safistas numa nota justificativa: "O leitor compreenderá que, aqui, só tenhamos em vista os costumes de nossos países, e nem um pouco os de outros lugares onde a pederastia é, ao contrário, coisa recebida e admitida"[3]. Vinte e cinco anos mais tarde, o doutor Laupts, em resposta a um de seus confrades alemães que lhe sugeriu que essa "especialidade" seria mais latina que germânica, retorquia com a mesma convicção: "*Sei* que a homossexualidade só existe em estado de exceção muito rara na quase totalidade do território continental – quero dizer não colonial – francês. *Sei* que a imensa maioria de meus compatriotas (não coloniais) experimentam pela homossexualidade um nojo *extremo* não simulado"[4].

Pois o vício "colonial" era fatal; devia surgir cedo ou tarde. O clima das ilhas lhe seria propício. Segundo o doutor Armand Corre, autor de uma obra de antropologia criminal em países das Antilhas, "as negras e as mulatas" de Guadalupe, ameaçando com "seus convites impudentes"[5] as mães de família não nativas nos mercados, chegariam até aos atentados ao pudor contra meninas de 12 a 14 anos. O mal se estende à medida que cresce o Império. A Argélia em 1830, a Tunísia em 1881 e o Marrocos em 1912: os avanços da colonização francesa dele farão sobretudo, visto de Paris, um mal magrebino. "A unissexualidade, esse vício corrente dos árabes, é, no Oriente, um produto direto do maometismo que sequestra e retira da circulação toda mulher núbil"[6], explica Jules Hoche em *O vício mortal*. Ela atingiria o exército, corromperia até os estados-maiores, o que não desmente a sólida reputação do marechal Lyautey e o que confirma

---

[3] Moreau de Tours, P. *Des aberrations du sens génésique*, *op. cit.*, p. 161.

[4] Dr. Laupts. "Lettre au Professeur Lacassagne en réponse aux lettres de M. Raffalovich". *Archives d'Anthropologie Criminelle*, v. 24, p. 693-696, 1909; citado por Rosario, V.A. *L'Irrésistible ascension du pervers*, *op. cit.*, p. 128.

[5] Corre, A. *Le crime en pays créoles: esquisse d'éthnographie criminelle*. Lyon: A. Storck / Paris: G. Steinheil, 1889; citado por Ellis, H. *Études de psychologie sexuelle*, I. *L'Inversion sexuelle*, *op. cit.*, p. 420.

[6] Hoche, J. *Le vice mortel*. Tallandier, 1904. p. 249.

com brilho o médico major René Jude. Segundo este último, autor de um estudo sobre *Os degenerados dos batalhões da África* (1907), os dois terços dos soldados, como que atingidos por uma doença exótica, seriam pederastas. Alguns formam verdadeiros "casais": "A 'mulher' engraxa os sapatos, faz a cama, prega os botões, lustra. [...] Por sua vez, na corveia noturna, quando se trata de deslocar grossos blocos de pedra ou de carregar vigas, o homem se precipita para mostrar sua força e poupar à companheira esforços penosos demais"[7].

Os britânicos, contra toda expectativa, seriam mais estritos. Segundo Havelock Ellis, a frequência da inversão entre "os negros de Zanzibar", antigo sultanato tornado protetorado britânico, seria devida "à influência árabe"[8]. Na Índia, reforça o doutor Hayès, onde ainda se vêem casais de pederastas "andando de mãos dadas, balançando os braços, reconhecíveis pela tez pálida e o olhar apagado", "o roubo de crianças para a exploração dessa vergonhosa indústria" cessou: "Ainda bem que a ocupação inglesa veio pôr um fim nisso"[9].

Com certeza teríamos estado no direito de esperar o mesmo rigor por parte dos ingleses que permaneceram no Reino Unido. Nada disso – a se crer que haveria até compensação e emulação: "O sadismo [lá] é muito difundido, costuma acompanhar suas alegrias com a flagelação e o alcoolismo"[10]. Insignificâncias, comparado à Espanha, onde "as tríbades são legião" e os prazeres do "beijo sáfico" mais sofisticados que em outra parte: "A amante começa enchendo a boca de álcool e o sopra no sexo da amiga; depois o bebe"[11].

Inútil estender-se: o terceiro sexo sempre será aquele do estrangeiro, do outro, e sua naturalização dependerá do clima diplomático internacional. Na virada do século XX, entre 1895 e 1907, essa estratégia experimentada

---

[7] Jude, R. *Les dégénérés des bataillons d'Afrique*. Vannes: B. Le Beau, 1907. p. 33-34.

[8] Ellis, H. *Études de psychologie sexuelle*, I. *L'Inversion sexuelle*, *op. cit.*, p. 322.

[9] Dr. Hayès. *La pédérastie...*, *op. cit.*, p. 48-49. Essa descrição dos pederastas indianos é um estrito plágio do texto do Dr. Julien Chevalier tirado de *Uma doença da personalidade...*, *op. cit.* Só a frase sobre a ocupação inglesa foi acrescentada.

[10] Dr. Riolan. *Pédérastie et homosexualité*, *op. cit.*, p. 103.

[11] X... *L'Amour saphique à travers les âges et les êtres*. Chez les marchands de nouveautés, 1902. p. 244. Essa obra às vezes é atribuída ao doutor Garnier.

do bode expiatório será servida, e amplificada, por uma série de casos de costumes e de Estado que reforçaria a dimensão política do "homossexual" como figura e como sujeito – série de casos que atingem os homens, a homossexualidade feminina não sendo criminalizada, exceto na Áustria. Ela começa com um processo logo erigido em símbolo: a Coroa (Oscar Wilde, parte queixosa) contra John Douglas, marquês de Queensberry.

I. O TEMPO DOS CASOS

O pavão irlandês e o marquês escarlate

Irish Peacock and Scarlet Marquess (*O pavão irlandês e o marquês escarlate*)[12]: parece o título de uma peça de teatro. Ler-lhe o conteúdo mal desmente essa impressão, não fosse o subtítulo: *The real trial of Oscar Wilde* (*O verdadeiro processo de Oscar Wilde*), assinalando a natureza desse documento, ou seja, a transcrição dos resumos de audiências do processo de difamação intentado pelo escritor contra o marquês de Queensberry, publicada pela primeira vez em inglês em sua versão integral em 2003.

Wilde, no tribunal, faz visagem; lança suas réplicas como se estivesse em cena, corrige os diálogos entre magistrados, prepara o público para a queda de seus chistes. É engraçado e trágico, as pessoas riem e tremem, porque conhecem o fim. Mas voltemos ao início.

Em 1895, Oscar Wilde (1854-1900), figura da Londres chique e

[12] Holland, M. (ed.). *Irish Peacock and Scarlet Marquess: the real trial of Oscar Wilde*. Londres: Harper Collins Publishers Ltd. Fourth Estate, 2003. Trata-se da transcrição das duas audiências preliminares (2 de março e 9 de março de 1895) e do primeiro processo (3-5 de abril de 1895) de Wilde contra Queensberry, ao termo do qual este último será absolvido. O livro não contém a transcrição do segundo e do terceiro processos (26 de abril e 22 de maio de 1895), contra Wilde desta vez, ao termo dos quais ele será condenado a trabalhos forçados, e do qual só há versões parciais reconstituídas a partir dos documentos da época. A tradução francesa dessa obra, que dá o essencial do que esteve em jogo, é publicada sob o título: *O processo de Oscar Wilde* [Prefácio de Merlin Holland]. [Traduzido do inglês por Bernard Cohen]. Stock, 2005. (La Cosmopolite). Ver igualmente: Ellmann, R. *Oscar Wilde*. Londres: Hamish Hamilton, 1987; e Hyde, H.M. *The trials of Oscar Wilde*. New York: Dover, 1962.

dramaturgo no auge da glória, vive entre seu lar familiar – a mulher Constance e os dois filhos – e uma vida de alegre solteiro, cercado de rapazes, em geral escolhidos pela pureza do perfil. Desde 1891, um jovem estudante de Oxford aproximou-se dele: Alfred Douglas, apelidado "Bosie", terceiro filho do marquês de Queensberry. O casal, vivendo num luxo ostentatório, zomba alegremente do que dizem, tanto que o pai de Alfred persegue o filho com suas recriminações e o intima a parar com as más companhias. A morte do filho mais velho, o visconde de Drumlanrig, em 18 de outubro de 1894, redobra a sua cólera e o seu amargor. Oficialmente, o rapaz morreu num acidente de caça, mas muitos são os que evocam um suicídio, ligado a um caso de chantagem e de costumes: Drumlanrig, secretário do lord Rosbery, ministro das Relações Exteriores, depois primeiro-ministro britânico, também teria sido seu amante.

A homossexualidade levou seu primogênito; ela não levará seu caçula. Após várias ameaças e provocações, Queensberry deposita no clube de Oscar Wilde um cartão em sua atenção acusando-o de posar de *somdomita* [*sic*]. Alfred, que odeia o pai e jurou sua queda, aproveita-se desta última afronta para incitar Wilde ao processo de difamação. Ele se abre em 3 de abril de 1895.

Antes de se tornar o estandarte da causa homossexual, o processo de Oscar Wilde parece ter sido o da ficção. Um bom quarto das sessões é dedicado à imoralidade da obra do escritor, notadamente de o *Retrato de Dorian Gray*, romance, dizendo os considerandos, "cientemente concebido [...] como a descrição das relações íntimas e passionais de certas pessoas que têm hábitos, inclinações e práticas de caráter sodomítico e aberrante"[13]. Outros textos, publicados na revista *The Chameleon*, assinados por Wilde ou cuja publicação ele teria afiançado, serão igualmente incriminados, como o poema de Douglas que acaba por este verso que se tornou célebre: "Sou o Amor que não ousa dizer seu nome nem revelar sua alma"[14]. Estranha mania confundir o autor com o narrador (ou seus personagens) – todo autor de romance policial seria, portanto, um assassino em potencial? –, mas

[13] *Le Procès d'Oscar Wilde*, *op. cit.*, p. 92.

[14] *Ibid.*, p. 131.

prática eficaz: Wilde teria feito de seus heróis decadentes os porta-vozes de seus atos privados. Basta ler, está escrito preto no branco. Mas a moralidade da corte, e seu sentido literário, não são a ética do poeta, que defende a arte pela arte e sacrifica tudo à beleza do gesto, únicos critérios admissíveis numa vida que ignora os princípios burgueses. Há como um perfume de *Flores do mal* nessa vã inquisição literária, que vai virar o diálogo de surdos entre Wilde e os magistrados.

Outra vertente do requisitório: a ficção social. Como o marquês de Queensberry escrevia ao filho, depois de tê-lo visto em companhia de Wilde e de ter achado que os dois tinham "atitudes repelentes" em público: "É tão ruim posar de algo quanto sê-lo na realidade"[15]. Posar de pederasta, ter *jeito* e *ostentar-se* tal não seria pior do que sê-lo realmente, mas por trás de uma fachada cheia de sobriedade e dignidade? A virtude das aparências vem acompanhada de um código muito estrito nas relações sociais: não se convive com indivíduos de nível diferente. Ora, Wilde passa seu tempo a frequentar marinheiros e empregados domésticos. E o advogado não cessa de ficar chocado pelo fato de o escritor convidá-los para jantar nos melhores restaurantes, de dar-lhes dinheiro para que possam se vestir mais elegantemente e de não ter vergonha das origens deles, numa palavra, de considerar "gentinha" companheiros agradáveis – bem consciente, no entanto, de ser intelectualmente superior a eles. Às vezes se hesita em identificar o escândalo com precisão: relações de *mesmo* sexo ou de classes *diferentes*?

Wilde mediu o que está em jogo no processo que ele provocou? Sua desenvoltura, a ironia e a insolência de suas observações mostram claramente que ele não suspeitou a gravidade da situação. Wilde considera-se insultado. Logo, ataca. Com sua arma favorita: o humor. A sala ri, mas os magistrados se irritam e se impacientam. Arrastado por sua verve, Wilde no entanto derrapa. Ele já beijou Walter Grainger, um empregado de Oxford? Não, pois era vulgar e feio demais, justifica-se ele imprudentemente[16]. Aliás, ao longo das sessões, Wilde negará com energia ter tido outras relações que de amizade com as dezenas de rapazes citados, quase todos menores,

[15] *Ibid.*, p. 328.

[16] *Ibid.*, p. 319.

dos quais alguns são chantagistas que ele admite ter pago para ter de volta correspondências privadas.

Wilde não convenceu. A defesa, em compensação, acumulou durante a investigação, graças aos serviços de um detetive privado, depoimentos e provas que ela pretende apontar o mais rápido possível contra a acusação. Ao fim do processo, Queensberry é absolvido. Mas Wilde doravante está ameaçado de uma acusação em boa e devida forma de "*gross indecency*" que, desde a emenda Labouchère de 1885, pode enviá-lo a trabalhos forçados[17]. Muitos de seus amigos então insistem com ele para que se instale na França, onde a lei o protegeria. Ele hesita, até que o último trem parta. É então que a polícia bate à sua porta e lhe apresenta um mandado de prisão.

Os dois últimos processos, em abril e maio, com audição de numerosas testemunhas de acusação, confirmarão todos os indícios acumulados ao longo do primeiro. Os rapazes desfilam no tribunal, para reconhecer terem cometido atos indecentes com o acusado. Wilde, sem argumentos, acaba por sua vez confessando o que havia energicamente negado até ali. Em 25 de maio de 1895, é condenado à pena máxima prevista pela lei: dois anos de trabalhos forçados, veredicto que a imprensa e o público, que ontem colocavam o escritor nas nuvens, aprovam em coro. Ao ser libertado, Oscar Wilde irá para Paris, onde viverá da generosidade dos amigos. Com a saúde degradada pela prisão, morre em 1900, na idade de 46 anos.

O processo de Oscar Wilde não é o primeiro nem o último dos processos por homossexualidade. Com o tempo, ele no entanto vai ganhar um estatuto sem equivalente, ao ponto que toda história *gay* moderna doravante começa em 1895. Em 1889, o caso de Cleveland Street, endereço de um bordel para homens onde jovens telegrafistas se prostituíam junto a personagens da alta sociedade, quase se tornara um escândalo de Estado.

---

[17] É para reforçar uma lei contra a prostituição que Henry Labouchère, membro do Parlamento britânico, propôs em 1885 criminalizar a "*gross indecency*", ou seja, quaisquer toques entre homens, pela primeira vez na história da Inglaterra. A pena podia chegar até dois anos de trabalhos forçados. Até ali, só o crime de "*buggery*" (*bougrerie* [derivado de *bougre*: indivíduo, engraçadinho] ou sodomia) levava a processo.

O príncipe Eddy, filho do príncipe de Galles, mais tarde suspeitado de ser Jack o Estripador, nele estava implicado e o caso foi por todos os meios abafado[18]. Com Oscar Wilde, a Inglaterra vitoriana tinha seu bode expiatório – e os homossexuais, seu mártir: irlandês decadente e provocador, corruptor da juventude, Wilde era um homem só, cujo talento e causticidade, irritantes para muitos, também excitavam a punição. Em algumas semanas, o escritor passou assim, segundo suas próprias palavras, "de uma eternidade de glória a uma eternidade de infâmia"[19], sem imaginar que, um dia, uma seria confundida com a outra.

A maldição de Capri

Como há bodes expiatórios, haveria lugares malditos. O terceiro sexo tem o seu: Capri, "capital sodômica em miniatura, a Meca da inversão, uma Genebra ou uma Moscou do futuro internacionalismo da homossexualidade"[20], segundo o licencioso Willy. A fórmula faz imagem. Ela pede algumas nuanças.

Sítio excepcional, a ilha de Capri, fechando o golfo de Nápoles, desde sempre atraiu os viajantes apaixonados por paisagens clássicas. A partir do século XIX, numerosos escritores adquirem o hábito de para ali se dirigir, de August von Platen a Curzio Malaparte, passando pelo marquês de Sade, Axel Munthe e Oscar Wilde, que escolherá Capri para encontrar Alfred Douglas ao sair da prisão. Nessa época, a ilha também é reputada por ser um encontro de homossexuais, o que confirmará com brilho o caso Krupp.

O rumor aumentava há muito tempo. E é em Capri que ele estoura. Em 1902, Alfred Krupp, o "rei dos canhões", à frente das maiores empresas de armamentos do mundo, ali passa como todos os anos suas férias. Mas desta vez, ele lê na imprensa napolitana as primeiras alusões a seus modos. É o início de uma campanha que vai atravessar a Europa.

---

18 Ver Hyde, H.M. *The Cleveland Street scandal.* Londres: W. H. Allen, 1976.

19 *Le procès de Oscar Wilde, op. cit.*, p. 42.

20 Willy. *Le troisième sexe, op. cit.*, p. 67-68.

Riquíssimo herdeiro, Alfred Krupp (1854-1902) fora obrigado pela mãe a se casar jovem, casamento do qual nascerão duas filhas – dentre elas Bertha, que ia dar seu nome ao famoso obuseiro alemão da I Guerra Mundial. Mas "Fritz", bem rápido, escolhe dormir em quartos separados e conviver com rapazes, cuja companhia sempre preferiu. Em Capri, ele é suspeito de arrastar adolescentes em verdadeiras orgias à sombra das grotas onde Tibério vinha descansar.

Os primeiros artigos da imprensa italiana, seguidos pelos de *Le Figaro* e de *l'Européen* na França, são retomados em 30 de outubro de 1902 pelo *Vorwaerts*, jornal socialista alemão. Em 8 de novembro, a *Postzeitung* de Augsbourg acusa abertamente Alfred Krupp de sodomia. Uma semana mais tarde, o *Vorwaerts* vai mais longe, assegurando que Krupp escolheu a Itália porque seu Código não comporta equivalente do § 175: "Em sua luxuosa mansão, ele se entregava, com jovens da ilha, a práticas homossexuais. A corrupção chegara a um ponto tal que se podia ver, num fotógrafo de Capri, certas fotografias tiradas, ao natural, na mansão Krupp...!"[21]. Assim, uma investigação secreta é ordenada pelo ministro do Interior. Suas conclusões são sem apelação: Krupp está proibido de ir a Capri *sine die*.

Decidido a reagir, Krupp entra na justiça. O Kaiser o apóia. O número do *Vorwaerts* é apreendido, como são inquietados os jornais que reproduzem o artigo difamatório. Porém o escândalo assumiu dimensões grandes demais, a máquina se pôs em marcha. Em 22 de novembro, toma-se conhecimento da morte de Krupp, oficialmente de um ataque de apoplexia, na idade de 48 anos. *La Gazette de Cologne* se interroga: "Krupp sucumbiu à emoção e à cólera provocadas por odiosas calúnias? Julgou-se ele próprio, ao contrário, em consciência, por um erro que havia cometido?"[22]. O fato é que o corpo não será autopsiado, e o ato de falecimento jamais publicado, outros tantos elementos que concorrem para a presunção de suicídio. O partido conservador, ao qual o industrial pertencia, não envia nenhuma delegação oficial às obséquias. O Imperador, em compensação, que a elas

---

[21] Citado por Weindel, H.; Fischer, F.P. *L'Homosexualité en Allemagne*. Étude documentaire et anecdotique. Librairie Félix Juven, 1908. p. 263.

[22] *Ibid.*, p. 264.

assiste com seus ministros, pronuncia um discurso em que julga todos os que sujam a memória de Krupp indignos do nome de alemães. Sobre o caixão, uma coroa foi depositada, com esta simples inscrição: "A meu melhor amigo – Guilherme"[23].

O caso Krupp terá consequências pesadas. Ele inaugura uma crise política na presidência do Reichstag, a luta estando doravante aberta entre o trono e a social-democracia. Também afeta duramente o clima moral da Alemanha. Quanto a Magnus Hirschfeld, que tinha muita esperança de obter uma reforma do § 175, ele fracassa mais uma vez.

Três anos mais tarde, Capri está de novo sob as luzes de uma infamante atualidade, já que é na ilha que o escritor Jacques d'Adelswärd-Fersen (1880-1923) decide refugiar-se, após um rumoroso processo[24].

Em julho de 1903, esse aristocrata, acusado de organizar "missas negras" que degeneravam em orgias em seu apartamento da avenida de Friedland, fora preso pela polícia em Paris por conduta indecente com menores e ofensa à ordem pública. Na realidade, parece antes que Fersen recebia em casa estudantes dos liceus chiques de Paris, que ele se vestia à moda grega, julgada mais adaptada à declamação poética, aos quadros vivos e a algumas poses plásticas, levando talvez a outros prazeres. O escândalo das "missas rosas", como se preferia chamá-las, é enorme, e muitos são aqueles, entre seus próximos, que julgam melhor tomar distância de Fersen. Seu noivado, que o ligava a uma jovem de boa família, evidentemente é rompido. Sua mãe, por sua vez, encontra para ele um dos advogados mais famosos da praça: Demange, defensor do capitão Dreyfus. O veredicto, seis meses de prisão, corresponde à duração de sua detenção provisória, já cumprida no hospital de Fresnes, uma vez que o psiquiatra o declarara irresponsável.

Assim, é em Capri que Fersen decide instalar-se em 1905. Lá manda construir a mansão Lysis, em referência aos diálogos socráticos sobre a

---

[23] *Ibid.*, p. 265.

[24] O barão Jacques d'Adelswärd acrescentou o nome de Fersen a seu patrônimo, em homenagem ao "belo Fersen", o amante de Maria Antonieta. Roger Peyreffite inspirou-se nele para seu romance mais célebre, L'Éxilé de Capri [*O exilado de Capri*] (1959).

amizade. No mesmo ano, ele publica um livro, *Missas negras – Lord Lyllian*, alusão explícita a seu próprio processo, ridicularizado, e primeiro *roman à clé* sobre Oscar Wilde. Em Capri, Fersen não renunciou a nenhuma de suas convicções nem a nenhum de seus prazeres. Vive com um jovem pedreiro romano de 15 anos, Nino Cesarini, do qual fez seu secretário particular. Em 1907, está até decidido a criar uma revista que vise reabilitar "o outro Amor" e pensa em lançar um "movimento"[25].

O número 1 de *Akademos,* mensário "de arte livre e de crítica", primeira revista homossexual de língua francesa, é publicado em janeiro de 1909. O empreendimento, dedicado sobretudo à defesa do amor grego, tem dificuldade para começar, apesar do prestígio das assinaturas, dentre as quais as de Jean Moréas, Laurent Tailhade, Colette Willy, Renée Vivien e até Máximo Gorki. "Consideram perigoso fazer uma assinatura", confia Fersen ao escritor belga e primeiro colaborador da revista Georges Eekhoud. "Em vez de me ajudar, toda uma categoria bem pouco indulgente e nem um pouco intelectual de adonisianos vira-me as costas – será por hábito? diria um engraçadinho"[26]. Em dezembro, Fersen, que nada perdeu de seu humor, mas muito de sua fortuna pessoal, deve renunciar a seu projeto, que pára no décimo segundo número.

Defesa da pederastia viril, impregnada de helenismo oxfordiano, *Akademos* resiste *a priori* à teoria da inversão e do terceiro sexo, se não for o de Platão. Aos artigos científicos, que cheiram demais à clínica, a revista prefere textos como a "Teoria amorosa do andrógino"[27], de Joséphin Péladan, impregnado de lirismo místico e de um cristianismo sem indulgência por Sodoma e Gomorra. À mulher masculina ou ao homem afeminado fadados às gemônias por lhe parecerem monstros compósitos, o autor – apelidado "Platão do Terrail"[28] –, prefere o andrógino puro e ideal, porque ele seria

---

[25] Citado por Lucien, M. *Akademos. Jacques d'Adelswärd-Fersen et "la cause homosexuelle"*. Lille: GKC, 2000. p. 15.

[26] Carta de Jacques d'Adelswärd-Fersen a Georges Eekhoud, datada de maio de 1909; citada por Lucien, M. *Akademos. Jacques d'Adelswärd-Fersen et "la cause homosexuelle"*, *op. cit.*, p. 17.

[27] Péladan, J. "Théorie amoureuse de l'androgyne". *Akademos*, n. 6, p. 827-839, junho de 1909; n. 8, p. 235-252, agosto de 1909; n. 9, p. 330-334, setembro de 1909.

[28] O sentencioso e muito bizantino Péladan, que se outorgara o título de Sâr, devia ter com o que excitar a verve da Paris chique. Além de Platão do Terrail, também o apelidavam de o

a única encarnação do terceiro sexo a equilibrar feminidade e virilidade do corpo, do cérebro e do coração. Num outro registro, mas sempre sob a égide do filósofo grego, Robert Scheffer prefere divertir seus leitores ao escrever diretamente num de seus retratos no estado natural: "É perigoso, a primeira vista, decidir se o conde Robert de Montesquiou é um rapazinho ou uma velha senhora [...]. Ou então, por ter realizado o ideal de Platão, reúne ele em sua pessoa os dois sexos, e por um refinamento que lhe é particular, combina ele com as graças da adolescência a sedução das velhas damas delicadas e eloquentes?"[29].

Na hora em que *Akademos* desaparece, Fersen tem de deixar Capri. Seus quadros vivos em companhia de Nino Cesarini e de alguns jovens pecadores das proximidades não eram do gosto da burguesia local, que o expulsa. Ele então se instala no sul da França, e entrega-se sempre mais a esse ópio que o rói – ele fumava, dizem, trinta a quarenta cachimbos por dia. Reformado, escapa ao alistamento em 1914. Após a guerra, obtém autorização para retornar a Capri, onde escolhe, conforme tudo indica, matar-se, em 1923, engolindo uma forte dose de cocaína diluída numa taça de champanhe.

O príncipe e o jornalista

Wilde, Krupp, Fersen: na Inglaterra, na Alemanha ou na França, esses nomes próprios serviram de pára-raios em escala nacional. Em 1907, um escândalo ia assumir outra dimensão e repercutir em toda a Europa, a ponto de ser considerado uma das causas da Grande Guerra: o caso Eulenburg[30].

Sâr pedalante [trocadilho com pédé, diminutivo de pederasta (N. T.)], o mago de Épinal ou ainda Artaxerfesse (em referência a Artaxerxès, fundador da dinastia dos sassânidas).

[29] Scheffer, R. "Plumes d'oies et plumes d'aigles: Robert de Montesquiou". *Akademos*, n. 3, p. 353, março de 1909.

[30] Sobre todo esse caso, ver Steakley, J.D. "Iconography of a Scandal: political cartoons and the Eulenburg affair in Wilhelmin Germany". *In*: *Hidden from History*, *op. cit.*, p. 233-263. Esse estudo notável é fundado nos documentos originais que restam do caso, uma vez que se sabe que os protagonistas queimaram suas correspondências pessoais, e que o ministério prussiano do Interior destruiu a maioria das peças do processo Eulenburg por perjúrio (ver

Ele estoura em abril de 1907, quando Maximilien Harden, fundador e diretor do jornal *Die Zukunft* (*O futuro*), acusa o príncipe Eulenburg, conselheiro do Imperador, de ter uma vida sexual depravada e de manter relações culpadas com o general Kuno von Moltke, comandante militar de Berlim. Essa denúncia é o ponto culminante de uma série de ataques e alusões que Harden, ardente apoio da política de Bismarck, destila, na realidade, desde 1893. Evitando até ali atacar a vida privada, ele cedera uma primeira vez em 1902 a um movimento de impaciência ao publicar um artigo, sob forma de chantagem, que provocara a saída de Eulenburg dos assuntos públicos. Mas, em 1905, o príncipe retomara contato com os diplomatas ao passo que a Alemanha abandonava o Marrocos à França – abandono que atribuíam a ele e que será confirmado durante a conferência de Algesiras em 1906. Harden então volta à carga, de maneira cifrada, contra "o harpista" (Eulenburg compunha) e "der Süsse" (Moltke, "o querido", termo de gíria homossexual). Quando, enfim, em 1907, Eulenburg aceita voltar de seu exílio suíço para receber a distinção da Grande Ordem da Água Negra, é demais para Harden, que passa diretamente ao ataque.

O escândalo já inchava há vários meses quando Guilherme II, poupado por seus conselheiros, toma conhecimento dos fatos e decide agir, exigindo a demissão de Moltke e intimando Eulenburg à desculpa ou ao exílio. Harden, considerado o Guilherme Tell de sua pátria, ganhou. Com esta exceção: Moltke, que provocara Harden em duelo – mas este último declinara o convite –, processa-o por difamação. Será o início de uma cascata de processos (seis ao todo) que faria vacilar o trono e abalar duramente a Alemanha. Todos à volta do Imperador são atingidos e ocorre uma onda de denúncias: agora se fala dos laços entre o diretor do teatro real e o escudeiro do príncipe herdeiro, das relações entre o chanceler imperial, o príncipe Bernhard von Bülow, e seu secretário privado Scheefer...

O processo Moltke *versus* Harden é aberto em 23 de outubro de 1907. Os depoimentos contra o general são pesados. Sua ex-mulher, Lili von Elbe,

---

logo após) em 1932. Uma versão francesa desse estudo foi publicada, em seguida a outro texto capital, publicado pela primeira vez em 1908: Grand-Carteret, J. *Derrière "Lui". L'Allemagne et la caricature européenne en 1907, op. cit.*

revela que o casamento foi consumado somente duas vezes, depois do que Moltke teria exigido colocar entre eles no leito conjugal uma bacia d'água a fim de desestimular toda veleidade. Toma-se ainda conhecimento de que o general, na oportunidade, apertava contra os lábios um lenço dado por Philip Eulenburg enquanto murmurava "Phili, meu Phili...", ao passo que este último o apelidava de "meu Tutu"[31] na intimidade. O soldado Bollhardt confirma que as relações entre homens eram correntes nos regimentos de Potsdam e que Moltke participara de certas orgias com champanhe. Enfim, Magnus Hirschfeld, citado como perito por Harden, baseando sua análise no testemunho de Lili von Elbe e na observação do queixoso durante o processo, daí concluirá que Moltke tinha "um lado feminino" que "desviava da norma, isto é, dos sentimentos da maioria" e que sua "orientação inconsciente" podia ser qualificada de "homossexual"[32] – esperando, com esse julgamento clínico, *inocentar* o comportamento geral, que ele ao contrário vai precipitar em sua queda. O veredicto é dado em 29 de outubro: Harden é absolvido e aliviado de todas as custas judiciárias.

Dias mais tarde, em 6 de novembro de 1907, é a vez de Adolf Brand, fundador de *Der Eigene*, ser processado por difamação por Bernhard von Bülow. Brand era acusado de ser o autor de um panfleto que revelava a homossexualidade do chanceler – o que, sob a pena do jornalista, nada tinha de insultuoso. Eulenburg, citado como testemunha, jura, como Bülow, nunca ter infringido o § 175. Brand, por sua vez, intimado a revelar suas

[31] Citado por Steakley, J.D. "Iconography of a scandal". *In*: *Hidden from history*, *op. cit.*, p. 241; e Weindel, H.; Fischer, F.P. *L'Homosexualité en Allemagne*, *op. cit.*, p. 47. Lili von Heyden, viúva de M. von Kruse, divorciada de Moltke, casara-se em terceiras núpcias com M. von Elbe.

[32] Citado por Steakley, J.D., *ibid.*, p. 242. Harden fora um dos primeiros a apoiar Hirschfeld em sua luta pela revogação do § 175. Suas acusações, na origem, eram para ele apenas um pretexto político. Aliás, deve-se notar que ele não acusava Moltke de infringir a lei, mas de sofrer de um "estado doentio, malsão, afeminado e afetado". Contudo, não terá escapado ao leitor que os nomes do processo Harden-Moltke fazem mais de uma vez eco à história de Einar Wegener, aliás Lili Elbe (como a ex-mulher de Moltke, com a exceção da partícula), que descrevia Hirschfeld em sua autobiografia sob o pseudônimo de Hardenfeld, curiosa contração do nome do jornalista e daquele do médico. Deve-se atribuir essas coincidências a uma vontade deliberada ou a um fenômeno inconsciente? Seja como for, um ou outro atestaria o choque muito durável desse caso nas mentalidades.

fontes, evoca uma conversa com Magnus Hirschfeld, que nega. Veredicto: dezoito meses de prisão para o jornalista.

O caso poderia ter ficado aí. Mas o primeiro processo Moltke *versus* Harden conhece uma repercussão inesperada. O julgamento, desfavorável a uma aristocracia tradicionalmente próxima dos meios de justiça, foi cassado por vício de procedimento. Em 18 de dezembro ocorre, então, uma revisão do processo. E aí, golpe de teatro, o testemunho de Lili von Elbe é desqualificado: viúva, divorciada, casada novamente, a ex-mulher de Moltke torna-se sob a pena dos peritos médicos uma histérica clássica; todavia, o procurador· ressalta que ela em nenhum momento acusou o general de "homossexualidade" – termo e prática cuja existência ela havia confessado nunca ter sequer suspeitado. As acusações de Harden, bem como a perícia de Hirschfeld, ridicularizado, teriam assim repousado em "tagarelices de mulher nervosa"[33]. Em consequência disso, Moltke que, com Eulenburg, havia exaltado as virtudes da amizade viril, é inocentado, e Harden condenado a quatro meses de prisão.

A partir desse dia, Maximilien Harden rumina sua vingança. Ele imagina, então, um estratagema tão artificioso quanto eficaz, associando-se secretamente ao editor bávaro Anton Städele, que publica um artigo em que declara que o príncipe Eulenburg comprou o silêncio de Harden por 1 milhão de marcos. Fingindo-se ofendido, Harden vai processar Städele por difamação, único meio de produzir publicamente as provas que ele acumulou contra Eulenburg. Em 21 de abril de 1908, ele faz assim comparecer duas testemunhas capitais, Georg Riedl e Jakob Ernst, um leiteiro de Munique e um fazendeiro de Starnberg, que descreverão em detalhe suas relações íntimas com Eulenburg. Städele perde, portanto, o processo e será condenado a uma multa de cem marcos – logo reembolsada por seu cúmplice Harden.

Essa etapa capital do caso Eulenburg conduz ao quinto processo, em 29 de junho de 1908, que vê logicamente o príncipe citado por perjúrio. Jakob Ernst, testemunha de acusação, produz algum efeito sobre a audiência quando se volta para Eulenburg e lhe diz: "Por Deus todo-poderoso, Vossa

---

[33] Weindel, H.; Fischer, F.P. *L'Homosexualité en Allemagne*, *op. cit.*, p. 59.

Excelência, vós não podeis negar que nós dois o fizemos... Excelência, é a verdade. Não temos chance alguma no mundo, nem um nem o outro"[34]. Assim, dez testemunhas desfilam no tribunal, dentre elas três oficiais de polícia, e um empregado que conta as cenas observadas pelo buraco da fechadura. Eulenburg, doente, assiste ao processo numa maca e continua a negar violentamente. Várias vezes ele desmaia, e o processo deve ser adiado. O príncipe então volta a seu castelo de Liebenberg. Os socialistas não intervêm, felizes demais por denunciar o favoritismo da justiça para com os aristocratas. Aliás, essas larguezas da magistratura estenderam-se *ad libitum*: dez anos mais tarde, o processo estava indefinidamente suspenso. Eulenburg morrerá em 1921, sem jamais ter sido julgado.

O sexto e último processo, em abril de 1909, vai pôr uma última vez Harden e Moltke frente a frente. Considerado culpado por difamação, Harden será condenado a uma multa de seiscentos marcos e a pagar as custas judiciais que se elevavam a 40.000 marcos. Furioso, pensará em apelar, mas será dissuadido pela chancelaria que secretamente lhe reembolsará todas as suas despesas a fim de pôr um termo definitivo nesse caso desastroso para o Estado alemão.

Desastroso e exemplar. Pois o caso Eulenburg cristaliza, sozinho, os estereótipos e as obsessões, os fantasmas e os desafios ligados à história do terceiro sexo em suas relações com o político. Primeiro ao se inscrever numa tradição secular, a do conselheiro que exerce sua má influência, seu poder corruptor sobre o corpo do Estado, no sentido próprio tanto quanto no figurado. Como Hugues le Despenser com Eduardo II da Inglaterra, Épernon e Joyeuse junto a Henrique III, o condestável de Luynes com Luís XIII, Eulenburg encarna aquele que isolou e manipulou o príncipe. Ele é o favorito que constituiu em torno do Kaiser uma "camarilha", como então se diz, notadamente composta de Bülow e Moltke. O espectro de um clã misterioso, de uma seita que confiscou o poder se perfila. Aliás, o próprio Moltke concordava: eles haviam formado em torno do Imperador um círculo que ninguém podia romper e

[34] Cita do por Steakley, J.D. "Iconography of a scandal". *In*: *Hidden from History*, *op. cit.*, p. 245.

que seria popularizado pela imprensa sob a expressão de "a mesa redonda de Liebenberg", nome do castelo de Eulenburg, em referência ao Venusberg, onde Tannhaüser sucumbira aos prazeres carnais.

Esse *cerco*, prejudicial à reputação do Imperador, representava sobretudo um perigo político permanente. As negociações em torno do Marrocos, colocando em cena Eulenburg e o diplomata da parte adversária, o francês Raymond Lecomte, trarão a prova superlativa disso, pois Lecomte, não é segredo, é apelidado "o rei dos pederastas". Assim, as renúncias da Alemanha em proveito da França não eram tanto o resultado de uma pátria "afeminada" que se teria entregue ao inimigo, mas antes a prova do poder de um *lobby* homossexual independente que decidia a sorte das nações. Do lado francês, há ironia e preferência em congratular-se por essa embaixada muito oportuna, à imagem de Remy de Gourmont que confia, em 1907, suas reflexões políticas sobre "o amor ao avesso" ao *Mercure de France*: "Como ninguém ainda louvou na França o Quai d'Orsay* nesta conjuntura? Lá enviar, para conversar com a camarilha, um homem da carreira, não era retomar, no que tinham de mais fino, os hábitos diplomáticos do século XVIII?"[35].

Ilustração da teoria do complô, o caso Harden-Eulenburg também simboliza a luta do burguês contra o aristocrata, e do judeu contra o homossexual. Não deixa de lembrar, a esse respeito, a querela do romântico Heinrich Heine, judeu recentemente convertido ao protestantismo, e do neoclássico August von Platen, o conde arruinado e homossexual, em 1829. Combate de duas marginalidades, em suma, em que se constata uma "*identificação do agressor com o agredido*"[36], segundo as palavras de Hans Mayer, efeito-espelho que ia contribuir para exaltar e envenenar os debates.

Harden, anti-semita raivoso, não tinha mais vontade de passar por judeu do que Eulenburg por homossexual. A imprensa da época e a maioria dos estudos publicados sobre o caso vão se encarregar de lembrar-lhe que ele "não é um alemão puro", mas "de origem israelita e polonesa"[37], como sugere

* Ministério das Relações Exteriores. (N. T.)

35 Gourmont, R. "Dialogues des amateurs: l'amour à l'envers". *Mercure de France*, p. 477, 1º de dezembro de 1907.

36 Mayer, H. *Les marginaux: femmes, juifs et homosexuels dans la littérature européenne*, *op. cit.*, p. 235. Essa citação faz parte da passagem dedicada a Heine e Plater, p. 220-237.

37 Weindel, H.; Fischer, F.P. *L'Homosexualité en Allemagne*, *op. cit.*, p. 32-33.

seu verdadeiro nome, Isidore Wittkowski. Sua cruzada moralizadora, tomando por alvo um velho general e um príncipe cheio de dignidade, será o alvo sonhado dos caricaturistas. Seu "rosto glabro de ator"[38], como o descrevem os jornalistas, assume um aspecto lúgubre e quase mefítico nos desenhos. Sob sua espessa cabeleira, esse homem de olhar intransigente nunca sorri. Seu corpo fino, feminino para não dizer afeminado, é colocado em cena como o de uma aborteira ou de um dançarino em escarpins que conduziria o minueto. Lembram sem parar que seu advogado é judeu, bem como uma de suas testemunhas principais, Magnus Hirschfeld. Em Viena, o jornal satírico *Kikeriki* não hesita em representar Harden no meio de um círculo militar ("Eis o círculo que ele rompeu"), depois dançando no meio de um círculo de judeus religiosos tradicionais ("E eis aquele que ele desejaria poder forjar"[39]).

Bem rápido, o caso Eulenburg cristalizou duas obsessões, suscetíveis, frente a frente: o complô homossexual e o complô judeu, que teriam como ponto comum visar à destruição da nação[40]. Na França, o caso Dreyfus despertara fantasmas análogos: o coronel Picquart costumava ser caricaturado como 'Georgette' na imprensa, enquanto o próprio capitão era assimilado a um invertido. Essa alegação estratégica tinha a vantagem de rejeitar sobre o 'estranho' um vício tipicamente 'cosmopolita' – e de modo algum francês –, associando-o ao mesmo tempo à figura do traidor que faria tudo 'por trás'[41]. Aliás, o Caso foi com frequência evocado em comparação com o

[38] "O processo Moltke-Harden". *L'Illustration*, n. 3.375, p. 283, 2 de novembro de 1907. Harden iniciara uma carreira de ator, antes de abandoná-la pelo jornalismo.

[39] *Kikeriki*, 10 de novembro de 1907. Todas as caricaturas citadas figuram em Grand-Carteret, J. *Derrière "Lui". L'Allemagne et la caricature européenne en 1907*, *op. cit.*

[40] Sobre toda essa questão, ver a obra clássica de Goerge L. Mosse: *Nationalism and sexuality. Respectability and abnormal sexuality in modern Europe*. New York: Howard Fertig, 1985; e notadamente o capítulo 7: "Race and sexuality: the role of the outsider", p. 133-152. Numa outra obra, Mosse ainda precisa: "Os judeus às vezes eram acusados de ser homossexuais. No século xx, dois judeus célebres, Walter Rathenau [...] e Léon Blum [...], foram ambos caricaturados como homossexuais por seus inimigos. A imagem do judeu e a do pederasta, no fim do século, desenvolviam-se em paralelo" (Mosse, G.L. *L'Image de l'homme*, *op. cit.*, p. 74).

[41] Consultaremos notadamente sobre esse aspecto: Datta, V. *Birth of a National icon: the literary avant-garde and the origins of the intellectual in France*. Albany: State University of New York Press, 1999; Forth, C.E. *The Dreyfus affair and the crisis of French Manhood*. Baltimore, Londres: The Johns Hopkins University Press, 2004. p. 45-47, em particular.

caso Eulenburg, não sem ocasionar algumas confusões. O Exército sujara Dreyfus, desta vez era um judeu quem sujava um militar talvez 'inocente'. Para *La Libre Parole* de Édouard Drumont, a Alemanha colhe o que semeou: "No momento do Caso Dreyfus, Guilherme, escondido atrás de Schwartzkoppen, ajudara os judeus a babar sobre os nossos generais. Os judeus, aos quais restava um pouco de baba, dela se serviram contra os generais prussianos"[42].

Nessa excepcional conjunção do mito da raça e da sexualidade *contra* a nação, Magnus Hirschfeld, judeu, homossexual e militante, é o bode expiatório ideal. Desde os primeiros dias do caso, dezenas de panfletos antisemitas entopem a entrada de sua casa. Os jornais não perdem a oportunidade. Perfil sinistro, nariz adunco, Hirschfeld torna-se o parasita ideal dos mitos e lendas nacionais. Vêmo-lo notadamente numa escada a interrogar a estátua do herói alemão Hermann-le-Chérusque brandindo sua adaga para o céu: "Há muito tempo, meu bravo, que você está aí de pé, sem nenhuma sociedade feminina. Você por acaso não seria *homossexual?*". Outra caricatura, intitulada "Pânico em Weimar", representa a silhueta de Hirschfeld surgindo numa esquina, onde se ergue o monumento à amizade de Schiller e Gœthe apertando-se a mão, com esta legenda: "– Wolfgang, soltemos a mão, o doutor Magnus Hirschfeld está chegando". Até os grandes clássicos da pintura flamenga são desviados em referência ao escândalo moderno e às teorias de Hirschfeld: a "Suzana no banho" de Rubens tornou-se a "Suzana do terceiro sexo"[43].

Os humoristas nem por isso poupam o Exército. O homossexual agora tem um perfil: o do soldado prussiano, o traseiro arredondado, as costas arqueadas, em suas calças brancas e botas de cavalaria pesada. Os tempos mudaram: Blücher, o vencedor de Waterloo apelidado o general "Avante!", cedeu lugar a Moltke, chamado o general "Recuar!". Na França, as relações amorosas triunfam sobre "o exército do além-ventre"*. Maurice Radiguet,

---

[42] Drumond, E. "De Stoecker à Harden". *La Libre Parole*, p. 1, 19 de dezembro de 1908.

[43] Caricaturas respectivamente publicadas em *Kladderadatsch*. Berlim, 3 de novembro de 1907; *Jugend*. Munique, 19 de novembro de 1907; e *Ulk*. Berlim, 1º de novembro de 1907.

* Trocadilho intraduzível: *outre-rein* [do outro lado do ventre] e *outre-Rhin* [do outro lado do Reno]. (N. T.)

o pai de Raymond, inventa em *O prato de manteiga* "as calças de soldado", enfeitadas com uma abertura de botões atrás. No cabaré Folies-Bergères, a revista da estação 1907-1908 incorpora a seu programa uma "Canção do Exército" em que se fica sabendo que os soldados prussianos "não encaram o lado militar do mesmo lado que nós", numa melodia envolvente escandida de "iupe-iupe!", quando Jean Péheu canta nos cabarés seu "Escândalo teutão", a propósito daqueles "bons alemães, gente da alta e príncipes do sangue", que organizam jantares entre homens, e em que é ressaltado: "Não quero moralizar / Mas lhe juro sem meias palavras / Que esses senhores tomam as coisas no sentido contrário"[44].

Na Alemanha, um Eulenburger – traduzido na França por um inevitável Eulenbougre* – tornou-se sinônimo de homossexual, substantivo até ali reservado à clínica e que vai dali por diante ser amplamente difundido na Europa. "Graças ao Sr. Harden, não há em Paris [...] família burguesa que, de noite, sob a lâmpada, bordando no tambor ou jogando loto, não fale, do modo mais simples do mundo, de homossexualidade ou de masculinas ternuras"[45], assegura-se então. Em *O Intermediário dos Pesquisadores e Curiosos*, interroga-se sobre a exatidão do termo; propõe-se, então, melhorá-lo:

> A expressão *homossexual* assim *cacografada* pareceria formada de *homo*, que significa homem: de sorte que, se nos servíssemos desse *adjetivo*, falando das mulheres, diríamos simplesmente o contrário da verdade. Na realidade, o termo *homo* não entra de modo algum na composição de *homossexual*, palavra grega que com ele se parece bastante, e da qual encontramos um emprego na palavra *homeo-pata*. Logo, seria preciso escrever *homeossexual* para designar as pessoas que têm um pendor particular por aquelas do *mesmo* sexo, e então esse adjetivo poderia empregar-se com os dois gêneros[46].

---

44 A "Chanson de l'armée" de Maurel e Vilbert, cena cômica de *La Revue des Folies-Bergères*, estação 1907-1908, e o "Scandale teuton" de Jean Péheu, 1908, foram reeditados em 1997 por Les Gais Musettes, produtores do disco *Chansons interlopes, 1908-1936*.

* *Bougre* [engraçadinho]. (N. T.)

45 Grand-Carteret, J. *Derrière "Lui". L'Allemagne et la caricature européenne en 1907*, *op. cit.*, p. 61-62.

46 *L'Intermédiaire des chercheurs et curieux*, 10 de novembro de 1907; citado por Grand-Carteret, J. *Derrière "Lui". L'Allemagne et la caricature européenne en 1907*, *op. cit.*, p. 4.

A imprensa bem rápido ecoa esse problema léxico: em *L'Indiscret*, de 4 de dezembro de 1907, Saunier desenha uma parisiense pendurada no pescoço de um alemão rígido e impassível, com esta legenda: "Diga-me, querido! Você, pelo menos, é fêmeo-sexual?".

Na opinião de muitos comentaristas da época – e dos principais protagonistas –, as consequências do caso Eulenburg foram incomensuráveis. O próprio Magnus Hirschfeld via nele as premissas da Grande Guerra, opinião corroborada desde 1933 por uma obra de Maurice Baumont intitulada *O caso Eulenburg e as origens da Guerra Mundial*. Em 1927, o próprio Kaiser fulminava ainda "contra a 'judeuzada internacional' que iniciara o escândalo e marcara 'o primeiro passo' de uma conspiração que conduzira em 1918 à derrota alemã e à sua abdicação"[47]. Harden que, por sua vez, teria reconhecido ter cometido o maior erro de sua vida, durante muito tempo será responsabilizado por ter atiçado um clima belicista e pangermanista na Alemanha.

As consequências sociais foram igualmente pesadas. A repressão aos homossexuais em Berlim tornou-se muito mais dura, com um aumento de 50% das prisões anuais entre 1909 e 1913. A enorme repercussão do caso também revelou um aspecto importante das realidades sociais da homossexualidade: sua banalidade entre os militares, os aristocratas e as "pessoas do povo" – como se a burguesia, muito a favor da iniciativa de Harden, não tivesse a ver com o assunto... – e a dificuldade de identificar, de nomear um *comportamento*, regular ou ocasional, que não era de maneira alguma considerado, a exemplo de nossa época, como resultado de uma *identidade*. Lili von Elbe declarava com toda boa fé nada saber disso. Pai de família religioso, Jakob Ernst, o fazendeiro companheiro de Eulenburg, ele mesmo pai de oito filhos, confessará simplesmente: "Como isso se chama, não sei. Ele me ensinou. A gente se divertiu. A gente se apalpou. Não conheço nenhum verdadeiro nome para isso. Quando íamos remar, fazíamos isso

[47] Steakley, J.D. *The homosexual emancipation movement in Germany*, *op. cit.*, p. 235. Esse julgamento de Guilherme II figura numa carta ao príncipe Fritz-Wend zu Eulenburg, datada de 8 de setembro de 1927.

no barco. Era ele quem começava. Eu nunca teria ousado!"[48]. Quanto ao leiteiro de Munique, Georg Riedl, ele compreendeu ao longo do processo que a palavra "camarilha", recorrente ao longo dos depoimentos, devia ser o termo técnico que servia para designar algumas dessas inconveniências que ele teria cometido: "Como o príncipe pode jurar que ignora a *Kramilla*?"[49], espantou-se ele junto ao advogado.

Em 1909, o amor que não tem nome, ou que não ousa dizê-lo, doravante se chama homossexualidade. Mas muitos preferem chamá-lo o 'vício alemão'.

2. O VÍCIO ALEMÃO

O romance da ciência

Como a cereja coroando um bolo já sobrecarregado, o escândalo Krupp e sobretudo o caso Eulenburg vieram confirmar com brilho que o terceiro sexo de fato tinha, o que quer que dissessem, uma pátria: a Alemanha. Magnus Hirschfeld não se ofende: "Não temos direito algum de protestar contra essa expressão de *vício alemão* enquanto a cópula oral (*cunnilinctio* e *penilincto*), nas relações heterossexuais tanto quanto homossexuais, igualmente dividida entre a Alemanha e a França, for quase por toda parte chamada a *arte francesa*"[50]. E o médico lembra que a expressão já estava em uso no século XVIII sob a pena de Mirabeau e de Voltaire, na época em que, do outro lado do Reno, a sífilis era designada como "a doença francesa – *morbus gallicus*"[51]. Pois o debate, teremos entendido, era primeiro franco-alemão. Se ele se inscreve de pleno direito na história das dissensões entre os dois inimigos hereditários, deles representa um aspecto relativamente desconhecido, e talvez digno de análise.

Na aurora do século XX, um gênero literário conhece um sucesso fulgurante: o romance médico. Cometido por médicos na falta de reco-

---

[48] *Ibid.*, p. 253.
[49] Baumont, M. *L'Affaire Eulenburg et les origines de la guerre mondiale*. Payot, 1933. p. 240.
[50] Hirschfeld, M. *The homosexuality of men and women, op. cit.*, p. 52.
[51] *Ibid.*, p. 53.

nhecimento literário ou por polígrafos com pretensões de cultura científica, essas obras, em geral pesadas, verbosas e cheias de erros proferidos num tom categórico, dão até lugar a coleções ou a ciclos, cujos progressos o público acompanha com paixão. Assim os "Desequilibrados do amor: série de romances passionais psicopatológicos"[52], assinados pelo prolixo romancista Armand Dubarry que, após *O fetichista* e antes de *Histérica*, publica em 1896 um livro que não conhecerá menos de quarenta e quatro edições em dez anos: *Os invertidos* (*o vício alemão*).

Esqueçamos a intriga: a baronesa Florinne de Morangis e seu irmão, o conde Adolphe de Champlan, dois invertidos de caricatura, intrigam durante trezentas páginas para fazer fracassar o casamento de Claire e Georges, dois encantadores pombinhos cujo puro amor acabará triunfando. Segundo as tribulações de nossos dois anti-heróis, "filhos de um pai cocainômano, morto, surdo e caduco", e "de uma mãe erotômana, morta de um acesso de demência neurastênica"[53], compreende-se por que o autor os faz morrer no fim, precipitados num abismo no meio dos Alpes, devorados por águias: embora vítimas de uma pesada hereditariedade, como foi sugerido, Florinne e Adolphe são, nem mais nem menos, monstros, puras encarnações do mal.

Como quer a lei do gênero, longas passagens pedagógicas, com muitas citações cultas, insistem em tal ou tal aspecto do "vício alemão". É assim que a justificação do título aparece na página 121, quando o autor nos diz: "Hoje ainda, os prussianos e os ingleses estão à frente do movimento pederástico

---

52 O catálogo da BNF [Biblioteca Nacional da França] precisa que a série compreende onze volumes, publicados pelo editor Chamuel entre 1898 e 1902: 1. *L'Abbé écornifleur* (*l'inceste*), 1902; 2. *Coupeur de nattes*, 1898; 3. *Les femmes eunuques*, 11 ed., 1899; 4. *Le fétichiste*, 1896; 5. *Les flagellants*, 1898; 6. *L'hermaphrodite*, 8 ed., 1897; 7. *Hystérique*, 1897; 8. *Les invertis* (*le vice Allemand*), 1896; 9. *Mademoiselle Callipyge*, 1900; 10. *Le plaisir sanglant*, 1901; 11. *Le vieux et l'amour*, 1898. Armand Dubarry é igualmente o autor de romances 'coloniais' que tomam a África por quadro.

53 Dubarry, A. *Les invertis* (*le vice Allemand*). Chamuel, 1896. p. 34. (Les Déséquilibrés de L'Amour). Todavia, não é sem importância o autor, que prossegue na página seguinte dando a definição do invertido, atribuir a um francês a fórmula (arranjada) do alemão Karl Heinrich Ulrichs: "É o cérebro de uma mulher na caixa craniana de um homem, e o cérebro de um homem na caixa craniana de uma mulher, podia-se dizer deles, imitando a definição de Magnan" (*ibid.*, p. 35).

europeu"[54] – com uma nítida vantagem para a Alemanha e seu exército (já) amplamente corrompido. O vício atingiria todos os "germanos", até os homens casados: na França, eles têm amantes mulheres; na Alemanha, amantes homens. Como prova, Dubarry cita em páginas inteiras os casos, em si muito *romanescos*, publicados por Krafft-Ebing e Moll. Em compensação, o autor tem sobre a França ideias mais pessoais. Segundo ele, os invertidos seriam exceções raríssimas, assinaladas nas "fileiras dos decadentes literários", "grotescos vaidosos" que nada respeitam, "nem mesmo a pátria, pois são internacionalistas. [...] À exceção desses 'estetas' barbudos, cabeludos, desses neomistagogos e doentes excepcionais, não temos muito, como invertidos, senão raquíticos, fáceis de contar, envenenados pelo onanismo, e libidinosos esgotados, em busca de excitantes; além disso, esses pertencem, na maioria, à classe dos rastaqueras"[55].

As lésbicas, em compensação, apresentar-se-iam, e contra toda expectativa, "em massa mais compacta"[56]. Entre elas, muitas prostitutas ou mulheres do mundo drogadas. Em Paris, os casais de cocotes seriam comuns; os lugares de encontro onde as mulheres se entregam ao safismo multiplicar-se-iam. Ali, "esses... artistas 'beijam o irmãozinho', expressão que julgamos supérfluo comentar, e fazem parte da 'sociedade da medalhinha', associação de mulheres a favor de mulheres"[57]. Quanto aos poucos pederastas que perambulam pelos bairros mal afamados, "alguns fazem o *trottoir* vestidos de mulher e maquiados; em gíria, são 'tias', 'bichas'. Paris tem poucos desses seres abjetos"[58].

Se a pederastia não convém muito ao galo gaulês, parece que os franceses têm mais facilidade em admitir um lesbianismo de salão ou de calçada, com uma indulgência que deve tudo ao desprezo – e que o duque de Morny,

---

[54] *Ibid.*, p. 121.

[55] *Ibid.*, p. 150-151. Encontramos essa associação do invertido e do estrangeiro em numerosos romances. Em 1888, lê-se, por exemplo, sob a pena do doutor Luiz, evocando uma sociedade de sodomitas fictícios: "O que havia de estranho nessa refinada sociedade é que todos os seus membros eram rastaqueras ou judeus estrangeiros; o vício degradante que tinham parecia uma tara inerente à raça" (Dr. Luiz. *Les fellatores*, *op. cit.*, p. 93).

[56] Dubarry, A., *op. cit.*, p. 151.

[57] *Ibid.*, p. 153.

[58] *Ibid.*, p. 154-155.

inclusive, recomendava a suas amantes a título de exercícios preliminares a outros embates mais sérios. Berlim-Sodoma contra Paris-Lesbos? Em 1862, Johann Ludwig Casper já havia sugerido, com uma boa fé que seria fácil pôr em dúvida, algo de análogo ao abordar o "tribadismo" em seu *Tratado*: "Entre nós, essa aberração é encontrada, ao que parece, muito raramente, pois nunca tive de explorá-la em minha longa carreira médico-legal, e nunca ouvi dizer que tenha dado lugar a um caso jurídico em Berlim, ao passo que, em Paris, a coabitação de mulheres ávidas de volúpia costuma dar ocasião de encontrá-la"[59].

A rivalidade franco-alemã em torno do terceiro sexo nasceu, com toda lógica, nos meios médicos, primeiros a tratar do assunto. A Alemanha, nesse campo, está bem avançada: na Europa, as obras de referência são assinadas Casper, Westphal, Krafft-Ebing, Moll. Tanto que Georges Saint-Paul, autor de um estudo sobre a inversão sob o pseudônimo de consonâncias estranhas do doutor Laupts, será classificado nas bibliografias entre os autores alemães – o que o incentivou a assinar outros ensaios ou peças de teatro com um muito marcial Georges Espé de Metz[60].

Se as duas comunidades científicas se respeitam, elas são vítimas, sobretudo na França, de um demônio da comparação que atingirá o auge na década que precede a I Guerra. Em 1904, André Raffalovich publica, nos *Arquivos de Antropologia Criminal*, uma investigação dedicada aos "Grupos uranistas em Paris e em Berlim", opondo dois depoimentos: o de um francês cujo nome ele não pode revelar, e o de um médico alemão, o professor Paul Näcke. Raffalovich não os escolheu por acaso: como ele, os dois homens se declaram muito a favor da castidade.

O depoimento do francês é contraditório. Por um lado, sua investigação em Paris-Sodoma lhe deu "a ideia do inferno"; por outro, esse homem convertido ao catolicismo reconhece que o uranismo consegue, como que por milagre, suprimir as barreiras de classes: "Esse vício realiza o que a

---

[59] Casper, J.L. *Traité pratique de médecine légale*, *op. cit.*, p. 123. O médico até acrescentava: "A raridade dessa 'relação sexual contranatureza' e a ausência completa de rastros no corpo daqueles [*sic*] que se submeteram a essa aberração retiram dessa questão todo o interesse em medicina legal".

[60] Ver Rosario, V.A. *L'Irrésistible ascension du pervers*, *op. cit.*, p. 116.

caridade não pode fazer: a igualdade das pessoas. É bem estranho e inquietante"[61]. Um outro espanto o tomou ao percorrer o centro da capital: "O que sobressai, nítida, claramente – e é isso que é difícil de explicar – é que no mundo das pessoas musculosas e parrudas que essa paixão se manifesta. Os açougueiros de La Villette, os hércules de feira e sobretudo os fortes dos mercados praticam quase todos esse vício". Suas pesquisas o conduziram a esta conclusão muito literária: o personagem de Des Esseintes, o herói de *A contrapelo*, "é um excepcional nesse vício, como nos outros; é, em suma, um sodomita quase inverossímil, haja vista sua compleição; é, em suma, um apreciador que seria singularmente desprezado nesse clã"[62]. O homem que escreveu essas linhas e quer preservar seu anonimato sabe do que está falando: é o próprio Joris-Karl Huysmans.

Outro país, outro olhar: enquanto na França se fala com lirismo de um sombrio vício de esteta ou de uma misteriosa prática popular, o professor Näcke de imediato mergulha o leitor numa Berlim "organizada", onde o uranismo é um assunto de discussão pública de dia e um pretexto para festividades ativas de noite. Assim, Näcke passa da reunião mensal do Comitê Científico Humanitário, em que um sacerdote que largou a batina faz uma conferência sobre cristianismo e inversão, à visita das cervejarias e cabarés: aqui, "um rapaz canta justamente versos (compostos por um operário) sobre o terceiro sexo"; ali, dois homens barbudos se beijam longamente, sabiamente – "o Sr. Naecke [*sic*] jamais havia visto isso"[63].

A diferença de tratamento do assunto não se deve apenas ao fato de que Huysmans é escritor e Näcke, médico. A dupla investigação pedida por Raffalovich pode ter valor de metáfora entre dois estilos, duas preocupações, que um paradoxo, para esquematizar de modo grosseiro, separa e reúne a um só tempo: na França, o terceiro sexo é descriminalizado e dissimulado, é um assunto literário, para escritores e moralistas; na Alemanha, grave objeto de estudos científicos e políticos, ele é criminalizado e expõe abertamente, como confirma, no mesmo ano de 1904, a grande investigação de Oscar Méténier

[61] Citado por Raffalovich, M.A. "Les groupes uranistes à Paris et à Berlin". *Archives d'Anthropologie Criminelle*, n. 132, p. 926, 15 de dezembro de 1904.

[62] *Ibid.*, p. 927-928.

[63] *Ibid.*, p. 931.

sobre *Os berlinenses em casa*. Filho de policial, ele mesmo ex-secretário de delegado, Méténier, incoercível tagarela na cidade como no papel, declara ter visto muitos antifísicos e bailes de invertidos ao longo de sua carreira, mas nunca ter assistido, como em Berlim, "a esse reconhecimento quase oficial desse vício estranho" constatado, entre outros, durante uma festa de máscaras: "O que sobretudo me deixava estupefato era a tranquilidade e a inconsciência desses homens, dos quais nem um buscava dissimular sua identidade, e que, todos, achavam absolutamente natural ostentar assim em público sua estranha paixão"[64]. Mesmo em Munique, na mui católica Baviera, as teorias de Hirschfeld seriam banalizadas, ao ponto que o semanário *Jugend* publica em 1905 um desenho, em que figura um oficial do recenseamento que interroga uma família burguesa:

> "– Quanto filhos a senhora tem?".
> E a mãe responde:
> "– Duas filhas, um menino, um uraniano e três homossexuais intermediários".
> A legenda ressalta: "Recenseamento, estilo moderno"[65].

Licenciosidade contra a seriedade

A França também tem humor. A gozação francesa, bem particularmente, encontra até meio de se exercer nas obras sobre a questão, em que a licenciosidade gaulesa costuma voltar-se contra a seriedade alemã. De chistes em brincadeiras licenciosas, os autores cutucam o leitor, e com uma linguagem petulante e brincalhona, acompanhada de umas piscadelas de olho insistentes, fazem passar a mensagem: a França, país do prazer e da libertinagem, não tem a intenção de dar ares científicos à depravação alegre nem de se demorar em confissões lacrimosas de degenerados. A medicalização germâ-

[64] Méténier, O. *Les Berlinois chez eux. Vertus et vices allemands*. Albin Michel, 1904. p. 89-90. Oscar Méténier, cuja investigação será com frequência citada posteriormente, é sobretudo conhecido por ser o fundador do teatro do Grand-Guignol.

[65] Citado por Tamagne, F. *Histoire de l'homosexualité en Europe*, *op. cit.*, p. 28.

nica dos "engraçadinhos", como se diz entre nós "de chofre"[66], inspira assim a Octave Mirbeau esta passagem eloquente:

> Não lhes bastava ser pederastas... como todo mundo... eles inventaram a homossexualidade... Onde a ciência vai se esconder, meu Deus? [...] Pederastas com ênfase, sodomitas com erudição!... E, em vez de fazer amor entre homens, por vício, simplesmente, eles são homossexuais, com pedantismo... Vão a Berlim, estou lhes dizendo... Vão rever Berlim. A viagem vale a pena[67]...

Até os muito sérios Weidel e Fischer, autores de uma apaixonante reportagem sobre *A homossexualidade na Alemanha*, em 1908, concordam: tudo separa a Alemanha da França na apreensão do terceiro sexo. Como Magnus Hirschfeld, que por exemplo mandava proceder a grandes investigações sobre a homossexualidade em relação com o meio sócio-profissional, da escola politécnica ao sindicato dos operários metalúrgicos, pedindo aos voluntários anônimos que declarassem por escrito suas preferências por homens ou mulheres e que dissessem a idade: "Na França, uma experiência desse gênero seria impraticável. Imaginamos, sem esforço, a hilaridade inextinguível que ela desencadearia e as 'piadas' que suscitaria"[68].

Esse riso a um só tempo licencioso e nervoso denota medos confusos. A mania de reivindicações que hoje diríamos 'comunitaristas', de uma organização à imagem do Comitê Científico Humanitário, primeiro contrário ao universalismo à francesa. Oficialmente, brincamos, explicamos da melhor forma que o gozo e as estatísticas não vão bem juntos, e que a medicina não aceita muito a militância – lembrando de passagem que o Instituto para a Ciência Sexual está situado no número 10, In den Zelten (que significa "sob as tendas") e que os homossexuais berlinenses deram a Hirschfeld o prenome de "Tia Magnesia".

---

[66] Como lembra John Grand-Carteret (*Derrière "Lui". L'Allemagne et la caricature européenne en 1907*, *op. cit.*, p. 12), que precisa ainda que Paris é esse reino da feminidade, "onde se vem *um zu cocottiren*!; é conhecido de toda eternidade" (*Ibid.*, p. 8).

[67] Mirbeau, O. *La 628-E8*. Fasquelle, 1907. p. 155.

[68] Weindel, H.; Fischer, F.P. *L'Homosexualité en Allemagne*, *op. cit.*, p. 76.

No momento em que aumentam as hostilidades, a perspectiva de ver um movimento se criar é percebida como uma ameaça política: "Parece, escreve John Grand-Carteret em conclusão de seu livro sobre o caso Eulenburg, se julgarmos pelo número das individualidades que se agrupam e das sociedades que se criam por toda parte, que uma nova franco-maçonaria está às vésperas de ser criada, a dos *antissexualistas* ou antes dos *homossexuais*, já que o que só era, há alguns anos ainda, fantasia de *estetas*, de *wagnerianos*, de *bebedores de éter*, vulgariza-se, democratiza-se, militariza-se até"[69]. Em 1913, o suicídio forçado do coronel Redl, que entregou aos russos os planos de batalhas austríacos após um caso de chantagem, contribui para fortalecer a imagem do homossexual traidor da nação.

Entretanto, teme-se a involução do dimorfismo, medo redobrado por uma demografia langorosa na França. Daí a fazer da homossexualidade uma das causas potenciais da queda da natalidade é só um passo, tão rápido dado quanto desmentido pelos fatos: na mesma época, a Alemanha, que supostamente era o foco tão dinâmico desse "vício", vê sua população crescer de maneira exponencial – de 36% entre 1900 e 1930, contra 3% apenas na França[70]. Que importa. Para os governos, as derrotas militares – e a humilhação de 1871 ainda está fresca nos espíritos – estão ligadas à queda da natalidade. Nesse contexto, a inversão sexual que afemina o Exército e masculiniza as mulheres representa um perigo a ser estudado. O que se considerava uma doença na moda – "se isso continuar, logo, logo será desonroso não ser"[71], brincava Méténier – toma o caminho de uma epidemia a ser evitada. Em 1913, Paul Reboux desenhava com acentos inquietantes o baile travestido da meia-quaresma que drenava centenas de homossexuais para Paris: "A mania

[69] Grand-Carteret, J. *Derrière "Lui". L'Allemagne et la caricature européenne en 1907*, *op. cit.*, p. 63.

[70] Números citados por Roberts, M.L. *Civilization without sexes: reconstructing gender in postwar France, 1917-1927*. p. 268, n. 36. A autora precisa notadamente que, em 1871, a França contava 36,1 milhões de habitantes, contra 41,1 milhões para o Império alemão. Em 1911, a relação é de 39,6 milhões de franceses para 64,9 milhões de alemães. Acrescentemos que o coeficiente dos nascimentos machos/fêmeas conhecia igualmente um declínio inquietante, a relação tendo passado de 107:100 em 1840 a 104:100 em 1900. Sobre este último ponto, ver Nye, R.A. "Sex difference and male homosexuality in French medical discourse, 1830-1930". *Bulletin of the History of Medicine*, v. 63, n. 1, p. 37, primavera de 1989.

[71] Méténier, O. *Les Berlinois chez eux. Vertus et vices allemands*, *op. cit.*, p. 92.

da inversão, como uma demência contagiosa, havia contaminado a multidão inteira. Eram vistos, em crise, as mãos contraídas no ar, os olhos evanescentes, a dobrar a cintura, gritando: 'Estou louca pelo meu corpo'..."[72].

Entre frases alarmistas e veia cômica, o tratamento conjugado da Alemanha e da homossexualidade voltará com toda força após a guerra, apesar desta profecia de Henri Gauthier-Villars, vulgo Willy: "Os *boches* foram bem esquecidos; os pederastas também vão ser"[73]. O escritor, no entanto, foi o primeiro a provar o contrário, e até a obstinação, em dezenas de romances em que são evocados, escarnecidos, estigmatizados, e os primeiros e os segundos[74]. Em 1923, ele até imagina com Ménalkas (pseudônimo de Suzanne de Callias) uma audaciosa combinação mediante o idílio de um francês e de um alemão, estabelecida em 1913: *O Ersatz de amor*. Mas que se entenda bem: o herói, o pintor parisiense Marc Renneval, é um heterossexual *desgarrado* em terras "homoerotes"[75]. É por fraqueza, após ter rompido com a amante, que ele cedeu aos avanços de um oficial, Carl von Rudorff, antigo pagem na corte do Imperador, onde tinha todos os sucessos: "O marechal de Moltke era louco por mim..."[76], confia ele, antes de confessar ter sido iniciado pelo meio-irmão do príncipe Alberto da Prússia, que comparecera ao processo Eulenburg.

Pouco a pouco, a ligação se instala entre os dois homens, apesar da irritação crescente de Marc em se ver preso nesse novo hábito que lhe dá

---

[72] Reboux, P. *Le jeune amant. Mœurs parisiennes*. Flammarion, 1913; citado no catálogo *Archives Gaies. Une anthologie des homosexualités dans le livre ancien*. Jacques Desse/Les Libraires Associés, 2005. p. 66.

[73] Willy. *Le troisième sexe, op. cit.*, p. 33.

[74] Tanto que Willy experimentou a necessidade de se justificar em suas memórias: "No que me diz respeito, nunca serei a presa do polvo homossexualidade, cujos... tentáculos desprezo. Velho atirador impenitente, por que eu mudaria meu fuzil de pólo? A mulher ainda vale mais que o *Ersatz*. Não pretendo que ela valha grande coisa". *Willy. Souvenirs littéraires... et autres*, Montaigne, 1925. p. 141.

[75] Willy; Ménalkas. *L'Ersatz d'amour*. Amiens: Librairie Edgar Malfère, 1923, p. xii. No prefácio, os autores ressaltam que, como a palavra pederastas ou pederastófilos cria confusão, "alguns adeptos a ela preferem o termo 'homoerotes'".

[76] *Ibid.*, p. 71.

"os traços cavados, os olhos roxos"[77], até que se revolte de verdade: "Admito ter tido, em minha vida, essa fraqueza estranha, única, suscitada por um conjunto de circunstâncias raras; não quero ser *um pederasta*. Já me parece que os jovens discípulos de Sodoma me endereçam em seus olhares ou em seus apertos de mão, apelos de franco-maçonaria... E isso me crispa, e tenho vontade de gritar vinte vezes por dia: 'Não! Não sou da confraria! Não cheguei a esse ponto!'"[78]. Sua ruptura com Carl, tornada inevitável, vira drama. O jovem alemão tenta suicidar-se com morfina. Marc, chamado à sua cabeceira, se enternece e finalmente se resigna em aceitar suas inclinações, pelas quais se considera irresponsável.

No início do idílio dos dois, Marc se deixara arrastar a Coblence para o Natal, na família de seu amante. Diante do lugar de confluência do Reno e do Mosela, à evocação de uma nova guerra franco-alemã, Carl havia anunciado que desertaria, ao passo que Marc, por sua vez, havia assegurado que defenderia sua pátria – cena altamente simbólica, e profética, é claro. Quando o conflito estoura, Carl – com a ajuda de um atravessador judeu que se aproveita da situação – foge para a Suíça, onde Marc a ele se junta antes de se engajar no exército. Surdo às exortações de seu amante para se juntar à Legião Estrangeira, Carl permanecerá em país neutro, ao passo que Marc vai voluntariamente se expor à morte ao longo do combate. Traduzamos: sempre restará à França, pervertida por uma Alemanha afeminada e covarde, um fundo de heroísmo viril.

A fim de sustentar suas palavras, Willy e Ménalkas consideraram necessário fazer preceder sua alegoria romanesca de uma introdução, em que os nomes de Havelock Ellis, Krafft-Ebind e Freud figuram ao lado dos nomes de Binet-Valmer, Proust, Miomandre, Eekhoud e Carco. O tom é sem nuanças, sobretudo em relação aos alemães: "Se conhecermos o espírito gregário desse povo [...] não nos espantaremos nem um pouco que as Associações de 'contranatureza' ali se tenham multiplicado, atraindo para si, em número sem cessar crescente, os porcos de Panurge"[79]. Sempre o espectro

[77] *Ibid.*, p. 94.
[78] *Ibid.*, p. 152-153.
[79] *Ibid.*, p. xi.

da federação e do movimento coletivo, de que Magnus Hirschfeld, qualificado mais adiante de grande "animador de movimento pederastófilo"[80], é o líder. Essas fórmulas chocantes, nas quais instantaneamente reconhecemos o estilo pitoresco e brilhante de Willy, na realidade provêm direto de um estudo publicado no início do ano de 1923 no *Mercure de France*: "O vício organizado na Alemanha"[81], de Ambroise Got.

O título – e o conteúdo – dizem bastante: é, ainda e sempre, a organização e a visibilidade do terceiro sexo que são visadas. A imprensa alemã, que Weindel e Fischer já chamavam, em 1908, "a grande alcoviteira homossexual"[82], ali é longamente comentada. Got examinou atentamente *Die Freundschaft* (*A amizade*) – onde, formal, não encontrou nenhum nome de compatriotas na lista dos invertidos célebres regularmente publicada – *Der Eigene* (*O particular*), *Uranos, Freie Presse* (*A imprensa livre*), *Merkur*, tantas outras revistas especializadas nas quais são publicados centenas de anúncios como estes:

> Um negociante divorciado, com mais de 40 anos, pertencente à melhor sociedade, está em busca de um amigo que não tenha mais de 20 anos, de "melhor família", provido de uma posição sólida e que leve uma vida séria.
>
> Como voto de Páscoa, um rapaz de 25 anos, filho de pais honrados, busca uma amizade durável com um senhor de idade madura que, como ele, goste da natureza e de tudo o que é espiritualmente belo[83].

Há ainda o filho de oficial em busca de um amigo "viril" e "não judeu"[84], a "senhora de 'nobres sentimentos', música, que busca sua igual",

---

[80] *Ibid.*, p. xii.

[81] Got, A. "Le vice organisé en Allemagne". *Mercure de France*, p. 655-678, 1º de fevereiro de 1923. As referências às associações e ao espírito gregário dos alemães encontram-se na p. 658-659, e a fórmula sobre Hirschfeld, p. 661. É igualmente nessa fonte que Willy encontrou o termo 'homoerotes'. No mesmo ano, Ambroise Got publica: *L'Allemagne à nu*. La Pensée Française, 1923.

[82] Weindel, H.; Fischer, F.P. *L'Homosexualité en Allemagne*, *op. cit.*, p. 151.

[83] Got, A. "Le vice organisé en Allemagne", art. cit., p. 669.

[84] *Ibid.*, p. 670.

ou tal outra que possui uma casa de campo numa estação balneária e que deseja "uma amiga simpática, independente e carinhosa"[85].

O terceiro sexo se lê, se vê nos cafés, se canta nos cabarés, se celebra no teatro – e até nas confeitarias, onde Got viu um rapaz, de olhos "dilatados pela morfina" se "contorcer como uma bailadeira"[86] diante de uma multidão de homens complacentes. Por toda parte, ele ouviu apelos oficiais para se reunir, lutar, se fazer reconhecer.

Antes da guerra, Hirschfeld estimava o número de homossexuais na Alemanha em 2%. Segundo Got, esse número teria passado a 3%, o que provoca sob sua pena esta nota de rodapé: "É incontestável que, desde a guerra, a homossexualidade realizou progressos muito extraordinários". Na Alemanha, entende-se. Esse aumento tem uma causa, que estende seus estragos: a militância. O autor, no entanto, declara-se contra o § 175, porta aberta à chantagem e à corrupção; diz-se até disposto a admitir o caráter científico de certos artigos sobre a homossexualidade. Por que, então, declarar que sua "consciência se revolta diante das inumeráveis sociedades que se constituíram", único meio para lutar contra as desigualdades? Porque elas teriam sido formadas "com o único fim de permitir que seus cúmplices fizessem mais amplo conhecimento e se entregassem a inefáveis orgias, sempre ao abrigo de um falso estandarte propagandista"[87].

É ainda nessa fonte – e seguramente em outras não identificadas – que Willy vai se inspirar, quatro anos mais tarde, para seu livro mais célebre: *O terceiro sexo*. A Alemanha ali tem a parte do leão, abrindo o capítulo "Olhares por cima das fronteiras" – o primeiro e o mais longo. Desta vez, Got é citado, como Mirbeau, do qual ele retoma a fórmula sobre "os alegres escândalos de Sodom-am-Spree"[88]. Ele acrescenta sua nota pessoal, evoca cenas de cabarés onde nunca foi, onde se veria toda a burguesia local, e notadamente "o senhor diretor de banco Kahn-Gugenheim, irritar algum efebo rosa e frisado como um carneirinho, enquanto a orquestra toca a Morte de Isolda ou o místico Prelúdio de Parsifal"[89]. A homossexualidade ainda é um mal

[85] *Ibid.*, p. 671.
[86] *Ibid.*, p. 674.
[87] *Ibid.*, p. 678.
[88] Willy. *Le troisième sexe*, *op. cit.*, p. 39.
[89] *Ibid.*, p. 40.

judeu, wagneriano e reservado às classes dominantes, o que certamente teria contestado Adolf Brand, feroz anti-semita, que preferia exaltar o heroísmo e o amor dos soldados entre si, à imagem das legiões tebanas. Willy dá de ombros a essas lucubrações sobre "as virtudes dessas marciais bichas"[90], assim como varre com um revés de mão o argumento de uma homossexualidade que conteria a superpopulação, com este comentário inevitável: "Com efeito, se os germanos tivessem seguido essa 'sábia inclinação', eles nos teriam importunado menos em 1914..."[91].

A França, que Willy ignora em sua volta da Europa, está muito presente nos capítulos seguintes, sob outros títulos. Mas no Hexágono, não há propaganda nem sociedades organizadas para esses *senhores-senhoras*. Ao contrário de Berlim, Paris aliás só teve por revista a efêmera *Inversions* (novembro de 1924 – março de 1925), cujo desaparecimento Willy, que a ela teria preferido o título *Les Anales*, não deplora, pela simples razão que ela era "boboca"[92] demais. Só André Gide encarnaria o proselitismo desprezado. Em vez de se demorar, Willy caçoa. Gide afirma que tudo, na vida ordinária, incentiva a heterossexualidade? Resposta, num capítulo intitulado, de maneira talvez ambiciosa, "Um pouco de psicologia": "Não é à toa que as revistas do Moulin-Rouge, os cartões postais da rua dos Martyrs, a audição de *Tristão e Isolda* e a leitura de *A garçonne* levam os camponeses dos Cárpatos ou os negros dos Camarões a cometer atos heterossexuais"[93].

Na realidade, Paris conta inúmeros lugares de encontros e personalidades incontornáveis. Mas, na França, onde tudo é melhor, a diferença é que se tem espírito. Em vez de consultar o doutor Freud, "esse pseudônimo germânico da razão social Charcot-Pierre Janet"[94] [*sic*], ou de acusar ignominiosamente Oscar Wilde como na Inglaterra, prefere-se brincar, num tom libertino ou engraçado. Ora, a piada, o chiste, tem isto de particular: o riso corta na raiz todo discurso. Aliás, um chiste não é aumentado; ele é difundido. Quando Radiguet morre, a Paris chique, em sua crueldade,

---

[90] *Ibid.*, p. 63.
[91] *Ibid.*, p. 61.
[92] *Ibid.*, p. 108.
[93] *Ibid.*, p. 96.
[94] *Ibid.*, p. 118.

apelida Cocteau o "Veuf sur le toit"[95] ["O viúvo no telhado"]; tudo está dito, não é necessário acrescentar. A brincadeira revela, profere uma verdade em atalho, que torna todo comentário supérfluo e mais penosa ainda a análise. Não se milita, não se defende nada, não se acusa tampouco: ri-se. Willy, campeão em todas as categorias nessa matéria, gosta antes de tudo da piada, do chiste, no estilo almanaque Vermont* ou Sacha Guitry**, depende, que caçoa das pessoas nos jornais e as torna desejáveis em todos os salões parisienses, na hora em que a arte da conversa ainda pode lançar ou demolir uma carreira. O trocadilho não é apenas sua marca de fábrica – é seu salário. E o terceiro sexo é um assunto que a isso se presta e que faz vender. Logo, ele a isso se entrega com deleite e conta a quem quiser ouvir as dissensões entre Édouard De Max, "o trágico rastaquera" (o autor era de origem romena) e o crítico Jean Lorrain, chamado "Jeanne, a boa lorena"*** que, "como bons invertidos", se odiavam:

> Um dia, furioso com o sucesso obtido pelo ator trágico a quem entusiastas haviam jogado flores como a uma atriz, Lorrain fez rir a Paris chique ao ridicularizar o "Senhor das Camélias".
>
> Mas, no dia seguinte, por um justo retorno das piadas daqui de baixo, ele mesmo divertiu os frequentadores das premières às suas custas, porque, num corredor de teatro, uma meretriz garagista, Bob Walter, veio esbofeteá-lo com toda força.
>
> Muito feliz com esses tabefes vingadores, De Max enviou-lhe seu cartão: "O Senhor das Camélias envia suas condolências à dama dos giroflês"****[96].

---

95 Piada célebre, alusão ao fato de que Cocteau, protetor de Radiguet, era uma das personalidades incontornáveis do *bar dancing* Le bœuf sur le toit [O boi no telhado], em Paris, nomeado a partir de uma "farsa pantomímica" cujo roteiro ele escrevera e que fora criada em fevereiro de 1920 na Comédie des Champs-Elysées. Na mesma ordem de ideias, igualmente cruel, na morte de seu secretário particular Gabriel Yturri, Robert de Montesquiou recebeu este telegrama: "Mort Yturri – Te salue tante." [Morto Yturri – Te saúda tia].

* Almanaque de piadas com mais de 120 anos. (N. T.)

** Ator cômico famoso (1885-1957). (N. T.)

*** Tal como era chamada Joana d'Arc. (N. T.)

**** O giroflê ou cravo-da-índia tem cinco folhas; por isso, é sinônimo de tapa que deixa a marca dos cinco dedos no rosto. (N. T.)

96 *Ibid.*, p. 136-137.

Seguindo Willy em sua exploração da Paris do terceiro sexo, uma constatação se impõe: a capital francesa é cheia de lugares, códigos, circuitos visíveis. E não é a menor das qualidades desse livro assinalar "pequenos fatos verdadeiros" de uma sociologia improvisada da homossexualidade nos anos 1920. Com quadros e pinceladas, Willy revela uma geografia da paquera e dos bares que se estende de Montmartre aos Halles, de Pigalle à Bastilha, até o saguão do cinema Gaumont e alguns botecos para os lados da Praça da República. Se os lugares que ele cita, na maioria, são conhecidos, suas descrições valem pelos detalhes: os malandros "desfilando com echarpes arco-íris"[97], os burgueses em roupas prateadas de lamê, camisas de seda decotadas ou quimonos compõem uma multidão pitoresca, em que os antigos do Bat' d'Af convivem com os aristocratas decadentes.

A festa culmina, é claro, no baile do Magic-City, "um verdadeiro baile-descontração"[98], três vezes por ano, na terça-feira gorda, na meia-quaresma e no 14 de julho, e no baile da Sala Wagram, onde se reuniam muitas lésbicas. As descrições de bailes de investidos e travestis, na época, são inumeráveis, da imprensa aos romances. Os *dancings* que, do jazz ao tango, são embalados ao som de músicas estrangeiras, tornaram-se os templos modernos do terceiro sexo, onde a dança foi batizada "o amor vertical". Em *Satã conduz o baile*, o panfletário Georges Anquetil vê nisso, nem mais nem menos, apenas uma imagem do inferno: "A multidão de rastas, metecos, homossexuais e cocainômanos que lá se junta poderia apreciar outras alegrias que aquelas desses 'requebros facilmente obscenos, ensinados por professores exóticos, mais ou menos cafetões, em cujos dedos brilham anéis enormes'"?[99].

Willy adota uma pose menos indignada. Enquanto em suas descrições da Alemanha ele misturava à expressão de seu nojo comentários xenófobos, ele acharia quase acentos de simpatia para descrever as festas e os prostitutos da capital. Simpatia que tem seus limites: quando conta que um de seus confrades foi "por curiosidade" num banho de vapores e que se viu com um alemão "ativo" numa cabine de massagem, ele compreende e apóia sua recusa

---

[97] *Ibid.*, p. 162.

[98] *Ibid.*, p. 157.

[99] Anquetil, G. *Satan conduit le bal...* Romance panfletário e filosófico dos modos do tempo [1925]. Agência Parisiense de Distribuição, 1948. p. 29.

"dessa invasão boche"[100]. Para falar a verdade, Willy, que não se preocupa muito com a coerência, sempre hesita entre o lixo e a indiferença divertida, o escarro e o sorriso, sobre essas formas de amor que seriam doenças igualmente partilhadas entre "héteros" e "péderos"[101]. É sobre estes últimos que ele exerce em prioridade sua verve, deixando quase totalmente de lado as lésbicas. Algumas se sentirão poupadas. Com certeza era mais sábio deixar à sua ex-mulher, Colette, o cuidado de abordar esse assunto.

Da brincadeira ao drama

Do lado francês, o tom está sempre na gozação nacionalista na década seguinte. Em 1930, Louis-Charles Royer abre sua pesquisa sobre *O amor na Alemanha* lembrando que, na França, "a sexualidade é uma licenciosidade; ela é, além Reno, um problema"[102]. Segundo o autor, Berlim teria, então, de 3% a 4% de homossexuais, que se reúnem em estabelecimentos do centro da capital. Certo, Paris também tem seus bares especializados como o La Petite Chaumière, admite o autor. A diferença é que eles se situam na periferia, nos altos de Montmartre, onde os "'corações' usam vestidos; mas eles têm uma caderneta militar"[103]. Entretanto, desde o início dos anos 1920, o Casino de Paris produz espetáculos muito sugestivos, como o número do trapezista americano Barbette, transvestista que no final retira a peruca para estupor geral e tem de mexer com os ombros para assegurar ao público que é homem. Ele fascina Cocteau em 1926, que exclama: "Jeckyll é Hyde"[104]. Em 1932, o mesmo Casino de Paris escolherá confiar a Charpini, cantor e transvestista de *music-hall*, um quadro de sua revista "Sex Appeal Paris 32". Será "O terceiro *sex appeal*", em que ele cantará: "Se tenho a voz de uma moça, tenho o coração de um rapaz...".

---

[100] Willy. *Le troisième sexe*, *op. cit.*, p. 182.
[101] *Ibid.*, p. 197.
[102] Royer, L.C. *L'Amour en Allemagne*. Éditions de France, 1930. p. 8.
[103] *Ibid.*, p. 10.
[104] Cocteau, J. "Le numéro Barbette". *Nouvelle revue française*, junho de 1926, retomado em *Le Livre blanc et autres textes* [1928]. Le Livre de Poche, 1999. p. 100.

Que importa a Royer. O orgulho francês está alojado na virilidade. De um empregado do Instituto de Hirschfeld, que o conduz na Berlim do terceiro sexo, ele diz: "A gente pode sair com ele. Não é um desses andróginos nos quais instintivamente colocamos debaixo do umbigo um cartaz escrito 'Contramão'"[105]. Quanto às lésbicas, numerosas, que ele encontra, ele nota com espanto: "Quase todas são bonitas. Com certeza, não é o despeito de terem ficado indesejáveis para o sexo forte que as conduziu aqui"[106]. Seria antes o inverso: a falta de apetência que têm pelos homens. Entretanto, como resistir ao encanto do macho francês? Louis-Charles Royer vangloria-se de ter *convertido* uma delas.

A subida de Hitler ao poder não parece ter modificado esse estado de espírito. Em 15 de fevereiro de 1933, *Fantasio* publica sob o título "O belo Adolfo" uma falsa entrevista em que Hitler é apresentado como "uma louca perdida". O assassinato de Röhm e a "Noite das facas longas" serão, da mesma forma, segundo Florence Tamagne, "a oportunidade, na França, para uma grande campanha anti-homossexual, dirigida a Alemanha". Enquanto o Instituto de Magnus Hirschfeld foi destruído e que as penas previstas pelo § 175 foram consideravelmente aumentadas, "a ideia de uma Alemanha nazista sempre paraíso dos homossexuais está curiosamente ancorada no espírito dos jornalistas franceses. [...] A vontade de ridicularizar o regime nazista e as ambições hitleristas parece ter contribuído para manter essa fábula, que hoje aparece como particularmente inoportuna"[107].

Inoportuna também, a queda dessa nota publicada no semanário *Voilà*, em 12 de maio de 1939:

> Os campos de concentração do III Reich recebem todos os dias novos pensionistas. Segundo o plano estabelecido por Herr Himmler, mestre supremo da Gestapo, esses pensionistas são divididos por categorias: comunistas, homossexuais, judeus.

[105] Royer, L.C. *L'Amour en Allemagne*, *op. cit.*, p. 77.
[106] *Ibid.*, p. 130.
[107] Tamagne, F. *Histoire de l'homosexualité*, *op. cit.*, p. 356.

> Os comunistas usam uma braçadeira vermelha, os judeus uma braçadeira amarela, os homossexuais uma braçadeira rosa...
> E está de antemão entendido que os adolescentes de braçadeiras vermelhas ou amarelas não estão protegidos contra os ataques dos homens de fita rosa[108].

Segundo o United States Holocaust Memorial Museum de Washington, aproximadamente 100 mil homossexuais dos dois sexos foram presos entre 1933 e 1945; 5 mil a 15 mil deles teriam sido enviados aos campos de concentração, onde a maioria teria morrido[109].

Rastaquera ou boche, meteco ou ariano, de que nacionalidade, religião ou família política o terceiro sexo não seria o filho ocasional? Em 1949, num artigo célebre, Jean-Paul Sartre assimilará o homossexual ao colaborador, quando, no mesmo ano, Curzio Malaparte, autor de *A pele*, verá na "inversão sexual", cuja propaganda visa "destruir o tecido social da Europa", uma "iniciação indispensável às ideias comunistas"[110]. Em seu livro sobre *Os marginais*, Hans Mayer lembra que André Gide, comunista celebrado em Moscou, foi metamorfoseado de um dia para o outro, na publicação de seu crítico *Retorno da URSS*, em 1936, num "homossexual desprezível", num "corruptor da juventude" e num "agente da burguesia"[111]. Sartre, autor já detestado de *As mãos sujas*, sofrerá da mesma forma as críticas pesadas do partido alguns anos mais tarde ao defender Jean Genet.

Assim, para resumir, o terceiro sexo formaria uma confraria internacionalista e sem pátria, simultaneamente caricatura de seu país de origem

---

[108] *Voilà*, n. 425, p. 3, 12 de maio de 1939.

[109] Ver em particular: Giles, G.J. *Why bother about homosexuals? Homophobia and sexual politics in nazi Germany*. Washington, D.C.: United States Holocaust Memorial Museum, 2001; e Graü, G. *Hidden holocaust? Gay and lesbian persecution in Germany, 1933-1945*. Chicago: Fitzroy Dearborn, 1995.

[110] Malaparte, C. *La peau* [1949]. [Traduzido do italiano por René Novella]. Gallimard, p. 176. (Folio). Segundo Malaparte, os *zazous* [elegantes amantes do jazz] eram gaullistas; os invertidos, comunistas. Mas fazer do invertido um resistente ao fascismo não é tanto o propósito de Malaparte, que o assimila sobretudo ao traidor, ao espião e até ao animal, em páginas de uma violência inaudita que ocupam todo o capítulo "Le fils d'Adam" (p. 173-199). Ver também Sartre, J.P. "Qu'est-ce qu'un collaborateur?" *In*: *Situations*. Gallimard, 1949. v. III, p. 43-61.

[111] Mayer, H. *Les marginaux*, *op. cit.*, p. 194.

e traidor de sua nação. Um verdadeiro desafio. "Contratipo" negativo de um "estereótipo" erigido em virtude (a virilidade, a pureza da raça), o personagem do "homossexual" é, junto com "a mulher" e "o judeu", como desenvolveu George Mosse, a figura por excelência do "pária"[112]. Deve-se por isso esperar por uma forma de ajuda mútua e de solidariedade entre categorias desvalorizadas, que recusariam reproduzir o processo de exclusão de que elas mesmas são vítimas? Essa coerência política não encontra forçosamente seu equivalente do lado da história, ou, mais simplesmente, da ordem psicológica: sempre precisamos de "mais ignóbil" que nós, segundo as palavras de Marcel Jouhandeau, homossexual e anti-semita, e cuja lógica paradoxal Didier Eribon tão bem analisou em *Heresias*[113].

No próprio seio dos movimentos de emancipação na Alemanha, podemos ver reproduzir-se, com um efeito de encaixe, esse esquema de exclusão. Magnus Hirschfeld, socialista e filantropo, certamente encarna a corrente mais generosa, aberta ao movimento feminista – embora persuadido de que as mulheres são intelectualmente inferiores... *A priori*, tudo o separa de Adolf Brand, cuja apologia da pederastia (suas fotografias de rapazes publicadas em revistas como *Race et Beauté* ou *La race allemande* lhe haviam causado problemas com a justiça) é acompanhada de um ódio aos judeus e aos invertidos, Brand não hesitando em tomar Hirschfeld por alvo no jornal satírico *La Tante*. Entretanto, é preciso cuidado para não opor abusivamente essas duas correntes: elas ocasionalmente fazem causa comum, ao fundarem, por exemplo, juntas, com Benedict Friedlander e o editor Max Spohr, o Comitê Científico e Humanitário. As duas correntes serão igualmente eliminadas por Hitler[114].

---

[112] Mosse, G.L. *L'Image de l'homme*, *op. cit.*, p. 12.

[113] Eribon, D. "L'abjecté abjecteur: quelques remarques sur l'antisémitisme gay des années 1930 à nos jours". *In*: *Hérésies. Essais sur la théorie de la sexualité.* Fayard, 2003. p. 169-206. (Histoire de la Pensée).

[114] Encontraremos uma exposição bem clara dessas duas correntes dos movimentos de emancipação na Alemanha no artigo de Oosterhuis, H. "Homosexual emancipation in Germany before 1933: two traditions". *Journal of Homosexuality*, v. 22, n. 1-2, p. 1-27, 1991. Ver igualmente Steakley, J.D. *The homosexual emancipation movement in Germany.* New York: Arno Press, 1975; assim como sua entrevista com o biógrafo de Hirschfeld: "Love between women and love between men: interview with Charlotte Wolff". *New German Critic*, n. 23, p. 73-81, primavera-verão de 1981. Sobre as relações de Hirschfeld com os movimentos feministas, ver Wolff, C. *Magnus Hirschfeld: a portrait of a pioneer in sexology*, *op. cit.*, p. 86-99.

Numa passagem de suas memórias, Christopher Isherwood resume à perfeição essa ambivalência entre solidariedade, ódio de si e xenofobia confundidas tal como é gerada pela exclusão, no relato da visita feita por André Gide ao Instituto para a Ciência Sexual, em 1928.

> Hirschfeld em pessoa mostrou-lhe o local. Apresentaram-lhe espécimens vivos de museu, com comentários do gênero "Forma intermediária. Terceira subdivisão". Um deles era um rapaz que abriu a camisa com um sorriso modesto para mostrar dois seios de mulher perfeitamente constituídos. Gide olhava, fazia um mínimo de comentários polidos, coçava o queixo com um ar sagaz. Ele estava em uniforme de gala de Grande Romancista francês, capa inclusive. Nenhuma dúvida de que julgava o comportamento de Hirschfeld horrivelmente grosseiro e pouco francês. A francofobia de Christopher inflamou-se. Espécie de sapo a zombar, tão orgulhoso de sua cultura! De repente, Christopher pôs-se a gostar de Hirschfeld – do qual ele mesmo zombava um instante mais cedo –, o estúpido e solene velho professor de bigode de cão de caça, com espessos óculos escrutadores, de pesadas botinas judeo-alemães... No entanto, todos os três estavam do mesmo lado da barricada, que isso agradasse ou não a Christopher. E, mais tarde, ele aprenderia a honrar um e outro como chefes heróicos de sua tribo[115].

Longe de ser um antídoto, a experiência da rejeição pelo homossexual tratado como pária teria sobre ele o mesmo efeito que os maus-tratos sobre a criança traumatizada e tornada um adulto que maltrata? No próprio interior da muito hipotética comunidade que seria formada pelo terceiro sexo, as dissensões, as demarcações, as segregações internas impressionam mais que a coesão de uma ameaçadora 'franco-maçonaria'. Uma arte diz isso com todas as letras: a literatura.

---

[115] Isherwood, C. *Christopher et son monde*, *op. cit.*, p. 28. Lembremos que, em 1928, André Gide (1869-1951), autor de umas trinta obras entre as quais *L'Immoraliste* (1902), *La porte étroite* (1909), *Les caves du Vatican* (1914), *La symphonie pastorale* (1919), *Les faux-monnayeurs* (1925), está então no auge da glória. É também um homem combatido por suas opiniões políticas e anticolonialistas – ele acaba de publicar *Voyage au Congo* [*Viagem ao Congo*] (1927), prepara-se para lançar *Retour du Tchad* [*Retorno do Tchade*] (1928) – e um escritor odiado por ter mostrado sem maquilagem suas posições sobre a pederastia, que uma de suas mais recentes obras, *Si le grain ne meurt* [*Se o grão não morre*] (1926), ainda mostra com brilho.

CAPÍTULO VI

E O RESTO É LITERATURA

Como se chovesse. *Bluettes**, romances, ciclos até, sotias, novelas, ensaios, panfletos, relatos, peças de teatro... Sob forma de ficções ou de autobiografias, a partir da Belle Époque o terceiro sexo está exposto nos balcões das livrarias. De *Escal-Vigor* (1899) de Georges Eekhoud ao *Poço de solidão* (1928) de Radclyffe Hall, de *Idílio sáfico* (1901) de Liane de Pougy a *Jesus-a-codorna* (1914) de Francis Carco, de *Lucien* (1910) de Binet-Valmer ao *Bosque da noite* (1936) de Djuna Barnes, o pior convive com o melhor, num espaço muito difícil de delimitar, onde romances escandalosos são publicados ao mesmo tempo que ensaios clandestinos.

A noção de literatura homossexual faz sentido? Como defini-la? E que critérios guardar? Haveria uma literatura gay produzida por gays, uma literatura lésbica produzida por lésbicas? Em *Em busca do tempo perdido*, Proust foi o primeiro a consagrar Gomorra; a partir de *Alexis ou O tratado do vão combate* (1929), Marguerite Yourcenar só evocou Sodoma. A orientação sexual de autores e autoras deve mesmo ser levada em consideração? Seria preciso, então, excluir Rachilde, Joséphin Péladan, Paul Morand, Remy de Gourmont, Francis Carco e tantos outros, que várias vezes abordaram a questão. Limitar-se ao assunto tratado? Mas como alinhar panfletos cheios de lixo sob o rótulo de 'literatura homossexual'?

Por ser difícil definir os contornos dessa medusa, talvez seja mais prudente voltar à literatura simplesmente e demorar-se em três autores incontestáveis,

* Obra literária leve e espirituosa, de hábito sentimental. (N. T.)

André Gide, Marcel Proust e Colette que, no espaço de uma geração, deram à homossexualidade seu estatuto de objeto literário, como Courbet deu em seu tempo às cenas da vida cotidiana as dimensões da pintura histórica.

1. "A natureza tem horror do Gide"*

Ao tomar a palavra na primeira pessoa, ao longo de uma obra autobiográfica publicada enquanto vivo, André Gide quebrou um silêncio secular e trouxe para o centro, para o universal, um assunto até ali marginalizado. Mas o advento desse discurso teria sido possível sem a etapa decisiva de *Corydon*?

Em 1911 e em 1920, C.R.D.N., obra anônima sem lugar nem nome de editor, tivera uma tiragem de poucos exemplares. Pressionado pelos amigos que lhe suplicavam que renunciasse a isso, Gide várias vezes adiou a publicação oficial desse livro, nascido de uma urgência e uma necessidade íntimas. Mas, em 1922, as medidas estão cheias. "Tenho de obedecer a uma necessidade interior, mais imperiosa que tudo! — escreve ele a Roger Martin du Gard. — Compreenda-me. Tenho necessidade, necessidade, de dissipar enfim essa nuvem de mentiras na qual me abrigo desde a juventude, desde a infância... Nela me sufoco"[1]. *Corydon*, ensaio, de fato é, na mente de seu autor, uma declaração de intenção e uma revelação que o compromete em seu nome pessoal. Essa confissão nada tem para dissipar o pessimismo lúcido de Martin du Gard, que, por sua vez, nota: "Os homossexuais podem provisoriamente beneficiar-se de uma tolerância mais apática: mas, na verdade, a homossexualidade ainda é julgada com a mesma reprovação que antigamente, e vai de encontro, não só na opinião de boa parte dos moralistas, mas na opinião da maioria dos franceses, às mesmas infâmias, às mesmas condenações sem apelo"[2]. De fato, a publicação de *Corydon*, que

* Trocadilho em francês: *La nature a horreur du Gide* em vez de *La nature a horreur du vide* [vazio]. (N. T.)

[1] Martin du Gard, R. *Notes sur André Gide, 1913-1951*. Gallimard, 1951. p. 45; citado por Ahlstedt, E. *André Gide et le débat sur l'homosexualité, de* L'Immoraliste *(1902) à* Si le grain ne meurt *(1926)*. Göteborg: Acta Universitatis Gothoburgensis, 1994. p. 72.

[2] *Ibid.*, p. 47, n. 1; citado p. 72.

Gide julgava o mais importante de seus livros, ia sujar de modo durável a reputação de seu autor. Nem por isso o impedirá de receber o prêmio Nobel de literatura em 1947, quatro anos antes de sua morte.

Construído em quatro "diálogos socráticos", *Corydon* apresenta-se como uma obra das mais clássicas opondo, num face a face dialético tradicional, um rapaz que encarna a voz da opinião ordinária (o narrador) e um médico erudito, Corydon, que lhe objeta os argumentos de um ensaio que ele está preparando, intitulado *Defesa da pederastia*. Ora, essa defesa, Corydon vai assumi-la como naturalista – longuíssimas passagens são dedicadas à homossexualidade entre os animais – mas também como moralista, apoiando-se, entre outros, em dois modelos: os invertidos e as mulheres. Essa parte do raciocínio, uma entre numerosos desenvolvimentos do livro, merece uma breve releitura, pelo fato de ilustrar por excelência os mecanismos de foraclusão do terceiro sexo, e, mais particularmente aqui, a exclusão (dos invertidos e das mulheres por um pederasta) no interior da exclusão (dos homossexuais pelos heterossexuais)[3]. Uma dimensão ainda mais interessante, uma vez que Gide, protestante, pederasta – e durante muito tempo submetido a esse duplo título à inquisição de Claudel e à vindita de muitos –, sabe do que está falando.

Gide fez de Corydon um médico. Mas um médico insatisfeito com os tratados científicos de seu tempo (Moll, Krafft-Ebing, Raffalovich são citados) que, por mais sérios que sejam, exalam "um intolerável odor de clínica" e só teriam a ver com "uranistas vergonhosos; com sujeitos dignos de pena, com chorões, com invertidos, com doentes"[4]. Corydon, por sua

---

[3] Gide assumia perfeitamente essas sucessivas exclusões, como prova este texto datado de 1919: "Essas três espécies de *homossexuais* [pederastas, sodomitas, invertidos] nem sempre são nitidamente resolvidas; existem deslizamentos possíveis de uma à outra; mas, quase sempre, a diferença entre eles é tal que eles sentem um profundo nojo uns pelos outros; nojo acompanhado de uma reprovação que às vezes nada fica a dever àquela que vocês (heterossexuais) manifestam duramente pelos três" (Gide, A. *Journal*. Gallimard, 1996. v. I, p. 1.092 [Bibliothèque de la Pléiade]).

[4] Gide, A. *Corydon* [1924]. Gallimard, 1991. p. 28. (Folio). Lembremos que Raffalovich não era médico, mas com frequência assimilado ao corpo médico por ter estudado a questão do uranismo, notadamente nos *Archives d'Anthropologie Criminelle* do Dr. Alexandre Lacassagne.

vez, prefere estudar "os pederastas normais", a inversão sendo a seus olhos um "anexo"[5] mórbido da homossexualidade. Ele insiste nisso repetidas vezes: "A homossexualidade, da mesma forma que a heterossexualidade, tem seus degenerados, seus viciados, seus doentes"; seu livro falará apenas "do uranismo bem de saúde ou [...] da *pederastia normal*"[6]. Quanto a saber se a homossexualidade se acompanha de taras intelectuais, ele ressalta mais adiante: "Deixaremos de lado os invertidos. O que censuro neles é o fato de as pessoas mal informadas confundirem os homossexuais normais com eles"[7].

Logo, *Corydon* seria (notadamente) isto: um livro construído em torno de um livro que não existe, Defesa da pederastia, feito, indiretamente e em parte, sobre uma *condenação* da inversão, isto é, da afeminação. Gide já se explicava em seu *Diário*, em 1919: "Chamo *invertido* aquele que, na comédia do amor, faz o papel de mulher e deseja ser possuído" — enquanto o pederasta "se apaixona pelo rapaz", e o desejo do sodomita "se volta para os homens feitos"[8].

Na verdade, mais que a afeminação, é tudo o que se refere ao *gênero feminino* e à feminidade que é denunciado por Corydon; sua cruzada vai diretamente às mulheres: ele afirma que "o pudor [lhes] convém [...] e que o véu é o que lhes cabe" ou que "a exaltação da mulher nas artes plásticas é indício de decadência"[9]. Desviadas de seu único dever (a maternidade) pelas excitações da vida moderna, as mulheres seriam as primeiras culpadas pela queda da natalidade na França, problema atribuído erradamente à homossexualidade que, ao contrário, ao exaltar os valores viris, serviria o Estado. O caso Eulenburg, denúncia de pretensos modos "amolecedores" que estariam, ao contrário, "tão perto de serem militares", deve até ser lido

---

5 *Ibid.*, p. 29.

6 *Ibid.*, p. 30.

7 *Ibid.*, p. 123.

8 Gide, A. *Journal*, *op. cit.*, v. I, p. 1.092. Gide acrescentava que: "Os pederastas, dentre os quais me incluo (por que não posso dizer isso simplesmente, sem que vocês logo pretendam ver, na minha confissão, fanfarronada?), são muito mais raros [...]."

9 Gide, A. *Corydon*, *op. cit.*, p. 90 e 93. Arrastado por seu discurso, Gide chegará até a pôr na boca de Corydon esta enormidade bem espetacular sob a pena de hábito mais acerada do escritor: "Por pouco eu chegaria até a dizer que os únicos períodos ou regiões sem uranismo são igualmente os períodos ou regiões sem arte" (*Ibid.*, p. 120).

na contramão das interpretações habituais: "Alguns, na França, tiveram a ingenuidade de ver nisso indícios da decadência! Ao passo que eu pensava baixinho: desconfiemos de um povo cuja própria depravação é guerreira e que reserva à mulher o cuidado de lhe dar belos filhos"[10].

Para ser entendida, a redação de *Corydon* deve pelo menos ser recolocada em seu contexto, todo julgamento suspenso. Gide, sob muitos aspectos, escreve *em reação* a uma heterossexualidade dominante e monocórdia e a um discurso unívoco que marginaliza os homossexuais de caricatura. Alguns críticos até viram na gênese de *Corydon* a irritação de Gide à leitura de *Do casamento* (1907), de Léon Blum, que preconizava a liberdade para as mulheres de adquirir uma experiência do amor físico antes do casamento, e julgado pelo escritor um "hábil prefácio a todo o teatro judeu de hoje"[11]. É ainda em reação perante a popularidade de certas ideias sobre a homossexualidade que ele escreve. O prefácio de *Corydon*, datado de novembro de 1922, diz isso com todas as letras: é "a teoria do 'terceiro sexo'" lançada por Hirschfeld, que é visada, essa "teoria do homem-mulher" e dos "graus intermediários"[12] que em nada explica a pederastia viril da qual ele pretende ser o porta-voz e o defensor.

Mas Gide também escreve no *prolongamento* de uma obra. Em *O imoralista* (1902), obra-prima do não dito, Michel, o personagem central, descobria na Tunísia a sensualidade e o amor dos meninos, sem que nada jamais fosse 'dito'. *Corydon* seria a formalização desse indizível, a revelação desse segredo sufocante? Ao romance do corpo que fala quando a boca está

---

10 *Ibid.*, p. 121. Lembremos que o príncipe Eulenburg era pai de oito filhos.

11 Citado por Moutote, D. "Corydon en 1918". *Bulletin des amis d'André Gide*, n. 78-79, p. 10, abril-julho de 1988.

12 Gide, A. *Corydon*, *op. cit.*, p. 8. Gide com certeza teria ficado horrorizado de saber que, em 1905, um artigo anônimo publicado em *Jahrbuch für sexuelle Zwischenstufen* concluía que sua peça *Saül* (1903) era considerada a ilustração da "*dementia senilis*", caracterizando a paixão homossexual do herói por Davi... Citado por Pistorius, G. "La première réception d'André Gide en Allemagne (1891-1914)". *In*: *Visions allemandes de la France (1871-1914)* [Estudos reunidos por Helga Abret e Michel Grunewald]. Bern, Berlim, Francfort-sur-le-Main, New York, Paris, Viena: P. Lang, 1995. p. 350.

calada, Gide teria respondido por meio de um ensaio explícito, teimoso em demonstrar, em provar, em justificar suas teses às vezes até o absurdo? Em suma, em reação e em prolongamento, *Corydon* não poderia ter-se intitulado *O moralista*?

Ao publicar, em 1924, um livro começado em 1908, após duas edições confidenciais em 1911 e 1920 – e essa distância diz muito –, Gide fez sobretudo um gesto inaugural. Ele se implicou, nomeadamente, num assunto de hábito tratado pela clínica; ele se expôs, em seu nome, que era célebre, num livro de defesa. Esse engajamento, essa palavra assumida vai lhe valer uma chuva de críticas.

A imprensa literária, menos violenta do que se disse, confessa antes sua decepção, insiste nos ridículos do livro, em seu sistematismo irritante. O ódio sempre vem do mesmo campo: dos inimigos encarniçados de Gide e da homossexualidade reunidos. Ainda no final de 1924, é até publicado um *Anti-Corydon*, assinado pelo doutor François Nazier. A fim de impedir essa "manifestação, brilhante, é verdade, do estranho furor de proselitismo que possui, como um santo delírio, os sectários do 'amor ao avesso'"[13], o médico imagina um diálogo reunindo Casanova e Safo, Lucien, Alcibíades, Rabelais e Verlaine... Ele censura em Gide sobretudo sua misoginia, lembra que Platão condena a pederastia em As leis, e sustenta, junto com Remy de Gourmont, que "o amor do lado certo" é mais curioso ainda. A homossexualidade ali é assimilada à masturbação. Em suma, os argumentos não são novos, nesse livro que se abre e poderia ter-se fechado nesta epígrafe: "A natureza tem horror do Gide", famosa fórmula criada por Henri Béraud[14].

---

[13] Nazier, F. *L'Anti-Corydon. Essai sur l'inversion sexuelle*. Éditions du Siècle, 1924. Essa citação é extraída do preâmbulo "Explication", não paginado.

[14] Em 1921, Henri Béraud, polemista de extrema-direita, havia lançado um ataque contra a NRF, suas publicações, seu "espírito". Seus principais alvos eram Paul Claudel, André Suarès e sobretudo André Gide, a quem ele censurava, tudo junto, por cometer erros de sintaxe, por ser militante homossexual e sectário do protestantismo. Essa campanha, apoiada pela imprensa nacionalista e antiparlamentar, levará inclusive Henri Béraud a escrever um livro sobre "o gidismo, o suaressismo e a claudelicação", sob o título: *La croisade des longues figures*. Éditions du Siècle, 1924.

Até a guerra, *Corydon*, cuja notoriedade excederá de muito o sucesso comercial, será o mais popular dos transparentes nomes codificados para designar a homossexualidade. Todas as obras da época sobre a questão a ele se referem, em geral para ironizar. Willy inventa um novo verbo: "corydar-se"[15]. Os autores não são muito econômicos. Quase sempre, *Corydon* é até associado à inversão, que Gide, logo apelidado "a flor do macho"*[16], no entanto combatia em seu livro. A revista *Inversions*, que é lançada no fim de 1924, pensa até, já no número 2, em se desbatizar para adotar o título mais discreto e literário de *Corydonia*[17]! Ironia do destino, o livro se tornou o emblema até do terceiro sexo. E o engano é durável.

Assim, em 1930, Marie Laparcerie, autora de alguns títulos eloquentes como *Ginette mulher fatal e Amor igual desejo*, dedica várias páginas de seu romance *Isabelle e Béatrix*, romance do terceiro sexo, a discutir as teses do mestre expostas em *Corydon*, que um dos personagens, um invertido, apesar de suas reservas, desejaria ver ensinado nas escolas[18]. No mesmo ano, o "corydonismo"[19] é até censurado por ser uma defesa disfarçada em favor da inversão sexual mais desenfreada por Camille Spiess, teórico de extrema-direita e chantre da androginia. Enfim, em 1933, um enésimo artigo sobre o baile do Magic-City, descrevendo um cortejo risonho de "pomposos travestis" que chega sob "as gozações e as vaias da molecada de boné" (e este comentário consternado de um policial: "– Pois é, [...] e ainda falam da crise!"), arvora com orgulho este título: "Corydon comanda o baile"[20].

O adágio é bem conhecido: o sucesso sempre repousa num mal-entendido.

---

[15] Willy. *Le troisième sexe*, *op. cit.*, p. 104.

* Trocadilho com *Les fleurs du mal* [*As flores do mal*], de Baudelaire, pois *mâle* [macho] e *mal* [mal] têm, em francês, a mesma pronúncia. (N. T.)

[16] *Fantasio*, 1º de maio de 1926.

[17] *Inversions*, n. 2, p. 31, 15 de dezembro de 1924. Os títulos *Amictia* e *Urania* eram igualmente propostos.

[18] Laparcerie, M. *Isabelle et Béatrix*. Romance do terceiro sexo. Flammarion, 1930. p. 39-40.

[19] Spiess, C. *L'Inversion sexuelle: origine et simplification*. Orléans: 1930. p. 6. (L'En-dehors). Esse curto texto será retomado em: Spiess, C. *Ceux qui attaquent et ceux qui le comprennent. Opinions diverses et commentaires suivis d'une étude de C. Spiess sur A. Gide et le problème de l'inversion sexuelle*. Les Annales de l'Hermétisme, 1930. p. 46-52.

[20] *Voilà*, o semanário da reportagem, p. 12-13, 4 de março de 1933. A reportagem precisa que Raimu, Michel Simon, Joséphine Baker, Damia e muitas outras personalidades parisienses assistiam ao baile, confirmando assim que o Magic-City se tornara um ponto de encontro na moda da Paris chique do espetáculo.

2. PROUST OU O AVESSO DO MUNDO

A arte do contrapé

Nos estudos sobre a homossexualidade na literatura, como a grande pesquisa da revista *Les Marges* (1926) ou o livro de François Porché, *O amor que não ousa dizer seu nome* (1927), o outro nome que precede ou vem imediatamente após o de Gide é, evidentemente, o de Marcel Proust. Ora, no prefácio a *Corydon*, Gide acusava os livros de Proust de se alinharem à teoria do terceiro sexo e de terem assim contribuído para "confundir a opinião"[21]. Pior: com *Sodoma e Gomorra*, Marcel Proust teria "feito recuar a questão por vinte anos"[22].

O que Gide censurava a Proust era, no essencial, o que ele censurava a Wilde: a dissimulação, a camuflagem, a hipocrisia, o gosto pelas conveniências. Aliás, o autor de *Em busca* e o de *Dorian Gray*, acusados de se esconderem por trás das máscaras, lhe teriam feito a mesma recomendação solícita: nunca diga eu[23]. O autor de *Se o grão não morre* e de um *Diário* publicado enquanto vivo não podia aceitar isso. Questão de princípio.

Questão de método, também. Enquanto *Gide defende* a pederastia pela voz do dogmático Corydon, Proust retrata uma Sodoma romanesca, enfeitiçante, mas histérica, cheia de grotesco e de excesso, a um só tempo vergonhosa e tagarela, dominada pelo personagem de Charlus, encarnação superlativa da tia. Essa pintura cômica e patética intriga, excita o riso; causa em Gide sobressaltos de indignação. Em 1921, ele vai até a cabeceira de Proust, de cama, adoentado:

---

21 Gide, A. *Corydon*, *op. cit.*, p. 8.

22 Citado por Ahlstedt, E. *André Gide et le débat sur l'homosexualité*, *op. cit.*, p. 74.

23 Assim, encontramos no *Diário*, na data de 14 de maio de 1921: "Passei com Proust uma hora da noite de ontem. [...] Trago-lhe *Corydon*, do qual ele me promete não falar com ninguém; e como lhe digo algumas palavras de minhas Memórias: "'Você pode contar tudo', exclama ele; 'mas contanto que nunca diga: Eu'. O que não resolve o meu problema" (Gide, A. *Journal*, *op. cit.*, v. I, p. 1.124). E na data de 1º de outubro de 1927, esta lembrança de Wilde: "Para mim, sempre preferi a franqueza. Mas Wilde tomou o partido de fazer da mentira uma obra de arte. [...] É isso que o fazia dizer: 'Nunca empregue *eu*' [...] Essa hipocrisia artista foi-lhe como que imposta pelo sentimento, que ele tinha muito vivo, das conveniências; e por aquele da proteção pessoal. Da mesma forma, de resto, para Proust, esse grande mestre em dissimulação" (Gide, A. *Journal*, *op. cit.*, v. II, p. 43-44).

> Nessa noite ainda, quase só falamos de uranismo; ele diz censurar-se essa "indecisão" que o fez, para nutrir a parte heterossexual de seu livro, transpor "à sombra das raparigas" tudo o que suas lembranças homossexuais lhe propunham de gracioso, terno e encantador, de modo que não lhe resta mais para Sodoma senão o grotesco e o abjeto. Mas ele se mostra muito afetado quando lhe digo que ele parece ter querido estigmatizar o uranismo; ele protesta; e, enfim, compreendo que o que achamos ignóbeis, objeto de riso ou de nojo, a ele não parece tão repelente[24].

Meses mais tarde, ao descobrir algumas cenas de sadismo em *Sodoma e Gomorra*, Gide desta vez perde a respiração e só vê fingimento por parte de Proust: "Bem mais: essa ofensa à verdade arrisca agradar a todos: aos heterossexuais dos quais ela justifica as prevenções e idealiza as repugnâncias; aos outros, que aproveitarão o álibi e a pouca semelhança com aqueles que ele retrata"[25]. Gide adivinhou bem. Jacques Rivière, à leitura do primeiro volume de *Sodoma e Gomorra*, exprime sua satisfação a Proust:

> Saboreio, entre outras coisas [...], uma espécie de vingança em ler as páginas terríveis [...] onde você descreveu a raça dos sodomistas [sic]. Eu precisava da espécie de descongestionamento que me dão essas páginas. Sem ficar nem um pouco abalado, com demasiada frequência eu ouvira à minha volta falsificarem a noção do amor para não experimentar uma descontração deliciosa em escutar falar sobre isso alguém tão sadio, tão felizmente equilibrado quanto você[26].

Proust, que devia ficar feliz com esse tipo de cartas, estava bem consciente de ter, no mesmo movimento, deixado zangados muitos homossexuais com seu livro. Dizia-se entristecido. Para logo acrescentar: "Mas não é culpa minha se o Sr. de Charlus é um velho senhor, eu não podia bruscamente dar-lhe o aspecto de um pastor siciliano como nas gravuras de Taormina"[27].

---

[24] Gide, A. *Journal, op. cit.*, v. I, p. 1.126. Na data de 17 ou 24 de maio de 1921.

[25] *Ibid.*, p. 1.143, 2 de dezembro de 1921.

[26] Carta de Jacques Rivière a Marcel Proust, datada de abril de 1921, citada em *Sodome et Gomorrhe*. Gallimard, 1989. p. xxxi. (Folio).

[27] *Ibid.*, p. xxxii. Carta de Marcel Proust a Boulanger, datada de abril de 1921.

Certo. Mas essa brincadeira não deve ocultar o essencial: ao contrário de Gide, defensor do amor grego, Proust é apaixonado pela inversão sexual (uma alma de mulher num corpo de homem ou uma alma de homem num corpo de mulher); a figura do homem-mulher, longe de repugná-lo, o fascina. Em "respeito" a seus leitores e prevenindo eventuais acusações de "indecência", ele até renunciou ao termo tia, "essa palavra que usa saias", tomado de Balzac, em proveito de "invertido", "homossexual" sendo não só "demasiado germânico e pedante" mas, simplesmente, impróprio:

> Segundo a teoria, de resto toda fragmentar, que aqui esboço, na realidade não haveria homossexuais. Por mais masculina que possa ser a aparência da tia, seu gosto pela virilidade proviria de uma feminidade profunda, ainda que dissimulada. Um homossexual seria aquilo que quer ser, aquilo que de boa fé se imagina ser, um invertido[28].

Ao fecharmos as páginas de *O tempo reencontrado*, entendemos melhor a teoria do terceiro sexo ter sido a única a poder convir a Proust, digno discípulo de Ulrichs. Pois, na realidade, é toda a estrutura de *Em busca* que está fundada no conceito de inversão, no sentido amplo de *reversão* e de *mudança* – como se diz *reversão das alianças* e *mudança de situações*. E isto, desde o início da construção do romance.

Em maio de 1908, numa carta a Louis d'Albulféra, Marcel Proust enumera os projetos que tem em mente. Nessa lista que conta, entre outros, um estudo sobre a nobreza, um romance parisiense, um ensaio sobre as mulheres, figura, comentado num parêntese lúcido, "um ensaio sobre a pederastia (nada fácil de publicar)"[29]. Cinco anos mais tarde, esses diferentes esboços foram fundidos num livro imenso, que Proust construiu redigindo, de imediato, o início e o fim – o centro crescerá de maneira exponencial

---

28 Proust, M. *À la recherche du temps perdu*, III – *Sodome et Gomorrhe*. "Esquisses IV". Gallimard, 1988. p. 955. (Bibliothèque de la Pléiade).

29 Carta de Marcel Proust a Louis d'Albulféra, datada de maio de 1908. *In*: Proust, P. *Correspondance*. [Texto editado, apresentado e anotado por Philip Kolb]. Plon, 1976. v. VIII, p. 112-113. "Pederastia" deve ser aqui tomada no sentido de relações entre homens.

com os anos –, e cujo primeiro volume, *No caminho de Swann*, está para ser publicado por conta do autor na editora Grasset. Enquanto ainda negocia com o editor, ele comenta com o amigo René Blum – irmão de Léon* – as estruturas de sua obra: "Não sei se lhe disse que o livro era um romance. Em todo caso, é ainda do romance que isso menos se afasta. Há um homem que narra e que diz: "Eu; há muitos personagens; eles estão 'preparados' neste primeiro volume, vale dizer que farão exatamente o contrário daquilo que se esperava conforme o primeiro"[30].

Assim, desde a origem, *Em busca do tempo perdido* foi concebido na mente de seu autor como uma complexa viagem em sentido contrário, o fim predeterminando a evolução de retratos destinados a serem virados pelo avesso feito luvas. Entre a primeira e a última página, Cottard, o imbecil médico do início, mostra ser um clínico excepcional; Biche, o pintor mundano, um artista de gênio sob o nome de Elstir; os Guermantes, uma grande família que decai, à imagem de Charlus, o enérgico e marcial barão transfigurado em ancião patético com ares de velha dama. Proust até diz isso com todas as letras em seu romance: "[...] a natureza que fazemos aparecer na segunda parte de nossa vida [...] às vezes é uma natureza inversa, uma verdadeira roupa ao avesso"[31].

Elaborado por razões que se devem à evidência da força da energia dramática e do efeito de surpresa, o conceito de *inversão* ou de reversão estrutura, e de maneira espetacular, todo o ciclo, como constatará o leitor, aos poucos habituado a pegar o contrapé sistemático do que dizem ou fazem os personagens, todos engajados em níveis diferentes num vasto empreendimento de recusa ou de denegação: o esnobismo de Legrandin mede-se por seu desprezo ostentado pelas mundanidades; as preferências sexuais de Charlus por seu ódio proferido contra jovens "afeminados"; as mentiras de Albertine por sua energia empregada em "jurar" dizer a verdade.

---

* Léon Blum, futuro primeiro-ministro do célebre governo da Frente Popular em 1936. (N. T.)

30 Carta de Marcel Proust a René Blum, datada de 23 de fevereiro de 1913. *In*: Proust, M. *Correspondance*, *op. cit.*, v. XII, p. 91-92.

31 *À l'ombre des jeunes filles en fleurs*, II, p. 426. Essa referência, como todas as que virão após, é oriunda da edição seguinte: Proust, M. *À la recherche du temps perdu* [1914-1927]. (Tadié, J.Y. [org.]). Gallimard, 1987-1989. 4 v. (Bibliothèque de la Pléiade).

Quanto mais um personagem mostra indiferença, virilidade, honestidade, bravura, mais ele se denuncia como apaixonadamente apegado, feminino, dissimulado, covarde. Bem rápido, o narrador aprenderá a desconfiar dessas "palavras, que, de certo modo, devem ser lidas ao avesso, já que a letra delas significa o contrário da verdade"[32]. Essa leitura para ele se tornou tão límpida no meio do romance, que ele até se pergunta "como ainda existem pessoas que dizem por exemplo: 'Tenho tantos convites que não sei o que fazer' para dissimular que não são convidadas"[33]. Basta Albertine anunciar: "É possível que eu vá amanhã à casa dos Verdurin, não sei direito se irei, não tenho muita vontade", para que Marcel logo traduza: "Anagrama infantil desta confissão: 'Amanhã irei à casa dos Verdurin, é absolutamente certo, pois a isso dou muita importância'"[34]. Ele mesmo emprega várias vezes o método para seus próprios fins visando retê-la: "[...] era porque eu queria absolutamente que ela voltasse em oito dias que eu lhe dizia: 'Adeus para sempre'"[35].

Esses exemplos de decifração psicológica por "contratipo", como se obtém um positivo por um negativo em fotografia, são legião no livro. Juntos, constituem uma verdadeira 'lei geral' a comandar a própria arquitetura de *Em busca* que termina, lembremos, na decisão do narrador de se dedicar à escrita a fim de transformar o que viveu – e que, por conseguinte, acaba de ser lido –, como um convite a retomar o texto em sua fonte, a remontar o curso do tempo à imagem de uma bobina cinematográfica desenrolada ao avesso.

As cidades malditas

Nesse avesso do mundo que Proust explora e decifra, Sodoma e Gomorra ocupam um lugar esmagador. Como tema de análise psicológica, mas também como viveiro de um número incalculável de personagens que "são",

---

32 *À l'ombre des jeunes filles en fleurs*, II, p. 215.

33 *Sodome et Gomorrhe*, III, p. 411.

34 *La prisonnière*, III, p. 598.

35 *Albertine disparue*, IV, p. 39.

tornam-se ou revelam-se tais. Vamos nos limitar em citar Charlus, Saint-Loup, Morel, Jupien, o príncipe de Guermantes, o príncipe de Foix, o filho Cambremer, Legrandin, o visconde de Courvoisier, o duque de Châtellerault, o Sr. d'Argencourt, a Srta. Vinteuil e sua amiga anônima, Albertine, Andrée, Léa, a irmã de Bloch, a camareira da baronesa Putbus – sem contar a Verdurin, Odette e Gilberte que teriam tido aventuras com mulheres. E a lista não é exaustiva. Numa espantosa passagem de *A prisioneira* em que Charlus digressiona com ciência sobre o assunto, encorajado por Brichot que o veria bem à frente de uma "cátedra de homossexualidade" no Collège de France, o impetuoso barão pretende até enumerar apenas três ou quatro verdadeiros heterossexuais em dez homens. O que levaria, portanto, a estatística fabulosa a 60%-70% de invertidos[36]. No mundo de Proust deve ser exato. Albertine, mais ocupada em embaralhar as pistas, não comete a imprudência de dizer o coeficiente de mulheres que têm "mau gênero". Suspeita-se que seja facilmente o equivalente.

O fabuloso saber de Charlus sobre o terceiro sexo, Proust o acumulou desde a primeira juventude. Em 1893, o escritor aborda pela primeira vez o assunto num texto intitulado "Antes da noite", confissões de uma mulher no limiar da morte, em que se pode ler: "A causa desse amor está numa alteração nervosa que o é de modo exclusivo demais por comportar um conteúdo moral"[37]. Esse amor é sobretudo uma doença. Proust não mudará de opinião sobre essa questão: ela é até "incurável"[38], como é dito em *Em busca*, exonerando assim suas vítimas de qualquer responsabilidade. Por que, então, falar com tanta frequência de "vício"? "Para a comodidade da linguagem", promete o narrador, que às vezes faz seguir o substantivo de um parêntese justificativo: o vício "(como se diz)", "(ou o que assim é impropriamente nomeado)"[39]. Aliás, o vício não é incompatível com o caráter inato do fenômeno. O mal seria de nascimento e se desenvolveria de maneira mais ou menos extensa, elaborada, conforme o contexto social – tanto que, para retomar os termos de um velho debate, a inversão congênita

---

[36] *La prisonnière*, III, p. 801-812.

[37] Citado no prefácio a *Sodome et Gomorrhe*. Gallimard, 1989. p. ix. (Folio).

[38] *Sodome et Gomorrhe*, III, p. 18.

[39] *Ibid.*, p. 15, 19, 26.

seria de certo modo reforçada, prolongada por uma inversão adquirida em função do meio cultural. A primeira alusão à homossexualidade, relativa à Srta. Vinteuil da qual se murmura que não cuidaria apenas de música com sua amiga, deve-se, assim, a esse "vício que a própria natureza faz brotar numa criança, às vezes apenas misturando as virtudes do pai e da mãe, como a cor dos olhos"[40]. Do lado de Guermantes, passando de Charlus a Saint-Loup, ou seja, do tio ao sobrinho, ele é até qualificado de "hereditário"[41].

Aqueles que dele são vítimas pertencem a uma "raça maldita"[42]. Proust gosta da palavra raça. Ele a emprega para os invertidos, os judeus, os empregados, os aristocratas, as raparigas em flor, os apaches – no sentido de crápulas. Na teoria, o "vício" dessa "raça maldita" repousa num axioma, numa lei: a inversão do gênero em relação ao sexo. Na prática, as coisas são mais complexas. Se a teoria do homem-mulher, isto é, do invertido afeminado ávido de virilidade que busca desesperadamente um *verdadeiro* homem (e, em geral, deve contentar-se, na falta, com outra invertido), é exemplificada ao longo do romance – não sem algumas contradições, aliás –, a teoria da mulher-homem é muito mais fragmentar e frágil. Em *Proust lesbiano*, Elisabeth Ladenson mostrou de maneira convincente em que medida ela não se aplicava às lésbicas, que "nunca são realmente 'masculinas'" e "desejam suas semelhantes mais que seus opostos". Por isso, só as lésbicas encarnariam "a homossexualidade" (amar o "mesmo", segundo a etimologia) no romance, jamais introduzida com tal tamanho numa obra de ficção. Mas daí a afirmar que "o aparente paralelismo entre Sodoma e Gomorra não vai além do título"[43] parece ser ir um pouco rápido demais no assunto.

Pois as analogias são numerosas entre os dois citados, encarnadas pelas duas figuras mais salientes, Charlus e Albertine, entre as quais o narrador até estabelece esta equivalência:

---

[40] *Du côté de chez Swann*, I, p. 146.

[41] *Le temps retrouvé*, IV, p. 322.

[42] *Sodome et Gomorrhe*, III, p. 16-33. Na famosíssima abertura de *Sodoma e Gomorra*, a "raça maldita" veio substituir "a raça das tias" à qual Proust havia renunciado.

[43] Ladenson, E. *Proust lesbien*. [Traduzido do inglês por Guy Le Gaufey]. EPEL, 2003. p. 29.

> Eu pensava que talvez fosse o próprio vício de Albertine, causa de meus sofrimentos futuros, que nela produzira aquelas maneiras boas e francas, dando a ilusão de que se podia ter com ela a mesma camaradagem leal e sem restrição que com um homem, como um vício paralelo havia produzido no Sr. de Charlus uma fineza feminina de sensibilidade e espírito[44].

Proust gosta das simetrias, da mesma forma que gosta das leis gerais, dos sistemas. Como Méséglise e Guermantes, *lados a priori* sem relação, revelam-se ligados ao fim do romance, Sodoma e Gomorra aos poucos emergem como dois mundos que, sem serem simétricos, se tocam, se reconhecem e se adivinham um e outro graças a essa "obscura divinação"[45] que por exemplo permite a Morel descobrir os gomorreanos – e vice-versa.

Proust vai até mais longe ao tecer várias vezes, por metáforas ou por quiasmas, um laço de *complementaridade* entre Sodoma e Gomorra. As digressões sobre a "mulher de uma tia" que seria "um homem" – à imagem da Sra. Vaugoubert que, por um efeito de vasos comunicantes, se teria tornado tão masculina quanto o marido é afeminado – não nos informa, é verdade, sobre a sexualidade da esposa em questão, mas apenas sobre sua aparência exterior. Em compensação, o narrador é muito mais explícito ao relatar o lamento de Saint-Loup que Albertine tivesse sido desprovida demais de dinheiro para poder desposá-la: "Acho que nós dois nos teríamos entendido bem". E o narrador que deduz: "Ele quisera dizer que ela era de Gomorra como ele de Sodoma"[46]. Proust, obcecado pelo princípio heterossexual de atração dos contrários, aqui redobrados pela inversão, leva, pois, a lógica a seu auge, ao supor que uma tia e uma lésbica formariam um casal ideal – no sentido que o equilíbrio masculino-feminino seria respeitado, a virilidade suposta de Albertine "compensando" a feminidade de Saint-Loup. Outros casais, que fariam de Sodoma e Gomorra cidades gêmeas, atravessam sub-repticiamente *Em busca*, ligados por relações eróticas como Morel e Léa, ou familiares como a camareira da baronesa Putbus e seu irmão, antigo cocheiro, do qual Charlus assegura que ele também fazia parte do terceiro sexo.

---

44 *Albertine disparue*, IV, p. 191.

45 *Sodome et Gomorrhe*, III, p. 396.

46 *Albertine disparue*, IV, p. 258.

Mas o narrador não peca por excesso de zelo? Não é sem importância a escolha de Saint-Loup ter-se voltado, na falta de outra, para Gilberte, que teria tido uma aventura com Albertine. Aliás, as duas jovens com frequência são comparadas, uma sendo às vezes a estranha reencarnação da outra: "a sensualidade, a natureza voluntária e esperta de Gilberte tinham voltado para me tentar, encarnadas desta vez no corpo de Albertine", admite o narrador, sucessivamente apaixonado pelas duas, a ponto de ver nelas seu "gênero"[47] de mulheres – e sabemos o quanto a palavra é carregada em *Em busca*. Ora, fazer essas confissões não é nos informar imprudentemente, se quisermos permanecer fiéis à sua teoria, sobre sua própria sexualidade? Apaixonado por Gomorra, Marcel deixaria escapar como um lapso que ele tem a ver com Sodoma[48]? Esse exemplo mostra isso: a construção teórica do terceiro sexo em Em busca sofre de um excesso de aplicação que às vezes ameaça a coerência do discurso do narrador, cuja heterossexualidade reivindicada é mais de uma vez desmentida pelas armadilhas de sua demonstração.

Fascinado por Sodoma, obcecado por Gomorra, ao longo do romance o narrador se apega a uma questão lancinante: como se identifica o terceiro sexo? em que expressões? em que detalhes físicos? em que "isso" se vê? A morte de Albertine não esgotou o ardor dessa busca. Em Veneza, o narrador ainda se interroga, ao encontrar uma jovem que lhe evoca o rosto enigmático da amiga desaparecida, sobre os "caracteres morfológicos da mulher que gosta de mulheres":

> Eu queria, ao tentar ler em seu rosto, ter-lhe dito: "Você deveria me dizer, isso me interessaria por me fazer conhecer uma lei de história natural humana", mas jamais ela me diria isso; ela professava pelo que se parecia com esse vício

[47] *Ibid.*, p. 84.

[48] O risco de tal dedução – que não é levantado –, teria ficado caduco pelo seguinte argumento: Saint-Loup e o narrador teriam de fato ficado apaixonados por Albertine porque ela gostava das mulheres mas *por razões opostas*: o primeiro para cultivar esses pendores, o segundo para desestimulá-los. Mas por que, então, o narrador confiou a vigilância de Albertine a Andrée, a qual ele desde o início suspeita de manter uma ligação com ela?

um horror particular, e guardava uma grande frieza com as amigas. Talvez fosse até a prova de que tinha algo a esconder[49] [...].

O primeiro indício – que aliás partilhariam as duas regiões malditas – seria este: a dissimulação e a mentira. "De voz, de gesto, de palavras, de atitudes, com frequência até de traços, é um ser maquilado"[50], diz Proust do invertido nos esboços preparatórios de sua obra – maquilado no sentido próprio às vezes, como prova o rosto de teatro de um Charlus com pó-de-arroz. Mas a aplicação de Sodoma e Gomorra em se esconder passa por vias diferentes. Tanto a primeira é singular, caracterizada, pitoresca, como que em relevo, tanto a segunda estaria afundada numa nebulosa inapreensível, atomizada, difratada. Sinais comuns, no entanto, as denunciam: os olhos e a voz.

O narrador diz isso com frequência: Albertine é inominável. Como a Gomorra moderna, "quebra-cabeças"[51] sempre inacabado, da mesma forma, seus olhos são plurais, como que "feitos de vários pedaços" que correspondem a todos os lugares onde ela gostaria de estar, e tanto mais inapreensíveis porquanto são "imóveis e passivos" por mentira, mas "dinâmicos, mensuráveis pelos metros ou quilômetros a serem transpostos para estar no encontro desejado". São os olhos de um "ser de fuga"[52], de olhar impossível de ser captado, "olhos fragmentados, levando ao longe e tristes [que] talvez permitissem medir as distâncias, mas não indicam as direções"[53]. Essa ubiquidade fragmentada assinala seu desejo ao mesmo tempo que lhe mistura a significação, como uma língua cujo alfabeto pode ser decifrado, as sílabas lidas sem que se compreenda o sentido das palavras.

Quase sempre, o olhar de Albertine parecerá difuso, longínquo, buscando ser inexpressivo. Essa imprecisão estudada, prudente, devida à presença ciumenta do narrador, cede diante da curiosidade de encontrar moças que têm "mau gênero", provocando em seus olhos "essa atenção brusca e

---

[49] *Albertine disparue*, IV, p. 228.

[50] *Sodome et Gomorrhe*, III, "Esquisses IV", p. 956.

[51] *La prisonnière*, III, p. 597.

[52] *Ibid.*, p. 599.

[53] *Ibid.*, p. 600.

profunda"[54] que no instante seguinte a mergulha numa forma de melancolia. Só o erotismo perturba a sua vigilância e a revela. "Átono e feliz" junto às moças, seu olhar "estreito e aveludado", de repente despertado pelo desejo, "fixava-se, colava-se na passante, tão aderente, tão corrosivo que parecia que, ao se retirar, deveria ter levado a pele". Para o narrador, esse indício vale todas as provas: "Albertine podia me negar suas traições particulares, por palavras que lhe escapavam, mais fortes que as declarações contrárias, só por esses olhares, ela havia feito a confissão daquilo que gostaria de ter escondido, bem mais que fatos particulares: aquilo pelo que teria preferido ser morta que reconhecer, seu pendor"[55].

O narrador, que só pode arrancar mentiras ou contraverdades de Albertine, está portanto condenado a ler em seus olhos. Leitura frágil, insuficiente, entregue à interpretação e à especulação. Ele pode ali perceber a esperança, a saudade de alegrias que ele não adivinha e "só apreendendo essa luzinha em suas pupilas" acha-se condenado "como o espectador que não deixaram entrar na sala e que, colado ao vidro da porta, nada consegue avistar do que se passa em cena"[56]. Repelido para a entrada, nunca penetrará Gomorra, nem o segredo de seus olhares, que o desejo transforma em "fogos alternados e giratórios" como "faróis" emissores de "sinais"[57].

Aos olhos estrelados das gomorreanas, Proust parece opor "os olhos dilatados pela atenção" do barão de Charlus, que lhe dava o olhar "dos loucos ou dos espiões"[58]. Aí ainda, todos os esforços de um Charlus ainda jovem e sóbrio em dissimular suas preferências fracassam ao nível dos olhos, "como uma fissura, como uma única seteira que ele não conseguira tampar"[59] naquele rosto cuja expressão ele havia hermeticamente fechado. Dessas fendas indiscretas sai "aquele olhar particular, vindo das profundezas"[60], "aquele olhar furtivo, a um

54 *Sodome et Gomorrhe*, III, p. 198.
55 *La prisonnière*, III, p. 656.
56 *Ibid.*, p. 886.
57 *Sodome et Gomorrhe*, III, p. 245.
58 *À l'ombre des jeunes filles en fleurs*, II, p. 111.
59 *Ibid.*, p. 120.
60 *Sodome et Gomorrhe*, III, p. 95.

só tempo inquisitorial e medroso"[61], que ele não consegue deixar de dirigir aos militares e aos rapazes e que denota o invertido profissional.

Ao contrário dos outros habitantes de Sodoma, a degradação de Charlus começa cedo e segue um ritmo rápido. Breve, esse "Apolo envelhecido"[62] torna-se um tipo de monstro, "balançando seu corpo gordo, seus olhos baixos de jesuíta"[63]; parece com um "sacerdote proibido" do qual todo o físico, "o rosto maquilado", "o peito grande", "o traseiro gordo", assinala o vício "espalhado como óleo"[64]. Só seus olhos acerados, que Saint-Loup herdou, parecem resistir a essa decadência, até que um ataque de apoplexia o derrube. Durante um breve período, Charlus vai estar até mergulhado na cegueira. Jupien deve então vigiá-lo. Um dia, entra em seu quarto e o encontra com um menino de 10 anos. Charlus cego tornou-se pedófilo. Quando recupera a vista, seu famoso olhar perdeu o brilho: "Mas o mais emocionante é que se sentia que esse brilho perdido era o orgulho moral [...]"[65].

O olhar de Charlus diz sua paixão viril. Sua afeminação está inteira na voz, "igual a certas vozes de contralto em quem o médio não foi cultivado o bastante e cujo canto parece o duo alternado de um rapaz e de uma mulher"[66]. Graciosa, cheia de ternura por instantes, bem rápido se torna odiosa sob o golpe de suas cóleras lendárias, "sucessivamente aguda e grave como uma tempestade ensurdecedora e impetuosa". Aliás, na maior parte do tempo, está dito que Charlus "berrava"[67].

Sua voz seguirá o ritmo de sua decadência. E o narrador, dali por diante convencido de que Charlus é um invertido (ele o surpreendeu numa cena de sedução com Jupien), será capaz de desmascarar qualquer homem em sua "voz falsa", indicando: "É um Charlus"[68]. A voz do barão se tornou o próprio órgão da inversão, o canto do terceiro sexo; é a partir dela que seu patronímico se torna um substantivo declinado em "charlismo", "um

---

61 *Ibid.*, p. 425.
62 *Du côté de Guermantes*, II, p. 843.
63 *Sodome et Gomorrhe*, III, p. 451.
64 *La prisonnière*, III, p. 712.
65 *Le temps retrouvé*, IV, p. 438.
66 *À l'ombre des jeunes filles en fleurs*, II, p. 122.
67 *Du côté de Guermantes*, II, p. 846.
68 *Sodome et Gomorrhe*, III, p. 63.

Charlus" ou vários "Charlus". Ela não será mais senão "aguda e estalante, como um tapa", "nasal, lenta e arrastada", "aguda, adocicada e cadenciada"[69]. "Voz de falsete", de "entonações de coquete"[70], nada pode mais corrigir-lhe a inclinação que voa para as alturas. Até quando mais se aproxima do grave, ela ainda "precisa do afinador"[71].

Um episódio célebre põe em cena essa denúncia pela voz. Acontece na Raspelière onde, após o jantar, a Sra. Verdurin propõe uma laranjada ao barão, que ainda não é a caricatura que vai se tornar:

> Então, o Sr. de Charlus, com um sorriso gracioso, num tom cristalino que ele raramente tinha e com mil muxoxos e requebros da cintura, respondeu: "Não, preferi a vizinha, é moranguinho, acho, é delicioso". É singular que uma certa ordem de atos secretos tenha por consequência exterior uma maneira de falar ou de gesticular que os revela. Se um senhor acredita ou não na Imaculada Conceição, ou na inocência de Dreyfus, ou na pluralidade dos mundos, e queira se calar, não se encontrará em sua voz nem em seu andar nada que deixe perceber seu pensamento. Mas ao ouvir o Sr. de Charlus dizer com aquela voz aguda e com aquele sorriso e aqueles gestos do braço: "Não, preferi a vizinha, o moranguinho", podia-se dizer: "Olhem só, ele gosta do sexo forte", com a mesma certeza que aquela que permite condenar, para um juiz um criminoso que não confessou, para um médico um paralítico geral que talvez não conheça ele mesmo seu mal mas que cometeu tal erro de pronúncia de onde se pode deduzir que vai morrer em três anos[72].

Nesse sentido, o invertido é uma espécie de ventríloquo sem querer, incapaz de controlar sua *verdadeira natureza*, e a inversão a única identidade sexual que se ouve e se adivinha no timbre. Esse traço tão confiável ao ouvido exercido denuncia os homens. Nada de voz de barítono saindo inopinadamente das gargantas gomorreanas. O crime estaria no tom, no acento, na sonoridade canalha. Assim como Albertine, que mudava de per-

---

[69] *Sodome et Gomorrhe*, III, p. 395, 398, 477.

[70] *Ibid.*, "Esquisse I", p. 927.

[71] *Le temps retrouvé*, IV, p. 380.

[72] *Sodome et Gomorrhe*, III, p. 356.

sonalidade como de voz, "perdia a sua para assumir outra, enrouquecida, ousada, quase crapulosa"[73].

Em busca do tempo perdido pode ser lido como o grande romance do terceiro sexo, ao abordar todos os temas já estudados aqui. Charlus, seu personagem totêmico, não é a tia de Balzac, ao mesmo tempo que o uraniano típico de Karl Heinrich Ulrichs? Várias vezes qualificado de louco ou de alienado, não pertence ele, segundo Cottard, a esses "degenerados" de "olhos intumescidos"[74], cuja depravação se lê num corpo desfeito, como o analisava, desde Tardieu, a medicina legal? Sua resistência em falar "daquilo que os alemães chamam a homossexualidade"[75], termo a seu ver inexato, não o aproxima de Magnus Hirschfeld, cujas teorias ele por sua vez exemplifica? Modelo do aristocrata decadente, anti-semita, o barão, cuja mãe era uma princesa da Baviera, aliás mantém com a Alemanha complexas relações. Solidário com o príncipe Eulenburg ao longo do "caso", em que ele adivinha as origens de uma futura guerra, ele breve estará sob suspeita de ser um espião a serviço do inimigo pela Sra. Verdurin que jurou sua queda – sempre o espectro do traidor da nação. Na realidade, Charlus deveria sua germanofilia – que lhe vale os apelidos de "Tia de Frankfurte" e "Frau Bosch"[76] – a uma forma de bondade com frequência evocada, que o inclina a tomar o partido do vencido, mas também a uma dimensão de seu "charlismo"[77]: seu masoquismo, que faz com que ame seus carrascos.

De Charlus, compreende-se que Proust dissesse: "É o núcleo do meu caso"[78], como Balzac atribuía a função de "coluna vertebral" a Vautrin. Foi com esse personagem que ele se comprometeu mais longe, em torno do qual tudo se agrega. Uma noite, ao voltar de um jantar, o escritor teria

[73] *Sodome et Gomorrhe*, III, p. 403.

[74] *Ibid.*, p. 324.

[75] *La prisonnière*, III, p. 810.

[76] *Le temps retrouvé*, IV, p. 347.

[77] *Ibid.*, p. 356.

[78] Albaret, C. *Monsieur Proust*. [Lembranças recolhidas por Georges Belmont]. Robert Laffont, 1973. p. 303. (Vécu).

até confiado à sua governanta, Céleste Albaret: "– Sabe o que me disseram esta noite?... 'Marcel, tome cuidado. Você vai ser proibido, com o seu Sr. de Charlus'. E então, Céleste, o que acha disso? Eu achava que estava protegido desde que o Sr. Gide me censurou por não ser carinhoso com 'o uranismo'"[79]. Gide não tinha esses poderes. Marcel Proust de fato arriscava algumas disputas com a polícia.

3. PROUST NO BORDEL

Nos registros da polícia dos anos 1840 exibia-se o mundo balzaquiano das tias, fonte de inspiração da raça maldita de Proust. O que dizem, em contrapartida, os documentos dos anos 1900-1920 da brigada mundana, também chamada dos costumes[80], sobre o universo dos Charlus em Paris? Que a prostituição masculina ostenta uma bela saúde, que é em prioridade exercida nos estabelecimentos de banhos e nos hotéis mobiliados, que é denunciada todos os dias por cartas anônimas assinadas "um cidadão devotado", "um pai de família respeitável" ou simplesmente "um velho parisiense"[81].

É o que revelam, entre outros, as centenas de documentos sobre as casas de tolerância oficiosas, em forte progressão na capital. Em geral, a polícia desconfia. Quase sempre, a delação é filha do ciúme profissional e o redator indignado o proprietário de um bordel rival instalado na mesma rua – ou

79 *Ibid.*, p. 375.

80 Oficialmente criada em 1899 no seio do Serviço misto dos quartos, a brigada mundana, primeiro encarregada de espionar a vida privada dos grandes deste mundo, rápido estendeu suas atividades às casas de prostituição clandestinas. Em 1910, a ela é acrescentada à Seção mista S., especializada na repressão ao tráfico de drogas, com a qual ela se fundirá para formar, em 1914, um organismo independente: a brigada dos costumes, logo apelidada "a brigada dos bons costumes". A partir de 1930, e até 1975, ela retomará o título de brigada mundana. Ver Auboin, M.; Teyssier, A.; Tulard, J. *Histoire et dictionnaire de la police*, *op. cit.*, p. 787. E para um estudo mais aprofundado: Berlière, J.M. *La police des mœurs sous la IIIe Republique*. Seuil, 1992.

81 Arquivos da polícia de Paris. BM2. A série diz respeito aos hotéis de alta rotatividade e outros estabelecimentos especializados. Alguns contêm documentos especificamente dedicados à prostituição masculina. Ver, em particular, os cartões: 4, 6, 9, 11, 12, 17, 24, 30, 31, 35, 37, 41, 42, 43, 52, 57, 60, 61, 65.

ainda uma prostituta irritada, apressada em ver desaparecer um viveiro de "jovens trapaceiros" que ela assinala às autoridades antes de assinar, em maiúsculas: "UMA CONCORRENTE DO OUTRO SEXO"[82].

Mas a administração, os escrúpulos obrigam, também tem de verificar e enviar policiais montar vigilância ou até infiltrar o local à paisana. As numerosíssimas cartas que denunciam como covil de pedófilos o estabelecimentos de banhos do número 160 da rua Oberkampf, notadamente frequentado por André Gide e Henri Ghéon, levaram, por exemplo, os inspetores Fabre e Malezewsky a fazer um relatório em julho de 1906 ao procurador da República. Os resultados nem sempre estão à altura das esperanças. Embora a polícia tivesse constatado a presença de jovens entre "11 e 18 anos" de ares "equívocos" em companhia de "velhos pederastas", todos muito suspeitos, ela nada pode provar. "A repressão ali é bem delicada de ser exercida e uma prisão poderia comprometer a Administração em sérias dificuldades."[83] Assunto encerrado.

Outros lugares de encontros são objeto de batidas policiais bem-sucedidas. Será o caso de um hotel mobiliado da rua da Arcade, o hotel Marigny, fachada de um bordel para homens, mantido por um certo "Albert Le Cuziat". Ora, esse hotel não é outro senão a fonte de inspiração do "templo do impudor" em *O tempo reencontrado*, onde Charlus se entrega a seus exercícios sadomasoquistas, e Le Cuziat, o modelo de Jupien.

Em 1911, Proust encontra Albert Le Cuziat, antigo camareiro do príncipe Radziwill e da condessa Greffulhe. Bem rápido, ele remunera aquele que ele apelida o "Gotha vivo" por seus conhecimentos do protocolo e da etiqueta, da genealogia, das alianças oficiais e oficiosas, ao mesmo

[82] Arquivos da polícia de Paris. BM2, 17 – Documento 83515. Uma batida organizada em 26 de outubro de 1902 nesse estabelecimento da rua do Vertbois confirmara as informações da prostituta. A polícia lá havia surpreendido indivíduos "ainda maquilados" podendo "ser olhados como pertencentes ao mundo especial dos antifísicos." (Relatório de 27 de outubro de 1902).

[83] Arquivos da polícia de Paris. BM2, 57 – Dossier 156-001. Relatório de 5 de julho de 1906.

título que Oliver Dabescat, chefe de restaurante do Ritz, outro "alcaguete" a serviço de *Em busca*. Le Cuziat tem ambições, pretende se estabelecer por conta própria. Quando decide abrir um "estabelecimento de banhos" perto da igreja da Madeleine, na rua Godot-de-Mauroy – cuja reputação "dava para imaginar"[84], no dizer de Céleste Albaret –, ele vem ver Proust, que lhe empresta as chaves de seu depósito do bulevar Haussmann, onde se acumula o mobiliário herdado da família, a fim de que ele escolha o que precisa para mobiliar seu quarto pessoal. O escritor vai se arrepender quando constatar por si mesmo, tempos mais tarde, que Le Cuziat na verdade usou aqueles móveis para equipar outro estabelecimento 'especializado', um mobiliado com dupla saída: o hotel Marigny, adquirido em 1917.

Por mais indignado que Proust se mostre diante de Céleste, ele nem por isso deixa de ir à casa de Le Cuziat. Segundo Céleste, que mostrava seu desprezo por aquele "varapau bretão, louro, sem elegância, com olhos azuis, frios como os de um peixe – os olhos de sua alma", as histórias que ele contava a Proust eram "uma sopa esquisita"[85]: ele revelava sem dificuldades os nomes dos clientes (entre os quais ministros e deputados), os hábitos, os refinamentos de seus "vícios", até propor ao escritor que assistisse a certas cenas, por trás de uma janelinha que enfeitava certos quartos. Dessas expedições voyeuristas, Proust tirará a famosa cena da flagelação, transposta em *O tempo reencontrado*, em que Charlus, "acorrentado a uma cama feito Prometeu em seu rochedo"[86], se entrega com volúpia aos golpes repetidos de um empregado da casa. Ao voltar, ele conta em detalhe o que viu a Céleste, "esmagada de horror" diante da descrição de um grande industrial acorrentado, sendo chicoteado até sangrar para chegar ao gozo: "'– Mas, patrão, como o senhor pôde olhar isso?' – Justamente, Céleste, porque não se pode inventar isso"[87].

Posto de observação sem rival, a rua da Arcade oferece a Proust os elementos que virão nutrir suas páginas mais espetaculares sobre o sadomasoquismo, as relações de classe e de sexo e a vida noturna de Paris-Sodoma. Mas se ele mede o interesse de sua fonte, seu caráter muito desconfiado

---

[84] Albaret, C. *Monsieur Proust*, *op. cit.*, p. 236.
[85] *Ibid.*, p. 237.
[86] Proust, M. *Le temps retrouvé*, IV, *op. cit.*, p. 394.
[87] Albaret, C. *Monsieur Proust*, *op. cit.*, p. 240.

também lhe ordena que tome múltiplas precauções. Toda vez que Céleste é encarregada de levar uma carta a Le Cuziat, Proust insiste para que ele a devolva tão logo a leia. "Quando vou ali, confia ele ainda, não gosto muito de me demorar. Com as operações de polícia que lá acontecem! Não quero desfilar nos jornais amanhã!"[88]. Marcel Proust visava certo, a menos que já falasse com conhecimento de causa.

Em 10 de janeiro de 1918, uma carta anônima é enviada à polícia para denunciar as "boates da rua Godot e da rua das Arcades [sic], onde o proprietário atrai e proporciona jovens, soldados, marinheiros, e onde oficiais apreciadores, bem como civis, vêm fazer uma festa ignóbil"[89]. Mas por trás das portas dos prostíbulos, onde não se pode invocar o ultraje *público* ao pudor, só os motivos de inculpação permanecem "excitação habitual de menores à depravação" e, nesses tempos de guerra, a venda de álcool fora das horas autorizadas. É nessa dupla armadilha que Albert Le Cuziat vai cair.

Na noite de 11 e 12 de janeiro, uma batida policial ocorre, então, no hotel Marigny. O relatório do comissário Tanguy será entregue no dia 19 do mesmo mês ao secretário de Segurança:

> Esse hotel me fora assinalado como um lugar de encontros de pederastas maiores e menores. O dono do hotel, ele mesmo homo-seuxual [sic], facilitava a reunião de adeptos da depravação antifísica. Vigilâncias que eu havia mandado exercer tinham confirmado as informações que eu havia assim recolhido.
>
> À minha chegada, encontrei o senhor Le Cuziat num salão do térreo, bebendo champanhe com três indivíduos com ares de pederastas.

Numa folha acrescentada, pode-se ler, com efeito, o estado civil dos indivíduos em questão, reunidos no salão dito da "pândega", situado

---

[88] *Ibid.*, p. 238.

[89] Arquivos da polícia de Paris. BM2, 43 – Dossier 81-000-163. Todas as citações seguintes, exceto menção contrária, referem-se à mesma cota. Publiquei pela primeira vez esse documento inédito num artigo: "Proust, Marcel, 46 ans, rentier" ["Proust, Marcel, 46 anos, vivendo de rendas"]. *La Revue Littéraire*, n. 14, p. 82-92, maio de 2005. Agradeço às edições Léo Scheer por ter-me autorizado a reproduzir elementos.

no térreo. Uma garrafa de champanhe, quatro copos, reinam no meio da sala – primeiro motivo de inculpação suficiente. Além de Le Cuziat, estão presentes:

> PROUST Marcel, 46 anos, vivendo de rendas, 102, bulevar Haussmann.
> PERNET Léon, nascido em Paris (15º) em 3 de abril de 1896 [...] soldado de Iª classe do 140º Regimento de Infantaria. [...] Em licença de convalescência ilimitada, à espera da reforma Nº I.
> BROUILLET André, nascido em Nention (Dordogne), em 5 de março de 1895 [...] cabo no 408º de Infantaria em licença ilimitada de convalescência à espera da reforma Nº I, domiciliado no número 11 da rua da Arcade.

Estamos em 1918. Além de *Os prazeres e os dias* e de numerosos artigos, Proust já publicou *No caminho de Swann*, por conta própria no editor Grasset, e recebeu os elogios da crítica. Autor festejado, ele em breve vai enviar para publicação pela editora Gallimard *À sombra das raparigas em flor*, que vai obter o prêmio Goncourt no ano seguinte. Oficialmente, vive de "rendas" – o que era exato: Proust vivia de suas rendas e não de direitos autorais. "Escritor", "autor", isso teria despertado as suspeitas da polícia, até deixar temer eventuais vazamentos nos jornais? É possível, ainda mais que a administração teria tido dificuldade de crer que Proust, ele tão preocupado em preservar sua reputação e em negar energicamente suas inclinações – até provocar Jean Lorrain em duelo! –, ali se encontrava por necessidade profissional...

Que Proust tivesse sido detido numa batida policial, eis o que não deve surpreender tanto, ainda que fosse apenas de um ponto de vista estatístico. O interesse do documento viria antes de uma conjunção, como se diz em astronomia de um feliz alinhamento de planetas, entre o mundo imaginário de Proust, suas manias pessoais e a realidade de um acontecimento, ao qual a retórica administrativa dá um sal inédito. "Antifísico", "homossexual", "pederasta": a polícia não fala mais como ontem das "tias", e o delegado Tanguy evita cuidadosamente a palavra invertido. Em compensação, ele não precisa recorrer à literatura para saber reconhecer na primeira olhada indivíduos "com ares de pederastas", dos quais o narrador se esgotou em descrever os gestos, a voz, o olhar.

O mundo de Balzac emergia dos registros; aqui nos pegamos a sonhar com o que Proust teria feito com essa cena. Uma coisa é segura: dela não se vangloriou – a correspondência é muda a esse respeito. Será inútil procurá-la em *Em busca*, a menos que um detalhe seja o eco: o barão de Charlus padeceu por muito tempo por ser confundido entre os burgueses com um conde Leblois de Charlus, invertido preso numa batida que ficou famosa – confusão da qual ele acabará se servindo, uma vez assentada sua reputação, para dizer: "Não sou eu"[90].

As páginas inesquecíveis sobre o templo do impudor excitarão em muitos uma curiosidade a um só tempo sexual e literária, que os levará à casa de Albert para ver Jupien, e para passar algumas horas no quadro do romance. Será, por exemplo, o caso de Maurice Sachs, que frequentou o estabelecimento de Le Cuziat após a morte de Proust e dedica belas páginas do *Sabá* "à verdade de um bordel e à ficção de uma obra"[91]. Ele ali fornece uma precisão perturbadora. Albert, segundo ele, tivera uma ligação com um soldado que se chamava André. Nada impede de pensar que seja o André Brouillet do relatório, domiciliado na rua da Arcade, obrigado a declinar sua identidade ao mesmo tempo que Proust. E Maurice Sachs assinala esta simples coincidência: Albert-André, Albertine-Andrée[92].

Um outro protagonista dessa funesta noite também vai ressurgir na literatura. Em seu *Diário* do ano de 1919, Mireille Havet, que também bebe champanhe numa casa suspeita, relata o temor de Baldy, a gorda e desagradável proprietária: "ela me acusa de ter 18 anos e parte, pedindo que nos dissimulemos atrás das poltronas se Tanguy der uma batida! Mas eu conheço Tanguy, que vi no camarote de Dourga [uma dançarina indiana], à qual ele mostrava infames fotografias tiradas através das fechaduras dos hotéis mobiliados, e não temo nada"[93].

---

90 *Sodome et Gomorrhe*, III, p. 295. Ver igualmente a passagem em que o narrador é convocado pelo chefe da Segurança por ter mandado subir uma menina em casa (*Albertine disparue*, IV, p. 27).

91 Sachs, M. *Le Sabbat* [1946]. Gallimard, 1999. p. 197. (L'Imaginaire).

92 Sabe-se que Proust serviu-se sobretudo de suas lembranças de Alfred Agostinelli para compor o personagem de Albertine – que existia sob o nome de Maria, a Holandesa, nos rascunhos de *Em busca*, antes de ele contratar o rapaz. Sabe-se, talvez menos, que o prenome Albertine, segundo Willy, era um apelido muito na moda entre os homossexuais dos Anos Loucos.

93 Havet, M. *Journal 1918-1919*. (Plateau, P. [org.]). [Apresentação e anotações de Dominique Tiry]. Éditions Claire Paulhan, 2003. p. 71. Uma nota precisa, na p. 207, que Tanguy será

Na rua da Arcade, Tanguy não precisou se debruçar para olhar pela fechadura. Bastou abrir as portas. O relatório prossegue:

> No térreo, num quarto que Le Cuziat me disse ser o dele, encontrei um indivíduo de cara afeminada, em tête-à-tête com um tenente belga.
> Em cada um dos quartos número 1 e 2, no 1º andar, chamados de "passe", encontrei um casal de homens. Cada casal se compunha de um maior e de um menor, e a atitude assumida não deixava dúvida alguma quanto ao motivo da presença deles naqueles quartos.
> Dois desses menores, interrogados, fizeram confissões completas.
> O chamado Le Cuziat, igualmente interrogado, confessou, ele também, que era um adepto da depravação antifísica e que não achava fazer nada de errado ao receber em seu hotel homo-sexuais.
> Os autos foram lavrados contra ele por excitação habitual de menores à depravação assim como por venda de bebidas após a hora regulamentar de fechamento dos estabelecimentos públicos.

Quanto aos casais de homens "presumidos homossexuais" encontrados nos quartos, os policiais citam um tenente belga em companhia de um "artista" de 18 anos; um médico major-adjunto sem permissão, com um contínuo de hotel de 19 anos; um passamaneiro, soldado, com um rapaz de 17 anos. Na coluna "Pessoal" também é mencionado: "FERRAHOUI Mohamed Saïd, nascido em Constantine, em 1º de janeiro de 1890 [...] rapaz conhecido como homo-sexual [sic] (Não recrutável)". Lei é lei: qualquer pessoa que tenha uma profissão, que arrisque a vida no *front* pela honra da pátria, mesmo assim é menor antes de 21 anos e, portanto, suscetível de ser arrastado 'à depravação'.

Desde 2 de fevereiro, o hotel Marigny está marcado pela ordem à tropa francesa: nenhum soldado tem dali por diante o direito de ir lá. Pederastia e virtude marcial, oficialmente, não devem funcionar bem, a *fortiori* nesses

---

encarregado, em fevereiro de 1919, da investigação sobre a tentativa de assassinato de Georges Clemenceau pelo anarquista Émile Cottin.

tempos de conflito[94]. Essa decisão, como explica Le Cuziat em sua carta de 4 de fevereiro ao secretário de Segurança, significa a sua ruína, uma vez que sua renda provém principalmente dos militares em permissão. Ele pede uma nova investigação, a fim de que a polícia constate que sua casa não é mais frequentada por "pederastas" e tenta esta justificação bem pouco credível: "Tive de reformar completamente os hábitos da casa tal como me fora cedida há seis meses apenas por meu predecessor e não pude fazê-lo de uma maneira tão pronta e radical quanto teria desejado". Em 5 de março, Le Cuziat é condenado pela 10ª Câmara Correcional a quatro meses de prisão e 200 francos de multa.

Depois de libertado, a polícia fica de olho nele. Em 20 de outubro de 1918, o brigadeiro Lechat entrega novo relatório, consignando duas verificações efetuadas "no objetivo de se assegurar se homo-sexuais lá não marcavam encontro. Essas vigilâncias não deram resultado algum, pois nenhum desses indivíduos foi notado dirigindo-se a esse hotel"[95], onde parecem residir locatários sem histórias. O brigadeiro, que tem o espírito prático, submete entre as linhas uma opinião bem favorável ao pedido de Le Cuziat de retirada da ordem "no objetivo de receber aos sábados e domingos os permissionários militares, essa clientela sendo para ele de uma relação mais importante que os locatários que ele atualmente aloja". Estando entendido que "esse hotel no entanto não seria perdido de vista".

No mês de dezembro, a situação no entanto permanece a mesma e Le Cuziat se impacienta. Foi ele quem diretamente pediu a um personagem bem colocado, como lhe acontecia receber incidentemente em seu estabelecimento, que intercedesse em seu favor? Ou se dirigiu a Proust, que teria intervindo em segredo? O fato é que, em 12 de dezembro de 1918,

[94] Segundo Jean-Yves Le Naour, "o conflito é até apresentado como a virilizar as almas e os corpos que se relaxaram no conforto burguês da Belle Époque. Assim, os "senhoreszinhos", "pederastas" e outros "furadinhos" que ilustram, conforme os nacionalistas, a degenerescência da raça francesa, desaparecem como que por encanto. Uma nota da Secretaria de Segurança é formal: eles se regeneraram pelo fogo e pelas armas". Le Naour, J.Y. "Le héros, la femme honnête et la putain: la Première Guerre mondiale et les mutations du genre". *In*: Capdevila, L.; Cassagnes, S.; Cocaud, M. *et al.* (eds.). *Le genre face aux mutations: masculin et féminin, du Moyen Âge à nos jours*. Rennes: Presses Universitaires de Rennes, 2003. p. 308-309.

[95] Vigilâncias efetuadas em 18 de outubro de 16h a 18h, e de 21h a 1h da manhã.

François Froment Meurice, honrado membro do Conselho Municipal de Paris e sobrinho de Paul Meurice, testamenteiro de Victor Hugo, escreve à Secretaria de Segurança para apoiar pessoalmente o pedido de suspensão da ordem – gesto eficaz: ela será ordenada em 20 de janeiro de 1919. Ora, François Froment Meurice era simplesmente o cunhado de Constantin Ullmann, rapaz rico que não fazia mistério de suas preferências sexuais – ele teria proposto, para mais comodidade, um casamento branco a Liane de Pougy. Em 1902, parece que Proust teria aproveitado a ausência de Reynaldo Hahn para aprofundar as relações dos dois ("isso deve te parecer bem salaísta"[96], escreve ele a Antoine Bibesco, ao evocar esse encontro), antes de lhe propor ser por um tempo seu secretário. Ullmann, ex-amante de Proust, com certeza terá passado a mensagem ao cunhado, conforme a técnica do bilhar de três lados, familiar do escritor.

Pode-se apostar que, após esse acidente, Marcel Proust não voltou à rua da Arcade. No dizer de Céleste, cujo marido, Odilon Albaret, conduzia Proust em todas as suas saídas, o autor de *Em busca* só teria ido "cinco ou seis" vezes à casa de Le Cuziat, entre 1913 e 1922. Quanto a Le Cuziat, ele ainda será inquietado, em 1923, em seu novo estabelecimento do número 15 da rua Saint-Augustin, onde quatro casais de homens serão presos, dentre eles dois menores: um outro bordel para homens, frequentado assiduamente por Marcel Jouhandeau. Mas isto é outra história.

4. COLETTE E "ESSES PRAZERES..."

Em julho de 1921, Colette escrevia a Marcel Proust:

> *Ninguém no mundo* escreveu páginas como essas sobre o invertido, ninguém! Estou aqui lhe fazendo um elogio orgulhoso, pois se eu quis escrever sobre

[96] Carta de Marcel Proust a Antoine Bibesco, datada de 20 de agosto de 1902. *In*: Proust, M. *Correspondance*, *op. cit.*, p. 117. "Salaísta" era um nome em código para dizer "homossexual", em referência ao conde Sala, conhecido por seus costumes.

o invertido um estudo para o *Mercure*, é este que eu trazia em mim, com a incapacidade e a preguiça de fazê-lo sair dali. [...] Juro que ninguém depois de você, outro que você, poderá acrescentar nada ao que você tiver escrito[97].

A sinceridade não era a virtude cardeal de Colette. Apostemos que, aqui, ela dizia a verdade, e sem meias-palavras. A Sodoma de Proust a fascinou. Porque é fascinante, mas também porque Colette partilha as mesmas vistas sobre o invertido. Entre seus raros personagens do "gênero 'minha cara'"[98] como os temia Charlus, Marcel, o filho afeminado de Renaud nas *Claudinas*, "esse garoto de cara de falsa menor[99]" encarna, com todas as letras, um "terceiro sexo[100]", reflexo da mesma teoria. Mas o que ela pensou de Gomorra? *Grosso modo*, a mesma coisa que Natalie Clifford Barney, sua amiga e ex-amante, que declarava achar as lésbicas de Proust nada menos que "inverossímeis"[101]. É o que sobressai do livro que Colette finalmente iniciará, no verão de 1930, a bordo de um iate de nome predestinado de Eros, sobre "esses prazeres chamados, levianamente, físicos"[102], e que se pode ler, também, como uma resposta atrasada ao afresco proustiano.

Primeiro publicado em folhetins em *Gringoire* em dezembro de 1931, a publicação de *Esses prazeres*... deve ser interrompida na quarta entrega sob protestos de leitores. Foi Horace de Carbuccia, diretor desse jornal de extrema-direita de grande tiragem, quem tomou ele próprio essa iniciativa e colocou Colette diante do fato consumado, provavelmente passando por cima da opinião do diretor literário de então, Joseph Kessel. O livro sai em volume em 1932, depois numa versão remanejada, em 1941, sob seu título definitivo: *O puro e o impuro*. Título enganador, como muitas passagens desse belo livro cheio de armadilhas e esquivas. Da mesma forma que Proust

---

[97] Colette. "Notice". *In*: *Œuvres*, III – *Le Pur et l'impur*. Gallimard, 1991. p. 1.503. (Bibliothèque de la Pléiade). Todas as referências à obra de Colette que se seguem são oriundas da mesma edição em 4 volumes.

[98] Proust, M. *Sodome et Gomorrhe*, III, p. 65.

[99] Colette. *Œuvres*, I – *La retraite sentimentale*. p. 931.

[100] *Ibid.*, p. 932.

[101] Barney, N.C. *Aventures de l'esprit*. Émile-Paul Frères, 1929. p. 74.

[102] Colette. "Notes et variantes". *In*: *Œuvres*, III – *Le pur et l'impur*. p. 1516.

gosta dos sistemas e deles tem o sentido, da mesma forma Colette os ignora e zomba deles – mas a ausência de teoria já não é uma teoria? O próprio gênero do livro permanece irresolúvel: diálogo, ficção, autobiografia, galeria de retratos, ensaio ao mesmo tempo, *O puro e o impuro*, composto de fragmentos, de lembranças cosidas sobre os amores desviantes e as substâncias proibidas, faz parte das obras ditas inclassificáveis.

Ao longo dessa viagem desconstruída, Colette endereça uma bela homenagem à Sodoma de *Em busca*, e a seu personagem-farol, passado ao estatuto de referência matricial capaz de inverter o curso do tempo: "E é o poderoso último a chegar, Charlus, quem parece ter servido de modelo, pois aqueles mesmos que o precederam a ele obedecem como uma descendência enfraquecida"[103]. Daí vem, pois, o fracasso em representar Gomorra, que nos deixa "um pouco moles" e sem convicção? A resposta é antes brutal: "É, em que pese a imaginação ou o erro de Marcel Proust, que não há Gomorra. [...] Intacta, enorme, eterna, Sodoma contempla de cima sua insignificante falsificação"[104]. Ora, Colette coloca essa afirmação bem no meio de um livro que demonstra, evoca, conta, retrata, ilustra, com voluptuosa perfídia, o contrário.

Pois em que pese a imaginação ou o erro de Colette, Gomorra de fato existe nessas páginas, e fortemente, ainda que apenas nesse balanço de sua pena, entre uma crítica feroz das lésbicas de monóculos ou da libertinagem sáfica, a única julgada "inaceitável"[105] a seus olhos, e sua ternura sem mistura, em que transparece uma queixa nostálgica, para "a estação nobre de uma paixão feminina" de que ela gostaria de falar "dignamente, isto é, com fogo"[106]. Infelizmente para os espíritos cartesianos, os dois universos não podem ser desembaraçados. Colette pode falar das viris Safos como de uma "seita debilitada"[107], esgotando-se inutilmente em imitar o homem – é essa também que a atrai; ela até lhe reconhece a doçura de refúgios – e ela está falando com conhecimento de causa. Missy, filha do duque de Morny

[103] Colette. *Œuvres*, III – *Le pur et l'impur*, *op. cit.*, p. 632.
[104] *Ibid.*, p. 628.
[105] *Ibid.*, p. 617.
[106] *Ibid.*, p. 615-616.
[107] *Ibid.*, p. 591.

com quem Colette teve uma ligação entre 1905 e 1911, sobressaia sob o pseudônimo de La Chevalière como o personagem central de um gineceu a um só tempo zombado e tranquilizante, desprezado por sua incompletude e de evidente atração. É ao esboçar seu retrato melancólico, ambíguo, que Colette confessa: "A sedução que emana de um ser de sexo incerto ou dissimulado é poderosa"[108].

Uma mesma ambivalência caracteriza seu relato sobre as damas de Llangollen, *lady* Eleanor Butler e Sarah Ponsonby, duas jovens mulheres inglesas que enfrentaram suas famílias e as convenções ao fugirem de casa em 1778 para viver juntas. "Fora do tempo, fora de alcance"[109], vão viver dias tranquilos, com ternura e sem choques, no encantamento de um cotidiano sempre recomeçado, no coração de um *cottage* de reclame, até que a morte as separe. E Colette sabe olhar com acentos de dileção essas duas mulheres "que recusam ser a paródia de um casal"[110], que atingem essa felicidade sem exigências.

Mas, no interior desse equilíbrio, ressurge um espectro, sempre o mesmo – aquela *que faz o homem*: "Robusta *lady* Eleanor, responsável por todas as decisões cotidianas, tão sinceramente estragada em sua Bem-Amada, ignoráveis que duas mulheres não podem realizar um casal inteiramente fêmea? Éreis o prudente carcereiro – o macho"[111]. Colette interpela diretamente *lady* Eleanor: era ela quem, todos os dias, consignava num diário íntimo a vida do casal, e que por conseguinte nos deu "sua" visão, ao de fato reduzir a amiga ao silêncio; era ela quem *escrevia*, mas no estilo monocórdio das relações cotidianas. Ela só vai ficar mais acabrunhada, numa transposição sem concessões do casal, no século XX:

> Imaginemos sem apreensão duas senhoras de Llangollen de 1930? Elas têm um carro democrático, o macacão, o cigarro, um barzinho e os cabelos curtos. Sarah Ponsonby ainda sabe se calar? Talvez, as palavras cruzadas ajudando. Eleanor Butler xinga o nome de Deus ao subir o macaco, e se faz amputar

[108] *Ibid.*, p. 596.
[109] *Ibid.*, p. 623.
[110] *Ibid.*, p. 626.
[111] *bid.*, p. 625.

os seios. Ela não cumprimenta mais com bondade o ferreiro da aldeia, mas trata por tu o garagista[112].

Chácara triste e severa sob a égide de La Chevalière, retiro de caricatura de duas senhoritas inglesas transfiguradas em viragos modernas: Colette põe seu grande talento a serviço de uma visão pouco amável de suas congêneres, de suas amigas, de suas ex-amantes, com vidas de reclusas assimiladas, mais ou menos, a vidas de fracassadas. Mas por mais que a escritora cultive sua imagem de mulher robusta e sadia, desligada dos círculos que ela descreve, ela enfia nas costuras de seu texto muitos indícios de sua intimidade sábia e cúmplice com Gomorra, da qual não cessou de refazer a história e de reinventar as leis, numa obra palimpséstica de fronteiras cada vez mais bem embaralhadas[113].

A seu desprezo pela política, seu desdém pelas solidariedades, seu desprezo pelo feminismo, responde uma vontade de asceta de construir o quadro de sua liberdade de escritora, que faz dela um modelo de vanguarda para o primeiro século xx. Aos palanques das sufragistas e às reuniões militantes, ela prefere o palco do Moulin Rouge onde, em 1907, ela representa na pantomima *Sonho do Egito* uma múmia liberada de suas faixas que abraça um arqueólogo de paletó representado por Missy, diante de um público furioso que as vaia aos gritos de "sapatas nojentas!". Na realidade, não há mais só que essa mulher a lamentar, com uma complacência cruel, a solidão de *garçonnes* ridicularizadas, não há mais composta que essa camponesa que se esforça em cultivar seu sotaque borgonhês. Cuidado com Colette. Ela é temível. *A fortiori* quando fala de um território que parece ser todo seu e que ela parece ter inventado por inteiro, como a natureza: a "feminidade". Sob sua pena, esse continente negro parece um jardim de sua composição, que não evita os clichês sobre a vocação "talvez falaciosa" de "serva"[114] do homem

---

[112] *Ibid.*, p. 628.

[113] O lugar da homossexualidade na obra e na vida de Colette, submetida a sábias operações de reescritas, foi analisada por Nicole G. Albert, em "Le pur ou l'impur: figures et métamorphoses de l'homosexualité dans l'œuvre de Colette". *In*: Diego, R.; Vasquez, L.; Rico, J. (eds.). *Colette actuelle*. Ellago/Université Jaume I de Castellon, a ser publicado.

[114] Colette. *Œuvres*, III – *Le pur et l'impur*, *op. cit.*, p. 586.

ou sobre as "industriosas fêmeas"[115] inteiramente estragadas nos detalhes do lar. Colette pode querer representar a mulher submissa ao macho; ela encontra acentos mais convincentes ao falar da figura da andrógina, e de seus próprios erros – e contradições – nos territórios do gênero.

No início de seu livro, Colette conta uma ferida secreta provocada um dia por um homem que, quando ela lhe havia proposto que viajassem com ela, lhe respondera: "Só gosto de viajar com mulheres". Em vez de se demorar na violência dessa observação, Colette prefere reconhecer suas ambiguidades da época, de que gostaria de ter-se despojado, garante ela, a fim de "jogá-las quentes nos pés de um homem", a quem ela teria oferecido um "bravo corpo bem fêmea": "Mas o homem, este, nisso não se enganava. Ele sabia que eu era viril em algum ponto que eu era incapaz de situar, e fugia, embora estivesse tentado"[116]. No entanto, apenas três páginas mais adiante, a situação vê-se invertida como que por magia: "Que eu estava portanto temerosa, que eu era mulher sob a minha cabeleira sacrificada, quando imitava rapazes!... 'Quem vai nos tomar por mulheres, mas as mulheres?'. Elas eram as únicas a não se enganar nisso nem um pouco"[117]. 'Viril' aos olhos do homem junto ao qual ela gostaria de parodiar a 'fêmea', Colette só se sentiria 'mulher', reconhecida como tal, entre as mulheres e graças a elas? Essa confissão em meia-tinta está na origem de sua reticência em "apalpar friamente uma criação tão frágil, e por tudo ameaçada: um casal apaixonado de mulheres"[118], e de se aventurar em cantar seus abraços de uma "sensualidade mais esparsa que o espasmo, e mais que ele quente"[119]?

Uma coisa é certa: por mais que a escritora sempre atribua ao *outro*, homem ou mulher, o poder de identificar seu próprio gênero, ela na realidade manipula alegremente os discursos deles e decide sem a ajuda de ninguém o que nela passaria "do sexo oficial ao sexo clandestino"[120]. Pois o que Colette visa é "o verídico hermafroditismo mental, que pesa sobre certos

[115] *Ibid.*, p. 615.
[116] *Ibid.*, p. 586.
[117] *Ibid.*, p. 590-591.
[118] *Ibid.*, p. 615.
[119] *Ibid.*, p. 617.
[120] *Ibid.*, p. 589.

seres fortemente organizados"[121], dupla natureza que ela sobretudo reconhece em si mesma, como confessará a Saint-John Perse em 1936: "Tenho a sorte de só ser mulher pela metade"[122]. A outra metade, ela diz isso várias vezes, é o escritor, o espírito forte. Em suma, só haveria um único terceiro sexo aceitável, andrógino mutante, sem relação com os garagistas machões ou as morosas cavaleiras: a própria Colette, escritora bissexual. Nesse sentido, pode-se compreender sua incredulidade quanto à existência das "unissexuais" ou de uma Gomorra exclusiva e viável: a bissexualidade, a seu ver, é necessariamente psíquica e física. E o impuro valeria, a esse título, melhor que o puro.

Gide, Proust, Colette. Basta alinhar esses nomes para de imediato compreender o que liga três escritores *a priori* tão afastados uns dos outros, mas que, juntos, pela primeira vez colocaram a inversão e as relações de mesmo sexo como chave e grade de leitura. A iniciativa lhes valeu críticas, alguns elogios reconhecidos, injúrias excessivas – por exemplo Gide, corruptor da juventude, considerado o responsável pela derrota de 1940, ou Colette, honrada por funerais nacionais mas cujas obséquias religiosas serão recusadas pela Igreja, o que ela com certeza teria aprovado... O primeiro não deixava de considerar *Corydon* o mais importante de seus livros, ao passo que a segunda colocava *O puro e o impuro* à frente de suas preferências pessoais, escolhas espetaculares no seio de duas obras tão ricas.

Enquanto vivos, considerados escritores "imorais" ou até "prosélitos", os dois terão em comum sobretudo o fato de não terem sido ternos com o terceiro sexo: anormal aos olhos de Corydon, grotesco por meio de Charlus, incompleto nas Safos 1900. Para falar a verdade, alguém jamais se mexeu para defender a bicha ou a tríbade, o(a) invertido(a) ou o sexo intermediário? No período da Grande Guerra, uma mutação ia deslocar o debate e o terceiro sexo ganhar nova acepção: a mulher emancipada.

---

[121] *Ibid.*, p. 586.

[122] *Ibid.*, "Notes et variantes"; carta citada, p. 1.543.

CAPÍTULO VII

A MULHER DE CULOTES

Comecemos pelo que é primeiro: os culotes não são as calças. Delas se inspiram, com elas se parecem, mas não cedem à imitação servil. Mais curtos, folgados, conservam a lembrança da saia em suas dobras flutuantes e uma leve amplitude que deixa vaga a linha da coxa. Inútil, no entanto, esconder o rosto e agarrar-se por muito tempo nesses poucos vestígios da roupa feminina: ao isolar as duas pernas com peças de tecido distintas, os culotes asseguram às mulheres, por volta de 1880, uma liberdade e uma autonomia de movimento que causa debate, às vezes até escândalo, ainda mais que essa roupa foi imaginada para permitir que elas subissem numa máquina que ainda ia lhes acelerar a locomoção: a bicicleta.

Bem rápido, a intrépida a pedalar e sua nova silhueta, sem corpete e em culotes (ou em saia-culote), tornaram-se um fenômeno de sociedade, cuja extensão temos hoje dificuldade de medir. Stefan Zweig lembra em suas memórias que "os camponeses jogavam pedras naquelas sem-vergonhas"[1]. Pois a indignação é dupla e os projéteis – ou as piadas – visam, em toda a Europa, tanto à inconveniência do exercício quanto à do traje, ao esporte e às calças, ainda que de zuavo, sendo duas prerrogativas até então exclusivamente masculinas.

---

[1] Zweig, S. *Le monde d'hier: souvenirs d'un Européen* [1948]. [Tradução de Jean-Paul Zimmermann]. Belfond, 1982. p. 97.

I. MOVIMENTO DAS MULHERES, MULHERES EM MOVIMENTO

Para compreender a vivacidade da polêmica, primeiro é preciso entender a revolução formal, visual, que se opera: as *cyclewomen* ganharam uma fisionomia que as torna propriamente *inidentificáveis*, até aos olhos dos próximos. "Isso a muda tanto, uma saia curta, que eu mal a reconhecia", escreve em 1893, sem malícia nem censura, Émile Zola à sua amante Jeanne Rozerot, depois de ter descoberto uma fotografia dela de bicicleta em que, embora estivesse "bem gentil", "parecia um menininho"[2]. Pois o que representam as "cavaleiras do aço" (Mallarmé) é, evidentemente, a ameaça de uma dissolução da identidade sexuada, do 'puro ideal feminino', que desapareceria a um só tempo na roupa e no movimento.

Os anos 1890 levam o debate a seu auge. A mulher em culotes, "nascida da bicicleta e dos esportes triunfantes"[3], teria a intenção de abusar da nova moda? Com efeito, muitos pressentem que os culotes não são um simples traje esportivo mas, antes que a bicicleta, constitui o pretexto para que certas mulheres aposentem a saia ancestral. Liberando o andar, autorizando a corrida e superlativamente a pedalagem, os culotes oferecem vantagens que se confundem com o *status* que eles simbolizam: o poder dos homens. Em 1891, a feminista Maria Deraismes se insurge contra esse amálgama entre emancipação feminina e virilidade da roupa:

> Quero que uma mulher permaneça mulher, que ela conserve sua graça que ao mesmo tempo é a sua força. Sou inimiga dessas roupas feias e duvidosas que fazem de nós seres híbridos e sei lá que intermediários neutros e suspeitos entre o homem e a mulher. Com quem estamos lidando com essas figuras sem sexo às quais não se pode decentemente aplicar um nome?[4]

---

2 Zola, E. *Lettres à Jeanne Rozerot (1892-1902)*. [Texto editado, apresentado e anotado por Brigitte Émile-Zola e Alain Pagès]. Gallimard, 2004. p. 115. Carta datada de 14 de agosto de 1893.

3 Grand-Carteret, J. *La femme en culotte*. E. Flammarion, 1899.

4 Deraismes, M. "La femme en culottes". *L'Écho de Paris*, 13 de outubro de 1891; citado por Bard, C. *Les filles de Marianne. Histoire des féminismes, 1914-1940*. Fayard, 1995. p. 204.

O legislador, que proíbe às mulheres o porte da roupa masculina desde 1800, rápido compreendeu os escolhos da equação esportiva. Em 27 de outubro de 1892, uma circular estipula que os culotes femininos só serão tolerados na prática do esporte velocipedista, tolerância estendida à equitação em 1909[5]. Em 1896, o secretário de Segurança Lépine vê-se na obrigação de lembrar que essas senhoras não têm direito aos culotes sem a máquina. As ciclistas, primeiras a quebrar um tabu, serão assim, por muito tempo, apontadas como "montes de seres insexuados, grotescos, lamentáveis"[6]. A "mulher-bicicleta", espécie de centauro tecnológico moderno, que teria a um só tempo a ver com "o macho e a fêmea sem sexo bem definido"[7], no entanto não tem apenas inimigos. Os médicos, após terem glosado sobre o potencial masturbatório do exercício, são numerosos a recomendar um esporte que, praticado com moderação e após exame ginecológico, seria favorável à saúde das mulheres e poderia contribuir para a regeneração de uma França em falta de mães vigorosas. As bicicletistas dispõem de outro "aliado poderoso": os fabricantes de bicicletas, que acolhem com entusiasmo as novas consumidoras da sociedade do lazer[8]. Cartazes de grafismo cuidado florescem para exaltar essas mulheres na moda, modernas e independentes, que souberam conservar toda a sua elegância feminina graças aos conselhos de autores prolíficos, como Louis Baudry de Saunier, que previne suas leitoras: "Pedalar com as batatas das pernas nuas é um hábito sujo que enoja para sempre os espectadores a comer carne"[9].

---

5 Desde 1800 (lei do 26 Brumário ano IX), as mulheres desejosas de usar as roupas masculinas, isto é, as calças, deviam pedir autorização na prefeitura. George Sand vai assim fazer um pedido na prefeitura de Indre; a pintora Rosa Bonheur, na de Paris, a fim de poder trabalhar mais à vontade nos abatedouros onde ela reproduzia *écorchés* [modelos anatômicos representados sem pele]. A lei será finalmente revogada... em 6 de março de 2004.

6 Beaufils, E. "Contre la bicyclette et pour la jupe". *Le Courrier Français*, p. 8, 8 de setembro de 1895; citado por Albert, N.G., *op. cit.*, p. 127.

7 Citado por Pasteur, C. *Les femmes à bicyclette à la Belle Époque*. France-Empire, 1986. p. 192. Essa citação não referenciada faz parte de uma série de artigos publicados entre 1893 e 1895.

8 Sobre esse duplo aspecto médico e industrial, ver Thompson, C. "Un troisième sexe? Les bourgeoises et la bicyclette dans la France fin-de-siècle". *Le mouvement social*, n. 192, p. 9-39, julho-setembro de 2000.

9 Baudry de Saunier, L. *L'Art de bien monter la bicyclette*, 3 ed., 1894. p. 87; citado por Thompson, C., art. cit., p. 18.

A bicicleta sim, os culotes não? As próprias mulheres estão divididas quanto à questão. Em 1896, os resultados de uma grande pesquisa intitulada *A mulher de bicicleta: o que elas pensam disso*, dirigida a personalidades parisienses, revelam que uma grande maioria permanece ligada à manutenção da saia, no entanto acusada pelos médicos de estocar poeira, que recomendam os culotes por razões higiênicas. Mas esses doutos argumentos não são de peso diante dos critérios estéticos. Para Louise Abbéma, "as pesadas calças largas e flutuantes" são "feias, feias, feias"[10], opinião partilhada por Yvette Guilbert e Gyp; mais raras são aquelas que as preferem, como a cantora lírica Marcelle Dartoy, "preferência aliás compreensível, acrescenta o jornalista, já que na Ópera ela é muito forte no travestido"[11]. Outras vêem nisso um elemento de libertação, um símbolo de liberdade, cujo risco maior permanece o apagamento da diferença dos sexos. Em suma, "a *biciclista*", como resume uma atriz da Comédie-Française, constitui, com toda evidência, "um terceiro sexo"[12].

Híbrido moderno, mulher, aço e calças, esse terceiro sexo em nova versão, que tem pouco a ver com os precedentes, possui uma característica: ele roda. Sarah Bernhardt, na mesma pesquisa, lançava assim outro debate num aviso inesperado em sua boca:

> Mas, o fundo do processo, não é no uso da bicicleta que deve ser buscado? Acho que ela está transformando nossos costumes mais profundamente do que se costuma imaginar. Todas essas jovens mulheres, todas essas moças que vão devorando o espaço renunciam por uma parte notável à vida interior, à vida de família[13].

Mulher do lar ou mulher de bicicleta: a roda estrelada abre, no sentido próprio como no figurado, novos horizontes, lugares até ali inacessíveis, perspectivas insuspeitas. Afinal, a ciclista aventurosa, impaciente de explorar seu meio e de expandir os limites de seu universo, é contemporânea das

---

[10] Loris, C. *La femme à bicyclette: ce qu'elles en pensent*. Librairies-Imprimeries Réunies, 1896. p. 6.
[11] *Ibid.*, p. 13.
[12] *Ibid.*, p. 8.
[13] *Ibid.*, p. 32.

primeiras grandes viajantes (Isabelle Eberhardt, Alexandra David-Néel), que tomam a iniciativa de partir, de calças, pelos caminhos mais ambiciosos do Oriente e da Ásia. Desde a origem, o espectro da 'escapada bela' das mulheres pelas estradas, graças a esse meio prático e barato, aliás estimulou uma propaganda familialista, em que as mães são incentivadas a excursionar com marido e filhos. Em 1888, um responsável pela União Velocípede da França já se engajava na luta ao afirmar:

> Muitas viagens de núpcias agora se fazem de *tandem*, numa intimidade isenta de nuvens. Cada um se atrela como pode no carro conjugal, e os dois cônjuges, puxando-o ou empurrando-o com todas as forças no mesmo sentido, com um ardor e um conjunto notáveis, não cessam de andar num objetivo único[14].

O que quer que se diga, a liberação biciclista de fato constitui um risco entre os casais e na sociedade em geral, que vê com desprazer a mulher do interior sair para o exterior[15]. Os tribunais conhecem bem isso, já que consideram que a compra de uma bicicleta faz parte das "despesas voluptuárias"[16] e não domésticas, que requerem, por conseguinte, a autorização marital. Na verdade, não escapou a ninguém o que estava em jogo, e sobretudo não escapou às feministas, ardentes promotoras da nova invenção. Já em 1896, Maria Pognon, presidente do congresso feminista, levantava seu copo à "bicicleta igualitária e niveladora"[17], capaz de juntar as classes e os sexos. No mesmo ano, o ilustrador Bruno Paul publicava na Alemanha – onde na época se vendiam mais bicicletas para mulheres que para homens! – uma imagem que resumia bem a revolução consumada. Dividida em três compartimentos, ela representava, primeiro, uma camponesa

---

[14] Garsonnin, M. *Conférence sur la vélocipédie faite à Tours le 31 mars 1888*. Rouen: Imprimerie J. Lecerf, 1888. p. 12; citado por Thompson, C., art. cit., p. 17.

[15] Sobre toda essa ideia de descoberta do mundo exterior, das migrações às viagens, ver notadamente Perrot, M. "Sortir". *In*: Perrot, M.; Duby, G. (eds.). *Histoire des femmes en Occident*. Plon, 1991. v. IV, p. 467-494.

[16] Carles, J. *La bicyclette et les tribunaux*. Moissac: J. Fauré, 1897. p. 24.

[17] Citado por Bromberger, C. "De quoi parlent les sports". *Terrain*, n. 25, setembro de 1995.

puxando um arado, derrubada pelo trabalho pesado, depois uma burguesa comportadamente sentada, fiando lã com a ajuda de uma roca, e, enfim, um grupo de mulheres modernas, em culotes folgados franzidos acima da batata da perna, a olhar com alegria para o futuro do alto do velocípede: "A mulher na frente, atrás e sobre a roda"[18] marcava assim as etapas da condição feminina, da servidão ao lazer; ontem ajudando o marido no campo ou sozinha nos trabalhos domésticos, a mulher contemporânea toma o caminho da liberdade com suas iguais; ela não está submissa nem isolada, mas soberana sobre sua máquina e cúmplice de suas amigas. Adivinhamos nesse grupo uma tribo análoga àquela das raparigas em flor, rodando juntas à toda velocidade, à imagem de Albertine que, "rápida e debruçada sobre a roda mitológica de sua bicicleta, apertada nos dias de chuva sob sua túnica guerreira de borracha e as tranças voando [...], semeava o terror nas ruas de Balbec"[19].

Qual é, pois, a sexualidade dessa górgone do terceiro sexo? Segundo o corpo médico, ela seria duvidosa. Praticar esportes, *a fortiori* o ciclismo ou a equitação, costuma ser o indício da safista-tipo, que "sem razão assume ares de *garçonne*"[20]. O vínculo entre seu esporte preferido e seus gozos perversos às vezes é até muito direto. Por exemplo com uma "fervorosa ciclista" que teria confeccionado um consolador com uma "velha câmara de ar cortada", depois suturada, e "que a lasciva pequena pessoa enchia fortemente"[21].

Assim, o ciclismo levaria a tudo, até ao crime. É a conclusão muito séria que Gustave Macé, ex-chefe da Segurança, tira de sua investigação sobre as mulheres criminosas. Para esse sucessor de Vidocq, a mulher que

---

18 Paul, B. "Die Frau vor dem Rad, hinter dem Rad und auf dem Rad". *Jugend*, 1896; reproduzido por Ehrenpreis, D. "Cyclists and Amazons: representing the new woman in Whilhelmine Germany". *Woman's Art Journal*, v. 20, n. 1, p. 26, primavera-verão de 1999.

19 Proust, M. *Albertine disparue*, IV, *op. cit.*, p. 71.

20 Chevalier, J. *Une maladie de la personnalité: l'inversion sexuelle*, *op. cit.*, p. 224.

21 X... *Le saphisme à travers les âges*, *op. cit.*, 1902. p. 73. Em 1908, o doutor Émile Gallus ia mais longe em sua obra *Uranistas e safistas*: "A equitação, a bicicleta, a caça, a canoagem, as excursões, todos os esportes que em geral são preferidos pelos homens encontram nelas adeptas fervorosas. Pretextando essas ocupações esportivas, elas põem roupas masculinas e encontram nessas fantasias um verdadeiro gozo" (Gallus, E. *Uranistes et saphistes* [1908]. Diachroniques, 1993. p. 30; citado por Albert, N.G., *op. cit.*, p. 130).

trabalha e descuida do lar já subiu o primeiro degrau da delinquência. Mas é superada por outra categoria, "as '*sportswomen*', e, em particular, as ciclistas, espécie de 'diabas enculotadas', 'constantemente atormentadas pelo desejo de percorrer espaços sem fim', 'de engolir' sem cessar quilômetros"[22]. Essa corrida desenfreada precipitaria a mulher moderna, "criada à americana, isto é, com ideias de independência"[23], na antecâmara do crime, onde doravante se exerceria, a pretexto de esportes, no manejo do florete e das armas de fogo. Mais nada pode pará-la.

As feministas evidentemente são de outra opinião. Para a austríaca Rosa Mayreder, autora de uma obra que conhecerá um grande sucesso em 1912 em sua versão inglesa, sob o título *A survey of the woman problem*, o esporte guardaria justamente o poder de estreitar os laços de camaradagem entre os sexos. Melhor: a seu ver, veículo igualitário por excelência, "a bicicleta fez mais pela emancipação da mulher que todos os esforços do movimento feminista reunidos juntos"[24]. É dizer tudo. A evolução, no entanto, ainda vai levar muitos anos para integrar os modos e a opinião geral. Em 1919, Hélène Brion, professora primária, pacifista e diretora de *La Lutte Féministe*, escrevia ainda a Sylvia Beach: "Voltei a usar, desde a passeata Jaurès, meus bons culotes de ciclista e as minhas caneleiras, o que fez que fosse chamada de "bolchevik" numa dessas tardes no metrô por um velho reacionário que eu com rudeza botei no devido lugar!"[25].

2. A MULHER QUE TRABALHA

Mulher de culotes, mulher-ciclista: na Belle Époque, essas duas figuras muito gráficas tornaram-se símbolos da mulher emancipada que, desde 1880, vê

22 Macé, G. *Femmes criminelles*. E. Fasquelle, 1904. p. 366. (Bibliothèque Charpentier).

23 *Ibid.*, p. 368.

24 Mayreder, R. *A survey of the woman problem*. [Traduzido do alemão por Herman Scheffauer]. [reimpressão da edição de 1913]. Westport (Connecticut): Hyperion Press, 1982. p. 140. Sobre Rosa Mayreder, ver Johnson, W.M. *L'Esprit viennois: une histoire intellectuelle et sociale, 1848-1938*. [Traduzido do inglês por Pierre Emmanuel Dauzat]. Puf, 1985. p. 172-175. (Perspectives Critiques).

25 Carta de Hélène Brion a Sylvia Beach, datada de 28 de abril de 1919, em papel no cabeçalho de "La lutte féministe / Organe unique et rigoureusement indépendant du Féminisme intégral". Princeton Library, Manuscripts and Rare Books, Sylvia Beach Papers, Box 188.

abrir-se à sua frente o ensino superior e as carreiras liberais, ao passo que as sufragistas militam pelo acesso às urnas. Esse vasto movimento de liberação faz da mulher esportista um emblema que, pelos exercícios do corpo e o gosto pela velocidade, *escapa* literalmente ao controle do homem. A futura automobilista, ao trocar o guidom pelo volante, confirmará essa alegoria de uma aceleração de um processo inebriante – e irreversível: a duquesa de Uzès, ardente feminista e primeira mulher a obter sua carteira de motorista em 1897, foi igualmente a primeira mulher a ser presa por excesso de velocidade, na Praça Saint-Augustin em Paris, a 40 km/h, quando o limite estava fixado na metade...

Pouco a pouco, as mulheres conquistam, além da roupa e dos meios de locomoção, os postos, as atividades, os privilégios ontem reservados aos homens. Em 1893, o doutor Julien Chevalier já suspirava:

> Não se contam mais as mulheres tipógrafas, desenhistas, contadoras, caixas, corretoras, agentes de negócios; certas administrações as empregam às centenas. Nas carreiras liberais, mesma concorrência; temos a mulher jornalista, médica; a mulher advogado se anuncia; a engenheira virá, não duvidem. Na arte, é pior; a mulher a preenche. A mulher pintora, escultora, compositora, romancista, são tantas outras maneiras de ser em que se manifesta essa pretensão à assimilação. Inútil insistir: pela independência da profissão e do talento, a mulher acabou bastando a si mesma[26].

Com ou sem bicicleta, a mulher emancipada sobretudo seria uma mulher que, no sentido figurado, e às vezes no próprio, *veste culotes.* A expressão e o jogo de palavras costumam voltar sob a pena dos defensores ou dos detratores desse terceiro sexo moderno, que Octave Mirbeau não tardou em caricaturar relatando esta frase que lhe teria lançado uma feminista, com "violenta energia": "E só cessarei a agitação [...] no dia em que as mulheres puderem, enfim, usar não só culotes viris, mas o que há dentro". E o escritor cita e comenta, logo após a proposta gozadora, que teria feito um "senhor" a uma "senhora", sempre vestida com roupas de homem, fumando

[26] Chevalier, J. *Une maladie de la personnalité: l'inversion sexuelle*, *op. cit.*, p. 219.

e pontificando: "'– Diga-me, meu caro... que tal se fôssemos mijar?' / Ah! vocês verão que elas em breve irão!..."[27].

O terceiro sexo decididamente incentiva as piadas, tão francesas. Mas que aí não nos enganemos. O que Mirbeau denega às mulheres não é tanto o pênis, mas outro órgão, colocado mais acima:

> A mulher não é um cérebro: ela é um sexo e é bem mais belo. Ela só tem um papel no universo, mas grandioso: fazer amor, isto é, perpetuar a espécie. [...] Algumas mulheres – excepções muito raras – puderam dar, seja na arte, seja na literatura, a ilusão de uma força criadora. Mas são ou seres anormais, em estado de revolta contranatureza, ou simples reflexos do macho do qual elas guardaram, pelo sexo, a marca. E prefiro o que chamam as prostitutas, pois estas estão na harmonia do universo[28].

Mirbeau publicou essas "Palavras galantes sobre as mulheres" numa coletânea intitulada *Os escritores*, em que ele se interrogava sobre a "raiva emancipadora" das escritoras de seu tempo, cuja audácia chegava até a colocar a candidatura delas à Sociedade das pessoas de letras. Sucessos populares ou reconhecimento crítico, a época dá um lugar crescente aos Gyp, Rachilde, Colette, Anna de Noailles, Judith Gautier, Renée Vivien, e os estudos sobre a literatura feminina irão se multiplicando, do *Romantismo feminino* (1904) de Charles Maurras a *A literatura feminina de hoje* (1909) de Jules Berthaud.

A mulher esportista pode chocar; a mulher de letras, esta exaspera[29]. Objeto de sarcasmos, essa preciosa ridícula indigna do nome de intelectual desafiaria mais que qualquer outra mulher ativa a diferença dos sexos, da qual ela imediatamente se excluiria tomando a pena ou a caneta, que teria tudo de um instrumento fálico. Mas sem cérebro, o que fazer com ela? A dificuldade em feminizar a função – problema que perdura hoje – exprime

---

[27] Mirbeau, O. "Propos galants sur les femmes" [1900]. *Les écrivains*. Librairie E. Flammarion, 1925. v. II, p. 187-188.

[28] *Ibid.*, p. 190-191.

[29] Sobre o estatuto da mulher-autora, ver Planté, C. *La petite sœur de Balzac*. Seuil, 1989. (Libre à Elles).

bem o mal-estar em dar às mulheres o estatuto de *escritoras*, das quais Jules Renard já dizia em 1905:

> As mulheres buscam um feminino para autor*; existe "*bas-bleu***"; é bonito e isso diz tudo. A menos que prefiram "plagiária" ou "escritora***": a rima nada teria de excessivo. Quero fazer rir: as mulheres têm mais talento que nós. Proponho dizer "senhora", a fim de que guarde algo do sexo delas[30].

Aspirando abertamente uma virilidade inacessível, e de fato destituída de sua 'feminidade', o que resta à romancista ou à ensaísta? É o escritor católico Louis Veuillot quem primeiro teria qualificado as mulheres de letras de "terceiro sexo"[31], expressão destinada a uma bela popularidade nos meios literários. Na mesma época, o próprio Flaubert emprega a expressão em relação à sua amiga George Sand, interpelada por este soante apóstrofe: "Que ideia tem você, então, das mulheres, ó você que é do terceiro sexo?"[32].

Por que a escritora, mais que a juíza ou a banqueira – que por certo não serão poupadas –, teve posto em dúvida a esse ponto o pleno pertencimento a seu sexo e suscitou uma literatura tão abundante? São aos escritores que devemos os livros; e suas preocupações se ligam em prioridade à sua corporação ciumenta, cedo perturbada pelo talento de Safo e suas descendentes. Entretanto, o âmbito das letras não é somente aquele da arte que se exerce, mas aquele do pensamento 'publicado', isto é, tornado *público*, esfera desde

---

* *Auteur* [autor], *professeur* [professor] não têm feminino em francês. No Canadá francês, entretanto, o uso do feminino *auteure* e *professeure* se impôs, e vem sendo aos poucos utilizado na França. (N. T.)

** O termo *bas-bleu*, tradução do inglês *blue stocking*, significa mulher com pretensões literárias, intelectual pedante; tem conotação pejorativa. (N. T.)

*** A autora emprega o feminino *écrivaine*, pouco comum na França, corrente no Canadá francês. (N. T.)

30 Renard, J. *Journal, 1887-1910*. Gallimard, 1982. (Bibliothèque de la Pléiade). Na data de 6 de março de 1905.

31 Num capítulo intitulado "O terceiro sexo ultramontano", Jean-Hyppolyte Michon interpela um certo Raoul de Navery, "nulidade" literária que não é outra senão uma mulher, nestes termos: "Você foi bem modesto, mais modesto do que se é de hábito nesse pequeno mundo das mulheres que escrevem e que o seu mestre, o Sr. Veuillot, chamou 'o terceiro sexo'" (Michon, J.H. *Les odeurs ultramontaines*. A. Lacroix, Verboeckhoven et Cie., 1867).

32 Carta de Flaubert a George Sand, datada de 19 de setembro de 1868. *In*: Flaubert, G. *Correspondance*. Gallimard, 1991. v. III, p. 804. (Bibliothèque de la Pléiade).

sempre reservada aos homens. Balzac declarava-se favorável a que as mulheres escrevessem. Com uma condição: que queimassem a obra.

Para Jules Barbey d'Aurevilly, as mulheres de letras, às quais ele dedica em 1878 um livro intitulado As *Bas-bleus*, não são mais mulheres. "São homens – pelo menos em pretensão! – e frustados"[33]. O recurso aos pseudônimos masculinos (George Sand, Daniel Stern, André Léo[34]) seria uma vã ilusão, já que todos falam em perfeito conhecimento de causa da Sra. Sand, Sra. Stern ou Sra. Léo, o que lhes vale serem qualificadas de "desculotadas". Essas "sem-culottes" teriam, portanto, retomado suas saias a contragosto, sem reencontrar-lhes as graças – o mistério feminino, inteiro em suas castas dobras, evaporou-se. "É a punição!", grita Barbey. "Quando uma mulher [...] fez o papel do homem e que andou como homem, em seus livros, ela fica eternamente torta. Mulher torta e homem desajeitado, impotente hermafroditismo de duas desgraças!"[35].

A mulher-ciclista encontrou uma irmã de leite: a "mulher livre", descrita num artigo intitulado "O fim de um sexo" como "o porta-bandeira da futura escola do androginismo político e social"[36]. Algumas assumem facilmente esse papel, à imagem de Rachilde, que se dizia "andrógina de letras"[37] mas mandara escrever em seu cartão de visitas: "Rachilde, homem de letras". Por que não "mulher de letras"? A expressão parecia simplesmente uma incongruência para essa antifeminista notória, que temia a profissionalização das mulheres autoras: "Palavra! – exclamava ela –, parece que agora existe um terceiro sexo"[38].

A escritora [*écrivaine*] é um dos exemplos mais salientes: a mulher está "se dessexualizando por espírito de independência"[39], como escreve Octave

---

[33] Barbey d'Aurevilly, J. *Les Bas-bleus*. Victor Palmé, 1878 [reimpressão]. Genebra: Slatkine 1968.

[34] Ou seja, os respectivos pseudônimos de Aurore Dupin, Marie d'Agoult e Léodile Béra-Champseix.

[35] Barbey d'Aurevilly, J. *Les Bas-bleus*, *op. cit.*, p. 73-74.

[36] Yvon, E. *Le Courrier Français*, p. 10, 19 de maio de 1889.

[37] Rachilde. *Madame Adonis*. E. Monnier, 1888; citado por Mayer, R.B. *Éros décadent. Sexe et identité chez Rachilde*. Honoré Champion, 2002.

[38] Rachilde. "Revue de la quinzaine". *Mercure de France*, p. 106, 1-15 de janeiro de 1910; citado por Albert, N.G., *op. cit.*, p. 146.

[39] Uzanne, O. *Parisiennes de ce temps*. Mercure de France, 1910. p. 334.

Uzanne que, por um curioso atalho, junta num mesmo capítulo de *Parisienses deste tempo*, "As mulheres esportistas e as ginandras", entre as quais figuram as ciclistas, as patinadoras, as caçadoras, as alpinistas, as cientistas e as parteiras... De maneira geral, a atividade profissional, notadamente nas carreiras liberais, falsificaria a natureza das mulheres e lhes arruinaria a felicidade ao afastá-las do lar e ao arrancá-las de sua verdadeira função.

Com a mulher que trabalha, o terceiro sexo toma uma direção inédita. Invenção dos pioneiros do movimento homossexual e da psiquiatria, quase sempre limitado a uma sexualidade marginal ou confundida com ela, ele se torna aqui uma criação das lutas políticas de emancipação à qual a nova mulher dá um rosto e uma silhueta inabituais. Solteira, lésbica, heterossexual, com ou sem culotes, feminista militante ou não, quem é essa figura que desafia a lei do gênero? Qual é sua sexualidade? Como conta ela conciliar carreira e vida privada? Em que sua libertação modificará as relações entre os sexos, a coesão da família e o equilíbrio da sociedade?

Na Belle Époque, a inquietude é grande em torno dessas questões sem resposta às quais jornais e revistas dão uma atualidade regular[40]. Os caricaturistas se aproveitam: a mulher que trabalha, quase sempre 'masculina', cigarro nos lábios, sai do lar, de bicicleta ou a pé, deixando em casa um homem sobrecarregado pelas tarefas domésticas, no meio de pilhas de louça, com um bebê berrando nos braços. Os livros se sucedem sobre o assunto. Só o ano de 1899 vê a publicação de alguns títulos eloquentes: *Emancipadas* de Albert Cim, *As novas mulheres* de Paul e Victor Margueritte, *A mulher de culotes* de John Grand-Carteret. Na Inglaterra e nos Estados Unidos, a *new woman* dá o que falar. O fenômeno ultrapassa as fronteiras. Chega ao Egito, onde o advogado Qasim Amin evoca *A liberação das mulheres* e *A nova mulher* do Islã, denunciando a situação das muçulmanas e preconizando o abandono do véu.

No mesmo ano de 1899, *Das dritte Geschlecht* (*O terceiro sexo*), de Ernst von Wolzogen, é publicado na Alemanha[41]. Traduzido em francês

[40] Encontraremos uma excelente exposição da questão em "The new woman", primeiro capítulo do livro de Mary Louise Roberts. *Disruptive acts: the new woman in fin-de-siècle France*. Chicago, Londres: The University of Chicago Press, 2002. p. 19-48.

[41] Ernst von Wolzogen (1855-1934), escritor austríaco residente na Alemanha, era o autor de uma biografia da romancista inglesa *George Eliot* (Leipzig: A. Unflad, 1885) e o fundador de

em 1902, esse romance é o primeiro a associar a expressão terceiro sexo à mulher moderna de maneira tão explícita e elaborada. O personagem principal, o belo Arnolphe Rau, é o "teórico" habitual. Durante um jantar entre homens, ele dedica longos prolongamentos à emergência dessa "minoria, que aumenta diariamente, aprende a encontrar satisfação no trabalho": as "recrutas do terceiro sexo", decididas a serem "uma prova viva da igualdade intelectual do homem e da mulher"[42]. Arnolphe Rau frequenta os círculos feministas em que dá conferências, apóia *a priori* as mulheres emancipadas. Mas até onde? A resposta é dada por dois personagens.

A primeira é Claire de Fries, doutora em medicina, vivendo em união livre com um filósofo, com o qual finalmente decide se casar – mas apenas no civil. Outros tempos, outros modos, nada de viagem de núpcias após a celebração: no dia seguinte, Claire deve fazer sozinha sua "primeira sutura"[43], como anuncia com os olhos brilhando de emoção. Emancipada, Claire pertence, por isso, ao terceiro sexo? "É ela uma coisa humana, nem carne nem peixe, da qual todas as faculdades cerebrais estão voltadas apenas para um exame de medicina?", finge interrogar-se Arnolphe Rau em seu discurso, durante a recepção após o casamento. É ela, como propõe esse nietzscheano de maneira antes iconoclasta, uma "super-mulher"? Decerto que não. Porque "não é uma mulher-homem ou uma mulher-coisa, mas simplesmente uma mulher; indubitavelmente do segundo sexo", e que "não seria para ela possível atravessar a vida sem amor"[44]. Sem surpresa, a verdadeira mulher moderna, a única respeitável, será aquela que souber conciliar trabalho, amor e instinto materno. O discurso de Rau termina até numa exortação a "lutar vitoriosamente contra esse verdadeiro terceiro sexo [...], contra almas de homens diluídas em invólucros femininos sem encanto" que "mataram nelas a santa

uma sociedade literária em 1890 em Munique. Em 1899, ano da publicação de *Das dritte Geschlecht* (Berlim: A. Weichert), ele criou em Berlim o primeiro cabaré alemão, o Überbrettl ("a sobrecena", título calcado no *Übermensch* – o super-homem – de Nietzsche). Em 1901, ele compôs o libreto de *Feuersnot*, de Richard Strauss.

42 Wolzogen, E. *Le troisième sexe* [1902], 3 ed. [Traduzido do alemão pelo príncipe B. Karageorgevitch]. Calmann-Lévy, 1904. p. 182.

43 *Ibid.*, p. 298.

44 *Ibid.*, p. 304.

aspiração" e abandonaram "seus deveres para com a natureza": "Pobres almas do purgatório, por quem ninguém reza"[45]. Estas se reconciliam com a acepção antiga da invertida-tipo, que Wolzogen evoca como as "amazonas do terceiro sexo"[46] e que, depois dele, Jules Bois, em seu livro *O casal futuro* (1910), "tratado de feminismo para a mulher de amanhã", denominará "o terceiro sexo amazônico"[47].

O segundo personagem, Lilly de Robicek, pertenceria ainda a outra categoria, cuja originalidade se deveria à sua posição intermediária. Ela seria até "aquilo que os muros de Munique contêm de mais perfeito em seu gênero", o gênero em questão sendo: "– Terceiro sexo – tragicamente complicado de beleza e de coquetismo feminino"[48]. Elegante e sedutora, nada ficando a dever à virago legendária, Lilly começou confeccionando vestidos com as próprias mãos, depois montou sua casa de costura, com sucesso. Essa ocupação, *a priori* menos 'viril' que a paixão pela cirurgia de Claire de Fries, não deve iludir: ao se absorver no trabalho, Lilly, heroína independente a zombar das reivindicações femininas, teria conseguido colocar-se *fora dos sexos*, longe dos homens cuja amizade ela aprecia, mas que despreza no amor, enquanto faz fortuna graças à vaidade das mulheres, julgadas mesquinhas e ciumentas. Essa "via" redentora da libertação pelo trabalho, liberada de toda relação de sexos, ela a batizou "zona neutra", "bem-aventurada zona", onde "não se conhece o amor"[49]. Essa pura autonomia, financeira e sentimental, faz até milagres: a neutra Lilly, divorciada, sem nenhum laço ou relação, logo fica grávida. Ela deixará claro: "Fiz este filho sozinha. Não há nenhum senhor no caso"[50]. Será uma menina: Lilly II. A sombra do clone está sempre rondando o terceiro sexo. Sair das categorias sexuadas, colocar-se fora da alteridade é tornar-se um monstro cuja única saída é se auto-reproduzir.

---

45 *Ibid.*, p. 306.
46 *Ibid.*, p. 184.
47 Bois, J. *Le couple futur*. Librairie des Annales, 1912. p. 15.
48 Wolzogen, E. *Le troisième sexe, op. cit.*, p. 186.
49 *Ibid.*, p. 325.
50 *Ibid.*, p. 331.

3. A FORMIGA DE CULOTES

Sem querer passar por grande literatura, Wolzogen tem o mérito de juntar em seu livro as inquietudes de seu tempo sobre a nova Eva. O abalo da instituição do casamento, o crescimento dos pedidos de divórcio (restabelecido na França pela lei Naquet, em 1884), a revolução feminista constituem, então, na Europa, o pano de fundo de uma sociedade em plena mutação, aterrorizada por um espectro: a esterilidade, conjurada por Zola na mesma época em *Fecundidade* (1899), ode à genitora. Ora, o terceiro sexo, sob todas as suas formas, homossexual(ais) ou emancipadas, sempre foi acusado no debate demográfico. No início do século XX, as infecundas modernas – em termos biológicos – são amazonas de um gênero diferente: o gênero *neutro*, cuja etimologia latina significa "nem um nem outro". Mulheres pelo corpo, mas julgadas viris pelo espírito, elas de certo modo seriam *anuladas* em sua sexualidade, sexualidade esta suplementada pela atividade profissional. Essas "neutras" prometem o advento "de uma sociedade que teria as abelhas como exemplo": um "Estado-colmeia" auto-suficiente, "horrível perspectiva" segundo um dos protagonistas do romance, "embora se possa considerar a criação artificial de um terceiro sexo [...] um triunfo do gênio humano"[51].

Wolzogen não é o único a insistir, com entonações de profeta, nessa noção, problemática e crucial, de neutralidade e de Estado-colmeia. Num romance da britânica Alice Stronach publicado em 1901, uma das protagonistas suplica a uma amiga que vive em comunidade com outras mulheres que trabalham: "Não seja uma delas, minha querida. Não seja uma neutra"[52]. O próprio Apollinaire dá um belo exemplo em *As tetas de Tirésias*, farsa livremente inspirada no famoso adivinho da mitologia que muda de sexo. O poeta aí encena o personagem de Thérèse, uma "feminista" que, decidida a trabalhar e a recusar a maternidade, se torna Tirésias. Suas tetas brotam por milagre, a barba cresce nela e logo a aclamam como político e chefe de exército, enquanto seu marido lamenta:

---

[51] *Ibid.*, p. 184-185.

[52] Stronach, A. *A newnham friendship*. Londres: Blackie, 1901. p. 385.

Famosos representantes de toda autoridade
Vocês o ouvem, está dito, acho que, com clareza,
A mulher de Zanzibar quer direitos políticos
E de repente renuncia aos amores prolíficos
Vocês o ouvem gritar Chega de crianças Chega de crianças
Para povoar Zanzibar basta elefantes
Macacos e serpentes, mosquitos e avestruzes
E estéreis como é a habitante das colmeias
Que, pelo menos, faz a cera e recolhe o mel
A mulher é apenas um neutro no rosto do céu[53].

O marido então decide ter uma progenitura sem mulher. Ele realizará essa proeza ao pôr no mundo 40.049 filhos de um dia para o outro. Prova de que tudo sempre acaba se resolvendo, mesmo quando as mulheres renunciam a fazer filhos.

Regularmente convocadas juntas, as figuras do neutro e da abelha-operária serão destinadas a uma bela posteridade no primeiro terço do século XX para caracterizar esse moderno terceiro sexo *à margem* das categorizações sexuadas. Aliás, essa ideia de *retraimento* está no fundamento da definição do conceito de "neutro", de que o dicionário nos diz: "quem não pertence a *nenhum* dos beligerantes, a *nenhuma* das partes adversas; que decidimos manter fora das hostilidades; que *se abstém* de tomar partido, de se engajar de um lado ou do outro; que é *desprovido* de paixão, quem permanece frio, desligado, objetivo". As novas mulheres *sem* marido, *sem* filhos, *privadas* das alegrias da maternidade, *nem* feminina, nem masculina e pretensamente *desprovidas* de sexualidade, correspondem idealmente a esse vasto conjunto, ao qual convém acrescentar as duas definições complementares: "quem pertence a uma categoria gramatical em que não se manifesta o conteúdo macho/fêmea, a forma masculino/feminino; diz-se dos insetos (formigas,

[53] Apollinaire, G. *Les mamelles de Tirésias*. Gallimard, 1994. p. 896. (Bibliothèque de la Pléiade). Primeiro drama "surrealista" criado no teatro em 1917, e do qual Francis Poulenc vai fazer uma ópera-bufa em 1947, *Les mamelles de Tirésias* [*As tetas de Tirésias*] foi escrito por Apollinaire em 1903. O texto é, pois, contemporâneo da teoria do terceiro sexo, segundo Wolzogen.

abelhas, cupins), cujos órgãos sexuais são atrofiados e que protegem ou aprovisionam a comunidade (por exemplo: formigas-soldados, formigas-operárias)"[54].

As mulheres emancipadas prometem dobrar a humanidade às leis dos himenópteros, organizados em sociedades autônomas? A mulher moderna, uma formiga de culotes? A hipótese merece ser levada a sério, tanto as metáforas ou as comparações diretas abundam na literatura da época. *Físico do amor* (1903), de Remy de Gourmont, livro influente e sucesso de livraria, pode assim se ler como uma alegoria dos tempos modernos que erigiu a mulher em inseto trabalhador e assexuado.

Nessa obra que tem por subtítulo "ensaio sobre o instinto sexual", Gourmont analisa a vida sexual humana a partir do modelo animal, referente a um só tempo científico e poético. De maneira geral, explica o autor, a natureza fornece os grandes princípios do amor humano, fundado no dimorfismo, que cada sexo tem interesse em cultivar: a atração dos homens pelas mulheres e das mulheres pelos homens, a geração, o instinto materno, disso seriam leis eternas e imutáveis. No entanto, admite ele, os observadores relataram, por exemplo, casos de sodomia entre os animais, notadamente no pato. A homossexualidade seria, pois, natural? Não. Movido por uma necessidade muito premente, vítima de uma espécie de "loucura momentânea" que pode chegar até à "alucinação", o pato seria, nessa situação particular, "aberrado, e, mais ainda, seu cúmplice...": "Há, também, prossegue Remy de Gourmont, uma necessidade puramente muscular de esboçar pelo menos o ato sexual, seja passivo, seja ativo; vemos até, por uma singular inversão, as vacas no cio subirem umas nas outras, ou porque tem a ideia de assim provocar o macho, ou porque a representação visual que fazem do ato desejado as força a tentar sua simulação: é um exemplo maravilhoso, por ser absurdo, da força motora das imagens"[55]. Assim, Gourmont costuma proceder: todo exemplo encontrado na natureza não conforme à sua visão será relegado ao nível de exceção à regra ou de incongruência mecânica.

---

54 *Le Petit Robert*. Dicionário alfabético e analógico da língua francesa. Edição ampliada. [Rey-Debove, J.; Rey, A. (orgs.)]. Le Robert, 1993. [verbete: "Neutre"]. (Grifo meu.)

55 Gourmont, R. *Physique de l'amour, essai sur l'instinct sexuel* [1903]. Les Éditions 1900, 1989. p. 182.

A dimensão cultural ou social do amor e das relações entre os sexos evidentemente não desempenham um papel nessa demonstração, em que até o desejo de se casar e de ter filhos decorreria da pura lei do instinto.

Nesse contexto, os insetos, que fascinaram tantos filósofos e poetas, de Plínio a Maeterlinck, ocupam uma parte determinante na comparação com as mulheres. Ao passo que, entre os mamíferos, os machos tendem a dominar, entre os himenópteros, "a fêmea é a um só tempo cérebro e ferramenta, o engenheiro, o operário, a amante, a mãe e a ama, a menos que, como a abelha, ela tenha transferido para um terceiro sexo todos os cuidados que não sejam unicamente sexuais"[56]. À imagem da abelha ou da formiga-operária, neutra, útil à organização da sociedade, útil ao Estado de certa forma, acrescenta-se a do cupim-soldado, ele também assexuado; juntos, esses insetos formam uma colônia tanto mais inquietante porquanto o macho, quantidade desprezível, só serve para dar seu esperma antes de morrer. Comparar essas sociedades que têm a fêmea por base com as sociedades humanas fundadas no casal afigurar-se-ia perfeitamente inútil segundo Gourmont. Uma sociedade feminista, segundo ele, seria uma quimera: "A igualdade artificial que ela reclama restabeleceria sua antiga escravidão, no dia em que muitas mulheres, em que todas as mulheres dela quisessem gozar: e é ainda uma das soluções possíveis da crise feminista. De qualquer lado que olhemos essa questão, vemos o casal humano reformar-se inevitavelmente"[57] – casal humano heterossexual, entenda-se. O autor nisso insiste várias vezes: essas sociedades têm cheiro de morte. Se a rainha das abelhas perpetua a espécie, o "comunismo sexual"[58] e a "neutralização" da vida das operárias as rejeitam "para fora da norma", isto é, para as fronteiras com a morte: "Só são seres vivos aqueles que podem perpetuar a vida"[59].

Outros além de Gourmont estabeleceram esse paralelo entre os celibatários modernos e as formigas. Mas num estado de espírito bem diferente. Para o cientista Benedict Friedlander, por exemplo, "operárias e soldados", grupo distinto dos machos e das fêmeas, ocupam na colmeia ou no formi-

[56] *Ibid.*, p. 37-38.
[57] *Ibid.*, p. 65.
[58] *Ibid.*, p. 180.
[59] *Ibid.*, p. 170.

gueiro o lugar destinado dos(as) homossexuais na sociedade humana: esse "terceiro sexo" estéril que não participa da reprodução tem, em compensação, um papel de utilidade social[60]. É precisamente nessa interseção que a mulher emancipada encontra a outra acepção do terceiro sexo: a lésbica.

No mesmo ano de 1904, num discurso pioneiro, a jornalista alemã de origem suíça Anna Rüling foi a primeira a falar dos laços entre feminismo e lesbianismo, no quadro do Comitê Científico e Humanitário de Magnus Hirschfeld. Ela pedia, principalmente, que o movimento das mulheres reconhecesse a parte assumida por um terceiro sexo ampliado (lésbicas, invertidas e "sem sexo") nos esforços por sua liberação e incitava suas irmãs a uma solidariedade construtiva. O gesto, apontando uma realidade quase sempre calada ou cuidadosamente evitada, era tanto mais corajoso porquanto, pela primeira vez, uma oradora se afirmava lésbica, e em público, num país onde a homossexualidade era severamente reprimida. Por sua vez, Anna Rüling não emitia apenas votos piedosos. Ela discutia, de modo mais ou menos implícito, certos teóricos da inversão ou do terceiro sexo, como Havelock Ellis e, sobretudo, Otto Weininger[61].

Em seu estudo sobre a inversão sexual, Havelock Ellis, que via os movimentos de emancipação como "sadios e inevitáveis", no entanto havia sublinhado as "desvantagens" – como a de incentivar diretamente a homossexualidade. Para o médico, como para muitos de seus contemporâneos, a mulher emancipada e a lésbica eram duas figuras conexas, dificilmente dissociáveis:

> Às mulheres foram ensinados a independência e o desdém pela vida doméstica que sempre acarreta uma dependência; nada espantoso no fato de elas

---

[60] Friedlander, B. "Sobre o papel dos homossexuais no processo vital da raça". *Archives pour la Race et la Biologie Sociale*, março de 1904; citado por Hirschfeld, M. *The homosexuality of men and women*, *op. cit.*, p. 453.

[61] Uma tradução em inglês desse discurso, pronunciado em 9 de outubro de 1904 no Hotel Prinz Albrecht em Berlim, no quadro do Comitê Científico e Humanitário, pode ser consultada no *site*: http://www.angelfire.com/fl3/uraniamanuscripts/anna.html. Sobre Anna Rüling, pseudônimo de Théo (ou Théodora) Anna Sprüngli, consulte: Leidinger, C. "'Anna Rüling': a problematic foremother of lesbian herstory". *Journal of the History of Sexuality*, v. 13, n. 4, p. 477-499, outubro de 2004.

quererem pôr a teoria em prática e buscarem o amor ali onde encontram trabalho. Não digo que as promiscuidades sejam a causa direta da inversão sexual; mas elas desenvolvem as neuroses e facilitam a imitação, e isto com tanto mais gravidade porquanto a anomalia congênita é encontrada com especial frequência nas mulheres de alta inteligência que, propositalmente ou não, influenciam as outras[62].

Ao se limitar a essa constatação do movimento moderno, Ellis trazia uma pedra suplementar àquilo que constitui uma diferença fundamental na história dos homossexuais e das lésbicas: enquanto o personagem do pederasta, considerado um degenerado, um desviante sexual, nasceu sob o microscópio da ciência, o da lésbica só toma sua consistência verdadeira sob o impulso do progresso social. O primeiro é uma *invenção da psiquiatria e da medicina legal*; a segunda, uma *criação do político* em colusão com os movimentos de emancipação feministas. Os médicos são os primeiros a constatar isso: "A explosão quase súbita do vício lésbico é coisa tão contemporânea da evolução dos costumes que é difícil não ver nisso uma relação de causa e efeito". E o doutor Chevalier prossegue: "Há vários anos, o lesbosismo [sic] assumiu, em Paris e na maioria das capitais, proporções inquietantes..."[63].

A homossexualidade feminina não aumentou de uma vez só como que por milagre. A realidade é que, doravante, ela se vê, se identifica, se encarna sob os traços da mulher que toma seu destino nas mãos e constrói sozinha sua existência social[64].

A lésbica tem agora mais de um rosto e uma silhueta; ela tem opiniões. Muitas, que não ousavam confessar sua inclinação, vão então poder

---

62 Ellis, H. *Études de psychologie sexuelle*, I – *L'Inversion sexuelle* [1897]. [Edição crítica publicada sob a coordenação do professor Hesnard]. [Traduzido por A. Van Gennep]. Tchou, 2003, p. 457. (Bibliothèque des Introuvables).

63 Chevalier, J. *Une maladie de la personnalité: l'inversion sexuelle*, *op. cit.*, p. 227.

64 Talvez houvesse aqui uma aproximação a ser feita entre a explosão suposta do número de lésbicas e o aumento vertiginoso do número de loucos ao longo do século XIX, de que se queixavam regularmente os médicos. Ao criarem sem cessar novas categorias nosográficas, ao subdividirem ao infinito as diferentes manias, os médicos na realidade 'criavam' novos loucos até ali ignorados. Da mesma forma, a partir do momento em que a lésbica pode ser identificada, ela prolifera.

se reconhecer e, eventualmente, solidarizar-se, formar grupos, estabelecer pousos. É esse perigo político que é denunciado por, entre outros, Otto Weininger, um jovem filósofo de 23 anos que se suicidará pouco depois da publicação, em Viena, de sua tese remanejada, *Sexo e caráter* (1903), obra destinada a considerável repercussão.

Em cada página, o autor proclama seu ódio por mulheres e judeus – cuja atitude mental e a *natureza*, amorais, lascivas, levariam a civilização à sua perda. Em compensação, ele marca sua simpatia pelas lésbicas, já que se aproximariam mais do masculino – único 'padrão' a considerar numa escala indo do pior ao melhor, ou seja, da mulher ao homem. O plebiscito da lésbica em Weininger pede muita atenção, pois ele é manhoso. Para ele, a mulher atraída pela mulher só tem virtude porque tudo o que a identifica ao macho é colocado em seu crédito. Logo, essa visão proíbe a toda mulher dita "feminina" a chance de ser jamais alguém digno do menor interesse. Só a mulher masculina é superior, e só a mulher masculina é necessariamente lésbica. Como prova, Catherine II, Cristina da Suécia, George Sand, ressalta o filósofo, eram pelo menos bissexuais ou homossexuais, como todas as mulheres "por menos notáveis que sejam". O autor acrescenta até que "a pesquisa histórica deve, pois, finalmente, decidir fazer justiça ao ditado popular que afirma [...] que a 'cabelos longos' só pode corresponder 'ideias curtas'", e que "aquilo que, na mulher, quer se emancipar é o *homem*"[65]. É assim que ele explica a escolha dos pseudônimos masculinos adotados por numerosas escritoras, sem sugerir por um instante que talvez fosse para elas a única maneira de ganhar algum crédito numa sociedade que refreava tais prerrogativas nas mulheres.

Assim, esse pró-lesbianismo se conjuga com um antifeminismo virulento, que ele desenvolve ao abordar a questão da emancipação das mulheres, limitado a um fenômeno de moda que provoca seus acentos de predicador, como atesta a fascinação de sua prosa e de sua tipografia:

> A atitude que convém adotar praticamente no que se refere ao conjunto desse fenômeno [...] deveria, por conseguinte, ser a seguinte: *deixar toda*

---

[65] Weininger, O. *Sexe et caractère* [1903]. [Traduzido do alemão por Daniel Renaud]. Lausanne: L'Âge d'Homme, 1989. p. 69. (Primeira edição em francês: 1975.)

> *liberdade, de modo a que nenhum obstáculo se erga em sua estrada, àquelas cujas necessidades psíquicas reais, as quais de resto só variam em função daquilo que é sua compleição física, as levam a atividades de homem*, e que são, portanto, aquelas que apresentam traços do homem; mas recusar toda criação de PARTIDO, toda ideia de REVOLUÇÃO, que não pode ter FUNDAMENTO ALGUM, isto é, numa palavra, todo o MOVIMENTO feminista, que, num número tão grande de mulheres, é a causa de um esforço contranatureza, artificial e, no fim das contas, mentiroso[66].

Assim, a emancipação deveria ser tudo exceto uma questão de movimento organizado: "O indivíduo deve a isso chegar por si mesmo e para si mesmo, ao termo de um combate solitário. E contra quem tem ele de travar esse combate? Contra si mesmo, ou antes contra o que se opõe a essa liberação nele. *O maior, o único inimigo da emancipação da mulher é a mulher*"[67].

É contra esse "masculinismo" que mulheres como Anna Rüling se erguiam e, com elas, numerosas lésbicas decididas a promover a autodeterminação no seio do movimento feminista.

4. O ADVENTO DO NEUTRO

O importante *corpus* constituído por volta de 1900 sobre as mulheres emancipadas enquanto terceiro sexo – confundido ou não com as lésbicas – vai desabrochar até a I Guerra, que constitui a um só tempo um pique e uma clivagem. Um pique pois, desde 1914, muitas mulheres substituem pais, irmãos e maridos que partiram para a frente de batalha; elas ocupam os postos vagos nas fábricas, improvisam-se como chefe de família. Se são recusadas na linha de combate, são aceitas como enfermeiras e até como condutoras de ambulância. Não se trata mais de feminismo, mas de patriotismo e dever nacional. Essa redistribuição dos papéis no interior do sistema dos gêneros,

---

66 *Ibid.*, p. 71.

67 *Ibid.*, p. 75.

devida à necessidade, marca uma nova etapa na história da emancipação das mulheres? Como mostrou Michelle Perrot, o fim do conflito coincidirá, ao contrário, com um movimento de retorno à ordem e de reafirmação dos papéis tradicionais. Os números falam por si próprios: em 1906, a França contava 2,25 milhões de mulheres ativas; em 1911, elas são 2,7 milhões; mas, em 1921, 2,5 milhões[68].

Para muitas mulheres, a guerra cristalizou o desejo de se constituírem como sujeitos da história. Como não foram enviadas para a linha de frente, ocuparam empregos novos, disputaram outros papéis. Em novembro de 1914, um ano antes de abrir sua livraria, Adrienne Monnier suspirava: "Acho que gostaria muito de ser homem para ir à guerra"[69]. Pacifista, como a grande maioria das mulheres, Adrienne Monnier resumia nessa frase as limitações impostas por um sistema que recusava às mulheres o direito à ação – e, portanto, ao heroísmo. Essa problemática, central na história do terceiro sexo, é longamente analisada em *O poço de solidão* (1928), de Radclyffe Hall, romance em parte autobiográfico e que constitui, a esse título, uma interessante reportagem sobre esses anos decisivos.

O livro, prefaciado por Havelock Ellis, conta a história de uma "invertida nata", chamada Stephen pelos pais, que desejavam um menino. Muito cedo no ostracismo por causa de seu comportamento viril e de suas preferências amorosas, Stephen vai se instalar em Paris, onde se tornará uma "fumante enraivecida" de cabelos "muito curtos"[70], mas sobretudo uma escritora célebre. Como a Inglaterra não envia mulheres às trincheiras, ela se engaja na London Ambulance Column, depois numa seção baseada em Compiègne, onde encontra o amor junto a uma jovem mulher. Como lhe havia dito sua governanta: "Esta guerra poderia bem servir de oportunida-

[68] Ver Perrot, M. "The new Eve and the old Adam: changes in French women's condition at the turn of the century". *In*: Higonnet, M.R.; Jenson, J.; Michel, S.; Weitz, M.C. *Behind the lines: gender and the two World Wars*. New Haven, Londres: Yale University Press, p. 51-60; assim como Riot-Sarcey, M. *Histoire du féminisme*. La Découverte, 2002. p. 73-78. (Repères).

[69] Carta de Adrienne Monnier, datada de 27 de novembro de 1914, Imec/Caen.

[70] Hall, R. *Le puits de solitude* [1928]. [Traduzido do inglês por Léo Lack] [Revisto por Radclyffe Hall e Una Lady Troubridge]. Gallimard, 1946. p. 284.

de às mulheres da sua espécie"[71]. Segundo Radclyffe Hall, por precisarem "defender seu direito ao respeito"[72], as lésbicas aceitam as tarefas mais perigosas, expõem-se sob os *raids*, pois, assegura ela, as bombas perturbam menos os nervos dos invertidos que as injúrias "do bom povo de Deus"[73]. Stephen, consagrada melhor condutora de ambulância de sua seção, ferida no rosto (cicatriz que vai guardar pela vida inteira), receberá a cruz de guerra. O conflito teria assim tirado da sombra um exército silencioso, desprezado, e de repente reconhecido. Mas depois?

> E as mulheres que haviam trabalhado durante a guerra... aquelas mulheres descarnadas e taciturnas, que ela vira em Londres? A Inglaterra as tinha chamado e elas tinham vindo; daquela vez, elas haviam enfrentado, sem vergonha, a luz do dia. E agora, por não estarem mais habituadas a se esconder e a desaparecer em seus buracos e em seus recônditos, o próprio público, que elas haviam servido, era o primeiro a se desviar e a cuspir nelas[74] [...]

Invertidas, lésbicas ou heterossexuais, as mulheres terão todas a mesma experiência no imediato pós-guerra: o parêntese se fechou. Homens e mulheres devem doravante retomar seus lugares convencionais e a vida retomar seu curso. Na volta dos "caras quebradas"*, as reivindicações feministas têm má reputação. A urgência está na restauração do país e em seu repovoamento. Entretanto, uma brecha se abriu, e muitas mulheres vão aprofundá-la, num movimento tornado inevitável. Novas heroínas nascem, que causam escândalo. *A garçonne* (1922), romance de Victor Margueritte, e *A prisioneira* (1926), peça de teatro de Édouard Bourdet, causam polêmica, muito embora os autores critiquem duramente a evolução dos costumes.

A mulher de culotes tem agora os cabelos curtos, fuma e se outorga a liberdade sexual que as convenções lhe recusam. É todo tempo acusada

---

71 *Ibid.*, p. 365.
72 *Ibid.*, p. 370.
73 *Ibid.*, p. 369.
74 *Ibid.*, p. 552.
* Feridos (aproximadamente 15 mil) da I Guerra que tinham ficado com o rosto deformado. (N. T.)

de "destruir a família"[75], de levar a sociedade à sua perda. E a imagem da abelha é sempre vivaz. Segundo Rachilde, "a guerra dos sexos é uma luta nova a ser acrescentada às lutas antigas e só seria muito interessante se levasse ao... *terceiro sexo*, o das formigas trabalhadoras ou das abelhas que só confeccionam o mel para as rainhas [...]"[76]. Em *Meu coração numa fórmula*, história de uma cientista de coração "neutro", absorvida pelas equações e as abstrações matemáticas, Maryse Choisy opõe na mesma época a mulher ativa e a mundana: "Uma é a abelha diligente, incolor, sem sexo. A outra, a rainha cortejada"[77].

Da mesma forma, a ideia de neutro volta de maneira ininterrupta. Mas os discursos mudaram. A acusação de neutralidade, ontem feita pelos homens – sexólogos ou escritores –, tornou-se, em certos casos, uma reivindicação das mulheres, uma arma apontada na direção contrária. A "zona neutra" de 1900 estaria se movendo num espaço criativo, livre das especificações do gênero? Essa nova concepção do neutro nada teria de passivo, para retomar as palavras de Roland Barthes na apresentação de sua aula no Collège de France sobre "O neutro", cujo "título autêntico" poderia ter sido: "O desejo de neutro". Pois, acrescentava ele, o neutro não corresponderia forçosamente "à imagem medíocre, profundamente depreciada que dele tem a Doxa", mas poderia "constituir um valor forte, ativo"[78].

O neutro, isto é, "tudo o que confunde o paradigma", ou ainda o que "anula ou contraria o binarismo implacável do paradigma pelo recurso a um terceiro termo"[79], afigura-se um conceito particularmente pertinente na análise do terceiro sexo. O neutro como recusa de submissão, espaço de liberdade a um só tempo flutuante e insustentável, ação sem regime, sob a pena de Barthes, ultrapassa de muito as questões sexuadas para universalizar-se e encontrar ocorrências em todos os âmbitos da vida cotidiana:

---

75 Binet-Valmer, J.G. *La femme qui travaille*. E. Flammarion, 1930. p. 243.

76 Rachilde. *Pourquoi je ne suis pas féministe*, *op. cit.*, p. 12.

77 Choisy, M. *Mon cœur dans une formule* (C^6H^8 $(AsO^3)^6$. Les Cahiers Suridéalistes, 1927-1928. p. 143-144.

78 Barthes, R. *Le neutre. Cours au Collège de France (1977-1978)*. [Texto editado, anotado e apresentado por Thomas Clerc]. Seuil/Imec, 2002. p. 261-262.

79 *Ibid.*, p. 31.

"o neutro é a chamalote: aquilo que muda finamente de aspecto, talvez de sentido, conforme a inclinação do olhar do sujeito"[80].

Ora, é bem esse espaço indefinido, sem divisões e mutante que querem construir as mulheres que aspiram à indiferenciação, rebeldes às categorias científicas da 'homossexual' bem como ao trancamento na imagem da 'mulher'. Durante todo o entre-guerras, algumas vão assim oferecer uma ilustração desse fenômeno, notadamente na vida cultural. Elas são poetas, como Edith Södergran, que escreve no início de "Virgem moderna": "Não sou uma mulher. Sou neutra"[81]. Elas são artistas e gostariam de "embaralhar as cartas", a exemplo de Claude Cahun: "Masculino? Feminino? Mas isso depende dos casos. Neutro é o único gênero que sempre me convenha. Se ele existisse na nossa língua, não se observaria essa flutuação do meu pensamento. Eu seria de verdade a abelha-operária"[82]. Elas são novas figuras intelectuais, como Adrienne Monnier, que escreve em seu prefácio a *Beowulf*, de Bryher, evocando a sociedade do outro lado da Mancha: "A discrição nos modos não é tão natural aos ingleses quanto lhes é fortemente ensinada, em vista do melhor rendimento social – como as operárias nas colmeias são assexuadas. Os nomes das coisas, na língua inglesa, não estão nem no feminino nem no masculino, eles não têm gênero, o que é muito mais sensato e muito mais tranquilizador"[83]. Elas são pintoras, como Romaine Brooks, que faz o retrato de uma geração andrógina, de rostos melancólicos, como que de luto, numa sucessão de quadros de tons cinzentos. Essa geração é a da revista Urania (1915-1940), fundada na Inglaterra por um grupo de poetas e de intelectuais feministas. Ela poderia ter subscrito a esta declaração de princípio inscrita em cada número:

> *Urania* designa a sociedade daqueles que estão firmemente determinados em ignorar a organização dual da humanidade em todas as suas manifestações.

---

[80] *Ibid.*, p. 83.

[81] Södergran, E. "Vierge moderne". *In*: *Poèmes* [1916]. [Traduzido do sueco por Régis Boyer]. La Différence, 1992. (Orphée).

[82] Cahun, C. *Aveux non avenus*. Éditions Carrefour, 1930. p. 176.

[83] Bryher. *Beowulf*. [Prefácio de Adrienne Monnier]. [Traduzido por Hélène Malvan]. Mercure de France, 1948. p. 14-15.

Eles estão convictos de que essa dualidade teve por resultado a formação de dois tipos falsificados e imperfeitos. Estão até convictos de que, a fim de se livrar desse estado de coisas, nenhuma medida de "emancipação" ou de "igualdade" bastará, que não comece por uma recusa completa de reconhecer ou de tolerar a própria dualidade[84].

A inquietude da Belle Époque diante da emancipação das mulheres vivida como uma neutralidade esterilizante transformou-se numa estratégia dos Anos Loucos? Ou o recurso ao conceito de neutro é um quebra-galho, um biombo, numa sociedade heteronormada? Como, entretanto, conceber, pensar, articular o neutro ou o terceiro sexo com as obrigações impostas pela língua francesa, que só conhece o feminino e o masculino – este último significando o universal?

Essas interrogações coincidem com o nascimento da linguística como disciplina e a publicação de numerosas obras que se interrogam sobre o sentido das línguas, da linguagem e da gramática. Em 1911, Jacques Damourett e Édouard Pichon iniciam seu monumental tratado do qual publicarão o sétimo e último volume em 1940: *Das palavras ao pensamento*. O primeiro é um gramático, apaixonado por literatura; o segundo – seu sobrinho –, um médico monarquista, maurrassiano*, anti-semita e contra Dreyfus... Genro de Pierre Janet, Pichon, católico racionalista, também é psicanalista e o introdutor de vários conceitos de que Jacques Lacan vai posteriormente se servir – como a foraclusão ou a ideia de uma "gramática como modo de exploração do inconsciente"[85].

Entre as numerosas originalidades contidas na obra desses escritores, figura a proposta de substituir a palavra "gênero" (que pode se confundir com a palavra espécie) por "sexuissemblância" – o "número" tornando-se a

[84] Citado por Oram, A. "'Sex is an accident': feminism, science and the radical sexual theory of *Urania*, 1915-1940". *In*: Bland, L.; Doan, L. (eds.). *Sexology in culture: labelling bodies and desires*. Chicago: The University of Chicago Press, 1998. p. 215.

* Adepto de Charles Maurras, líder de um movimento de extrema-direita, a *Action française*, na primeira metade do século xx. (N. T.)

[85] Pichon, E. "La grammaire en tant que mode d'exploration de l'inconscient". *L'Évolution psychiatrique*, n. 1, p. 238-257, 1925. Lacan vai se servir desse texto para elaborar seu famoso conceito de "o inconsciente estruturado como uma linguagem". Ver Roudinesco, E; Plon, M. "Pichon Édouard". *Dictionnaire de la psychanalyse*, *op. cit.*

"quantitude". A sexuissemblância repousa num princípio simples: ela refletiria metaforicamente na língua a noção de sexo, primordial na vida. O gênero das palavras teria assim um sentido, uma razão de ser, que corresponderia a uma realidade objetiva ou poética, que Damourette e Pichon se propõem a ilustrar com alguns exemplos muitos esclarecedores. A sexuissemblância seria particularmente pertinente entre os animais:

> Um camundongo, seja macho ou fêmea, passa, elegante, correndo, com olhinhos que parecem refletir o coquetismo e um focinho pontudo e vivo que rói graciosamente [...]; um elefante, seja qual for o sexo, avança lenta e pesadamente, parecendo encarnar a um só tempo a força segura de si mesma e os vastos calmos pensamentos[86].

Mesmo princípio para as máquinas: quando uma força exterior as fecunda, são femininas; quando são autônomas, masculinas. "A" perfuradora é passiva; mas diremos "um" visor, pois é preciso saber usá-lo. Assim, os autores competem em imaginação para justificar suas teorias, com um talento bem particular para a sexuissemblância feminina. Por exemplo "a *cliche*, chata feito uma mulher rabugenta"[87], ou terminações pejorativas em *uda* [*ouille*] e *aça* [*asse*] que naturalmente levariam a "pensar em mulheres gordas, repulsivas, mas que são ricas em encantos que não deixam esquecer o sexo"[88]. Da mesma forma:

> O mar* muda de aspecto como uma mulher, todos os dias; tem o humor móvel de uma bela caprichosa, é atraente e perigoso como uma beleza pérfida. O homem da cidade que a ele dedica suas férias é apaixonado por ele; ele ama e mata o marinheiro[89].

---

86 Damourette, J; Pichon, E. *Des mots à la pensée. Essai de grammaire de la langue française, 1911-1930*. Collection des Linguistes Contemporains, 1930, § 338. Para um estudo sobre Damourette e Pichon, ver Michard, C. *Le sexe en linguistique: sémantique ou zoologie?* L'Harmattan, 2001. (Bibliothèque du Féminisme).

87 *Ibid.*, § 313.

88 *Ibid.*, § 326.

* Ressalte-se que, em francês, *o mar* [*la mer*] é feminino e homofônico de *a mãe* [*la mère*]. A tradução, infelizmente, não pode reproduzir toda a comparação. (N. T.)

89 *Ibid.*, p. 311.

As feministas provavelmente ficariam surpresas de saber que esses dois ultraconservadores estão entre os primeiros promotores da feminização dos nomes de profissões. Para isso, apóiam-se nos exemplos do passado – "medicina" para mulher médico (século XVI), "autora" (1726), "uma pintor" (La Fontaine), "professora"* (Voltaire) – antes de investirem contra o fundo do assunto: as mulheres contemporâneas ridicularizariam "seus esforços meritórios" se ocupassem profissões de que perpetuassem "denominações masculinas repugnantes e grotescas, tão atentatórias ao gênio da língua quanto aos instintos mais elementares da humanidade". Ser mulher e se dizer *advogado* ou *doutor* seria uma incongruência, um absurdo aos quais o bom senso popular, que prefere *advogada* e *doutora*, parece apesar de tudo resistir. Segundo Damourette e Pichon, as mais apegadas aos títulos masculinos seriam as principais interessadas, vítimas de um "preconceito estranho em virtude do qual muitas delas acreditam receber uma marca de desprezo quando lhes dão um título com forma feminina. A menos que o feminismo que professam seja uma concepção contranatureza e a negação não da desigualdade mas da diferença dos sexos [...]"[90].

Uma certa lógica caracteriza a militância gramatical de Damourette e Pichon, persuadidos da missão civilizadora da França e da superioridade do francês. *Grosso modo*: quanto mais um ser animado ou inanimado é 'gênero', mais a polaridade masculino/feminino está inscrita na língua, mais ela ordenará o pensamento. *Das palavras ao pensamento*, da 'natureza' à ideologia, haveria assim um encadeamento necessário, cuja estrutura elementar é a diferença dos sexos. O inimigo é, pois, o híbrido ou o neutro. E o terceiro sexo deve permanecer o impensável da linguagem.

* *Médecine* [a medicina] não é o feminino de *médecin* [médico], que só existe no masculino. *Autrice* [*autora*], *une peintre* [uma pintor(a)], *une professeuse* [uma professora] tampouco existem. (N. T.)

90 *Ibid.*, § 274-277.

EPÍLOGO

O sonho que acho mais fascinante é o de uma sociedade andrógina ou sem gênero (e não sem sexo), na qual a anatomia sexual não teria relação com o que somos, o que fazemos e com quem fazemos amor.
Gayle Rubin, "The traffic in women: notes on the 'Political Economy' of sex", 1975.

Sei que não sou um homem – disso não duvido, e a conclusão a que cheguei é que provavelmente não sou tampouco uma mulher, pelo menos não conforme as regras de muitas pessoas sobre esse tipo de coisa. O problema é que vivemos num mundo que exige que sejamos um ou outro – um mundo que não se preocupa em nos dizer exatamente o que esse um ou esse outro é.
Kate Bornstein, *Gender outlaw: on men, women and the rest of us*, 1994.

A ideia de um terceiro sexo transcendendo os gêneros atravessa e habita todas as épocas, sem exceção. O século compreendido entre 1835 e 1939, tão pródigo em figuras novas, discursos e teorias, terá constituído um dos capítulos mais expressivos e mais promissores de sua história: entre essas duas datas, o terceiro sexo foi inventado e se inventou enquanto assunto.

Todavia, esses cem anos de história consistiram em nomear o inarticulável, o inconfessável, o "sei lá o quê, que não tem nome na língua francesa"[1], segundo a expressão do chefe de polícia François Carlier, esse "sexo à parte que ainda não tem nome"[2] que reivindicava Mademoiselle de Maupin, esse *nameless crime* da lei inglesa, celebrado pelos poetas como "o amor que não ousa dizer o seu nome nem revelar a sua alma"[3].

Inominável, o terceiro sexo tornou-se, no espaço de algumas gerações, o objeto de uma proliferação terminológica, um enigma saturado de explicações. O acúmulo e o cruzamento dos discursos produziram muitas repetições, mas também interessantes deslocamentos na evolução das ideias. Pois se esse sexo 'fora dos sexos', nem masculino nem feminino, masculino e feminino, 'misto', 'intermediário' ou 'neutro' construiu-se a partir dos dois outros, provocou, em retorno, e tornou inevitável a abertura de uma reflexão sobre a definição do gênero e das sexualidades – só após a consolidação da palavra 'homossexualidade', por exemplo, é que a palavra 'heterossexualidade', tornada necessária, entrou em circulação. Em outros termos, o terceiro sexo obriga os dois outros a se pensarem. Ele questiona as normas, e cria novas.

Durante esse século, médicos e escritores, fossem eles hostis ou favoráveis a esse sexo supranumerário, tomaram todos por eixo de sua reflexão a ideia de natureza, principal recurso para justificar – ou incriminar – a existência de comportamentos diferentes. Só terá havido Freud para evacuar a polêmica do inato e do adquirido, e propor uma visão inovadora que tentava reconciliar o 'diferente' e o 'semelhante'. Mas ao teorizar "a universalização do Édipo", o pai da psicanálise recuperava a dimensão subversiva das sexualidades desviantes e das identidades que se afastavam da norma. Para retomar as palavras de Guy Hocquenghem, "é o que se poderia chamar a concepção heterossexual do mundo homossexual"[4]. Ora, a invenção do terceiro sexo, de uma cultura, de códigos, de modos de vida e de pensamento divergentes prova isso: de fato existe uma concepção *queer* do mundo heterossexual, que desestabiliza ou simplesmente interroga as relações e as práticas humanas.

---

1 Carlier, F. *La prostitution antiphysique*, *op. cit.*, p. 95.

2 Gautier, T. *Mademoiselle de Maupin*, *op. cit.*, p. 356.

3 Douglas, A. "Deux amours", poema (1892); citado em *Le procès d'Oscar Wilde*, *op. cit.*, p. 131.

4 Hocquenghem, G. *Le désir homsexuel* [1972]. Fayard, 2000. p. 136-137. (Histoire de la Pensée).

Como qualquer minoria, o terceiro sexo não tem vocação para a subversão. Sua própria existência, colocada à margem da sociedade heteronormativa, faz dele, apesar dele e às vezes conforme seus votos, um dissidente.

Desses desafios à lei do gênero, o que resta hoje? Herdeiras da liberação sexual dos anos 1970 e de um "feminismo da subversão"[5], das teorias novas, como o *queer*, nascido nos Estados Unidos nos anos 1990, deslocaram o debate sobre a liberdade do assunto. Figuras novas nasceram, como os transgêneros, isto é, todo indivíduo, seja qual for a sua sexualidade, que deseje sair do quadro binário, em proveito de uma mobilidade e de uma construção inventiva das identidades de gênero.

Contudo, o terceiro sexo moderno evolui num contexto que mudou – de recente data. Desde a lei de 27 de julho de 1982, as relações de mesmo sexo, de novo criminalizadas por Vichy em 1942, não são mais consideradas um delito na França; a homossexualidade, nosografada pela psiquiatria desde sua 'invenção' em 1869, só saiu da classificação das doenças mentais da Organização Mundial de Saúde em 1990; o § 175, cuja revogação Magnus Hirschfeld reclamava desde 1899, foi suprimido na Alemanha em 1994; se a Grã-Bretanha descriminalizou a homossexualidade em 1967, a rainha Elisabeth II, em 1997, continuava a recusar a Oscar Wilde a graça póstuma; de um impacto decerto simbólico, a lei de 1800 que proibia as mulheres de usarem roupas masculinas foi abolida na França em 2004...

No entanto, os discursos mudaram em profundidade? Regularmente, a atualidade não revela a agressividade que suscitam esses homens e essas mulheres que não estariam 'em seu lugar' na nomenclatura dos gêneros e/ou cujas práticas sexuais continuam sendo consideradas 'contranatureza'? São mortes, como a de François Chenu em setembro de 2002, assassinado em Reims por três rapazes que procuravam "árabes em quem bater" e que, como não encontraram, "se arrumaram com um viado"[6]; são violências

[5] Para retomar os termos de Judith Butler, cujo livro, *Perturbação no gênero*, tem por subtítulo: *Por um feminismo da subversão* (Amsterdam, 2005).

[6] Citado por Rotman, C. "A homofobia explicada aos policiais". *Libération*, 21 de fevereiro de 2006. Ver igualmente o filme de Olivier Meyrou, "Para além do ódio" (2005), premiado no festival de Berlim de 2006 na categoria "Melhor documentário".

físicas, como a agressão a facadas contra Bertrand Delanoë em 2002 ou aquela contra Sébastien Nouchet, molhado com gasolina e queimado vivo em 2004. São violências verbais, injúrias ouvidas na rua ou no recinto da Assembleia Nacional, como as palavras de Henri Emmanuelli a respeito do Pacs*, essa "lei para bonecas", ou as reações do deputado da UMP** Christian Vanneste quanto ao projeto de lei contra a homofobia, resumidas nesta frase: "Não se pára de colocar no mesmo nível o comportamento homossexual e o heterossexual, como se a homossexualidade fosse uma espécie de terceiro sexo. É evidente que é falso: se o comportamento homossexual fosse universalizado, a humanidade estaria condenada à morte"[7]. São ainda as observações contra a candidatura de uma mulher, Ségolène Royal, à magistratura suprema que suscitaram as frases doravante famosas, dignas dos primeiros detratores das mulheres de culotes: "as eleições presidenciais não são um concurso de beleza" e "quem vai cuidar dos filhos?"[8].

Esse florilégio seria o topo visível do *iceberg*, pois não acabaríamos de alinhar os clichês e os amálgamas difundidos diariamente, nos livros e nos jornais, sobre os descendentes do terceiro sexo. É, aqui, a assimilação do inimigo ao homossexual, como na caricatura de Saddam Hussein como pederasta sádico e travestido, durante a guerra do Golfo (1990-1991), que circulava numa camiseta, representado sobre um camelo com boca em forma de ânus, que declarava: "A América não será sadamizada"[9] – da mesma forma que ontem, no clima antialemão, falava-se de ser potsdamizado. São, aí, julgamentos maiúsculos, como no tempo da *garçonne*, sobre "a mulher moderna – autônoma, amiga da igualdade, leiga, viril" (em 2006!), palavras

* Pacto civil de solidariedade: contrato concluído entre duas pessoas maiores de sexo diferente ou do mesmo sexo para que organizem sua vida em comum. (N. T.)

** União por um Movimento Popular. (N. T.)

7 Entrevista de Christian Vanneste para a TF1, em 9 de dezembro de 2004. Na véspera, o deputado injuriava a Assembleia nestes termos: "Os senhores querem criar um terceiro gênero, que teria uma igualdade de existência e de direitos com os dois outros, que, estes, contribuem para a perpetuação da humanidade?" (fonte: http://tf1.1ci.fr). Lembremos que Christian Vanneste é igualmente o relator do projeto de lei de 23 de fevereiro de 2005, cujo artigo 4, finalmente revogado em 29 de novembro de 2005, sublinhava os "benefícios da colonização".

8 Citado por Meeus, C. "Le menace Royal". *Le Point*, n. 1.724, 29 de setembro de 2005.

9 Citado por Rosario, V.A. *L'Irrésistible ascension du pervers*, *op. cit.*, p. 239.

ressaltadas e consideradas "estúpidas"[10] por Josyane Savigneau, cuja indulgência é desconhecida.

Esses exemplos, continuamente multiplicáveis, não devem ocultar outra realidade: aquela que vivem, diariamente, o homem 'feminino' e a mulher 'viril' do século XXI, cujo comportamento continua a incomodar, sem falar, é claro, da rejeição estrutural de que são vítimas os(as) transexuais[11]. Em aparência e em princípio, a sociedade francesa 'tolera' essas 'diferenças'. Mas pode-se realmente imaginar um homem de negócios que se dirige a seu escritório de vestido ou uma *drag king* que se apresenta para as eleições locais?

O terceiro sexo de ontem, evidentemente, ainda espera sua plena integração social, como provam as resistências opostas ao direito ao casamento, à procriação e à adoção. A anulação do casamento de Bègles, entre dois homens, repousava no argumento do não-respeito à diferença dos sexos, exigida, dizia o legislador, pela instituição do casamento. Mas a rejeição pelo tribunal de Nanterre em 2005 do pedido de casamento entre Camille Barré e Monica Leon revelou os limites do raciocínio: uma, transexual operada, é anatomicamente mulher, a outra, transgênero, apresenta-se como mulher mas é anatomicamente um homem – como indica seu estado civil em nome de Benito Leon. Desta vez, era justamente a diferença dos gêneros que estava em questão. Para se casar, não basta, pois, 'ser' homem ou mulher, é preciso também 'parecer' – o que arrisca criar dificuldades para os magistrados para que definam os critérios. Vamos nos contentar aqui em sublinhar as palavras do procurador de Nanterre: Camille e Monica não teriam buscado, com essa "provocação", apenas "fazer evoluir a sociedade ao prender esta na armadilha de sua própria lógica"[12] [*sic*]?

A oposição entre essencialistas e construcionistas não prolonga, com uma permanência às vezes impressionante, os debates do século XIX em torno do inato e do adquirido, da imutabilidade do biológico e da construção discursiva? Um eixo ordena essas escolhas epistemológicas e esses métodos

[10] Savigneau, J. "Parti pris". *Le Monde des Livres*, 13 de janeiro de 2006.

[11] Ver notadamente o livro de Simon, S. *Un sujet de conversation*. Stock, 2004.

[12] Citado por Fassin, E. "Trouble dans le mariage". *Libération*, 15 de junho de 2005.

de abordagens: o tema da "valência diferencial dos sexos", que para alguns permaneceria "o obstáculo derradeiro do pensamento"[13]. É nesse obstáculo que pára, por exemplo, o pensamento de Sylviane Agacinski, que escreve:

> Com certeza serei censurada por considerar aqui natural essa dependência mútua [do homem e da mulher], e portanto por admitir implicitamente que a humanidade é naturalmente "heterossexual". Assumo esse ponto de partida como resultante da evidência. Os humanos, universalmente sexuados, em geral são animados pelo desejo do outro e dependentes desse outro para procriar, o que eles em geral também desejam[14].

Nesse esquema binário e natural, a possibilidade de um terceiro gênero, o reconhecimento da homoparentalidade e, de modo mais geral, a invenção de novas relações e de novos direitos estariam, portanto, naturalmente excluídos. É na mesma lógica que se inscreve a profissão de fé da autora: "Acredito no valor da diferença, e não em seu apagamento. No misto, e não no neutro"[15]. Mesmo eco entre numerosos psicanalistas, à imagem de Charles Melman, que recentemente declarava ao jornal Le Monde: "Coloquemos uma pergunta simples: a homossexualidade resulta de uma patologia? – o que a psiquiatra americana hoje recusa. Se admitirmos que ela é organizada por uma defesa contra a diferença e a alteridade, no caso, é incontestável que ela disso resulta"[16].

A questão permanece inteira: por que a 'diferença' se resumiria ao sexual? Por que a diferença anatômica definiria sozinha a alteridade por excelência? A 'diferença', palavra mágica, permanece a chave da 'ordem simbólica' e de um sistema extremamente poderoso que exclui dissociar heterossexualidade e procriação, casamento e diferença dos sexos (ou dos gêneros), e, portanto, sexo e gênero, como aliás exemplificava recentemente essa recomendação do *Diário Oficial* sobre o uso considerado abusivo do termo "gênero":

---

[13] Héritier, F. *Masculin/féminin*, I – *La pensée de la différence*. Odile Jacob, 1996. p. 19.

[14] Agacinski, S. *Politiques des sexes* [1998]. Seuil, 2001. p. 125. (Points).

[15] Agacinski, S. *Journal interrompu*. Seuil, 1995. p. 94.

[16] Melman, C. "Psychanalyse: défense et illustration". *Le Monde*, 4 de outubro de 2005.

> Em francês, a palavra sexo e seus derivados sexista e sexual afiguram-se perfeitamente adaptados, na maioria dos casos, para exprimir a diferença entre homens e mulheres, inclusive em sua dimensão cultural, com as implicações econômicas, sociais e políticas que isso supõe.
>
> A troca de gênero por sexo não responde, portanto, a uma necessidade linguística, e a extensão de sentido da palavra gênero não se justifica em francês. Nessa acepção particular, expressões que utilizam as palavras gênero e *a fortiori* o adjetivo generado, ou ainda o termo sexoespecificidade, são desaconselhados.
>
> Entretanto, para traduzir a construção adjetiva da palavra *gender*, frequente em inglês, poderemos preferir, conforme o contexto, locuções como homens e mulheres, masculino e feminino; assim, traduziremos *gender equality* por igualdade entre homens e mulheres, ou ainda igualdade entre os sexos[17].

Mas aplicar essa recomendação não é deixar de lado trinta anos de pesquisas em ciências sociais que visavam explicar a construção política do gênero e a identificação dos grupos como "dados naturalizados das relações sociais"[18]? Esses trabalhos, em grande parte oriundos da antropologia e da sociologia, do feminismo e dos estudos gays e lésbicos, desenvolveram-se sobretudo nos Estados Unidos, como ontem a Alemanha era o lar da invenção de uma sexologia militante. A França dá a esses debates um lugar crescente, embora ainda confidencial. O interesse recente pelos livros de Judith Butler, dos quais o famoso *Gender trouble* foi traduzido em francês quinze anos após o lançamento, é sinal de uma mudança[19]? Será que estamos

---

[17] "Recommandation sur les équivalents français du mot *gender*". *Journal Officiel*, 20 de julho de 2005.

[18] Guillaumin, C. *Sexe, race et pratique du pouvoir. L'Idée de nature.* Côté-femmes Éditions, 1992. p. 194.

[19] Butler, J. *Trouble dans le genre. Pour un féminisme de la subversion, op. cit.* Alguns meses mais tarde, *Le Monde 2* celebrava na capa a saída de *Défaire le genre* [Desfazer o gênero] (Amsterdam, 2006) com esta chamada de primeira página, inevitavelmente reducionista: "Homem-mulher: a confusão dos gêneros / Ser um homem, uma mulher, não é evidente. É um jogo de papéis, um ritual cotidiano, nos previne a filósofa americana Judith Butler" (*Le Monde 2*, n. 109, 18 de março de 2006). Agradeço a Dominic Thomas por ter-me transmitido esse número.

prontos para apreender como móveis, mutantes, em progresso, mais que imóveis e imutáveis, as identidades de gênero?

O terceiro sexo. A fórmula, senão a ideia que ela contém, tem futuro? A indiferenciação sexual, tema de *Esfinge* (1986), o livro de Anne Garréta dedicado "To the third", deve permanecer uma aventura do espírito? Em 2004, a universidade de Harvard distribuía a seus estudantes um questionário, cujo cabeçalho lhes pedia para que se identificassem. Três casas eram propostas: "Male", "Female", "Other".

Princeton, 11 de setembro de 2005 – 19 de maio de 2006

Bibliografia

Exceto menção contrária, todas as obras citadas foram publicadas em Paris.

FONTES MANUSCRITAS

Arquivos

Arquivos da Polícia de Paris:

Série BB: "Femmes galants et homosexuels", "Pédés" e "Pédérastes et divers".

Série BM2: 4, 6, 9, 11, 12, 17, 24, 30, 31, 35, 37, 41, 42, 43, 52, 57, 60, 61, 65.

FONTES IMPRESSAS

Revistas e jornais

Akademos (janeiro – dezembro de 1909)

Annales d'Hygiène Publique et de Médecine Légale

Archives d'Anthropologie Criminelle

Archives de Neurologie

Fantasio

Inversions (novembro de 1924 – março de 1925)

La Libre Parole (1907-1908)

Les Marges (março – abril de 1926)
Mercure de France
Voilà, l'hebdomadaire du reportage (1933-1939)

OBRAS

Alibert. *Pédérastie et aberrations sexuelles*. J. Fort, 1908. 106p.

Anônimo. *Étrennes aux fouteurs ou Calendrier des trois sexes. À Sodome et à Cythère*. Et se trouvent, plus qu'ailleurs, dans la poche de ceux qui le condamnent. s.l.n.d. [1790].

Anônimo [Marquesa de Mannoury d'Ectot]. *Le roman de Violette*. Obra póstuma de uma celebridade mascarada. Lisboa: A. da Boa-Vista, 1870. 198p.

Anônimo. *Roman d'un inverti-né* [1895]. [Prefácio de Émile Zola]. Lyon: À Rebours, 2005. 172p.

Anquetil, G. *Satan conduit le bal...* Romance panfletário e filosófico dos modos do tempo. Georges Anquetil, 1925. 576p.

Apollinaire, G. *Les mamelles de Tirésias*. Éditions Sic, 1918. 111p.

Balzac, H. *La comédie humaine*. Furne: Dubochet et Cie., Hetzel et Paulin, 1842-1848. 17 v.

Barbey d'Aurevilly, J. *Les Bas-bleus*. Victor Palmé, 1878. 348p.

Barney, N.C. *Aventures de l'esprit*. Émile-Paul Frères, 1929. 278p.

_________. *Nouvelles pensées de l'Amazone*. Mercure de France, 1939. 215p.

_________. *Souvenirs indiscrets*. Flammarion, 1960. 237p.

Baudelaire, C. *Œuvres complètes*. [Texto editado, apresentado e anotado por Claude Pichois, com a colaboração de Jean Ziegler]. Gallimard, 1975. 2 v. (Bibliothèque de la Pléiade).

Baumont, M. *L'Affaire Eulenburg et les origines de la Guerre mondiale*. Payot, 1933. 281p.

Belot, A. *Mademoiselle Giraud, ma femme*. Dentu, 1870. 280p.

Binet-Valmer, J.G. *Lucien*. Paul Ollendorff, 1910. 329p.

_______________. *Sur le sable couchées*. Flammarion, 1929. 246p.

_______________. *La femme qui travaille*. Flammarion, 1930. 284p.

Bois, J. *Le couple futur*. Librairie des Annales Politiques et Littéraires, 1912. 454p.

Bourdet, É. *La prisonnière*. Peça em três atos, representada pela primeira vez em 6 de março de 1926 no palco do teatro Femina. Librairie Théâtrale, 1926. 174p.

C*** Abbé. *Les femmes de l'Empire*. Administração das Publicações Republicanas Ilustradas, 1880. 167p.

Cahun, C. *Aveux non avenus*. Éditions Carrefour, 1930. 243p.

________. *Écrits*. [Texto editado e apresentada por François Leperlier]. Jean-Michel Place, 2002. 780p.

Canler, L. *Mémoires de Canler*. Ex-chefe do Serviço da Segurança. Hetzel, 1862. 446p.

Carco, F. *Jésus-la-Caille*. Mercure de France, 1914. 251p.

________. *La lumière noire*. Albin Michel, 1934. 255p.

Carles, J. *La bicyclette et les tribunaux*. Moissac: J. Fauré, 1897. 44p.

Carlier, F. *Étude de pathologie sociale. Les deux prostitutions*. E. Dentu, 1887. 514p.

Carpenter, E. *The intermediate sex: a study of some transitional types of men and women*. Londres, Sonnenshein, Manchester: Clarke, 1908. 175p.

___________. *L'Avènement de l'amour* [1896]. [Tradução de A. Marsen]. Librairie de l'Art Indépendant, 1917. 175p.

Casper, JL. *Traité pratique de médecine légale, rédigé d'après des observations personnelles*. [Traduzido do alemão sob os olhos do autor por Gustave Germer Baillière]. Librairie Médicale Germer Baillière, 1862. t. I, 439p.

Caufeynon (pseudônimo de Jean Fauconney). *L'Hermaphrodite au couvent*. L. Chaubard, 1905. 188p.

_________. *La masturbation et la sodomie féminines: clitorisme, saphisme, tribadisme, déformation des organes*. P. Brenet, 1925. 127p.

_________. *L'Amour lesbien: histoire, variétés, causes et origines, désordres, préservation par l'hygiène*. Librairie Artistique et Médicale, 1932. 158p.

Charcot, J.M.; Magnan, V. "Inversion du sens génital et autres perversions sexuelles". *Archives de Neurologie*, n. 7 e 12. Frénésia, 1987. 38p.

Charles-Étienne. *Notre-Dame de Lesbos*. Romance de costumes. Librairie des Lettres, 1919. 309p.

_____________. *Les désexués* (com Odette Dulac). Romance de costumes. Éditions Curio, 1924. 267p.

Cherveix, J. *Amour inverti*. Librairie P. Fort, 1907. 212p.

Chevalier, J. *Une maladie de la personnalité: l'inversion sexuelle*. Lyon: A. Storck / Paris: Masson, 1893. 520p.

Choisy, M. *Un mois chez les hommes*. Éditions de France, 1929. 231p.

________. *Mon cœur dans une formule* C^6H^8 $9AsO^3$. Éditions Radot, 1927. 222p.

Claude, M. *Mémoires de Monsieur Claude*. Chefe da Segurança no II Império. Jules Rouff, 1881. 2 v. 361p. + 368p.

Cocteau, J. *Le livre blanc*. M. Sachs & J. Bonjean, 1928. 84p.

Coffignon, A. *La corruption à Paris*. Librairie Illustrée, 1888. 401p.

Colette. *Le pur et l'impur*. Aux Armes de France, 1941. 203p.

______. *Œuvres*. (Pichois, C. [org.]). Gallimard, 1984-2001. 4 v. (Bibliothèque de la Pléiade).

Conti, E. *Orchidée bleue ou le troisième sexe en Chine*. Hanoi, Tonkin: G. Taupin, 1933. 219p.

Coulangheon, J.A. *L'Inversion sentimentale*. Mercure de France, 1901. 269p.

Couvreur, A. *L'Androgyne*. Fayard, 1922. 383p. (Les Œuvres Libres: recueil littéraire mensuel, 7).

Crevel, R. *Mon corps et moi*. Éditions du Sagittaire, 1925. 204p.

Damourette, J.; Pichon, É. *Des mots à la pensée, essai de grammaire de la langue française, 1911-1930*. Collection des Linguistes Contemporains, 1930. 2 v.

Daudet, L. *Le stupide XIXe siècle*. Nouvelle Librairie Nationale, 1922. 312p.

Delarue-Mardrus, L. *L'Ange et les pervers*. Ferenczi et fils, 1930. 158p.

Delvau, A. *Dictionnaire érotique moderne par un professeur de langue verte*. Freetown, Bruxelas: Imprimerie de la Bibliomania Society [J. Gay], 1864. 319p.

_________. *Dicionnaire de la langue verte: argots parisiens comparés*. Dentu, 1866. 406p.

Double, C. *État psychologique et mental d'un inverti parricide* [1905]. [Texto editado e apresentado por Philippe Artières]. Lille: GKC, 1995. 59p. (Question de Genre).

Dubarry, A. *Les invertis (le vice Allemand)*. Chamuel, 1896. 314p. (Les Déséquilibrés de L'Amour).

Dufour, P (pseudônimo de Paul Lacroix). *Histoire de la prostitution chez tous les peuples du monde, depuis l'Antiquité la plus reculée jusqu'à nos jours*. Serré éditeur, 1851. 3 v.

Eekhoud, G. *Escal-Vigor*. Mercure de France, 1899. 262p.

Ellis, H.; Symonds, J.A. *Sexual inversion*. Londres: Wilson & Macmillan, 1897. 299p.

Esquirol, J.E.D. *Des maladies mentales*. J.B. Baillière, 1838. 2 v.

Estève, L. *L'Énigme de l'androgyne*. Éditions du Monde Moderne, 1927. 161p.

Fazy, E. *La nouvelle Sodome*. Ambert et Cie., s. d. [1907]. 313p.

Féré, C. *L'Instinct sexuel, évolution et dissolution*. Alcan, 1899. 346p.

Ferenczi, S. *Les Écrits de Budapest, 1899-1907*. [Traduzido do húngaro por Györgyi Kurcz e Claude Lorin]. EPEL, 1994. 306p.

Feydau, E. *La Comtesse de Chalis ou les mœurs du jour*. Michel Lévy frères, 1868. 354p.

Fiaux, L. *La police des mœurs en France et dans les principaux pays de l'Europe*. E. Dentu, 1888. 1.010p.

_______. *Les maisons de tolérance: leur fermeture*. Georges Carré, 1892. 394p.

Forel, A. *La question sexuelle exposée aux adultes cultivés*. G. Stenheil, 1906. 604p.

Freud, S. *Trois essais sur la théorie de la sexualité* [1905]. [Traduzido do alemão pelo Dr. B. Reverchon]. Gallimard, 1923. 190p.

_______. *Un souvenir de Léonard de Vinci* [1910]. [Traduzido do alemão e anotado por Marie Bonaparte]. Gallimard, 1927. 217p.

_______. *La vie sexuelle* [1907-1931]. [Traduzido do alemão por Denise Berger]. Jean Laplanche *et al.* Puf, 1969. 159p.

_______. "De la psychogénèse d'un cas d'homosexualité féminine" [1920]. *In*: *Œuvres complètes*. Puf, 2002. v. XV, p. 235-262.

Garnier, P. *Hygiène de la génération. Anomalies sexuelles apparentes et cachées* (com 230 observações). Garnier-Frères, 1889. 544p.

Gautier, T. *Mademoiselle de Maupin, double amour*. E. Renduel, 1835. 2 v.

Gide, A. *L'Immoraliste*. Mercure de France, 1902. 259p.

_______. *Corydon*. Nouvelle Revue Française, 1924. 186p.

_______. *Si le grain ne meurt*. Nouvelle Revue Française [datado] 1924, [posto à venda], 1926. 3 v.

_______. *Journal*. Gallimard, 1996-1997. 2 v. 1.748p. + 1.649p. (Bibliothèque de la Pléiade).

Got, A. *L'Allemagne à nu*. La Pensée Française, 1923. 248p.

Gourmont, R. *Physique de l'amour, essai sur l'instinct sexuel*. Mercure de France, 1903. 295p.

Grand-Carteret, J. *La femme en culotte*. Flammarion, s. d. [1899]. 393p.

______________. *Derrière "Lui" (l'homosexualité en Allemagne)* [1908]. E. Bernard, s.d. 179p. (reimpresso; seguido de Steakley, J.D. *Iconographie d'un scandale.* Lille: GKC, 1992).

Groddeck. *Le livre du ça* [1923]. [Traduzido do alemão por Lily Jumel]. Gallimard, 1973. 326p. (Connaissance de l'Inconscient). Precedentemente publicado na mesma tradução na editora Gallimard, em 1963, sob o título de *Au fond de l'homme, cela.*

Hall, R. *Les puits de solitude* [1928]. [Traduzido do inglês por Mlle Léo Lack; revisto por Radclyffe Hall e Una Lady Troubridge]. Gallimard, 1932. 609p.

Havet, M. *Journal.* Éditions Claire Paulhan, 2003-2005. 2 v. 254p. + 533p.

Hayès. *La pédérastie: historique, conséquences funestes de ce vice honteux.* Librairie des Publications Modernes, 1891. 117p.

Hesnard, A.L.M. *Psychologie homosexuelle.* Librairie Stock, 1929. 208p.

Hirschfeld, M. *Le troisième sexe. Les homosexuels de Berlin* [1908]. Lille: GKC, 2001. 215p.

______________. *Transvestites: the erotic drive to cross dress* [1910]. [Traduzido por Michael Lombardi-Nash]. Amherst, New York: Prometheus Books, 1991. 424p.

______________. *The homosexuality of men and women* [1914]. [Traduzido por Michael A. Lombardi-Nash]. Amherst, New York: Prometheus Books, 2000. 1.209p.

______________; Bohm, E. *Éducation sexuelle.* [Traduzido do alemão por R. Scherdlin]. Montaigne, 1934. 271p.

______________. *L'Âme et amour: psychologie sexologique.* Gallimard, 1935. 251p. (Les Sciences Sexologiques).

______________. *Le sexe inconnu.* [Traduzido e adaptado do alemão por W. R. Fürst]. Montaigne, 1936. 224p. (Collections des Études Sexologiques).

______________. *Sexual history of the World War.* New York: Falstaff Press, 1937. 351p.

______________. *Sexual anomalies and perversions.* A Summary of the Works of the Late Professor Dr. Magnus Hirschfeld, Compiled as a Humble Memorial by his Pupils. Londres: Francis Aldor Publisher, 1944. 630p.

______________. *Anomalies et perversions sexuelles.* [Traduzido do alemão por Anne-Catherine Stier]. Corrêa, 1957. 397p.

Hoche, J. *Le vice mortel.* Tallandier, 1904. 287p.

Hoyer, N. (ed.). *Man into woman: an authentic record of a change of sex.* The true story of the miraculous transformation of the Danish Painter Einar Wegener (Adreas Sparre). [Traduzido do alemão por H. J. Stenning]. New York: E. P. Dutton & Co., 1933. 288p.

Huysmans, J.K. *À rebours.* G. Charpentier, 1884. 294p.

Isherwood, C. *Christopher et son monde, 1929-1939* [1976]. [Traduzido do inglês por Léo Dilé]. Hachette; P.O.L., 1981. 343p. (Bibliothèque Anglaise).

Jaf. (pseudônimo de Jean Fauconney, ver Caufeynon). *Physiologie du vice, son histoire à travers les âges.* Offenstadt frères, 1903. 240p.

Jude, R. *Les dégénérés dans les bataillons d'Afrique.* Vannes: B. Le Beau, 1907. 118p.

Krafft-Ebing, R. *Psychopathia sexualis.* [Traduzido do alemão por Émile Laurent e Sigismond Csapo]. Éditions Georges Carré, 1895. 595p.

Ladame, P.L. *Inversion sexuelle chez un dégénéré traité avantageusement par la suggestion hypnotique.* Extraído do Compêndio do Congresso de Medicina Mental realizado em Paris de 5 a 10 de agosto de 1889. Melun: Imprimerie Administrative, 1891. 10p.

Laparcerie, M. *Isabelle et Béatrix.* Romance do terceiro sexo. Flammarion, 1930. 251p.

Larousse, P. *Grand dictionnaire universel du XIXe siècle.* Administration du Grand Dictionnaire Universel, 1866-1890. 17 v.

Latouche, H. *Fragoletta ou Naples et Paris en 1799.* Levarasseur, 1829.

Laupts. (pseudônimo do Dr. Georges Saint-Paul). *Perversion et perversité sexuelles.* Éditions Georges Carré, 1896. 372p. (Tares & Poisons).

Lautréamont, conde de. *Les chants de Maldoror.* Bruxelas, Lacroix· Verboeckhoven et Cie., 1869. 333p.

La Vaudère, J. *Les androgynes.* Romance passional. Albert Méricant, 1908. 289p.

Legludic, H. *Attentats aux mœurs.* G. Masson, 1895. 357p.

__________. *Arthur X. Mémoires d'un travesti, prostitué, homosexuel. La Comtesse, 1850-1861.* [Recolhidas por H. Legludic e apresentados por J. Chazaud]. L'Harmattan, 2000. 116p. (Psychanalyse et Civilisations).

Legrand du Saulle, H.; Berryer, G.; Pouchet, G. *Traité de médecine légale, de jurisprudence médicale et de toxicologie.* A. Delahaye & E. Lecrosnier, 1886. 1.680p.

Loris, C. *La femme à bicyclette: ce qu'elles en pensent.* Librairies-Imprimeries Réunies, 1896. 37p.

Lorrain, J. (pseudônimo de Paul Duval). *Monsieur de Phocas.* Ollendorff, 1901. 410p.

________. *La maison Philibert.* Librairie Universelle, 1904. 332p.

________. *Maison pour dames.* Ollendorff, 1908. 280p.

Louÿs, P. *Les chansons de Bilitis.* Mercure de France, 1898. 336p.

________; Loviot, L. *Farizade ou Les vœux innocents.* Conto moral por Mesdames Anaïs Ségalas e Zénaïde Fleuriot. Bagdá, 1984. 26p.

Luiz. (pseudônimo de Paul Devaux). *Les felatores. Mœurs de la décadence.* Union des Bibliophiles, 1888. 231p.

Macé, G. *Mes lundis en prison.* G. Charpentier & Cie., 1889. 415p.

_______. *Femmes criminelles.* E. Fasquelle, 1904. 381p. (Bibliothèque Charpentier).

Malaparte, C. *La peau.* [Traduzido do italiano por René Novella]. Denoël, 1949. 507p.

Margueritte, V. *La garçonne.* Flammarion, 1922. 311p.

____________. *Nos égales.* Romance da mulher de hoje. Flammarion, 1933. 307p.

Martineau, L. *Leçons sur les déformations vulvaires et anales produites par la masturbation, le saphisme, la défloration et la sodomie.* [Recolhidas por M. Lormand, Adrien Delahaye e Émile Lecrosnier éditeurs], 1884. 130p.

Mayne, X. (pseudônimo de Edward Irenaeus Prime Stevenson). *The intersexes: a history of smilisexualism as a problem in social life.* s. 1., 1910. 641p.

Mayreder, R. *A survey of the woman problem.* New York: G. H. Doran Co., 1913. 275p.

Mendès, C. *Méphistophéla.* E. Dentu, 1890. 570p.

_________. *Lesbia.* M. de Brunhoff, 1886. 287p.

Merlet, J. (ed.). *Vénus et Mercure.* Éditions de la Vie Moderne, 1931. 233p.

Mery, J. *Monsieur Auguste.* A. Bourdilliat, 1859. 273p.

Méténier, O. *Les Berlinois chez eux. Vertus et vices allemands.* Albin Michel, 1904. 281p.

Mirbeau, O. *La 628-E-8.* Fasquelle, 1907. 416p.

_________. *Les écrivains.* Flammarion, 1925-27. 2 v.

Moll, A. *Les perversions de l'instinct génital, Étude sur l'inversion sexuelle.* Baseada em documentos oficiais. [Prefácio do Dr. R. V. Krafft-Ebing]. [Traduzido do alemão pelos Drs. Pactet e Romme]. G. Carré, 1893. 327p.

Moreau de Tours, P. *Des aberrations du sens génésique*. Asselin et Cie., 1880. 301p.

________________. *Les excentriques: étude psychologique*. Société d'Éditions Scientifiques, 1894. 120p.

Nazier, F. *L'Anti-Corydon. Essai sur l'inversion sexuelle*. Éditions du Siècle, 1924. 126p.

Parent-Duchâtelet, A. *De la prostitution dans la ville de Paris, considéré sous le rapport de l'hygiène publique, de la morale et de l'administration*. J.B. Baillière, 1836. 2 v. 624p. + 580p.

Péladan, J. *La décadence latine*, VIII – *L'Androgyne*. Dentu, 1891. 303p.

________. *La décadence latine*, IX – *La Gynandre*. Dentu, 1891. 355p.

________. *De l'androgyne. Théorie plastique*. E. Sansot, 1910. 96p.

Platon. *Le banquet*. [Apresentação e tradução inédita de Luc Brisson]. Flammarion, 1998. 261p. (Garnier-Flammarion/Philosophe).

Porché, F. *L'Amour qui n'ose pas dire son nom*. Bernard Grasset, 1927. 241p.

Proust, M. *À la recherche du temps perdu* [1914-1927]. (Tadié, J.Y. [org.]). Gallimard, 1987-1989. 4 v. (Bibliothèque de la Pléiade).

________. *Correspondance*. [Texto editado, apresentado e anotado por Philip Kolb]. Plon, 1970-1992. 21 v.

Rachilde. *Monsieur Vénus*. Bruxelas: A. Brancart, 1884. 228p.

_______. *La Marquise de Sade*. E. Monnier, 1887. 287p.

_______. *Madame Adonis*. E. Monnier, 1888. 296p.

_______. *Les hors nature*. Mercure de France, 1897. 385p.

_______. *Pourquoi je ne suis pas féministe*. Éditions de France, 1928. 87p.

Raffalovich, M.A. *Uranisme et unisexualité. Étude sur différentes manifestations de l'instinct sexuel*. Lyon: A. Storck / Paris: Masson, 1896. 363p.

Reboux, P. *Le jeune amant. Mœurs parisiennes*. Flammarion, 1913. 354p.

Renard, J. *Journal, 1887-1910*. [Texto editado por Léon Guichard e Gilbert Sigaux]. Gallimard, 1982. 1.426p. (Bibliothèque de la Pléiade).

Rhazis. *Saphistes et tribades*. De Porter, s.d. [1909], 95p.

Riolan. *Pédérastie et homosexualité*. s.l., 1909. 108p.

Rivière, J. "Womanliness as a mascarade". *International Journal of Psycho-Analysis*, v. X, p. 303-313, 1929.

Rostand, M. *La femme qui était en lui*. Flammarion, 1933. 235p.

_________. *Le procès d'Oscar Wilde*. Peça em três atos. Flammarion, 1934. 187p.

_________. *Confession d'un demi-siècle*. La Jeune Parque, 1948. 343p.

Royer, L.C. *L'Amour en Allemagne*. Éditions de France, 277p.

Ryner, H. *La Fille manquée*. L. Genonceaux & Cie., 1903. 281p.

Sachs, M. *Le Sabba. Souvenirs d'une jeunesse orageuse*. Corrêa, 1946. 443p.

Sand, G. *Gabriel*. Romance dialogado. F. Bonnaire, 1840. 351p.

Schopenhauer, A. *Le monde comme représentation et comme volonté* [1819]. [Traduzido em francês por A. Burdeau. Edição revista e corrigida por Richard Roos]. Puf, 2003. 1.434p. (Quadrige).

Schwartz, L. *Contribution à l'étude de l'inversion sexuelle*. [Tese]. Montpellier: Serre et Roumégous, 1896. 37p.

Souffrance, J. *Le couvent de Gomorrhe*. P. Fort, 1899. 280p.

Spiess, C. *Pédérastie et homosexualité*. H. Daragon, 1917. 68p.

_________. *Le sexe androgyne ou divin. Essai psycho-sinthétique sur la régénération de l'individu ou de la race*. Les Éditions du Monde Moderne, 1928. 264p.

_________. *Ceux qui l'attaquent et ceux qui le comprennent. Opinions diverses et commentaires suivis d'une étude de C. Spiess sur A. Gide et le problème de l'inversion sexuelle*. Les Annales de l'Hermétisme, 1930. 53p.

_________. *Mon autopsie. Éjaculations autobiographiques*. Nice: Athanor, 1938. 230p.

Stronach, A. *A newnham friendship*. Londres: Blackie, 1901.

Tardieu, A. *Étude médico-légale sur les attentats aux mœurs*. J.B. Baillière et fils, 1857. 176p.

_________. *Étude médico-légale sur la folie*. J.B. Baillière et fils, 1872. 605p.

_________. *Manuel de pathologie et de clinique médicales*. Germer Baillière, 1848. 736p.

_________. *Question médico-légale de l'identité dans ses rapports avec les vices de conformation des organes sexuels contenant les souvenirs et impressions d'un individu dont le sexe avait été méconnu*. J.B. Baillière, 1872. 159p.

Tarnowsky, B. *L'Instinct sexuel et ses manifestations morbides, au double point de vue de la jurisprudence et de la psychiatrie*. Charles Carrington, 1904. 304p.

Taxil, L. *La prostitution contemporaine*. Librairie Populaire, 1884. 508p.

_______. *La corruption fin-de-siècle*. H. Noirot, 1891. 425p.

Thoinot, L.H. *Attentats aux mœurs et perversion du sens génital*. O. Douin, 1898. 517p.

Trélat, U. *La folie lucide: étudiée et considérée au point de vue de la famille et de la société.* A. Delahaye, 1861. 357p.

Ulrichs, K.H. *The riddle of "man-manly love"* [1864-1879]. [Traduzido por Michel A. Lombardi-Nash]. New York: Prometheus Books, 1994. 712p.

Uzanne, O. *Parisiennes de ce temps.* Mercure de France, 1910. 483p.

Verlaine, P. *Parallèlement.* Léon Vannier, 1889. 116p.

Vian, B. "Adam, Ève et le troisième sexe" [1947]. *In*: *Petits spectacles.* [Compilação, prefácio e notas por Noël Arnaud]. Christian Bourgois éditeur, 1977. p. 17-37.

Vidocq, E.F. *Les voleurs: physiologie de leurs mœurs et de leur langage, ouvrage qui dévoile les ruses de tous les fripons et destiné à devenir le vade-mecum de tous les honnêtes gens.* s. n., 1836. 2 v. 299p. + 397p.

Villiers de l'Isle-Adam, A. *L'Ève future.* M. de Brunhoff, 1886. 379p.

Virmaître, C. *Paris-Impur.* A. Charles, 1900. 302p.

Vivien, R. *Études et préludes.* A. Lemerre, 1901. 159p.

________. *Une femme m'apparut.* A. Lemerre, 1904. 271p.

Voivenel, P. *La maladie de l'amour.* Éditions du Siècle, 1925. 250p.

Wedekind, F. *Lulu: l'esprit de la Terre* [1825] e *La boîte de Pandore* [1904]. [Traduzido do alemão por Oliver Ess]. Lyon: Compagnie Françoise Maimone, 1990. 133p.

Wegener, E. (ver Hoyer, N.)

Weindel, H.; Fischer, F.P. *L'Homosexualité en Allemagne.* Étude documentaire et anecdotique. Librairie Félix Juven, 1908. 319p.

Weininger, O. *Sexe et caractère* [1903]. [Traduzido do alemão por Daniel Renaud]. Lausanne: L'Âge d'Homme, 1975. 291p.

Willy. *Souvenirs littéraires... et autres.* Montaigne, 1925. 141p.

______. *Le troisième sexe.* [Prefácio de Louis Esteve]. Paris-Éditions, 1927. 268p.

______; Ménalkas. *L'Ersatz d'amour.* Amiens: Librairie Edgar Malfère, 1923. 268p.

Wolff, C. *Magnus Hirschfeld: a portrait of a pioneer in sexology.* Londres: Quartet Books, 1986. 494p.

Wolzogen, E. *Le troisième sexe.* [Traduzido do alemão pelo príncipe B. Kasrageorgevitch], Calmann-Lévy, 1902. 361p.

Woolf, V. *Orlando, a biography.* Londres: Hogarth Press, 1928. 299p.

________. *A room of one's own.* New York: Fountain Press / Londres: Hogarth Press, 1929. 159p.

X... *L'amour saphique à travers les âges et les êtres.* Chez les Marchands de Nouveautés, 1902. 284p.

Yver, C. *Princesses de science.* Calmann-Lévy, 1907. 407p.

Zola, E. *Les Rougon-Macquart. Histoire naturelle et sociale d'une famille sous le Second Empire* [1871-1893]. (Lanoux, A.; Mitterrand, H. [orgs.]). Gallimard, 1960-1967. 5 v. (Bibliothèque de la Pléiade).

Zweig, S. *Le monde d'hier: souvenirs d'un Européen.* [Tradução de Jean-Paul Zimmermann]. Albin Michel, 1948. 503p.

LIVROS

Akademos. Jacques d'Adelswärd-Fersen et la "cause homosexuelle". [Textos escolhidos e apresentados por Mirande Lucien]. Lille: GKC, 2000. 148p.

L'Androgyne. Albin Michel, 1986. 277p. (Cahiers de l'Hermétisme).

Dictionnaire de sexologie. Jean-Jacques Pauvert, 1962. 568p.

Gerda Wegener, portraitiste danoise du Paris des années 20. Catálogo da exposição na Casa da Dinamarca, Paris, 4 de fevereiro – 5 de março de 2000. 35p.

Le procès de Oscar Wilde. [Prefácio de Merlin Holland]. [Traduzido do inglês por Bernard Cohen]. Stock, 2005. 419p. (La Cosmopolite).

Abret, H.; Grunewald, M. (eds.). *Visions allemandes de la France (1871-1914).* Bern, Berlim, Francfort-sur-le-Main, New York, Paris, Viena: P. Lang, 1995. 427p.

Agacinsky, S. *Politique des sexes.* Seuil, 1998. 204p.

Albaret, C. *Monsieur Proust.* [Lembranças recolhidas por Georges Belmont]. Robert Laffont, 1973. 455p. (Vécu).

Albert, N.G. *Saphisme et décadence dans Paris fin-de-siècle.* La Martinière, 2005. 361p. Essa obra retoma o essencial de uma tese que pode igualmente ser consultada: *Saphisme et décadence dans l'art et la littérature en Europe à la fin du* XIX*e* *siècle.* [Tese de doutorado]. Université Sorbonne-Paris IV, 1998. 745p. + anexos e caderno de ilustrações.

Ahlstedt, E. *André Gide et le débat sur l'homosexualité, de* L'Immoraliste *(1902) à* Si le grain ne meurt *(1926).* Göteborg, Acta Universitatis Gothoburgensis, 1994. 291p.

_________. *La pudeur en crise: un aspect de l'accueil d'*À la recherche du temps perdu *de Marcel Proust (1913-1930).* Göteborg: Acta Universitatis Gothoburgensis / Paris: J. Touzot, 1985. 277p.

Ariès, P.; Duby, G. *Histoire de la vie privée*. Seuil, 1985-1987. t. 4 e t. 5.

Auboin, M.; Teyssier, A.; Tulard, J. *Histoire et dictionnaire de la police du Moyen Âge à nos jours*. Robert Laffont, 2005. 1.059p. (Bouquins).

Badinter, E. *XY. De l'identité masculine*. Odile Jacob, 1992. 274p.

Bard, C. *Les filles de Marianne. Histoire des feminisms, 1914-1940*. Fayard, 1995. 528p.

_______. *Les garçonnes. Modes et fantasmes des Années folles*. Flammarion, 1998. 159p.

Barthes, R. *Le neutre. Cours au Collège de France (1977-1978)*. [Texto editado, anotado e apresentado por Thomas Clerc]. Seuil/Imec, 2002. 265p.

Beauvoir, S. *Le deuxième sexe*. Gallimard, 1949. 2 v. 400p. + 577p.

Becker, J.J.; Candar, G. (eds.). *Histoire des gauches en France*. La Découverte, 2004. 2 v.

Berlière, J.M. *La police des mœurs sous la IIIe République*. Seuil, 1992. 264p.

Bersani, L. *Homos. Repenser l'identité*. Odile Jacob, 1998. 217p.

Bland, L.; Doan, L. (eds.). *Sexology in culture. Labelling bodies and sesires*. Oxford: Polity Press / Chicago: The University of Chicago Press, 1998. 236p.

Bollhalder, M.R. *Éros décadent. Sexe et identité chez Rachilde*. Honoré Champion, 2002. 208p.

Bonello, C. *Discours médical sur l'homosexualité en France au XIXe siècle*. [Tese de doutorado]. Université Paris VII, 1984. 3 v.

Bonnet, M.J. *Les relations amoureuses entre les femmes du XVIe au XIXe siècle: essai historique*. Odile Jacob, 1995. 416p.

Bornstein, K. *Gender outlaw: on men, women and the rest of us*. New York: Routledge, 1994. 254p.

Bourdieu, P. *La domination masculine* [1998], seguido de *Quelques questions sur le mouvement* gay *et lesbien*. Seuil, 2002. 177p.

Brenot, P. *Les médecins de l'amour*. Zulma, 1998. 137p.

Bullough, V.L. *Science in the bedroom: a history of sex research*. New York: Basic Books, 1994. 376p.

Butler, J. *Trouble dans le genre. Pour un féminisme de la subversion* [1990]. [Traduzido do inglês por Cynthia Kraus]. La Découverte, 2005. 283p.

_______. *Bodies that matter*. New York, Londres: Routledge, 1993. 284p.

_______. *La vie psychique du pouvoir. L'assujetissement en théories*. [Traduzido do inglês por Brice Mathieussent]. Léo Scheer, 2002. 309p. (Non & Non).

_______. *Undoing gender*. New York, Londres: Routledge, 2004. 273p.

Califia, P. *Le mouvement transgenre*. [Traduzido do inglês por Patrick Ythier]. EPEL, 2003. 384p.

Capdevila, L.; Cassagnes, S.; Cocaud, M. *et al.* (eds.). *Le genre face aux mutations: masculin et féminin du Moyen Âge à nos jours*. Rennes: Presses Universitaires de Rennes, 2003. 403p.

Castel, P.H. *La métamorphose impensable. Essai sur le transsexualisme et l'identité personnelle*. Gallimard, 2003. 551p.

Chadwick, W.; Latimer, T.T. *The modern woman revisited: Paris between the wars*. New Brunswick, Londres: Rutgers University Press, 2003. 259p.

Chauncey, G.; Duberman, M.B.; Vicinus, M. (eds.). *Hidden from history: reclaiming the gay and lesbian past*. New York: Penguin Books, 1989. 579p.

________. *Gay New York*, I – *1890-1940*. [Traduzido do inglês por Didier Eribon]. Fayard. 2003. 554p. (Histoire de la Pensée).

Chauvau, F. *Les experts du crime. La médecine légale en France au* XIX*e siècle*. Aubier, 2000. 301p. (Collection Historique).

Corbin, A. *Les filles de noce: misère sexuelle et prostitution,* XIX*e et* XX*e siècles*. Aubier Montaigne, 1978. 571p.

Courtine, J.J.; Vigarello, G. (eds.). *Histoire du corps*. Seuil, 2005-2006. 3 v. 573p. + 442p. + 522p.

Courouve, C. *Vocabulaire de l'homosexualité masculine*. Payot, 1985. 248p. (ver igualmente: *sites*).

Datta, V. *Birth of a National Icon: the literary avant-garde and the origins of the intellectual in France*. Albany: State University of New York Press, 1999. 327p.

Dauphiné, C. *Rachilde, femme de lettres 1900*. Périgueux: Pierre Fanlac, 1985. 148p.

Davidson, A.I. *The emergence of sexuality. Historical epistemology and the formation of concepts*. Cambridge (Mass.), Londres: Harvard University Press, 2001. 254p.

Dean, C. *The frail social body: pornography, homosexuality, and other fantasies in interwar France*. Berkeley, Los Angeles, Londres: University of California Press, 2000. 263p.

Dejean, J. *Sapho: les fictions du désir, 1546-1937*. [Traduzido do inglês por François Lecercle]. Hachette, 1994. 303p.

Delay, J. *La jeunesse d'André Gide*. Gallimard, 1956. 2 v. 597p. + 675p.

Delcourt, M. *Hermaphrodite: mythes et rites de la bisexualité dans l'Antiquité classique* [1958], 2 ed. rev. Puf, 1992. 136p.

Delphy, C. *L'Ennemi principal.* Syllepse, 1998-2001. 2 v. 293p. + 389p.

Doan, L. *Fashioning saphism. The origins of a modern English lesbian culture.* New York: Columbia University Press, 2001. 285p.

Downs, L.L. *Writing gender history.* Londres: Hodder Arnold / New York: Oxford University Press, 2004. 209p.

Dreger, A.D. *Hermaphrodites and the medical invention of sex.* Cambridge (Mass.), Londres: Harvard University Press, 1998. 268p.

Dual, S. *Rencontre du troisiéme sexe.* Toulon: Gérard Blanc, 1999. 239p.

Duby, G.; Perrot, M. (orgs.). *Histoire des femmes de l'Antiquité à nos jours.* Plon, 1991. 5 v.

Eliade, M. *Méphistophèles et l'androgyne.* Gallimard, 1962. 268p.

Ellmann, R. *Oscar Wilde.* Londres: Hamish Hamilton, 1987. 632p.

Eribon, D. *Réflexions sur la question* gay. Fayard, 1999. 526p. (Histoire de la Pensée).

________. *Une morale du minoritaire. Variations sur un thème de Jean Genet.* Fayard, 2001. 327p. (Histoire de la Pensée).

________. *Hérésies. Essais sur la théorie de la sexualité.* Fayard, 2003. 296p. (Histoire de la Pensée).

________. (ed.). *Dictionnaire des cultures gays et lesbiennes.* Larousse, 2003. 548p.

Eugenides, J. *Middlesex.* Éditions de l'Olivier, 2002. 679p.

Fadermann, L. *Surpassing the love of men.* New York: William Morrox & Co., 1981. 496p.

___________. *Odd girls and twilight lovers.* New York: Columbia University Press, 1991. 373p.

Fausto-Sterling, A. *Myths of gender: biological theories about women and men* [1985]. New York: Basic Books, 1992. 310p. Essa edição revista e aumentada compreende notadamente um capítulo sobre a anatomia do cérebro, a diferença dos sexos e a homossexualidade.

________________. *Sexing the body: gender politics and the construction of sexuality.* New York: Basic Books, 2000. 473p.

Forth, C.E. *The Dreyfus affair and the crisis of French Manhood.* Baltimore, Londres: The Johns Hopkins University Press, 2004. 300p.

Foucault, M. *Histoire de la folie à l'âge classique*. Gallimard, 1972. 621p.

__________. *Histoire de la sexualité*, I – *La volonté de savoir*. Gallimard, 1976. 211p.

__________. *Le pouvoir psychiatrique*. (Curso no Collège de France 1973-1974). [Ewald, F.; Fontana, A. (orgs.)]. Gallimard/Seuil, 2003. 399p.

Garber, M. *Vested interests: cross-dressing and cultural anxiety*. New York, Londres: Routledge, 1992. 443p.

Gardey, D.; Löwy, I. (orgs.). *L'Invention du naturel: Les sciences et la fabrication du féminin et du masculin*. Éditions des Archives Contemporaines, 2000. 227p.

Gilbert, S.M.; Gubar, S. *No man's land: the place of the woman writer in the twentieth century*. New Haven: Yale University Press, 1988. 3 v.

Goubert, J.P. *La médicalisation de la société française, 1770-1830*. Waterloo, Ontario: Historical Reflections Press, 1982. 304p.

Guillaumin, C. *Sexe, race et pratique du pouvoir: l'idée de nature*. Côté-femmes Éditions, 1992. 239p.

Hahn, P. *Nos ancêtres les pervers. La vie des homosexuels sous le Second Empire*. Oliviver Orban, 1979. 335p.

Halberstam, J. *Female masculinity*. Durham, Londres: Duke University Press, 1998. 329p.

Harsin, J. *Policing prostitution in nineteenth-century Paris*. Princeton: Princeton University Press, 1985. 417p.

Hawthorne, M.; Golsan, R.J. (eds.). *Gender and fascism in modern France*. Hannover: University Press of New England, 1997. 229p.

Herdt, G. (ed.). *Third sex, third gender. Beyond sexual dimorphism in culture and history*. New York: Zone Books, 1996. 614p.

Héritier, F. *Masculin/féminin*. Odile Jacob, 1996 e 2002. 2 v. 332p. + 443p.

Higonnet, M.R. (ed.). *Behind the lines: gender and the two World Wars*. New Haven: Connecticut, Yale University Press, 1987. 125p.

Hocquenghem, G. *Le désir homosexuel*. Éditions Universitaires, 1972. 308p.

Hurtig, M.C.; Kail, M.; Rouch, H. (eds.). *Sexe et genre:de la hiérarchie entre les sexes*. CNRS Éditions, 1991. 285p.

Hyde, H.M. *The trials of Oscar Wilde*. New York: Dover Publications, 1962. 366p.

_________. *The Cleveland Street scandal*. Londres: W. H. Allen, 1976. 266p.

Jacques, J.P. *Les malheurs de Sapho*. Grasset, 1981. 264p.

Johnston, W.M. *L'Esprit viennois: une histoire intellectuelle et sociale, 1848-1938*. [Traduzido do inglês por Pierre-Emmanuel Dauzat]. Puf, 1985. 643p. (Perspectives Critiques).

Jones, J.W. *"We of the third sex". Literary representations of homosexuality in Wilhelmine Germany*. New York: Peter Lang Publishing, 1990. 346p.

Kalifa, D. *Crime et culture au XIXe siècle*. Perrin, 2005. 331p.

Kats, J.N. *L'Invention de l'hétérosexualité*. [Traduzido do inglês por Michel Oliva e Catherine Thévenet]. EPEL, 2001. 232p.

Kennedy, H. *Ulrichs: The life and works of Karl Heinrich Ulrichs, pioneer of the modern gay movement*. Boston: Alyson Publications, 1988. 252p.

Knibiehler, Y. *La sexualité et l'histoire*. Odile Jacob, 2002. 268p.

Ladenson, E. *Proust lesbien*. [Traduzido do inglês por Guy Le Gaufey]. EPEL, 2004. 171p.

Laqueur, T. *Making sex: body and gender from the Greeks to Freud*. Cambridge: Harvard University Press, 1990. 313p.

Lantéri-Laura, G. *Lectures des perversions, histoire de leur appropriation médicale*. Masson, 1979. 160p.

Laurant, J.P.; Nguyen, V. *Les péladan*. Lausanne: L'Âge d'Homme, 1990. 230p. (Les Dossiers H).

Leperlier, F. *Claude Cahun: l'écart et la métamorphose*. Jean-Michel Place, 1992. 309p.

Le Rider, J. *Le cas Otto Weininger. Racines de l'antiféminisme et de l'antisémitisme*. Puf, 1982. 255p. (Perspectives Critiques).

Leroy-Forgeot, F. *Histoire juridique de l'homosexualité en Europe*. Puf, 1997. 127p. (Médecine et Société).

Lever, M. *Les bûchers de Sodome: histoire des infâmes*. Fayard, 1985. 426p.

Lucey, M. *Gide's Bent: sexuality, politics, writing*. New York, Oxford: Oxford University Press, 1995. 238p.

________. *The misfit of the family: Balzac and the social forms of sexuality*. Durham, Londres: Duke University Press, 2003. 308p.

Mathieu, N.C. *L'anatomie politique. Catégorisations et idéologies du sexe*. Côté-femmes Éditions, 291p.

Mayer, H. *Les marginaux: femmes, juifs et homosexuels dans la littérature européenne* [1975]. [Traduzido do alemão por Laurent Muhleisen, Maurice Jacob e Pierre Fanchini]. Albin Michel, 1994. 535p.

Merrick, J.; Sibalis, M. (eds.). *Homosexuality in French history and culture.* New York, Londres, Oxford: The Haworth Press, 2001. 280p.

Meyerowitz, J. *How sex changed: a history of transsexuality in the United States.* Cambridge (Mass.), Londres: Harvard University Press, 2002. 363p.

Michard, C. *Le sexe en linguistique: sémantique ou zoologie?* L'Harmattan, 2001. 157p. (Bibliothèque du Féminisme).

Miller, N. *Out of the past. Gays and lesbian history from 1869 to the present.* New York: Random House, 1995. 656p.

Morel, P. *Dictionnaire biographique de la psychiatrie.* Synthélabo, 1995. 254p. (Les Empêcheurs de Penser en Rond).

Mosse, G.L. *L'image de l'homme. L'invention de la virilité moderne.* Abbeville, 1997. 215p. (Tempo).

__________. *Nationalism and sexuality: respectability and abnormal sexuality in modern Europe.* New York: Howard Fertig, 1985. 232p.

Pasteur, C. *Les femmes à bicyclette à la Belle Époque.* France-Empire, 1986. 260p.

Peniston, W.A. *Pederasts and others, urban culture and sexual identity in nineteenth-century Paris.* New York, Londres, Oxford: Harrington Park Press, 2004. 258p.

Planté, C. *La petite sœur de Balzac: essai sur la femme auteur.* Seuil, 1989. 374p. (Libre à Elles).

Plon, M.; Roudinesco, E. *Dictionnaire de la psychanalyse.* Fayard, 1997. 1.191p. (Histoire de la Pensée).

Plummer, K. (ed.). *The making of the modern homosexual.* Totowa: NJ, 1981. 280p.

Praz, M. *La chair, la mort et le diable: le romantisme noir.* [Traduzido do italiano por Constance Thompson Pasquali]. Denoël, 1977. 488p.

Prochasson, C. *Les années électriques, 1880-1910.* La Découverte, 1991. 488p.

Prokhoris, S. *Le sexe prescrit. La différence sexuelle en question.* Aubier, 2000. 345p.

Renneville, M. *La médecine du crime. Essai sur l'émergence d'un regard médical sur la criminalité en France (1785-1885).* [Tese de doutorado]. Université Paris VII, 1996. 2 v. 920p.

Riley, D. *"Am I that name?": feminism and the category of 'women' in history.* Minneapolis: University of Minnesota, 1988. 126p.

Rivers, J.E. *Proust and the art of love: the aesthetics of sexuality in the life, time and art of Marcel Proust.* New York: Columbia University Press, 1980. 327p.

Robb, G.; Erber, N. (eds.). *Disorder in the court: trials and sexual conflict and the turn of the century.* Houndmills, Basingstoke, Hampshire, Londres: Macmillan Press, 1999. 253p.

Roberts, M.L. *Civilization without sexes: reconstructing gender in postwar France, 1917-1927.* Chicago, Londres: University of Chicago Press, 1994. 330p.

___________. *Disruptive acts: the new woman in fin-de-siècle France.* Chicago, Londres: The University of Chicago Press, 2002. 353p.

Rosario, V.A. *Science and homosexualities.* New York: Routledge, 1997. 308p.

__________. *L'Irrésistible ascension du pervers, entre littérature et psychiatrie.* [Traduzido do inglês por Guy Le Gaufey]. EPEL, 2000. 301p.

Roudinesco, E. *Histoire de la psychanalyse en France* [1982, 1986]. Fayard, 1994. 2 v. 489p. + 773p. (Histoire de la Pensée).

Scott, J.W. *Only paradoxes to offer: French feminists and the rights of man.* Cambridge (Mass.), Londres: Harvard University Press, 1996. 229p.

_________. *Gender and the politics of history.* New York: Columbia University Press, 1988. 242p.

_________. *Feminism and history.* Oxford, New York: Oxford University Press, 1996. 611p.

Sedgwick, E.K. *Epistemology of the closet.* Berkeley, Los Angeles: University of California Press, 1990. 258p.

Simon, S. *Un sujet de conversation.* Stock, 2004. 232p.

Smith-Rosemberg, C. *Disordely conduct, visions of gender in Victorian America.* New York: Alfred A. Knopf, 1985. 357p.

Sohn, A.M. *Du premier baiser à l'alcôve: la sexualité des Français au quotidien (1850-1950).* Aubier, 1996. 310p. (Collection Historique).

Spencer, C. *Histoire de l'homosexualité, de l'Antiquité à nos jours.* [Traduzido do inglês por Olivier Sumon]. Le Pré aux Clercs, 472p.

Stambolian, G.; Marks, E. (eds.). *Homosexualities and French literature. Cultural contexts/critical texts.* Ithaca, Londres: Cornell University Press, 1979. 384p.

Steakley, J.D. *The homosexual emancipation movement in Germany.* New York: Arno Press, 1975. 121p.

Stoller, R. *Recherches sur l'identité sexuelle à partir du transsexualisme.* [Traduzido do inglês por Monique Novodorsqui]. Gallimard, 1978. 406p.

________. *Masculin ou féminin?* [Traduzido do inglês por Yvonne Noizet e Colette Chiland]. Puf, 1989. 362p.

Tamagne, F. *Histoire de l'homosexualité en Europe. Berlin, Londres, Paris, 1919-1939.* Seuil, 692p. (L'Univers Historique).

Thuillier, J. *La folie. Histoire et Dictionnaire.* Robert Laffont, 1996. 827p. (Bouquins).

Tin, L.G. (ed.). *Dicitonnaire de l'homophobie.* Puf, 2003. 451p.

Vidal, C.; Benoit-Browaeys, D. *Cerveau, sexe & pouvoir.* Berlin, 2005. 110p. (Regards).

Waeti-Walters, J. *Damned women, lesbians in french novels.* Québec: McGill-Queen's University Press, 2000. 270p.

Weeks, J. *Coming out: homosexual politics in Britain from the ninetieth century to the present.* Londres, New York: Quartet Books, 1977. 278p.

________; Rowbotham, S. *Socialism and the new life: the personal and sexual politics of Edward Carpenter and Havelock Ellis.* Londres: Pluto Press, 1977. 198p.

Wittig, M. *La pensée straight.* Balland, 2001. 157p. (Modernes).

Zancarini-Fournel, M. *Histoire des femmes en France: XIXe-XXe siècles.* Rennes: Presses Universitaires de Rennes, 2005. 253p.

ARTIGOS

Actes de la Recherche en sciences sociales. "Homosexualité", n. 125, dezembro de 1998.

Diogène. "Mithes et genres", n. 208, outubro-dezembro de 2004.

Bauer E.J. "On the nameless love and infinite sexualities: John Henry Mackay, Magnus Hirschfeld and the origins of the sexual emancipation mouvement". *Journal of Homosexuality*, v. 50, n. 1, p. 1-26, 2005.

Berthier, P. "Balzac du côté de Sodome". *L'Année Balzacienne*, p. 147-177, 1979.

Chauncey, G. "From sexual inversion to homosexuality: medicine and the changing conceptualisation of female deviance". *Salmagundi*, n. 56-59, p. 114-146, outono-inverno de 1983.

Choquette, L. "Homosexuals in the city". *Journal of Homosexuality*, v. 41, n. 3-4, p. 149-168, janeiro de 2002.

Ehrenpreis, D. "Cyclists and Amazons: representing the new woman in Wilhelmine Germany". *Woman's Art Journal*, v. 20, n. 1, p. 25-31, primavera-verão de 1999.

Erber, N. "The french trials of Oscar Wilde". *Journal of the History of Sexuality*, v. 6, n. 4, p. 549-588, 1996.

Feray, J.C. "Une histoire critique du mot homosexualité". *Arcadie*, n. 325-328, 1981.

Green, A. "Le genre neutre". *Nouvelle Revue de Psychanalyse*, n. 7, p. 257-262, primavera de 1973.

Halperin, D.M. "How to do the history of male homosexuality". *GLQ: A Journal of Lesbian and Gay Studies*, v. 6, n. 1, p. 87-124, 2000.

Havercroft, B. "Transmission et travestissement: l'entre-genre et le sujet en chiasme dans *Monsieur Vénus* de Rachilde". *Protée*, p. 49-55, inverno de 1992.

Herzer, M. "Kertbeny and the nameless love". *Journal of Homosexuality*, n. 12, p. 1-26, 1985.

Jasser, G. "Le mythe de l'androgyne et la consécration des genres dans le roman français de l'entre-deux-guerres". *Nouvelles Questions Féministes*, v. 23, n. 1, p. 83-102, 2004.

Kennedy, H. "The 'third sex' theory of Karl Heinrich Ulrichs". *Journal of Homosexuality*, n. 6, p. 103-111, 1980-1981.

Knafo, D. "Claude Cahun: the third sex". *Studies in Gender and Sexuality*, v. 2, p. 29-61, 2001.

Leidinger, C. "Anna Rüling: a problematic foremother of lesbian herstory". *Journal of the History of Sexuality*, v. 13, n. 4, p. 477-499, outubro de 2004.

Lejeune, P. "Autobiographie et homosexualité au XIXe siècle". *Romantisme*, n. 56, p. 79-100, 1987.

Mak, G. "Sandor/Sarolta Vay: from passing woman to sexual invert". *Journal of Women's History*, v. 16, n. 1, p. 54-77, 2004.

Mourote, D. "Corydon en 1918". *Bulletin des Amis d'André Gide*, n. 78-79, p. 9-24, abril-julho de 1988.

Nederman, C.J.; True, J. "The third sex: the idea of the hermaphrodite in twelfth-century Europe". *Journal of the History of Sexuality*, v. 6, n. 4, p. 497-517, abril de 1996.

Newton, E. "The Mystic Mannish Lesbian: Radclyffe Hall and the new woman". *Signs*, v. 9, n. 4, p. 557-575, verão de 1984.

Nye, R.A. "Sex difference and male homosexuality in French medical discourse, 1830-1930". *Bulletin of the History of Medicine*, v. 63, n. 1, p. 32-51, primavera de 1989.

Oosterhuis, H. "Homosexual emancipation in Germany before 1933". *Journal of Homosexuality*, v. 22, n. 1-2, p. 1-27, 1991.

Scott, J.W. "Genre, une catégorie utile d'analyse historique". *Cahiers du GRIF*, n. 37-38, p. 125-153, primavera de 1988.

Sterkley, J.D.; Wolff, C. "Love between women and love between men: interview with Charlotte Wolff". *New German Critic*, n. 23, p. 73-81, primavera-verão de 1981.

Thompson, C. "Un troisième sexe? Les bourgeois et la bicyclette dans la France fin-de-siècle". *Le Mouvement Social*, n. 192, p. 9-39, julho-setembro de 2000.

filmografia

Michael. Direção de Carl Theodor Dreyer. Alemanha, 1924. 86min, p&b, mudo.

Different from the others (Anders als die Andern, § 175). Direção de Richard Oswald. Alemanha, 1919. 50min, p&b, mudo.

Before Stonewall (documentário). Direção de Robert Rosenberg, John Scagliotti e Greta Schiller. Estados Unidos, 1984. 87min, color., son.

SITES

Sobre a história da homossexualidade

Uma versão revista e aumentada do *Vocabulaire de l'homosexualité masculine* de Claude Courouve figura na Internet, sob o título *Dictionnaire historique de l'homosexualité masculine*. Disponível em http://pagesperso.aol.fr/ccourouve/DHHM.htlm

Sobre Magnus Hirschfeld e o Instituto para a Ciência Sexual

http://www.hirschfeld.in-berlin.de/v_institut_en.html

Sobre a história do transgênero e do transexualismo

The International Journal of Transgenderism. Disponível em http://www.symposium.com

ÍNDICE ONOMÁSTICO

N

O

Agradecimentos

Este livro tem por origem um trabalho que eu nunca poderia ter levado a contento sem o convite da School of Social Science, no Institute for Advanced Study de Princeton (New Jersey), onde residi a título de membro durante o biênio 2005-2006. Meu reconhecimento, por esse ano excepcional, vai em prioridade para Joan W. Scott, que sabe bem tudo o que lhe devo. Sua presença enérgica e benevolente, o vigor e a acuidade de seu espírito crítico foram para mim o mais fértil dos estímulos.

Que todas aquelas e todos aqueles que trabalham no Institut encontrem aqui a expressão da minha gratidão, e notadamente Andy Compton, Nancy Cotterman, Karen Downing, Linda Garat, Jennifer Hansen, Gabriella Hoskin, Donne Petito e Marcia Tucker.

Cumprimento de uma tese, *A lei do gênero* contou com as leituras e os comentários de todos os membros do júri da defesa, ao qual agradeço calorosamente: Françoise Gaspard, Dominique Kalifa, Michelle Perrot, Christophe Prochasson, Denise Riley e Joan W. Scott.

Este livro deve igualmente ao concurso de Isabelle Astruc, Malik Benmiloud, Raimondo Biffi, Chantal Bigot, Patrick Cardon, Claude Charlot, Didier Eribon, Alain Fleischer, Louis Godbout, Marie-Rose Guarniéri, Monique Nemer e Joanne Vajda, com menção particular para Nicole G. Albert e Greta de Piznak.

Olivier Bétourné, a quem endereço aqui uma menção bem especial, e Sophie de Closets conseguiram fazem da edição deste manuscrito um momento de prazer. Aqui vai meu agradecimento.

Enfim, a dedicatória diz bem o lugar que ocupa para mim Zrinka Stahuljak: o primeiro. Mas não diz seus tesouros de ternura e sua paciência em escutar, ler e melhorar com suas críticas este manuscrito, que deve a ela, portanto, sua elaboração e seu cumprimento.

CRÉDITOS DAS ILUSTRAÇÕES

pag. 173: (acima) © Bibliothèque Nationale de France; (abaixo) © Préfecture de Police – **pag. 174**: © Préfecture de Police – **pag. 175**: (acima) © Préfecture de Police; (abaixo) © Bibliothèque Nationale de France – **pag. 176**: © Préfecture de Police – **pag. 177**: (acima) © Magnus-Hirschfeld V., Berlim; (abaixo) © Keystone – **pag. 178**: © Magnus-Hirschfeld e.V., Berlim – **pag. 179**: © Magnus-Hirschfeld e.V., Berlim – **pag. 180**: D.R. – **pag. 181**: © Magnus-Hirschfeld-e.V., Berlim – **pag. 182**: D.R. – **pag. 183**: (acima) D.R. ; (abaixo) © Magnus-Hirschfeld e. V., Berlim – **pag. 184**: (acima) © Magnus Hirschfeld-Gesellschaft e.V., Berlim; (abaixo, à esquerda) © Biblioteca Municipal de Lyon, Didier Nicole (Ms 5366); (abaixo, à direita) © Collection Roger-Viollet – **pag. 185**: (acima) © Albert Harlinguel Roger/Viollet; (abaixo) © Estate Brassaii-RMN – **pag. 186**: D.R. – **pag. 187**: D.R. – **pag. 188**: (acima) D.R.; (abaixo) © Bibliothèque Nationale de France.